Best/Gerlach/Mittelstaedt/Munz/Stellpflug/Wittmann
Approbiert, was nun?

Approbiert, was nun?

Berufseinstieg für Psychologische Psychotherapeuten und Kinder- und Jugendlichenpsychotherapeuten

von

Dieter Best
Hartmut Gerlach
Ekkehard Mittelstaedt
Dr. Dietrich Munz
Dr. Martin H. Stellpflug
Dr. Lothar Wittmann

Psychotherapeutenverlag

Bibliografische Information der Deutschen Bibliothek
Die Deutsche Bibliothek verzeichnet diese Publikation in der Deutschen
Nationalbibliografie; detaillierte bibliografische Daten sind im Internet über
<http://dnb.d-nb.de> abrufbar.

Alle in diesem Buch enthaltenen Angaben, Daten, Ergebnisse usw. wurden
von den Autoren/Autorinnen nach bestem Wissen erstellt und von ihnen und
dem Verlag mit größtmöglicher Sorgfalt überprüft. Dennoch sind inhaltliche
Fehler nicht völlig auszuschließen. Daher erfolgen die Angaben usw. ohne
jegliche Verpflichtung oder Garantie des Verlages oder der Autoren. Sie
übernehmen deshalb keinerlei Verantwortung und Haftung für etwa vorhan-
dene inhaltliche Unrichtigkeiten.

ISBN 978-3-938909-27-0

© 2008 Psychotherapeutenverlag, Verlagsgruppe Hüthig Jehle Rehm GmbH,
Heidelberg, München, Landsberg, Frechen, Hamburg

www.psychotherapeutenverlag.de
www.hjr-verlag.de

Satz: preXtension GbR, Grafrath
Druck: Köppl & Schönfelder, Stadtbergen
Printed in Germany

Geleitwort

Die Approbation ist eine Stufe der beruflichen Entwicklung, die – wie andere Entwicklungsstufen – mit Erleichterung über das Zurückliegende und mit freudiger Erwartung auf die Zukunft gefeiert wird. Auch Stolz mischt sich hinein, weil diese Stufe mit einem neuen professionellen Status verbunden ist, der nun zu einem Teil der beruflichen Identität werden wird. Für viele neue Kolleginnen und Kollegen sind mit der Approbation auch veränderte Bedingungen und Anforderungen der Arbeitswelt verbunden, die es mit Motivation und Kompetenz zu meistern gilt, für manche aber auch mit der Sorge, ihren Platz und ihr Auskommen in einem Gesundheitssystem zu finden, das durch knappe Ressourcen, komplizierte Vorschriften und heftige Konkurrenz geprägt ist. Solche Sorgen sind nicht unbegründet. Umso wichtiger und hilfreicher sind detaillierte und verlässliche Kenntnisse über die Rahmenbedingungen, die Gestaltungsmöglichkeiten und die Arbeitsfelder unseres Heilberufs.

Hierüber können am besten Kolleginnen und Kollegen berichten, die über profunde Erfahrungen und Kenntnisse im Berufsfeld von Psychotherapeuten verfügen und die dieses Wissen mit ihren gesundheits- und berufspolitischen Kompetenzen verbinden können. Ich beglückwünsche die sechs Autoren zu diesem Buch, das auf die Titelfrage zahlreiche hilfreiche und informative Antworten gibt und damit zahlreichen jungen Kolleginnen und Kollegen den Einstieg in unseren Beruf erleichtern wird.

Berlin, im Oktober 2008

Prof. Dr. Rainer Richter
Präsident der Bundespsychotherapeutenkammer

Inhaltsverzeichnis

Geleitwort
(Prof. Dr. Rainer Richter)   V

Einleitung
(Dr. Lothar Wittmann)   XI

Psychotherapeutenkammern: cui bono?
(Dr. Lothar Wittmann)   1

Berufsrecht
(Hartmut Gerlach)   23

Arbeitsfelder angestellter Psychotherapeuten
(Dr. Dietrich Munz)   91

Arbeitsfelder niedergelassener Psychotherapeuten
(Dieter Best) 117

Zulassung als Vertragspsychotherapeut
(Dr. Martin H. Stellpflug) 153

Existenzgründung als Psychologischer Psychotherapeut
(Ekkehard Mittelstaedt) 193

Kooperationen
(Dr. Martin H. Stellpflug) 231

Anhang Adressen 251

1. Approbation/Zuständige Behörden 253

2. Kassenärztliche Vereinigungen und
   Kassenärztliche Bundesvereinigung 258

3. Psychotherapeutenkammern 260

Anhang Rechtsvorschriften 265

1. Bundesdatenschutzgesetz (BDSG) – *Auszug* – 267

2. Musterberufsordnung PP/KJP 273

3. Sozialgesetzbuch (SGB) I – Allgemeiner Teil
   – *Auszug* – 288

4. Sozialgesetzbuch (SGB) V –
   Gesetzliche Krankenversicherung – *Auszug* – 289

5. Sozialgesetzbuch (SGB) VIII –
   Kinder- und Jugendhilfe – *Auszug* – 290

6. Sozialgesetzbuch (SGB) X – Sozialverwaltungs-
   verfahren und Datenschutz – *Auszug* – 292

7. Strafgesetzbuch (StGB) – *Auszug* – 296

8. Strafprozessordnung (StPO) – *Auszug* – 299

9. Zivilprozessordnung (ZPO) – *Auszug* – 301

Autoren 303

Stichwortverzeichnis 305

Abkürzungsverzeichnis

Ärzte-ZV	Zulassungsverordnung für Ärzte
BDSG	Bundesdatenschutzgesetz
BMG	Bundesministerium für Gesundheit
BMV-Ä	Bundesmantelvertrag-Ärzte
BPtK	Bundespsychotherapeutenkammer
BVerfG	Bundesverfassungsgericht
DPT	Deutscher Psychotherapeutentag
G-BA	Gemeinsamer Bundesausschuss
GKV	Gesetzliche Krankenversicherung
GKV-WSG	Gesetz zur Stärkung des Wettbewerbs in der gesetzlichen Krankenversicherung
GOÄ	Gebührenordnung für Ärzte
GOP	Gebührenordnung für Psychotherapeuten
HBKG BW	Heilberufe-Kammergesetz Baden-Württemberg
HPG	Heilpraktikergesetz
IGeL	Individuelle Gesundheits-Leistung
KdöR	Körperschaften des öffentlichen Rechts
KJP	Kinder- und Jugendlichenpsychotherapeut
KJPsychTh-AprV	Ausbildungs- und Prüfungsverordnung für Kinder- und Jugendlichenpsychotherapeuten
LDSG	Landesdatenschutzgesetz
LKHG	Landeskrankenhausgesetz
MBO-PP/KJP	Musterberufsordnung für die Psychologischen Psychotherapeuten und Kinder- und Jugendlichenpsychotherapeuten
PiA	Psychotherapeuten in Ausbildung
PP	Psychologischer Psychotherapeut
PsychTh-AprV	Ausbildungs- und Prüfungsverordnung für Psychologische Psychotherapeuten
PsychThG	Psychotherapeutengesetz
SGB	Sozialgesetzbuch
StGB	Strafgesetzbuch
StPO	Strafprozessordnung
TVöD	Tarifvertrag für den öffentlichen Dienst
ZPO	Zivilprozessordnung

Einleitung

Dr. Lothar Wittmann

Approbiert, was nun? So ganz offen, wie es beim ersten Lesen scheint, ist die Frage nicht, denn viele Psychotherapeutinnen und Psychotherapeuten[1] in Ausbildung haben schon Stellen oder haben feste Planungen. Meist haben die jungen Kolleginnen und Kollegen recht konkrete Kenntnisse von den Rahmenbedingungen ihrer Berufstätigkeit. Erst recht gilt dies für die schon mit viel Lebens- und Berufserfahrung ausgestatteten älteren Absolventen der Ausbildungsgänge zum PP oder KJP. Warum dann diese Frage und dieses Buch?

Die Antwort ist einfach und stammt aus Erfahrungen von Anfragen an die Kammern und aus Seminaren für Berufsanfänger: Die vorhandenen Kenntnisse reichen vielen nicht. Große Teile der nachwachsenden Psychotherapeutengeneration suchen mehr materielle und rechtliche Sicherheit, Zukunftsgewissheit und professionelle Selbstsicherheit. Diese Suche darf man nicht nur als Selbstfindungsprozess und als individuelle professionelle Entwicklung verstehen, denn strukturelle Faktoren spielen hierbei eine entscheidende Rolle. Über solche Faktoren wollen die Autoren hier berichten und Antworten geben, wohl wissend, dass Antworten neue Fragen hervorbringen. Neidisch mögen wir auf Ärzte oder Anwälte gucken. Je älter die Profession, desto selbstverständlicher sind die Professionsmitglieder mit den sozialen und wirtschaftlichen Rahmenbedingungen ihrer Profession vertraut, desto mehr Helfer, Ratgeber, Banker, Coaches und zuarbeitenden Berufe scharen sich um die jungen Professionsmitglieder. Wie ist das aber bei uns PP und KJP? Banker scharen sich nur zögerlich, denn die erzielbaren Umsätze produzieren keinen Run potentieller Kreditgeber. Helfer und Ratgeber (viele gute) gibt es durchaus, Coaches (manche gute) ebenfalls, zuarbeitende Berufe fehlen weitgehend. Ein Teil entwickelt sich von alleine, Assistenzberufe, spezialisierte Steuerberater, Juristen aus Medizin-

---

1 Im Folgenden wird nur die gängige Form verwendet. Gemeint sich aber immer Frauen und Männer gleichermaßen.

recht und Sozialrecht etc. pp. Aber haben wir als Profession unsere Hausaufgaben gemacht? Wenn wir genau hinsehen, können wir die Wissensdefizite bei Berufsanfängern nicht übersehen: hinsichtlich der eigenen Professionsidentität und -geschichte, hinsichtlich der sozialgesetzlichen Einbettung und hinsichtlich der wirtschaftlichen Bedingungen unserer Berufstätigkeit (vom Arbeitsrecht bis zum Businessplan).

Die Flut der Anfragen zeigt den Kammervorständen und Kammergeschäftsstellen immer wieder, dass hohe Erwartungen auf sie gerichtet sind. Sie sollen es richten. Nach Möglichkeit sollen sie gebündelte Berufserfahrung komprimiert weitergeben, coachen, Vertragsmuster parat haben und rechtliche Beratung leisten. Sie müssen manchmal auch zähen Widerstand bearbeiten, wenn es darum geht zu raten, rechtliche oder steuerberaterische Hilfe in Anspruch zu nehmen. Wir scheinen unter uns Psychotherapeuten und Psychotherapeutinnen ganz gerne zu kommunizieren, mit Ärzten leidlich gut auszukommen aber andere freiberufliche Nachbarn und Institutionen, die eine größere Nähe zum staatlichen System und zur Wirtschaft haben, meiden wir doch lieber oder kontaktieren sie nur zögerlich.

Dabei scheint es gerade das Merkmal einer etablierten Profession zu sein, andere Professionen als „Hilfsprofessionen" zu definieren. Scheinbar sind wir doch noch nicht so etabliert. Es mag sich hier etwas als relative Gesellschaftsferne, als idealistische Verachtung des schnöden Mammons fortzuziehen, was mit der psychologischen Fachbereichs-/Fakultätseigenbrödelei beginnt. Diese ist bei den KJP-Kollegen aus den pädagogischen Studiengängen wohl etwas weniger ausgeprägt.

Wir Autoren dieses Buches wollen bei der Defizitdiagnose nicht stehen bleiben sondern ressourcenorientiert – wie wir Psychotherapeuten nun mal sind und geduldig im Erklären wie es unsere juristischen und unser ökonomischer Autor sind-, wollen wir mehr Sicherheit durch mehr Wissen schaffen. Wir breiten das Wissen aus und laden ein, es zu verarbeiten. Wir stellen dar, gliedern, bewerten und gewichten. Wir können für die emotionale Verarbeitungsseite nur wenig tun, außer zu ermutigen und für manche auch als Coping-Modelle zu fungieren oder Identifikation anzubieten. Leider sind wir völlig machtlos gegenüber Bürokratieverdrossenheit, Auswanderungsgelüsten, Sozialsystem-Utopien und triumphaler Naivität. Wir können junge Kolleginnen und Kollegen nicht schützen vor den Härten eines Wirtschaftsystems, das ökonomische Kompetitivität, wissenschaftliche Konkurrenz, Self-Marketing, Qualitätswettbewerb etc. fördert und fordert. Wir können die derzeitigen Rahmenbedingungen nur aufblättern und sagen: So ist es, dieses gilt, jenes kommt wahrscheinlich, stellen wir uns darauf ein – unabhängig von dem, was wir uns politisch und ökonomisch erhoffen.

Dies ist unser Angebot:

„Psychotherapeutenkammern: cui bono?" von **Lothar Wittmann,** niedergelassener Psychotherapeut und Landeskammerpräsident, stellt die Selbstverwaltung freier Berufe am Beispiel der jungen PP- und KJP-Profession dar, beschreibt Strukturen und Aufgaben, fragt nach den Leistungen der Kammern, nach der Kritik daran. Er unterzieht Teile der Kritik einer Gegenkritik und beschäftigt sich abschließend mit Prognosen für die Kammerzukunft.

Umfassend schildert **Hartmut Gerlach,** erfahrener Verbands-Rechtsvertreter und Landeskammerjustiziar, das **„Berufsrecht".** Beginnend mit Approbation und Fachkundenachweis werden die relevanten Institutionen von der Approbationsbehörde bis zur privaten Versicherung dargestellt. Die in den Berufsordnungen gefassten Berufspflichten werden vorgestellt und punkto Schweigepflicht und Zeugnisverweigerungsrecht, den Top-Hits der Sprechstundenfragen, detailliert erläutert. Die notwendige Ergänzung zu diesen Fragen stellt die Erörterung von Datenschutzfragen und Dokumentationspflichten dar. Schließlich wird bzgl. Einsichtsrechten von Patienten und Auskunftspflichten größtmögliche Klarheit in einem Bereich geschaffen, der im Berufsalltag täglich neue Probleme hervorbringt. Dass Pflichten und Pflichtversäumnisse sowie Pflichtverstöße zusammengehören, zeigen die abschließenden Erörterungen zu Berufsordnung und Berufsgerichtsbarkeit.

Dietrich Munz schildert das **„Arbeitsfelder Institutionen",** in dem etwa die Hälfte der Profession tätig ist. Der Autor, selbst Krankenhauspsychotherapeut in leitender Stellung und Landeskammerpräsident/Vizepräsident der Bundespsychotherapeutenkammer, stellt die Besonderheit der Berufsausübung in den Institutionen dar, die PP und KJP als Arbeitsorte kennen und berichtet von den innerinstitutionellen Abgrenzungsproblemen benachbarter Professionen. Typische Konfliktfelder der Berufsordnung wie das Weisungsrecht werden ebenso abgehandelt, wie das, was viele Berufseinsteiger vielleicht am meisten interessiert: tarifvertragliche Regelungen und Verdienst- und Aufstiegsmöglichkeiten bei den unterschiedlichen Arbeitgebern (privat, öffentlich, kirchlich). Munz stützt seine Aussagen u. a. auf eine Fülle von Daten, die im Bereich der baden-württembergischen Landeskammer erhoben und ausgewertet wurden. Im einzelnen werden die Jobfelder der stationären medizinischen Versorgung dargestellt, ergänzt um die Versorgung psychisch Kranker in den verschiedenen Kliniktypen und Tageskliniken. Es folgen Beratungsstellen der Kinder- und Jugendhilfe und andere Institutionen wie Suchtberatung, Strafvollzug- und Maßregelvollzug, Schulen und Hochschulen. Zuletzt wird die künftige Entwicklung der Insitutionen in einem Ausblick zum Thema gemacht.

Dieter Best, niedergelassener Psychotherapeut, langjährig in KV- und KBV-Gremien erfahrener Berufsverbandsvorsitzender stellt das **„Arbeitsfelder niedergelassene Praxis"** dar. Von der Psychotherapie als grundsätzlich freiberuflicher Tätigkeit kommt Best zu den sozialrechtlichen Regularien der Niederlassung und zu den Strukturen von Sozial- und Medizinrecht, von SGB V, Ärztezulassungsverordnung, KV-Strukturen und Bedarfsplanung. Ausführlich werden die das Berufsleben der Niedergelassenen bestimmenden Psychotherapierichtlinien und Bundesmantelvertrag und Psychotherapievereinbarung erörtert. Seit dem Psychotherapeutengesetz von 1998 sind dies alles nicht mehr nur uns auferlegte Regularien sondern in KV-Gremien von uns mitbestimmte und von den Stellungnahmen unserer Selbstverwaltung mitgeprägte Regelwerke. Im folgenden Abschnitt wird erläutert, wie die Psychotherapiehonorare im GKV-System über Einheitlichen Bewertungsmaßstab (EBM) und Regelleistungsvolumina bis hin zur konkreten Quartalsabrechnung zu Stande kommen und welche schützenden Verteilungsregeln die Profession in langjährigen Prozessen erstritten hat. Die heute den Praxisbetrieb immer mehr prägenden Aspekte des Qualitätsmanagements werden anschließend dargestellt. Schließlich kommt die Privatbehandlung mit der Gebührenordnung für Psychotherapeuten und den einschlägigen Beihilfevorschriften zur Darstellung. Überlegungen zu Grundlagen des wirtschaftlichen Erfolges einer Praxis münden dann in einen Ausblick in die Zukunft des Arbeitsfeldes niedergelassene Praxis.

Ekkehard Mittelstaedt, Geschäftsführer einer Landeskammer und studierter Ökonom, liefert die ergänzende wirtschaftliche Perspektive im Kapitel **„Praxis als Existenzgründung".** Von der „reinen" Privatpraxis zum Nachbesetzungsverfahren führt der Autor Wege und Möglichkeiten der Niederlassung und Gestaltungsmöglichkeiten wie das Job Sharing vor. Unter dem Aspekt der Existenzgründung geht es beim Praxiskauf um Wertbestimmung und Kaufpreisbestimmung. Existenzgründern werden die Schritte aufgezeigt von der Bedarfsberechnung für den Lebensunterhalt über Fördermöglichkeiten und Kredite zum Kapitalbedarf und zur Investitionsrechnung. Es fallen dann auch all die Begriffe, die sich für Psychotherapeutenohren erst einmal noch fremd anhören. Kein Leser muss sich um die Verstehbarkeit sorgen. Gut verständliche Erläuterung macht vertraut mit Umsatz- und Rentabilitätsvorschau, mit Liquiditätsplanung und Businessplan und macht damit auch das Sprechen ein bisschen leichter, wen man sich an die Bank, an den Steuerberater oder an eine Förderstelle wendet.

In den Kapiteln **„Zulassung als Vertragspsychotherapeut"** und **„Kooperationen"** beschreibt **Martin H. Stellpflug**, Justiziar der Bundespsychotherapeutenkammer, erfahrener Medizin- und Sozialrechtler, das Praxisfeld Niederlassung unter seinen rechtlichen Rahmenbedingungen, immer auch im Bezug auf aktuelle Rechtsprechung. Was in den vorausgehenden Kapiteln nur angerissen werden konnte, wird hier ausführlich abgehandelt. Unter Zulassungsfragen werden die Zulassung selber, die Ermächtigung, Arztregistereintrag und Abrechnungsgenehmigungen vorgestellt. Fragen von Nebentätigkeit, Eignung und Nichtvereinbarkeiten werden ebenso erläutert wie die durch die jüngere Gesetzgebung hinzugekommene Teilzulassung und die infolge aktueller Gesetzgebungsvorhaben wackelnde Altersgrenze für die Berufsausübung als Vertragspsychotherapeut. Alles was mit dem „Kassensitz" zusammenhängt und was auch die potentiellen Nachfolger oder „Zusteiger" interessiert, wird im Folgenden dargelegt: Verlagerungschancen für Sitze, Nachfolgezulassung, Teilzulassung, Sonderbedarf, Jobsharing aber auch Zulassungsentzug. Ein zunehmend wichtiger werdendes Thema sind die Medizinischen Versorgungszentren (MVZ). Welche Möglichkeiten (und Einschränkungen) für PP und KJP hier bestehen schließt das Zulassungskapitel ab.

Unter dem Gesichtspunkt **„Kooperationen",** diskutiert **Martin H. Stellpflug,** welche Rechtsformen jenseits der Einzelpraxis – etwas hinter der Entwicklung im sonstigen Medizinbetrieb herhinkend – eine zunehmende Rolle auch für Psychotherapeuten spielen. Die gängigen Rechtsformen der Praxiskooperationen mit GbR, OHG, GmbH und Partnergesellschaft werden ebenso geschildert wie die Kooperation in Gemeinschaftspraxis und Praxisgemeinschaft. Dabei wird es ganz praktisch, wenn es um Vertragsbestandteile wie Abfindungsregeln, Konkurrenzschutzklauseln und Gewinn- und Verlustverteilung geht.

Verehrte Leserin, verehrte Leser, wenn die Ihnen vorliegende kompakte Wissenssammlung und Anregung zu optimistischem Handeln beim Berufsanfang Mängel enthält, lassen Sie es uns wissen, und lassen Sie uns auch wissen, wenn Sie für ihren Berufsstart wichtige Dinge vermissen. Selbstverständlich freuen wir uns auch über andere Rückmeldungen, auch positiver Zuspruch hilft evtl. zukünftige Auflagen zu verbessern.

Otterndorf, im September 2008   *Dr. Lothar Wittmann*

für die Autorengruppe *Dieter Best, Hartmut Gerlach,*
Ekkehard Mittelstaedt, Dr. Dietrich Munz, Dr. Martin H. Stellpflug

Psychotherapeutenkammern: cui bono?

Dr. Lothar Wittmann

		Rn.
1	Psychotherapeutenkammern, die Selbstverwaltung eines freien Berufes	1
2	Die Struktur der Psychotherapeutenkammern	9
3	Die Aufgaben der Psychotherapeutenkammern	13
4	Der Aufbau der Psychotherapeutenkammern	22
5	Die Agenda der Kammern und ihre Leistungsbilanz	29
6	Nachbarschaftsbeziehungen	37
7	Haben die Psychotherapeutenkammern Zukunft?	43

Literatur

Internetquellen

Schlagwortübersicht

	Rn.		Rn.
Angebote für die Versorgung der Bevölkerung	33	Kammerbürokratie	31
Aufsicht		Kammerversammlung	11, 22
– indirekte staatliche	1	Kollegen in Institutionen	20
Ausbildungseinrichtung	41	Kommission	23
Ausschuss	23	KV-Politik	27
Beruf		Performance	
– freier	4	– verbesserungswürdig und verbesserbar	36
Berufsausübungskontrolle	3	Pflichtbeitrag	25
Bundespsychotherapeuten-kammer (BPtK)	12	Psychotherapieverfahren	19
Delegiertenversammlung	11, 22	Qualitätsanspruch	33
Ehrenamt	23	Rechtsaufsichtsbehörde	37
Expertise der Spezialisten	3	Sanktionen	33
Fach- und Berufsverbände	11	Selbstverwaltung	1, 3
Förderungsanliegen für den Berufsstand	16	– direkte Bedrohung der	43
Funktion		– professionsnahe	32
– dienende	15	Staatsbürokratie	
Geschäftsstelle	11, 23	– direkte	31
Heilberufe		Stellungnahme	34
– andere	39	Verbände	40
Heilberufe- und Heilberufs-kammergesetze	6	– Politik	27
Homogenität des Mitglieder-kreises	9	Verbraucherschutz-themen	33
Integration zweier Berufe	21	Vertretung	
Integrationsleistung	18	– der Interessen der Profession	17
Kammer	43	– gegenüber Staat und Öffentlichkeit	1
Kammer-Politik	27	Vorstand	11, 23
		Vorstandsbeauftragter	23
		Wahlen	22

1 Psychotherapeutenkammern, die Selbstverwaltung eines freien Berufes

1 Jeder psychotherapeutische Berufsanfänger darf sich fragen: Muss denn eine Profession/ein Beruf überhaupt verwaltet werden? Und wenn ja, was heißt selbst-verwaltet? Die Antwort ist auf politischer Ebene recht simpel: Je höher die Qualifikationsanforderungen an eine/n Profession/Beruf[1] sind und je mehr Menschen von seiner Tätig-

---

1 Im Folgenden wird **Beruf, Berufsstand und Profession** dem Alltagsgebrauch folgend synonym verwendet – wohl wissend, dass hier zu unterscheiden wäre – den **Job** einmal weglassend – zwischen **Beruf** als institutioneller Tätigkeit zur Sicherung des Lebensunterhalts und **Profession** als spezialisiertem Beruf mit einer zugehörigen Berufsethik, Ritualisierungen. Handlungskompetenzmonopol, Wissensbasierung, Ausbildung durch Professionsangehörige, Selbstkontrolle (vgl.

keit betroffen sind (im Grenzfall immer die Allgemeinheit), desto mehr Regulierungen erfährt diese Profession. Solche Regulierungen können eine demokratische Legitimation nur durch den Gesetzgeber erlangen. Mit dieser Art Regulierungen für besonders qualifizierte Berufe haben wir es im Bereich der akademischen Heilberufe zu tun. Berufszugang und Ausübung des Berufes sind minutiös geregelt, der Berufsstand wird verwaltet, d. h. registriert, lizenziert, in seiner Tätigkeit überwacht und auch sanktioniert. Die Verwaltung besteht nur zum Teil in direkter staatlicher Aufsicht (z. B. durch Landesprüfungsämter/ Approbationsbehörden), zum größten Teil ist er **Selbstverwaltung** und damit **indirekte staatliche Aufsicht**, ausgeübt von Professionsmitgliedern, zusammengeschlossen in Kammern (im Bereich den krankenkassenfinanzierten Leistungen vor allem durch die Kassenärztlichen Vereinigungen). Die Kammern verwalten nicht nur den Berufsstand, sondern haben als zweite Funktion auch seine **Vertretung gegenüber Staat und Öffentlichkeit** zum Ziel.[2] Insofern ist hier zuallererst mit einem gängigen Vorurteil aufzuräumen: Kammern sind nicht die heutige Variante von Gilden und Zünften aus Feudalzeiten mit dem Hauptzweck der Konkurrenzkontrolle, sondern sind ein vergleichsweise modernes Steuerungsinstrument des liberalen Staates für die Kontrolle der Entwicklung der Professionen, die er aus Hoheitsgründen (z. B. bei der Rechtspflege) oder Gründen des Gesundheitsschutzes (bei den Heilberufen) im Auge behalten muss.

Und erneut kann der Berufsanfänger sich fragen: Bin ich mir eigentlich nicht selbst genug? Wer außer mir selber kann mich wirklich vertreten, wer will auf meine Qualität achten, wer bestätigt mir meine Rechtschaffenheit, meine Kreditwürdigkeit, meine Professionalität, wer „passt auf mich auf", schützt mich, bildet mich fort- und weiter, wehrt Konkurrenz von Scharlatanen ab etc. In einem gänzlich liberalen Staat würde die Antwort lauten: Nur du selber – und sieh zu, wie du dich mit Businessplan, Eigenmarketing, freiwilliger Qualifizie-

2

Fortsetzung Fußnote 1:

Buchholz 1999). Damit ist der Professionsbegriff nahe an den Begriff des „freien Berufes" herangerückt, der nach dem Einkommenssteuergesetz, Partnerschaftsgesetz oder auch nach der Baunutzungsverordnung privilegierten selbstständigen Tätigkeit in wissenschaftlichen, künstlerischen, unterrichtenden oder ähnlichen Bereichen. Statt in **Beruf** und **Berufsstand** zu differenzieren, möchte ich die Nichtdifferenzierung von **Profession** beibehalten, die sowohl die inhaltlich- strukturellen Merkmale der beruflichen Tätigkeit wie die Gruppe der Berufszugehörigen umfasst.

2 Eine ausführliche Darstellung findet sich bei *Wittmann, L. / Kappauf, A.:* Psychotherapeutenkammern, in: *Behnsen, E. u. a. (Hrsg.):* Management Handbuch für die psychotherapeutische Praxis, Beitrag 1650, Heidelberg 2006.

rung in Schadensersatzprozessen und gegen Schmähkritik und Wettbewerbsverzerrung schlägst. Gänzlich liberale Staatswesen gibt es auf diesem Globus entgegen gängigem Vorurteil nicht. Es gilt fast überall: Vertrauen ist gut, mehr oder weniger Kontrolle ist besser. Die Bürokratie der Gesundheitssysteme ist in anderen Staaten anders aber keineswegs viel liberaler als in Deutschland. Unterschiede finden sich hinsichtlich der sozialstaatlichen Regulierungen, die Rückwirkungen auf das Berufsrecht haben. Je stärker die wohlfahrtsstaatliche Organisation einer Gesellschaft, desto eher direkte, zentralistische staatliche Regulierung auch der Heilberufe findet man.[3] Unser Staatswesen ist nicht ausgeprägt liberal (ist also ganz und gar kein „Nachtwächterstaat") aber auch nicht extrem wohlfahrtsstaatlich, sondern gemäßigt fürsorglich, umverteilend, regulierend, kontrollierend („soziale Marktwirtschaft", „Rheinischer Kapitalismus") und versucht nur zögerlich ein paar Wettbewerbselemente in seine gewachsenen Sozialstrukturen zu implementieren.

3 Also achtet der Staat auch auf die berufstätigen Psychotherapeuten aber er reguliert nicht jeden Aspekt ihrer beruflichen Tätigkeit und er tritt – immer mehr Leistungen privatisierend – zunehmend weniger als Arbeitgeber auf. Da Psychotherapeuten (gemeint sind hier vor allem die Psychologischen Psychotherapeuten und die Kinder- und Jugendlichenpsychotherapeuten des Psychotherapeutengesetzes aber auch die psychotherapeutisch weitergebildeten Ärzte) besonders qualifizierte Tätigkeiten ausführen und Dienstleistungen an Menschen vollbringen (wie Ärzte oder Apotheker), regelt der Staat den Rahmen der Berufstätigkeit von der Ausbildung bis zum Ausscheiden aus dem Beruf in Bundesgesetzen und überträgt dann Berufszulassung, Teile der Berufsaufsicht, der Qualitätskontrolle etc. den Ländern und dem Berufsstand auf Landesebene selber. Diese Konstruktion hat den Vorteil, dass hoheitliche Akte so in **Selbstverwaltung** umgesetzt werden, was ihre Akzeptanz fördert. Weiterhin ist zumindest für den Staat selber von Vorteil, dass staatliche Aufgaben z. B. der **Berufsausübungskontrolle** von den Kontrollierten selber finanziert werden und dass das know how und die **Expertise der Spezialisten** dem Staat preisgünstig zur Verfügung stehen (z. B. als fachliche Stellungnahme zu Gesetzesvorhaben oder als Gratisberatung bei der Versorgungsplanung).

---

3 Vgl. *Ross-Strajhar, G.:* Gesellschaft im Fokus der Sozialwissenschaften: das kranke Gesundheitswesen und seine Heilungschancen, Bonn 1999; *Schwartz, F. u. a.:* Reader Gesundheitsökonomie, Gesundheitssystem und Public Health. Abteilung Epidemiologie, Sozialmedizin und Gesundheitssystemforschung. Medizinische Hochschule Hannover, Hannover 2007.

Die Berufsangehörigen erfreuen sich durch die Selbstverwaltung in **4** öffentlich-rechtlichen Einrichtungen wie den Kammern einer gewissen „Staatsferne" und Eigenständigkeit. Anwälte, Apotheker, Ärzte, Architekten und nun auch Psychotherapeuten bilden die in Kammern organisierten „Freien Berufe". Freie Berufe zeichnen sich durch „Dienstleistungen höherer Art"[4] aus, nämlich durch:

- weitgehende Berufsunabhängigkeit (bei Psychotherapeuten ist dieses Prinzip systemwidrig durch die Konsiliarpflicht durchbrochen),
- spezifisches Berufsethos,
- spezielle Sachkunde mit spezieller Ausbildung,
- besonderes Vertrauensverhältnis zur Klientel (die nicht einfach nur Kundschaft ist),
- besondere Verantwortung für die Allgemeinheit,
- weitgehend persönliche Erbringung der Leistungen.

PP und KJP sind mit dem Psychotherapeutengesetz seit 1.1.1999 in **5** den Kreis der freien Berufe als eigenständige Heilberufe per Bundesgesetz eingeordnet. Die Konstituierung des Berufs „Psychotherapeut" erfolgt zwar durch Bundesgesetz, die Berufsaufsicht aber, der Zugang zum Beruf, seine Organisation erfolgt durch Landesgesetze. Wie so oft haben wir – Entflechtungsbemühungen von diversen Föderalismuskommissionen hin oder her – ein Feld mit konkurrierender Gesetzgebung und damit ein Feld für berufsfremden Interessenskonflikte, die in die Berufsausübung der Psychotherapeuten hineinschwappen können – manchmal mit der Tendenz der Immobilisierung des Gesetzgebers.

Jedes Bundesland hat seine eigenen **Heilberufe- und Heilberufs-** **6** **kammergesetze**, in deren Rahmen auch die neuen Heilberufe PP und KJP geregelt werden. Nur die fünf neuen Bundesländer haben es vermocht, sich mit Staatsverträgen auf eine länderübergreifende Kammer (Ostdeutsche Psychotherapeutenkammer) zu verständigen. Die anderen 10 Kammern für PP und KJP leben die föderale Struktur der Republik jeden Tag neu nach.

Einerseits kann der Föderalismus als eine Freiheitskomponente gese- **7** hen werden, denn auf den ersten Blick scheint mit der Kammerhoheit der einzelnen Länder mehr Bürgernähe und regionale Repräsentanz und Autonomie verbunden, andererseits wird nicht sachbezogener Differenzierung und konkurrierender Uneinheitlichkeit Tür und Tor

---

4 *Plantholz, M.:* Pflegekammer. Gutachten erstattet im Auftrag der Fraktion Bündnis 90 /Die Grünen im Abgeordnetenhaus von Berlin, Hamburg 1994.

geöffnet. Dass mitgliederstarke Kammern mehr für ihre Mitglieder leisten können als mitgliederschwächere und beitragsärmere versteht sich von selbst. Ist es aber auch auf Dauer hinnehmbar, dass für weniger mehr gezahlt werden muss (je kleiner die Kammer desto höher die Mitgliedsbeiträge, denn die Grundinfrastruktur einer Kammer mit ihren Pflichtaufgaben muss auch im kleinsten Land vorgehalten werden)? Wie wird sich die Ungleichheit entwickeln, wenn immer neue Aufgaben vom Staat auf die Kammern überwälzt werden (zuletzt die teuere Fortbildungsbürokratie, jetzt bald die keineswegs preiswertere Heilberufsausweisbürokratie)- und dies angesichts wachsender Servicebedürfnisse der Mitglieder, die in sich in immer komplizierteren Regelwerken verhaken oder die Diversifizierung ökonomischer Entwicklungen nicht mehr überschauen. Die Mitglieder möchten vor allem eines: unter unübersichtlicher werdenden wirtschaftlichen Bedingungen ihren Beruf arte legis ausüben und davon leben können. Die Kammern sollten helfen (können) und nicht zuerst als zusätzliche Opferbank und Abgabestelle erlebt werden. Letztlich aber ist es eine politische Frage, wie viel kleinstaaterische Eigenständigkeit verzichtbar ist und wie dem Gebot des Grundgesetzes für vergleichbare Lebensbedingungen unabhängig von der geografischen Zuordnung Recht geschaffen werden kann. Die Kollegen in den neuen Bundesländern haben hier ein bewundernswertes Pilotprojekt auf die Beine gestellt, an das wir in den alten Bundesländern immer einmal wieder erinnert werden müssen.[5]

8 Nicht nur in der Mitgliedschaft werden immer mal wieder Zweifel an der Legitimation der Psychotherapeutenkammern laut – v.a. dann wenn die Beitragsbescheide kommen, auch die heilberuflichen Nachbarn in einzelnen Ärztekammern versuchten gelegentlich an der Legitimation der Psychotherapeutenkammern zu rütteln, z. B. indem sie zuletzt deren Namen in Frage stellten. Sie meinten eine symbolische Lanze für die ärztlichen Psychotherapeuten brechen zu müssen, indem sie den Psychotherapeutenkammern ihren Namen streitig machen. In NRW und Hessen konnten diese Namenskriege vorerst mit Kompromissen beendet werden. Es dürfte sich allmählich auch bei den ärztlichen Kollegen die Erkenntnis breit machen, dass eine starke berufliche Vertretung der PP und KJP überhaupt nicht gegen sie gerichtet ist, sondern zuerst gegen die verbreitete gesellschaftliche Ignoranz gegenüber psychischen Störungen und gegen die politische Abstinenz gegenüber einer verbesserten Versorgung psychisch Kranker.

---

5 Vgl. www.opk.de.

2 Die Struktur der Psychotherapeutenkammern

Wie beim Namensstreit schon angedeutet, bekommen die Kammern **9** ihre Benennung vom Staat, und der wählt einen möglichst sachgerechten Titel, der eine gewisse **Homogenität des Mitgliederkreises** gewährleistet. Der einheitliche Berufszugang mit einer Staatsprüfung/Staatsexamen macht erst die Homogenität eines Heilberufes aus. Wie sich dies angesichts der Diversifizierung der Hochschulausbildungen unter Bologna-Prozess-Bedingungen entwickeln wird, wird vielleicht dann sichtbar, wenn Bachelor-Master-Mediziner auf den Markt kommen. Für Psychotherapeuten stellen sich Fragen vorerst nicht, weil sie erst nach der vom Gesetzgeber einheitlich gestalteten Ausbildung und erst nach Staatsexamen Vollmitglieder der Kammern werden können. PP und KJP sind per Ausbildungs- und Prüfungsverordnungen relativ homogen. Die PiA-Mitgliedschaften sprechen nicht gegen diese Homogenität, da sie in jedem Falle provisorische Mitgliedschaften sind, die im homogen gleichen Status einmünden.

Der homogene Mitgliedskreis wird ausnahmslos in die Pflicht ge- **10** nommen und muss Kammermitglied einer Landeskammer werden. Die bestreitet ihre Ausgaben ausschließlich aus Mitgliedsbeiträgen und Gebühren für spezielle Dienstleistungen, die in der Regel auch die Berufsangehörigen tragen. Nur wer den Beruf nicht ausübt, ist von der Pflicht der Beitragsleistung befreit. Die Mitglieder der Kammer genießen mit ihrer Berufsbezeichnung gesetzlichen Schutz. Kammern verfolgen missbräuchliche Verwendungen der Bezeichnung „Psychotherapeut" mit Abmahnungen.

Die Landeskammern werden auf demokratische Weise aus der Mit- **11** gliedschaft aufgebaut. Nach den Regeln der parlamentarischen Demokratie werden aus dem Kreis der Mitglieder Abgeordnete gewählt, wobei die **Fach- und Berufsverbände** hier wie Parteien fungieren. Die gewählten Vertreter repräsentieren als **„Kammerversammlung"** oder **„Delegiertenversammlung"** den Souverän des Berufsstandes in einem Bundesland. Sie sind der „Gesetzgeber" soweit die Profession sich selber Regeln und Ordnungen geben darf. Die Abgeordneten haben hier ein reiches Betätigungsfeld, dem sie sich v. a. in der Gründungsphase der Kammern mit nicht endendem Engagement gewidmet haben. Hauptsatzungen, Beitragsordnungen, Berufsordnungen, Fort- und Weiterbildungsordnungen, Geschäftsordnungen, Schlichtungsordnungen, Kassenordnungen, Entschädigungsordnungen u. v. a. m. sind für einen geordneten und letztlich auch für Rechtsaufsicht und Gerichte transparenten Betrieb der Kammern unverzichtbar. Das Tagesgeschäft betreiben die **Vorstände** mithilfe der **Geschäftsstellen**, gebunden an die Voten der Kammer-/Delegiertenversammlungen, denen sie auch ihre Ämter und Würden auf Zeit verdanken (die Wahlperioden betragen je nach Landesrecht vier oder fünf Jahre).

12 Da die Landeskammern im wesentlichen nur auf Landesebene agieren können, braucht der Berufsstand wie der der Ärzte und oder der der Apotheker auch eine Bundesvertretung, um gegenüber dem Bundesgesetzgeber und den zahlreichen Akteuren der Gesundheitspolitik auf Bundesebene als ein Akteur vorstellig werden zu können. Die Landeskammern haben dazu nach dem Modell der Bundesärztekammer die **Bundespsychotherapeutenkammer (BPtK)** geschaffen. Im Gegensatz zu den Landeskammern handelt es sich bei der BPtK um einen Verein, dessen Mitglieder die öffentlich-rechtlichen Landeskammern sind. Dieser Verein hat in den letzten Jahren Einfluss und Ansehen erworben und vertritt wirkungsvoll den Berufsstand auf Bundesebene, in vielen Fällen fest eingebunden in gesetzliche Vorgaben, die die Beteiligung der Bundeskammer vorsehen, z. B. bei der Gestaltung der Psychotherapierichtlinien durch den Gemeinsamen Bundesausschuss (G-BA) oder an anderen Schnittstellen von Berufsrecht und Sozialrecht (siehe dazu die Homepage der BPtK www.bptk.de, dort finden sich auch die links zu den einzelnen Landeskammern).

3 Die Aufgaben der Psychotherapeutenkammern

13 Die Aufgaben der Landeskammern sind in den jeweiligen Heilberufe- und Heilkammergesetzen mit dem einen oder anderen landesspezifischen Zungenschlag, im wesentlichen aber übereinstimmend geregelt. Wo einzelne Länder vom gemeinsamen Kanon abweichen, handelt es sich oft eher um Kuriositäten als um sachlich begründete Differenzen. Das Berliner Verbot, ein Versorgungswerk zu gründen mag hier als ein Beispiel dienen. Es handelt sich um eine symbolische aber deswegen wohl wirkungslose Rettungstat für die Rentenversicherung.[6]

---

6 Zu berufständischen Versorgungswerken s. *Köthke, W.:* Psychotherapeutenversorgungswerk- ein Erfahrungsbericht, in: *Behnsen, E. u. a. (Hrsg):* Management Handbuch für die psychotherapeutische Praxis, Beitrag 1890, Heidelberg 2004.

Als gemeinsamer Kanon findet sich: **14**
- Berufsaufsicht,
- Qualitätssicherung/Qualitätsentwicklung,
- Fort- und Weiterbildung,
- Entwicklung der Versorgung,
- Beratung von Ratsuchenden und staatlichen Stellen hinsichtlich qualifizierter Berufsangehöriger für spezielle Aufgaben (z. B. Forensik),
- Beratung der Politik, des Gesetzgebers,
- Zusammenarbeit mit den anderen Heilberufen und ihren Vertretungen,
- Verbraucherschutz.

Dies sind die zuerst Staat und Gesellschaft **dienenden Funktionen** **15** der Kammern. Und fast in allen genannten Bereichen gibt es staatliche Vorgaben wie z. B. in der Pflichtfortbildung für Niedergelassene und Krankenhausangehörige (§ 95d SGB V), in der Verpflichtung für Notfalldienste oder bei der Sanktionierung von Berufsordnungsverstößen und dem Auftrag, Schlichtungsstellen für Behandlungsfehler zu betreiben.

Daneben finden sich im Kanon der Kammeraufgaben **Förderungsan-** **16** **liegen für den Berufsstand**, die ihm eine wirkungsvolle Ausübung seiner Pflichten erst möglich machen: Beratung und Information der Mitglieder, Erhaltung und Erweiterung ihrer beruflichen Kompetenzen, ihr Schutz vor ungerechtfertigten Beschuldigungen, Alters- und Hinterbliebenensicherung, Sorge für ein gedeihliches Verhältnis der Kammermitglieder untereinander.

Zur **Vertretung der Interessen der Profession** finden sich dann in **17** den Gesetzen noch weitere Ausführungen, die die Interessenvertretung und allgemein die Wahrung der beruflichen Interessen der PP und KJP anbetreffen. Wie es typisch ist für die freien Berufe, findet sich in den Gesetzen immer die Rückbindungen allen beruflichen Handelns an das Gemeinwohl. Freiberufliche Tätigkeit ist keine Gewerbe. Sie ist deshalb auch in weiten Bereichen steuerlich privilegiert und kennt keine MWSt. und keine Gewerbesteuerpflicht. Zudem besteht die Niederlassungsmöglichkeit in Wohngebieten. Freiberufliche Tätigkeit darf deshalb – so das Ideal – nicht alleine zur Gewinnoptimierung betrieben werden. Gleichwohl ist Freiberuflichkeit Wirtschaftstätigkeit. Die ca. eine Million Freiberufler in der Republik erwirtschaften ca. 9 % des Brutto-Inlandsprodukts. Für die Zukunft der freien Berufe stellen sich viele Fragen. Es sei hier dahingestellt, ob die ökonomischen Entwicklungen den heilberuflichen Freiberuflern (v.a. den einzelnen Praktizierenden) nicht allmählich davonlaufen, wenn privatisierte Krankenhäuser Profite machen wollen, wenn große Medizinische Versorgungszentren mit Risikokapital im Rücken marktbeherrschende Stellungen gewinnen wollen, Apothekenketten im Internet aufmarschieren und Praktikerverbünde immer mehr IGeln und damit zunehmend zum Wellness-Gewerbebetrieb werden. Sicher ist aus Brüssel derzeit nicht eine Verteidigung unserer deutschen Strukturen zu erwarten, wenn Europa mehrheitlich weiter auf Deregulierung und Privatisierung setzt. Auch im Lande gibt es viele Stimmen, die von einer Deregulierung als Entkammerung schwärmen. Diese Stimmen sind am stärksten im Bereich Industrie- und Handelskammern und der Handwerkskammern. Und dass die Kommunen wie der Bund schon lange auf den potentiellen Gewerbesteuerbeitrag der Freiberufler schielen ist bekannt. Zuletzt ist dieses Unterfangen 2003 im Vermittlungsausschuss von Bundestag und Bundesrat nur knapp gescheitert. Das bedeutet, wenn schon nicht Entkammerung, eine Vergewerblichung der Heilberufe könnte auf der politischen Agenda stehen.

18 Wie auch immer sich die großen politischen Linien entwickeln, die Landespsychotherapeutenkammern haben den oben genannten Kanon zu bedienen und darüber hinaus **Integrationsleistungen** zu erbringen. Der Gesetzgeber hat unserer Profession einige Probleme beschert, die mit der Uneinheitlichkeit der Profession in Generationenperspektive zu tun haben. Der Berufsstand hat heute einen Nachwuchs, der einem staatlich bis ins Detail geregelten Ausbildungsbetrieb entstammt (Ausbildungs- und Prüfungsverordnungen), der damit gänzlich anders sozialisiert ist als die Vorgängergenerationen. Dieser Nachwuchs nun drängt zur Zeit in den Flaschenhals der bedarfsregulierten Niederlassungsmöglichkeiten, der rationalisierenden Kliniken und der mit Stellen geizenden Beratungsstellenträger. Ein Durchschnittalter der Profession von über fünfzig Jahren sollte den Jungen Hoffnung auf Erwerbsmöglichkeiten geben, aber es gibt leider keine Garantien für unmittelbare Lösungen, solange der Staat mit Austerity-Politik den Sozialsektor und das Gesundheitswesen in einem engen Korsett hält. Gerade deswegen müssen die Kammern hier für ein gutes Miteinander der Alten und der Jungen sorgen und den Interessensausgleich wo und wie immer möglich befördern.[7]

19 Eine zweite Integrationsaufgabe besteht darin, ein geregeltes Miteinander der **verfahrensverschiedenen** Berufsmitglieder zu befördern,

---

7 Vgl. *Rüping, U. / Mittelstaedt, E.*, Abgabe, Kauf und Beratung psychotherapeutischer Praxen, Heidelberg 2008.

die bisher gewohnt waren, eher in schulisch geprägten Zirkeln als im Austausch mit der Gesamtprofession zu leben. Unter anderem deswegen wurde das Psychotherapeutenjournal (PTJ) von den Landeskammern geschaffen, um einen Blick über den Zaun und in Nachbars Garten zu befördern – in der Erwartung, dass Wissen und Kontakt, wenn schon nicht Sympathie, dann aber wenigstens Respekt schaffen. Die Kammern mit ihren repräsentativen Gremien und mit ihrem Einigungszwang durch die Gesamtvertretung der Profession sind hier eine gute Schule des demokratischen Diskurses und der Erringung von Mehrheiten für Zukunftsprojekte, bei denen die Profession nicht gezogen und gestoßen, sondern mitgenommen werden muss.

Der „Blick über Zaun" gilt für die Niedergelassenen vor allem auch **20** gegenüber den **Kollegen in Institutionen**, die sich vom Psychotherapeutengesetz wenig geschützt sahen und bis heute darum kämpfen, dass das PsychThG von 1998 auch im Bereich der angestellten Psychotherapeuten nachvollzogen wird. Die Kammern sind mit dem wiederkehrenden Vorwurf konfrontiert, nicht genug für die Angestellten zu tun. Dies mag im Einzelfall auch zutreffen, meist aber reflektiert es die Ohnmacht gegenüber zementierten Verhältnissen angesichts schlechter (z. B. gewerkschaftlicher) Organisationsgrade und von Unterrepräsentierung in Wahlgremien wegen Wahlabstinenz. Da bieten sich die Kammern als die Sündenböcke an, da auch sie die legitimen Besoldungsfortschritte, die strukturellen-organisatorischen Verbesserungen, die Gleichstellung mit Ärzten etc. nicht realisieren können und da sie schon gar nicht die Kollegen in Institutionen zur Urne getragen haben. Gleichwohl leisten die Kammern viel für die Interessens-Agenda von angestellten Kollegen – dies umso mehr, als die künftige Professionsentwicklung die strengen Abgrenzungen von niedergelassener und institutioneller Tätigkeit weiter aufheben wird (→ Munz, Arbeitsfelder angestellter Psychotherapeuten und → Best, Arbeitsfelder niedergelassener Psychotherapeuten).

Nicht zuletzt haben die Kammern die **Integration zweier Berufe** mit **21** unterschiedlichen Ausbildungswegen zu realisieren: PP und KJP sind auch bei weitgehendem Deckungsgrad der Ausbildung unterschiedlicher Herkunft. Der Gesetzgeber hat die Ungleichheit, die im Psychotherapeutengesetz festgeschrieben war, nun ins Bolognazeitalter übertragen, indem nun Bachelor-Sozialpädagogen in die KJP-Ausbildung gehen können, während Psychologen der gleiche Weg nur nach Masterabschluss offen steht. Mit „übertragen" ist hier gemeint, dass der Bundesgesetzgeber in diesem Bereich der konkurrierenden Gesetzgebung einige Zeit immobilisiert war (mithin den Bolognaprozess passiv abgewartet hat), während die Landesministerien sich nun mithilfe ihrer nachgeordneten Behörden (Arbeitsgemeinschaft der Obersten Gesundheitsbehörden der Länder) ersteinmal aus der Affäre gezogen haben, indem sie das Psychologiediplom dem Master und das Sozial-pädagogikdiplom dem Bachelor gleichgestellt halten. Nun warten alle auf die Ratschläge einer vom Bundesgesundheitsministerium berufe-nen Gutachterkommission in der Hoffnung, mit deren Vorschlägen bis Mitte 2009 doch noch zu einer rationalen und gerechten Lösung des Berufszuganges kommen zu können. Studierende und künftige PiA setzen nicht wenig Hoffnung auf die Gutachterkommission unter Leitung von Prof. Strauß (Jena), da sie konstruktive Anstöße für die Beendigung der skandalösen Ausbeutung in der Ausbildung v.a. im sog. Psychiatrischen Jahr erhoffen.

4 Der Aufbau der Psychotherapeutenkammern

22   Psychotherapeutenkammern basieren grundsätzlich auf **Wahlen,** in denen die Professionsangehörigen eines Bundeslandes ihre Vertreter für die **Kammerversammlungen/Delegiertenversammlungen** be-stimmen. Zwischen 50 und weniges über 60 % schwankt die Wahlbe-teiligung. Die Gewählten entstammen Listen von Verbänden und Verbändegruppierungen, manchmal auch von regionalen oder be-reichsspezifischen Interessengruppen und schließen sich in den Ver-treterversammlungen zu Fraktionen oder Gruppen zusammen, die bei allen zu besetzenden Funktionen entsprechend ihrem zahlenmäßigen Gewicht berücksichtigt werden müssen.

23   Die Vertreter wählen **Vorstände** (5 bis 7 Mitglieder), die von den **Präsidien** (Präsidenten und Vizepräsidenten) geleitet werden. Sie sind die Arbeitgeber der **Geschäftsstellen** mit ihren Verwaltungsan-gestellten, wissenschaftlichen Referenten, Dipl.-Verwaltungswirten, Juristen und Ökonomen. Während die kleinste Kammer alle Aufga-ben mit einer Verwaltungskraft und viel ehrenamtlicher Hilfe der Gremienmitglieder lösen muss, verfügen große Kammern über einen Stab von Referenten sowie juristischen und Verwaltungsspezialisten. Die Vorstände führen die laufenden Geschäfte als Ehrenamtler mit ei-ner gewissen Verdienstausfallentschädigung, die oft nicht die Verlus-te an normalem Einkommen decken kann. Es gilt: **Ehrenamt** ist kein Hauptamt. **Ausschüsse, Kommissionen** und **Vorstandsbeauftragte** arbeiten auf der gleichen ehrenamtlichen Ebene, bündeln spezielles Fachwissen, beraten die Vorstände und fertigen Konzepte und Be-schlussvorlagen für die Vertreterversammlungen (vgl. „Aktuelles"

auf den Homepages der Landeskammern). Ausschüsse für Finanzen/ Haushalt/Beitragsfragen und für Satzungsfragen hat jede Kammer, ebenso wie Ausschüsse zu Fort- und Weiterbildung, Berufsordnung/ Schlichtung. Häufig finden sich weitere Gremien zu Qualitätssicherung, Angestelltenfragen, KJP-Fragen, Notfallversorgung, speziellen Versorgungsformen etc. Die Geschäftsstellen setzen als Verwaltungen um, was sie von Vertreterversammlungen und Vorständen als Vorgaben erhalten. Die Vorstände sind mit ihren Weisungen an die Voten der Vertreterversammlungen gebunden. Willkür ist durch Haushaltsvorgaben eng begrenzt. Das Haushaltsgebaren unterliegt der Wirtschaftsprüferkontrolle, der Rechtsaufsicht als Haushalts-Genehmigungsbehörde und manchmal auch dem direkten Prüfzugriff der Landesrechnungshöfe.

Hat eine Vertreterversammlung z. B. die gesetzlich gebotene Melde- **24** ordnung für die Berufsangehörigen verabschiedet und hat die staatliche Rechtsaufsicht (das jeweilige Landesgesundheits- bzw. Sozialministerium) diese genehmigt, wird die Ordnung durch Verkündigung in einem Amtsblatt (meist das PTJ) gültig. Was im PTJ stand, gilt nun ausnahmslos. Die Meldepflicht wird überwacht, und wer ihr nicht nachkommt, begeht einen Berufsordnungsverstoß, der geahndet werden muss. Er war im übrigen auch schon zu ahnden, als die jungen Kammern noch keine gültigen Berufsordnungen hatten, denn Meldepflichten sind als grundlegende Norm zum Schutz der Bevölkerung in den jeweiligen Heilkammer- und Heilberufegesetzen geregelt.

Die bei anderen Heilberufskammern zum Teil seit Jahrzehnten beste- **25** henden Strukturen haben die Psychotherapeutenkammern in wenigen Jahren etablieren müssen. Sie haben von Erfahrungen profitieren können, manchmal auch die Hilfe der Nachbarn genossen. Sie haben alle ihre Hausaufgaben rasch erledigt und nach der komplexen Konstituierung der Ostdeutschen Psychotherapeutenkammer in einem Fünfländervertrag gibt es nun in allen Bundesländern funktionierende Landespsychotherapeutenkammern. Sie geben Geld der Mitglieder, von Gesetzes- und Satzungsvorschriften geleitet und an Kammer/Delegiertenversammlungsbeschlüsse gebunden, aus. Wenn die Mitglieder die **Pflichtbeiträge** nicht freiwillig zahlen wollen, dann werden sie von den Verwaltungsgerichten in die Pflicht genommen.[8]

---

8   Zur Beitragspflicht siehe *Stellpflug, M.:* Kammerbeitrag Psychologischer Psychotherapeuten und Kinder- und Jugendlichenpsychotherapeuten, in: *Behnsen, E. u. a. (Hrsg.):* Management Handbuch für die psychotherapeutische Praxis, Beitrag 1170, Heidelberg 2008.

26   Die Umsetzung vielfältiger gesetzlicher Pflichtaufgaben, die ver-
      schränkte Kontrolle und die „balance of power" in Gremien, via
      Rechtsaufsicht und Haushaltskontrolle lassen die Politikspielräume
      der Kammern sehr begrenzt erscheinen. Vor allem scheinen die Kam-
      mern Verwaltungsaufgaben als eine Art ausgelagerte Ministerialbüro-
      kratie umzusetzen. Aber sie können im Wie auch einen Stil bilden
      und profilbildende Schwerpunkte setzen, Kampagnen anstreben,
      Bündnispartner finden, Lobbyarbeit machen, Öffentlichkeit mobili-
      sieren. Sie tun dies unterschiedlich und nach ihren Möglichkeiten
      mehr oder minder intensiv. Sie sind alle miteinander in einer gewis-
      sen Konkurrenz und stehen immer wieder unter dem Ansporn ihres
      bundespolitischen Daches der BPtK, die von der bundespolitischen
      Ebene her ständig politische Fragen an die Landeskammern zur allei-
      nigen oder zur Mit-Bearbeitung übermittelt.

27   Wenn sich eine Landeskammer z. B. das Ziel setzt, den Nachwuchs
      wirkungsvoll zu integrieren, hindert sie niemand für die Mitglied-
      schaft von PiAs zu werben, Praxisnachfolgeregelungen zu unterstüt-
      zen, Versorgungswerke zur Alterssicherung aufbauen, konstruktiv
      auf Zulassungsausschüsse und KVen einzuwirken, Klinikträger mit
      Standpunkten zu konfrontieren, den Gesetzgeber mit Stellungnahmen
      zu beschäftigen etc. Will eine Landeskammer neue Versorgungsfor-
      men wie Integrierte Versorgung, Hausarztversorgungssysteme, Mo-
      dellversorgungen etc. für Psychotherapeuten zugänglich machen,
      muss sie sich den Krankenkassen als Gesprächspartner andienen, in
      Ministerien werben, Mitglieder gut informieren, Verbände gewinnen
      etc. Was immer eine Landeskammer tut, sie wird nicht unberührt blei-
      ben von den Bemühungen im Bund, von der Bundesgesetzgebung
      und ihrer Beeinflussung durch die BPtK, von fortschrittlichen Lösun-
      gen bei einzelnen Landeskammern oder von Konzepten, manchmal
      auch von der Polemik starker **Verbände.** Da praktisch alle aktiven
      Kammervertreter den Verbänden entstammen, ergibt sich auch not-
      wendig eine große Schnittmenge von **Verbände-, Kammer- und
      KV-Politik.** Mögen die Verbände Kampagnen gegeneinander und
      zum Zweck der Erstarkung auf Kosten anderer betreiben, so müssen
      die Kammern im Interesse der ganzen Profession Vorhaben auswie-
      gen.

28   Und wo viele Verbände etwas einseitig niedergelassenenspezifische
      KV-Politik betreiben, müssen die Kammern auf einer Erweiterung
      der Forderungshorizonte und der politischen Praxis für ihre andere
      Hälfte der Mitglieder bestehen. Das Verhältnis der Verbände zu den
      Kammern ist nicht spannungsfrei, da sich eine Zeitlang die Kammern

im Gründungselan als „Allesmacher und Alleskönner" in den Vordergrund geschoben haben und mit ihrem Beitragsbedarf und ihren Publikationsmöglichkeiten den Verbänden das Leben schwer gemacht haben. Es scheint jetzt aber so, dass die Verbände ihre Kampagnefähigkeit wiedergefunden haben und ihre Notwendigkeit und ihren Zusatznutzen über die Kammern hinaus wieder unter Beweis stellen können – v. a. in den Honorarfragen der Niedergelassenen gibt es Erfolge, zu denen die Kammern nichts beitragen konnten. Ohne die Arbeit der Verbände mit ihrer Basisarbeit, ihrer Kampagnefähigkeit, ihrer Mobilisierung von Gremienvertretern, der Sozialisierung von berufspolitischem Nachwuchs wäre die Kammerdemokratie kaum denkbar.

5 Die Agenda der Kammern und ihre Leistungsbilanz

Was die Kammern zu tun haben, ist beschrieben worden. Wie gut sie **29** dies, wie wirkungsvoll und wie anerkannt von der Mitgliedschaft tun, steht auf einem anderen Blatt Papier. Die gefühlte Kammerwirksamkeit ist wohl ziemlich verschieden von dem, was wir in den Leistungsbilanzen etwa im PTJ lesen können. Woran liegt das?

Wird einfach nicht gelesen oder nicht geglaubt, was die Kammern **30** schreiben? Gewiss, das ist ein Problem, das betrifft auch amtliche Schriftsätze, Mahnungen etc. und scheint auf einen funktionellen Analphabetismus der Profession hinzudeuten – so ein gängiger Vorwurf von Gremienaktiven an die schweigende Mehrheit. Hier sei gleich hinzugefügt, dass sich die PP und KJP darin in nichts von Ärzten, Rechtanwälten und anderen Freiberuflern unterscheiden. Sicher ist es oft schwer verdaulich, was in Kammerpublikationen steht, weil die Übersetzung von politisch-juristischem Deutsch in eine psychologiegeprägte Alltagssprache versäumt wird. Und sicher sind Freiberufler oft geizig mit ihrer Zeit, da sie die sonst nur gegen Gebühr verleihen. Sie fühlen sich durch abzuzweigende Zeit leicht behelligt, gehen gerne ungerührt ihren Berufsaufgaben nach und fühlen eine tiefsitzende Verachtung für alles Bürokratische. Die Kammerbilanzen sollten deshalb nicht von der gefühlten Wirksamkeit bestimmt werden. Gefühle des diffusen Unbehagens und forsche Generalisierungen sind in unserer Berufstätigkeit eigentlich dazu da, respektvoll bearbeitet zu werden.

Kammeraktive sollten gerade nicht larmoyant reagieren, wenn sie **31** verbal verhauen und emotional angeprangert werden. Kammerfunktionäre sind nicht an den Gegenargumenten gehindert, auch wenn die manchmal ermüdend gleichförmig sind: Die Kammern sind nicht der Gesetzgeber, insofern verweist die Unkenntnis dessen, was gültiges Recht ist, mehr auf ein Problem der empörten Mitglieder als auf Kommunikationsdefizite der Kammern. Viele Kritiker der Kammerbürokratie sind sich nicht im Klaren, dass die Alternative nicht keine Bürokratie sondern **direkte Staatsbürokratie** oder fachfremde Kontrolle ist. Wer je mit KVen um Abrechnungsgenehmigungen gerungen hat, und immer noch seine Pflichtfortbildungsnachweise lieber dort direkt einreichen möchte und wer die Berufsaufsicht von Gesundheitsamt und Gewerbeaufsicht wünscht, könnte rasch und unsanft aus dem Traum der Nicht-Bürokratie erwachen.

32   Was als Bürokratie gerne kritisiert wird, ist von der Intention her eher ein Hauptverdienst der Kammern, denn man kann die relative Staatsferne und die professionsnahe Selbstverwaltung als das Plus der Kammern herausstreichen. Dass Kammern auch unnütze Bürokratie produzieren können, soll gar nicht abgestritten werden, nur sind die aus der Mitgliedschaft genannten Beispiele oft falsch, da die Kammern weder die Notwendigkeiten noch die Prozeduren frei gestalten konnten (z. B. bei Meldewesen und Fortbildung).

33   Unbestritten dürfte auch sein, dass das Ansehen der Psychotherapeuten weniger von fragwürdigen Fernsehgestalten und Fehlleistungen einzelner vor Ort bestimmt wird, wenn die Profession von den Kammern insgesamt nach außen vertreten wird, wenn sichtbar **Qualitätsansprüche** vertreten werden, **Verbraucherschutzthemen** aufgegriffen werden und schwarze Schafe **Sanktionen** erfahren. Die neuen **Angebote für die Versorgung der Bevölkerung** (vom spezialisierten Notfallangebot und der Palliativversorgung bis zum internetbasierten Therapeutensuchsystem) zeigen langsam aber stetig Wirkung für das Ansehen in der Öffentlichkeit.

34   Die Politik hat mit den Psychotherapeutenkammern allmählich rechnen gelernt, wo man anfangs häufig noch den kleinen Vetter der Ärztekammern einfach übersehen hat. Die Stellungnahmen der Psychotherapeutenkammern führen durchaus nicht immer geradewegs zum Erfolg aber sie erreichen immer mehr einen beachtlichen „citation index", wenn man betrachtet, wie viele politische Partner sich konstruktiv oder kritisch an Kammerstellungnahmen abarbeiten. Ein Blick auf die Kammerseiten oder ins PTJ zeigt, wie vielfältig die Stellungnahmen sind. Von der sozialrechtlichen Anerkennung der Gesprächspsychotherapie bis zur Verbesserung der Palliativversorgung, von der Unterversorgung von Kindern und Jugendlichen bis zur Spielsucht,

von bedenklichen Entwicklungen bei der ADHS-Behandlung bis zur Ausbildungsfinanzierung, vom Bolognaprozess bis zur forensischen Gutachterqualifikationen, von der Tarifstruktur im öffentlichen Dienst bis zur Auswirkung der Krankenhausprivatisierungen reichen die Themen. Und vieles davon intendiert direkten Nutzen für die Profession, stärkt den Ruf, sichert Partizipation, baut wirtschaftliche Grundlagen aus.

Bis heute haben Bundeskammer und Landeskammern, die bereits eine bewegte und kontroverse Diskussionsgeschichte miteinander haben, kein wirklich misstrauensfreies und ausgewogenes Verhältnis gefunden. Die BPtK wird aus den Beiträgen der Landeskammern finanziert. Pro Mitglied führen die Landeskammern ca. 10 % ihrer Beitragseinnahmen an den Bund ab. Der Bund (BPtK) mit seinem direkten Zugang zu bundespolitischen Entscheidungsträgern und Systemspielern des Gesundheitswesens, dem die Mühen eines Beitragswesens und einer Berufsaufsicht auf Landesebene erspart bleiben, ist ein rein politischer Spieler mit hoher Kompetenz und hohem, nie befriedbaren Ressourcenbedarf. Notwendig ergeben sich auf Landesebene Ängste vor weiterer Auszehrung der Landeshaushalte und vor weiterer Verlagerung der Politik und der Gestaltungsmöglichkeiten auf die BPtK. In mitgliederstarken Landeskammern sind diese Tendenzen tendenziell schwächer ausgeprägt, wenngleich auch hier eifersüchtig darüber gewacht wird, dass Bund mit seinen an den Bundesgesetzgeber angelehnten, inhärenten Zentralisierungstendenzen, nicht regionale Besonderheiten und wirtschaftliche Stärken einebnet. Unter 7. soll die Frage nach der Zukunft der Landeskammern gestellt werden, hier sei soviel vorneweg gesagt: Ohne verstärkte Kooperation der Kleinen und evtl. Fusionen wird die Bundeskammer ihren Kompetenzvorsprung und ihren Meinungs-Impact ausbauen. Dann könnte am Ende dazu noch eine gewisse Herrschaftsattitüde oder gar zentralistische Arroganz hinzukommen, von der die Landeskammern bisher verschont worden sind, weil die Qualität ihrer Stellungnahmen meist sehr achtbar war.

Eines ist sicher, die Performance der Landeskammern und der Bundespsychotherapeutenkammer ist stets verbesserungswürdig und verbesserbar. Am besten sind auf dem Weg Erfolge zu erzielen, wenn Kritiker über ihren Schatten springen und sich für ein Mittun entschließen. Kammerarbeit kann auf Dauer nicht zentralisiert auf wenige Vorständler und einige aktive Gremienmitglieder reüssieren. Kammerarbeit wird umso erfolgreicher, je mehr Beteiligung der Mitglieder spürbar wird und je mehr sich eine Identifizierung mit der

35

36

Profession insgesamt und eben auch mit ihren Institutionen durchsetzt.

6 Nachbarschaftsbeziehungen

37 Landeskammern wie die Bundeskammer stehen in einem dichten Kooperationsgeflecht mit mehr oder minder starken Überschneidungen der Kompetenzen der jeweiligen Akteure. Zu ihren **Rechtsaufsichtsbehörden** pflegen alle Landeskammern enge Beziehungen, die mal mehr mal weniger von obrigkeitsstaatlichen Zeichen geprägt sind. In keinem Falle hat dies aber bisher zu einem schweren Konflikt mit Ministerien geführt. Auch der streckenweise bedrohliche Namensstreit hat gute Ausgänge genommen und oft hat, was im Lande direkt nicht erreichbar war über die Veränderung in anderen Ländern doch noch eine Rückwirkung gehabt. Die einzige wirkliche Ausnahme stellt das schon erwähnte Versorgungswerkverbot der Berliner Stadtregierung dar.

38 Im Bund gibt es eine gut etablierte Beziehung der BPtK zum Bundesgesundheitsministerium. In dem Falle allerdings ist man sich wechselseitig politischer Gesprächspartner, eine rechtsaufsichtliche Beziehung gibt es nicht, denn die BPtK ist wie erwähnt ein Verein und agiert als vergleichsweise armer aber kenntnisreicher Lobbyist auf der Berliner Bühne.

39 Mit den Heilberufekammern der anderen Heilberufe gibt es in allen Ländern einen Austausch, manchmal als regelmäßiges Treffen (z. B. Landesheilkammertage oder jours fixes) organisiert, und speziell bei der Kooperation mit der Ärztekammer sind beide Professionen betreffende Fort- und Weiterbildungsfragen in einigen Ländern an einen Gemeinsamen Beirat verwiesen. Es verwundert nicht, dass Größenordnungen und Einflussgeschichte eine Rolle spielen. Die zehnmal größeren Ärztekammern verfügen über ein zigfaches an Ressourcen und haben lange existierende und weitreichende Netzwerke zur Verfügung. Dennoch haben sie lernen müssen und meist auch gutwillig gelernt, dass die Psychotherapeutenkammern ihnen auf Augenhöhe begegnen, nicht anders als Apotheker- und Zahnärztekammern. Sicher wird man Ärztekammern nicht abverlangen dürfen, dass sie in diesen Zeiten professioneller Verunsicherung und von Umwälzungen im Gesundheitswesen, die auch die Stellung der Ärzteschaft erschüttert haben, freiwillig auf Arztvorbehalte zugunsten von PP und KJP verzichten. Das muss an den Auffassungen der PP und KJP, die eine echte Gleichstellung mit Ärzten anstreben, nichts ändern.

Mit den **Verbänden** gibt es die beschriebenen Spannungsfelder und 40
Kooperationsnotwendigkeiten. Eine Kammerdemokratie ohne Ver-
bändedemokratie kann es nicht geben, sowenig wie die parlamentari-
sche Demokratie auf Parteien verzichten kann. Dennoch müssen
beide ihre Schnittstellen noch besser definieren, um unnütze Konkur-
renzen zu begrenzen und Verwirrung in der Mitgliedschaft der Kammern zu minimieren. Es hat sich dabei nicht als ausreichend erwiesen,
dass viele Kammeraktive in Personalunion Verbandsfunktionäre sind.
Es ist nötig, einen regelmäßigen Informationsaustausch zu organisieren und zu pflegen. Hier ist die BPtK vorbildlich vorangeschritten.

Mit den **Ausbildungseinrichtungen** haben alle Landeskammern en- 41
gen Kontakt, seien die PiA nun Kammermitglieder oder nicht und sei-
en die Approbationsbehörden und damit die Aufsicht über die Ausbildungseinrichtungen auch kammerfern tätig. Der Kontakt ist mehr
oder weniger freundschaftlich und mehr oder weniger regelmäßig.
Die Kompetenzen und das große know-how der Ausbildungseinrichtungen kommt den Kammern unterschiedlich zu gute.

Auch wenn viele Kammervorständler selbst ausbildungstätige Dozen- 42
ten und Supervisoren sind, gibt es dennoch Interessenskonflikte, die
aufeinander prallen können, wenn Ausbildungseinrichtungen untereinander konkurrieren, die Kammern als Interessensvertretung von
PiAs fürchten oder wenn fortbildungsaktive Kammern den Instituten
als wirtschaftliche Konkurrenz erscheinen. Die schlechtesten Lösungen ergeben sich aus mangelnder Kommunikation – auch zwischen
den Ausbildungseinrichtungen. Vielfach scheint in den Ausbildungseinrichtungen noch nicht erkannt zu sein, wie wichtig Kammern für
Wohl und Wehe der Ausbildung und vor allem der Nachwuchssiche-
rung sind, sei es in ihrem Einfluss auf die Bachelor-Master-Diskussi-
on z. B. punkto Akkreditierung, sei es in ihren Bemühungen um eine
Verbesserung der Ausbildungsbedingungen, der Sicherung der Aus-
bildungsverfahren, der Sicherung der privaten Institute, der Abwehr
europabedingter Zulassungsübel oder auch der Erweiterung der wirtschaftlichen Möglichkeiten für die Berufsangehörigen. In der Diskussion um das Gutachten zur Zukunft der Ausbildung zeigt sich jetzt,
wie eng Kammern und Ausbildungseinrichtungen aufeinander angewiesen sind. In der Fähigkeit mit einer Stimme zu sprechen wird sich
auch erweisen, wie stark Partialinteressen zugunsten einer gemeinsame Einflussnahme auf den Gesetzgeber zurücktreten. Die Gefahr eine
vielstimmigen Kakophonie (eine Spezialität der Profession, die Politiker gerne immer wieder als Begründung für willkürliches Tätigwerden oder Nicht -Tätigwerden bemühen) ist zumindest im Bereich der

KJP-Ausbildung nicht gebannt, wenn einige Fachhochschulen jetzt schon voll auf den Bachelor als Ausbildungsvoraussetzung setzen und in Kooperation mit KJP-Ausbildungsstätten Masterstudiengänge anbieten wollen, die mit der Ausbildung zum KJP weitgehend identisch sind. Der Weg in zwei Psychotherapeutenberufe unterschiedlichen Ranges wäre geebnet.[9]

7 Haben die Psychotherapeutenkammern Zukunft?

43 Neoliberale Politiker und Europatechnokraten haben Kammern schon öfter als nicht EU-tauglich dargestellt. Wenn man diese Vorstöße im Einzelnen betrachtet, handelt es sich jedes Mal um Fragen der Wettbewerbsverzerrung und der Wettbewerbsverhinderung, wo die Kammern sich, ob sie wollen oder nicht, in Richtung Kundenfreundlichkeit bewegen müssen. Der Lissabonprozess der EU, der den Wettbewerb der Dienstleister grenzüberschreitend befördern will, hat für die Regulierung der akademischen Heilberufe bisher v.a. Prüfaufträge, Vergleiche und Konvergenzforderungen erbracht. Auch das letztlich gerichtlich sanktionierte Recht von Patienten ihre Behandlung grenzüberschreitend zu suchen, muss in den Kammern niemand ernstlich beunruhigen. Von einer direkten Bedrohung der Selbstverwaltung in Kammern kann nicht die Rede sein.[10] Die Verständigung in Europa auf einheitliche Regularien für einzelne Berufe angesichts der ganz unterschiedlichen Staatstraditionen ist schwer.[11] Wenn hier von Zukunft gesprochen wird, sollte man dabei nahe und ferne Zukunft unterscheiden. In den nächsten Jahren wird sich kaum etwas verändern und die Heilberufe-Kammern werden in Deutschland, Österreich, den baltischen Ländern usw. ruhig ihre Arbeit tun können. Eine Psychotherapeutenkammer gibt es bisher nur in Deutschland, und die Brüsseler Bürokratie ist gerade dabei, sie als Gesprächspartner zu entdecken, um auch hier legitimierte Vertreter der Profession zu haben und nicht auf selbsternannten Repräsentanten aus der Europaverbandsszene angewiesen zu sein.

---

9 Vgl. www.bptk.de, Suchbegriff „Zukunft der Psychotherapieausbildung", abgerufen am 27.8.2008.

10 Vgl. *Kluth, W.:* Heilberufskammern – eine zukunftstaugliche Konzeption! Vortrag zum 50-jährigen Bestehen der Landeszahnärztekammer Baden-Württemberg.

11 Vgl. die EU-Richtlinie 2005/36/EG vom 7.9.2006.

Wenn man von einer Binnenperspektive her betrachtet, was langfris- **44**
tig den Kammern schaden kann, dann sind die möglichen Schädigungsursachen identisch mit den Schädigungsursachen für die Profession überhaupt. Wer pessimistische Zukunftsszenarien entwerfen
will, wird viel potentielles Unheil finden:

- Ein weiteres Erstarken von biologischen Paradigmen und die
  Reduzierung von Krankenbehandlung auf biologische Prozesse,
- den völligen oder teilweisen Verlust der Kassenfinanzierung
  (z. B. über Zuzahlungen),
- den weitergehenden Bettenabbau in den Krankenhäusern,
- die immer kostengünstigere Erbringung von „Psychotherapie"
  via Internet und Hilfspersonal,
- die Zersplitterung der Profession und ihre allmähliche
  Einordnung als Heilhilfsberuf,
- den Verlust der Fachlichkeit in einem chaotischen
  Wellnessmarkt.

So weit so schlecht und politisch durchaus denkbar. Es handelt sich
dabei aber um pessimistische Zukunftsszenarien ohne prognostische
Hellseherqualitäten.

Ihnen stehen mit guten Argumenten entgegen: **45**
- Weiter steigender gesellschaftlicher Bedarf,
- Grenzen der Pharmakotherapie,
- Grenzen der haus- oder primärärztlichen Leistungsfähigkeit,
- gute wissenschaftliche Fundierung der Berufstätigkeit,
- gute Lobbypolitik
- und Einheit der Profession.

Und nur weil große- und aus der Kampfzeit hin zum Psychotherapeu- **46**
tengesetz meinungsbildende – Teile der Profession jetzt bald in Rente
gehen, muss man nicht die Zukunftsszenarien auf „après nous le delu-
ge" umstellen. Mögen die Jungen, die noch Jahrzehnte an Berufstätigkeit vor sich haben, werden entschieden dagegenstehen.

Sie werden dann die Kammern nicht nur als Verwaltungs- und Befrie- **47**
dungsinstrument entdecken sondern eben auch als wichtigen Mei-
nungsbildner in der Profession. Und diese Profession könnte neben
der ihr manchmal eigenen Larmoyanz ein bisschen mehr Optimismus
gut vertragen.

Literatur

Buchholz, M.: Psychotherapie als Profession, Gießen 1999.

Köthke, W.: Psychotherapeutenversorgungswerk- ein Erfahrungsbericht, in: Behnsen, E. u. a. (Hrsg): Management Handbuch für die psychotherapeutische Praxis, Beitrag 1890, Heidelberg 2004.

Plantholz, M.: Pflegekammer. Gutachten erstattet im Auftrag der Fraktion Bündnis 90 /Die Grünen im Abgeordnetenhaus von Berlin, Hamburg 1994.

Ross-Strajhar, G.: Gesellschaft im Fokus der Sozialwissenschaften: das kranke Gesundheitswesen und seine Heilungschancen, Bonn 1999.

Rüping, U./Mittelstaedt, E.: Abgabe, Kauf und Bewertung psychotherapeutischer Praxen, Heidelberg 2008.

Schwartz, F. u. a.: Reader Gesundheitsökonomie, Gesundheitssystem und Public Health. Abteilung Epidemiologie, Sozialmedizin und Gesundheitssystemforschung. Medizinische Hochschule Hannover, Hannover 2007.

Stellpflug, M.: Kammerbeitrag Psychologischer Psychotherapeuten und Kinder- und Jugendlichenpsychotherapeuten, in: Behnsen, E. u. a. (Hrsg.): Management Handbuch für die psychotherapeutische Praxis, Beitrag 1170, Heidelberg 2008.

Wittmann, L./Kappauf, A.: Psychotherapeutenkammern, in: Behnsen, E. u. a. (Hrsg.): Management Handbuch für die psychotherapeutische Praxis, Beitrag 1650, Heidelberg 2006.

Internetquellen

www.bptk.de, Suchbegriff „Zukunft der Psychotherapieausbildung", abgerufen am 27.8.2008.

Kluth, W.: Heilberufskammern – eine zukunftstaugliche Konzeption! Vortrag zum 50-jährigen Bestehen der Landeszahnärztekammer Baden-Württemberg. http://www.lzk-bw.de/lzk/presse/Hintergrund/4085.php, abgerufen 27.8.2008.

Berufsrecht

Hartmut Gerlach

		Rn.
1	**Eine Einführung in Ihren Beruf**	1
1.1	Ziel dieses Beitrages	2
1.2	Einige Vorbemerkungen	5
1.3	Was werden Sie also unternehmen, wenn Sie sich selbstständig machen wollen?	8
1.4	Welche Versicherungen, Vorkehrungen und Anschaffungen sind für niedergelassene Psychotherapeuten unverzichtbar?	9
1.5	Zur Werbung	11
2	**Die Approbation und die Fachkunde**	14
3	**Die Institutionen**	20
3.1	Die Approbationsbehörde	20
3.2	Die Landespsychotherapeutenkammern	22
3.3	Die Bundespsychotherapeutenkammer (BPtK)	25
3.4	Die Kassenärztliche Vereinigungen (KVen) und Kassenärztliche Bundesvereinigung (KBV)	26
4	**Allgemeine Rechtsgrundlagen des Berufs des Psychotherapeuten – Berufs- und Sozialrecht –** ..	29
5	**Grundpflichten der Psychotherapeuten – verpflichtend sowohl im Berufsrecht als auch im Sozialrecht**	35
5.1	Aufklärungs-, Dokumentations- und Aufbewahrungspflichten	36
5.1.1	Übungsfall	38
5.1.1.1	Dokumentation	45
5.1.1.2	Aufbewahrungsfrist	46
5.2	Schweigepflicht (Schutz vor der „Verletzung von Privatgeheimnissen")	47

		Rn.
5.3	Schweigepflichtentbindung als Recht zur Offenbarung	55
5.4	Verpflichtung zur Offenbarung (§§ 138, 139 StGB)	56
5.5	Gerechtfertige Offenbarung (§ 34 StGB)	65
5.6	Geheimnisse oder Geständnisse eines Kindes oder Jugendlichen	67
5.7	Nicht gerechtfertigte Offenbarung	68
5.8	Zeugnisverweigerungsrecht	70
5.8.1	Verhältnis von Zeugnisverweigerungsrecht und Schweigepflicht	70
6	**Datenschutz? – Kein Problem, wir ignorieren ihn einfach …**	**74**
6.1	Krankenakte als Datenträger	76
6.2	Grundbegriffe	79
6.3	Krankenhäuser: Welches Datenschutzrecht gilt denn da eigentlich?	85
6.4	Therapeuten im Krankenhaus, Kliniken oder in Reha-Einrichtungen	86
6.5	Schweigepflicht und Datenschutz: Wie verhalten die sich denn aber zueinander?	89
6.6	Dokumentation und Datenschutz; Einsichtsrechte des Patienten	92
6.7	Datenschutz: „Übermitteln" – der gefährlichste Vorgang	95
6.8	Therapeuten in eigener Praxis	110
6.9	Exkurs ins Sozialrecht	119
6.9.1	Zugriff auf Patientendokumentationen/ Patientenkarteien	123
6.9.2	Auskunftspflichten des Therapeuten gegenüber Leistungsträgern (§ 100 SGB X)	128
6.10	Exkurs ins Jugendhilferecht	137
6.11	Einige Sicherheitsvorschläge für den Umgang mit Daten	139
6.12	Ihr Ziel muss es sein, den fahrlässigen Umgang mit Daten zu vermeiden	141
7	**Der Behandlungsvertrag, Haftungsfragen**	149
7.1	Der Behandlungsvertrag	149
7.2	Die Haftung	156

Rn.

8   **Die Musterberufsordnung (MBO) und die
        Berufsordnungen der
        Psychotherapeutenkammern**   169

Literatur

Internetquellen

Schlagwortübersicht

	Rn.
Abkürzungen	13
Abrechnungsunterlagen	119
Abstinenzgebot	165
Anamnese	155
Antivirensoftware	145
Anzeige	9, 68
Anzeigepflicht	56, 61
Approbation	14
– Regel	14
– Rückgabe	14, 19
– Rücknahme	14, 19
– Ruhen	14, 19
– Verzicht	14, 19
– Widerruf	14, 19
Arbeitsstättenverordnung	9
Arzt	
– überweisender	122
Arztregister	
– Eintragung in das	14
Aufbewahrungsfrist	46
Aufklärung	40
– Dokumentation	43
Aufklärungsmerkblatt	40
Aufklärungspflicht	
– Checkliste	37
Auftrag	
– schriftlich	148
Aufzeichnungen	45, 93
Ausbildungsteilnehmer	174
Auskunftspflicht	129
– gegenüber Berufs-	
genossenschaft	130
– gegenüber Eltern	138
– gegenüber GKV	130
– gegenüber Krankenkasse	134
– gegenüber Medizinischem	
Dienst	134
– gegenüber Patienten	93
– gegenüber Rentenver-	
sicherungsträger	130, 132
– gegenüber Unfallver-	
sicherungsträger	130
– gegenüber Versorgungsamt	130, 133
Ausrüstung	9
– technische	9
Aussagepflicht	72
BAG	124
Befund	
– Vorlage des	120
Behandlungsbedürftigkeit	113

	Rn.
Behandlungsfehler	159, 165
Behandlungsvertrag	92, 149, 152
– Aufhebung	154
– Kündigung	154
– Kündigung zur Unzeit	154
– Kündigungsfrist	154
– Kündigungsrecht	154
– mit Minderjährigen	151
– Nebenpflicht	44
– Tod einer Vertragspartei	154
Beratender Fachausschuss für	
Psychotherapie	28
Beratungszweck	138
Beruf	
– gewissenhafte Ausübung	173
Berufsausübungsgemeinschaft	124
Berufsgeheimnisträger	48, 70
– straffrei	58
Berufsgenossenschaft	8, 131
Berufsgerichtsbarkeit	175
Berufshaftpflicht	9
Berufsordnung	90, 127
Berufsrecht	5, 7, 29, 31
Beschuldigter	
– Schweigerecht	42
Beweissicherung	45
Bildschirmschoner	142
BMV-Ä	27
Briefkopf	9
Bundesmantelverträge-Ärzte	27
Bürgerliches Recht	31
Chefarzt	87
Daten	
– anonymisierte	81
– Aufbewahrungspflicht	46
– Ausspähen von	141
– belanglose	76
– besondere	82
– Erheben	79
– Löschen	79
– Nutzen	79
– personenbezogene	76
– Speichern	79
– Sperren	79
– Übermitteln	79, 127
– Umgang	83
– Verändern	79
– Verarbeiten	79
Datenschutz	128
Datenschutzaudit	139

	Rn.		Rn.
Datenschutzbeauftragter	139	HIV	66
Datenschutzkonzept	139	IGeL	18
Datenschutzrecht	82	Institut für Qualität und	
– verantwortliche Stelle		Wirtschaftlichkeit im	
im Sinne des	148	Gesundheitswesen	27
Datenträger		Internet	144
– Vernichtung	147	Internetzugang	145
– Verschlüsselung	144	Jugend- und Sozialamt	128
Datenübermittlung	127	Jugendamt	107, 137 f.
Datenübertragung		– Auskunftspflicht gegenüber	
– schriftliche Einwilligung	127	Eltern	138
Deutscher Psychotherapeutentag	25	Kammermitglieder	
Diagnosefehler	164	– berufliche Belange	22
Dienstvertrag	149	Kassenpatient	150, 152
Dokumentation	40	KBV	26
– Aufbewahrungsfrist der	46	Kindesmisshandlung	66
– des Behandlungsablaufes	92	KJP	14
– Einsicht	92	KJPsychTh-AprV	50
Dokumentationsmangel	45	Klinikbericht	81
Dokumentationspflicht	64	Konfliktlage	138
EDV-Anlage		Kontrahierungszwang	153
– Reparatur	148	Kranken- und Krankenhaus-	
Einsichtsrecht des Patienten	93	tagegeldversicherung	9
Erlaubnis		Krankenakte	76
– befristete	14	Krankenhaus	
Ermächtigung	14	– Datenschutz im	85 f., 128
Fachkunde	14	Krankenhausverwaltung	87
Fahrlässigkeit	160	Krankenkasse	134
Familiengericht	137 f., 151	Krankenunterlagen	87, 93
Faustformel	105	Krankenversicherungsnummer	86
Finanzamt	8	KVen	26, 28
GBA	27	Landeskrankenhausgesetz	101
Geheimnis	49, 51, 54	Landespsychotherapeuten-	
Geheimnisträger	50	kammer	8
Gemeinsamer Bundesausschuss	27	Laptop	144
Gemeinschaftspraxis	124	Leistung	
Geständnis	52, 64	– gewerbliche	18
Gewerberäume	9	– IGeL-	18
GOÄ	18	Leistungserbringer	114
GOP	18	Leistungsträger	114
Gutachter		MBO-PP/KJP 2006	169
– Bericht an den	113, 116	MDK	134
– Mitteilungen an den	81	Medizinische Erkenntnisse	
Haftung	155	– anerkannter Stand	27
– deliktische	158	Medizinischer Dienst	134
– zivilrechtliche	156	Medizinisches Versorgungs-	
Hausarzt	122	zentrum	124
Heilkunde	23	Minderjährige	151
Heilpraktiker	50	– Einsichts- und Urteils-	
Heilpraktikererlaubnis	16, 18, 70	fähigkeit	108
Hilfe		Missbrauch	
– erzieherische	137	– sexueller	66

	Rn.		Rn.
Mitwirkungspflicht	155	Selbstbestimmungsrecht	
Netz	145	– informationelles	76
Nichtanzeige	58	Sicherheitskonzept	128
Notstand		Sicherheitsvorschläge	129
– rechtfertigender	65, 108	Sicherung	
Offenbaren, befugtes	66	– tägliche	146
Offenbarung	61	Sicherungskopie	146
Offenbarungsbefugnis	66, 110	Sitzung	
Offenbarungspflicht	66	– probatorische	151
Originaldatenträger	146	Sorge, elterliche	67
Passwort	142	Sorgeberechtigte	151
Patient	93	Sorgfaltspflicht	166
Patientenkartei	123	Sozialdaten	76
Personal	9	Sozialgeheimnis	80, 104, 108
Personensorgeberechtigter	138	Sozialleistungen	138
Persönlichkeitsrecht	77	Sozialrecht	7, 29, 31
Pflichtmitgliedschaft	24	Stellplatz	9
PiA	48	Stempel	9
Plausibilitätskontrolle	120	Straftat	52, 64
Plausibilitätsprüfung	120	Suizid	64
PP	14	Suizidalität	41
Praxisgebühr	122	Suizidvereinbarung	43
Praxisgemeinschaft	123	Supervisor	150
Praxisnetz	123	Teilhabe	136
Praxisräume	9	Telefonnetz	144
Praxisschild	9	Therapeut	
Privatbehandlung	18	– Weisungen des	155
Privatgeheimnis		Therapiesicherung	45
– Verletzung von	96	TV-L	15
Privatpatient	101, 121, 150	TVöD	15
Privatpraxis	5	TVÜ-Bund	15
Pseudonymisieren	81	TVÜ-Land	15
Psychotherapeut		TVÜ-VKA	15
– Überlastung	153	Übermitteln	95
Psychotherapierichtlinien	27	Übermittlungsbefugnis	108, 110
Psychotherapieverfahren	15	Übernahmeverschulden	41, 155, 163
PsychTh-AprV	50	Überwachung	23
PsychThG	14	Übungsfall	41
Qualitätssicherung	120	Unfallversicherungsträger	130
Rechenschaftslegung	45	Update	
Reha-Einrichtung	104, 129	– aktuelles	145
– Datenschutz in	128	Urkunde	
Rehabilitation	136	– Verfälschung	45
Rentenversicherung	132	Verantwortliche	82
Rentenversicherungsträger	130	Verbotsirrtum	66
Richtlinien	27	Verbrechen	
Sachleistungsanspruch	152	– Planung	58
Schutzauftrag	138	Verkammerung	22
Schweigepflicht	18, 96	Verschwiegenheitspflicht	90
– Bruch der	65, 70	Versichertendaten	
Schweigepflichtentbindung	55	– Erhebung	120
Schweigeverpflichteter	109	Versorgungsamt	130, 133

	Rn.		Rn.
Versorgungswerk	9	Werkvertrag	149
Vertrag zu Gunsten		Willenserklärungen	149
Dritter	151	Zeugnisverweigerung	50
Vertrauensverhältnis	153	Zeugnisverweigerungsrecht	18
Vertreter		Zeugniszwang	70
– gesetzlicher	138	Zulassung	14
Verwaltungsleiter	87	Zustimmung	
Vorsatz	160	– schriftliche	131
Weiterbehandlung	122	Zweckbindungsgrundsatz	115
Werbeverbot	11	Zwei-Schranken-Modell	97

1 Eine Einführung in Ihren Beruf

Grundsätzliches vorweg: **1**

- Als Psychotherapeutin oder Psychotherapeut sind Sie Unternehmerin oder Unternehmer (§ 14 Abs. 1 BGB, § 2 Abs. 1 UStG).
- Als Unternehmerin und Unternehmer stehen Sie im Wettbewerb zu anderen Unternehmern/innen.
- Wettbewerb heißt aber nicht (nur): Kampf aller gegen alle, sondern er fördert (auch) Kreativität, Innovation und Qualität.
- Eingegrenzt wird der Wettbewerb durch ein Geflecht von Vorschriften, die Sie schützen, aber auch behindern.
- Unternehmerinnen oder Unternehmer, die sich nicht informieren („Fort- und Weiterbilden"), laufen eher Gefahr, im Wettbewerb zu verlieren.
- Und im Übrigen verpflichtet Sie der § 95d SGB V zur Fortbildung, sofern Sie im Rahmen der GKV tätig sind, jedenfalls Ihr jeweils geltendes Heilberufe-Kammergesetz des Landes, in dem Sie künftig arbeiten werden, konkretisiert durch das geltende Fortbildungsrecht Ihrer Kammer.

1.1 Ziel dieses Beitrages

Im Wesentlichen geht es um folgende Punkte: **2**

- Sie sollen Kenntnisse erhalten, um Ihren künftigen beruflichen Standort zu bestimmen und ggf. die Parameter Ihres beruflichen Handelns (neu) zu justieren.
- Was können Sie – als Unternehmerin/Unternehmer – unternehmen?

3 Sie können sich bspw. berufsrechtlich (in einer Privatpraxis) als Psychotherapeut, Supervisior oder in sonstiger Weise (selbstständig) beruflich betätigen oder aber als angestellter Psychotherapeut in Kliniken, Beratungsstellen, Forschungseinrichtungen, Universitäten und ähnliches mehr.

4 Nachfolgend werden Ihnen **Grundinformationen** vermittelt, also Wegweiser und Wegemarken gezeigt werden, damit Sie sich im Wettbewerb behaupten und im Geflecht der Vorschriften zurecht finden können. Umfassendere Informationen wollen Sie indessen der jeweils angeführten Literatur entnehmen.

1.2 Einige Vorbemerkungen

5 Mit der Approbationsurkunde in der Hand – ohne Eintrag in das Arztregister der jeweils zuständigen Kassenärztlichen Vereinigung (KV) – können Sie eine psychotherapeutische Tätigkeit nur in einer **Privatpraxis** ausüben; Sie unterliegen damit **nur** dem **Berufsrecht**. Ob Sie allerdings von einer Privatpraxis leben können, erscheint zweifelhaft. Soweit Sie indes eine Tätigkeit (Beschäftigung als Angestellter) in einer Klinik, einem Krankenhaus, einer Beratungsstelle oder in einer sonstigen Institution aufnehmen (wollen), sei auf → Munz, Arbeitsfelder angestellter Psychotherapeuten, Rn. 23 ff. verwiesen.

6 Im Regelfalle werden Sie allerdings, sofern Sie selbstständig tätig werden wollen, eine private **und** eine vertragspsychotherapeutische Praxis anstreben. In Deutschland sind nämlich rund 90 % aller Patienten gesetzlich pflichtversichert, die restlichen 10 % sind privat versichert, davon wiederum 5 % Beihilfe berechtigt. Soweit Sie also nicht mit einem ausreichenden Privatpatientenstamm rechnen können, wird das Ziel sein, eine Zulassung zur Gesetzlichen Krankenversicherung (GKV) anzustreben (dazu mehr unter → Stellpflug, Zulassung als Vertragspsychotherapeut, Rn. 7 ff.).

7

> **Hinweis:** Dieser „**Abschnitt 2**" widmet sich in erster Linie dem **Berufsrecht**, Überschneidungen mit dem **Sozialrecht**, also mit dem Recht, das für die zur GKV zugelassenen Psychotherapeuten, Ärzte und für die gesetzlich Versicherten gilt, sind indessen unvermeidbar, ja notwendig.

1.3 Was werden Sie also unternehmen, wenn Sie sich selbstständig machen wollen?

Sie werden Ihre Niederlassung in eigener Praxis schriftlich anzeigen **8** gegenüber:

- Der **Landespsychotherapeutenkammer** (LPK) gemäß des für Sie geltenden Heilberufe-Kammergesetzes in Verbindung mit der Meldeordnung der Kammer,
- ferner dem **Finanzamt**. Dort werden Sie eine Betriebsidentifikationsnummer beantragen. Zudem werden Sie künftig einkommensteuerpflichtig sein. Da Sie Heilkunde ausüben, zahlen Sie keine Umsatzsteuer (Mehrwertsteuer) und keine Gewerbesteuer (§ 4 Nr. 14 UStG). Achtung aber: Kollegiale Supervision ist umsatzsteuerpflichtig; Sie haben aber einen Freibetrag von 17 500,00 Euro/Jahr. Wenn Sie Personal beschäftigen, haben Sie Lohnsteuer und Sozialabgaben abzuführen.
- Überdies sind Sie meldepflichtig bei der **Berufsgenossenschaft** (BG) für Gesundheitsdienst und Wohlfahrtspflege, Pappelallee 35/37, 22089 Hamburg. Am besten Sie schreiben die BG an und teilen – unter Beifügung einer Kopie Ihrer Approbationsurkunde – mit, Sie hätten eine Praxis eröffnet. Solange Sie kein Personal beschäftigen, werden Sie nicht beitragspflichtig sein. Hier besteht aber für Sie selbst die Möglichkeit, sich freiwillig bei der BG gegen Berufsunfälle zu versichern. Ihre Meldepflicht bei der BG beruht auf § 192 SGB VII (Gesetzliche Unfallversicherung), denn auch im Sinne der gesetzlichen Unfallversicherung betreiben Sie ein Unternehmen (Unternehmen: Psychotherapeutische Praxis).

1.4 Welche Versicherungen, Vorkehrungen und Anschaffungen sind für niedergelassene Psychotherapeuten unverzichtbar?

Grundsätzliche Überlegungen/Vorkehrungen bei der Niederlassung: **9**

- Zunächst haben Sie eine **Berufshaftpflicht** abzuschließen, ferner eine **Kranken- und Krankenhaustagegeldversicherung**. Und Sie haben Vorsorge für Ihr Alter zu treffen. In Ihrem Bundesland wird sich – angegliedert an Ihre Psychotherapeutenkammer – ein **Versorgungswerk** anbieten, bei dem Sie im Regelfalle Pflichtmitglied werden. Näheres wollen Sie dort erfahren.

- Was Sie an **technischer Ausrüstung** in Ihrer Praxis brauchen, hängt davon ab, in welcher Weise Sie sich beruflich betätigen wollen. Soweit Sie einmal zur GKV zugelassen sein werden, bedürfen Sie eines Computers und einer zertifizierten Abrechnungssoftware sowie eines Chipkartenlesegeräts. Das Nähere wird die Ihnen zuständige KV mitteilen. Ebenso benötigen Sie einen zertifizierten Drucker. Ferner einen verschließbaren Aktenschrank, einen Aktenvernichter, Telefon, Fax und Anrufbeantworter. Feuerlöscher und eine Fluchtwegekennzeichnung (grünes Symbol der Berufsgenossenschaft).
- Natürlich benötigen Sie auch ein **Praxisschild.** Je nach der Berufsordnung Ihrer Landespsychotherapeutenkammer können Sie dieses im Wesentlichen frei gestalten. Allerdings muss es der Wahrheit und Klarheit entsprechen und nicht etwa Qualifikationen aufführen, die Sie nicht tatsächlich besitzen. Im Zweifel erkundigen Sie sich bei Ihrer Kammer. Selbstverständlich können Sie die Verfahren angeben, die Sie ausüben („Verhaltenstherapie, tiefenpsychologisch fundierte Psychotherapie oder Psychoanalyse"), ferner, soweit Sie dazu berechtigt sind, „Supervision" oder aber auch Schwerpunkte der Tätigkeit. Diese müssen Sie aber auch tatsächlich ausüben und beherrschen!
- Ähnliches wie für das Praxisschild gilt für **Briefkopf, Stempel, Anzeigen** und Einträge in Verzeichnisse aller Art. Alle diese Einträge müssen sachlich gehalten sein, und sie müssen der Wahrheit und Klarheit entsprechen.
- Bei den **Praxisräumen** sollten Sie Folgendes beherzigen: Üben Sie Ihre psychotherapeutische Praxis nicht im Wohnraum aus, sofern Ihnen das Landesrecht dies nicht ausdrücklich gestattet. Mieten Sie vielmehr **Gewerberäume** an, dann bewegen Sie sich im Regelfalle auf der sicheren Seite. Zwar ist die Zweckentfremdung von Wohnraum in den meisten Bundesländern inzwischen aufgehoben worden, aber die jeweiligen Landesbauordnungen schreiben durchaus vor, dass eine Umwidmung von Wohnraum in Praxisraum nur unter bestimmten Voraussetzungen (z. B. einer Genehmigung) stattzufinden hat.
- Soweit Sie **Personal** beschäftigen, sind Sie an die **Arbeitsstättenverordnung** gebunden; diese gilt indes nicht für Sie persönlich.

- Schließlich, so Sie keine Gewerberäume anmieten, besteht die Gefahr, dass Sie nach der jeweiligen Stellplatzverordnung des jeweiligen Landes verpflichtet sind, **Stellplätze** entweder bereit zu stellen oder stattdessen eine empfindliche Ablöse zu bezahlen.

Tipp: Mieten Sie Gewerberäume an!

Sofern Sie Ihre Praxis im eigenen Haus oder in Ihrer Eigentumswohnung ausüben wollen, erkundigen Sie sich vorher nach den geltenden Bestimmungen. Im Übrigen sei auf das „Management-Handbuch für die Psychotherapeutische Praxis"[1] verwiesen.   **10**

1.5 Zur Werbung

Zu beachten gilt es grundsätzlich: **11**
- Das früher noch geltende **Werbeverbot** für Ärzte und Rechtsanwälte ist **weitgehend** durch das Bundesverfassungsgericht (BVerfG) aufgehoben bzw. **gelockert** worden. Wichtig ist aber auch hier: Es darf **keine Irreführung** stattfinden, **Wahrheit** und **Klarheit** sind einzuhalten. Sie dürfen nicht Ihre Tätigkeit anpreisen oder eine vergleichende Werbung vornehmen. Tun Sie das gleichwohl, könnten Sie gegen das Gesetz gegen den unlauteren Wettbewerb (UWG) verstoßen. Sie können indessen beliebig oft Zeitungsanzeigen schalten, auf Ihr Therapieverfahren hinweisen und zugleich Sprechzeiten und Telefon usw. angeben. Gleiches gilt für Einträge in das Branchenbuch „Gelbe Seiten" oder in andere Verzeichnisse. Bei der Werbung muss die Information im Vordergrund stehen; Abkürzungen und Logos sind erlaubt.
- Hier sei der § 15 Abs. 1 der Berufsordnung Baden-Württemberg zitiert: „Psychotherapeuten sind verpflichtet, berufswidrige Werbung zu unterlassen, insbesondere anpreisende, irreführende oder vergleichende Werbung. Psychotherapeuten dürfen eine solche Werbung durch andere weder veranlassen noch dulden. Irreführende Heilungsversprechen sind zu unterlassen".

---

1 *Mergenthaler, J.:* Praxisräume: Miete/Kauf/Nutzung, in: Behnsen, E. u. a. (Hrsg.): Management Handbuch für die psychotherapeutische Praxis, Beitrag 1550, Heidelberg 2007.

12 Schon aus dem ersteren Satz der vorzitierten Bestimmung wird deutlich, dass Werbung grundsätzlich zulässig ist, nur eben keine berufswidrige oder irreführende.

13 Wie Sie bereits feststellen konnten, werden in diesem Abschnitt vielfach **Abkürzungen** verwendet. Einige sollen hier noch einmal hervorgehoben werden:

- **Ärzte-ZV** = Zulassungsverordnung für Ärzte
- **BMV-Ä** = Bundesmantelvertrag-Ärzte
- **GKV** = Gesetzliche Krankenversicherung
- **HPG** = Heilpraktikergesetz
- **KJP** = Kinder- und Jugendlichenpsychotherapeut
- **PP** = Psychologischer Psychotherapeut
- **SGB** = Sozialgesetzbuch
- **StGB** = Strafgesetzbuch
- **StPO** = Strafprozessordnung

2 Die Approbation und die Fachkunde

14 1. **Einleitung**: Was heißt **Approbation**? = Bezeichnung für die staatliche Zulassung als Psychotherapeut/in, Arzt/Ärztin oder zu einem anderen akademischen Heilberuf. Geregelt ist die Approbation im § 2 des Psychotherapeutengesetzes (**PsychThG**). Die staatliche Erlaubnis, als notwendige Voraussetzung heilkundlich tätig sein zu dürfen („Psychotherapie ist Heilkunde": BVerwG NJW 1984, 1414), wird schon seit den „Konstitutionen von Melfi" (Stauferkaiser Friedrich II: 1194 – 1250) für Heilbehandlungen gefordert.

2. Zu unterscheiden ist die **Übergangs-Approbation** (§§ 12, 2 PsychThG) von der **Regel-Approbation** (§ 2 PsychThG). Die Mehrzahl der Psychologischen Psychotherapeuten/innen (**PP**) und Kinder- und Jugendlichenpsychotherapeuten/innen (**KJP**) verfügen (noch) über die Übergangs-Approbation In der Zukunft wird deren Zahl aber ab- und die der Regel-Approbierten zunehmen; die Zukunft hat also schon begonnen.

3. Die **Approbation** ist von der **befristeten Erlaubnis** (§ 4 PsychThG) zu unterscheiden. Letztere bekommen i. d. R. nur solche Psychotherapeuten, die Ausländer sind und die nicht aus einem EU/EWR-Staat stammen, die aber eine Ausbildung absolviert haben, welche der deutschen entspricht. Soweit sie eine Erlaubnis haben, sind sie im Wesentlichen den deutschen Appro-

bations-Inhabern berufsrechtlich gleichgestellt (§ 4 Abs. 3 PsychThG). Die Befristung ist auf 3 Jahre begrenzt; eine Verlängerung kommt nur in Ausnahmefällen in Betracht.

4. Der **Geltungsbereich der Approbation** erstreckt sich auf Deutschland, gilt also in jedem Bundesland und erlischt erst durch (im Einzelnen: unten Ziffer 10.) **Rücknahme, Widerruf, Ruhen** oder **Verzicht** (§ 3 PsychThG), zuweilen auch durch ihre **„Rückgabe".** Im **EU**-Ausland und der Schweiz gilt sie nur unter bestimmten Maßgaben.[2] I. d. R. wird wohl der/die deutsche Psychotherapeut/in, der/die ins EU-Ausland geht, sich entweder einem Anpassungslehrgang oder einer Eignungsprüfung zu unterziehen haben, wenn er/sie keine ausreichende Berufserfahrung nachweisen kann (§ 2 Abs. 2 und 3 PsychThG). Umgekehrt gilt das Gleiche.

5. **Approbation, Fachkunde** (§ 95c SGB V), **Arztregistereintrag** (§ 4 Ärzte-ZV) und **Zulassung/Ermächtigung** (§ 95 SGB V, §§ 19 Abs. 2, 31 Ärzte-ZV) stehen in einem Stufenverhältnis zueinander. Die Ablehnung, ins Arztregister eingetragen zu werden, dürfte in den meisten Fällen mit der fehlenden Fachkunde des Inhabers der Übergangs-Approbation zusammenhängen. Diejenigen Berufsbewerber, die die Regel-Approbation bekommen haben oder werden, verfügen indes regelmäßig über die erforderliche **Fachkunde** (= ausgewiesen durch die Prüfungsurkunde einer anerkannten Ausbildungsstätte über die bestandene Prüfung in einem Richtlinien-Verfahren). Sie werden, wenn alle sonstigen Voraussetzungen vorliegen, auf Antrag ins Arztregister eingetragen. Psychotherapeuten/innen ohne Arztregistereintrag erhalten i. d. R. keine Vergütung seitens der Privatkrankenkassen (PKV) bei der Behandlung von Privatpatienten, schon gar nicht von gesetzlichen
Krankenkassen (GKV), wohl auch nicht im Rahmen des sog. Kostenerstattungsverfahrens (§ 13 Abs. 2 Satz 4 oder Abs. 3 SGB V). Um zur GKV zugelassen zu werden (**„Zulassung"**), muss der Antragsteller die Approbation und den Arztregistereintrag nachweisen; überdies müssen die persönlichen Voraussetzungen vorliegen (**Eignung**).

6. **Approbationen** in **Institutionen**: Ein Arbeitsgericht verweigerte einem Psychotherapeuten, sich innerhalb einer Klinik „Psychologischer Psychotherapeut" zu nennen.[3] Die eingelegte Berufung

---

2 EG-Berufs-Anerkennungsrichtlinie 2005/36 EG.
3 *Gerlach, H.,* in: Psychotherapeutenjournal, 3/2005, S. 240 und *1/2006, S. 22, 2/ 2006, S. 141* und 4/2006, S. 380.

war erfolgreich. Es darf sich also der Approbierte in einem Beschäftigungsverhältnis Psychologischer Psychotherapeut oder Kinder- und Jugendlichenpsychotherapeut nennen.

15

> **Hinweis:** Seit 1.10.2005 gelten der „Tarifvertrag öffentlicher Dienst (**TVöD**)" und die „Tarifverträge zur Überleitung der Beschäftigten des Bundes und der Vereinigung der kommunalen Arbeitgeberverbände in den TVöD und zur Regung des Übergangsrechts (**TVÜ-Bund / TVÜ-VKA**)" einerseits und der **TVÜ-Land / TV-L** andererseits. Bislang bestand nicht o. W. ein Anspruch des PP/KJP auf sog. Höhergruppierung im BAT.[4] Ob der TVöD Verbesserungen für die PP und KJP bringen wird, bleibt im Hinblick auf die noch immer ausstehende Entgeltordnung und die Eingruppierungsvorschriften (§§ 5, 17 TVÜ-VKA/- Bund: „Vergleichsentgelt/ Eingruppierung") abzuwarten, erscheint aber derzeit immer zweifelhafter. Hinsichtlich der Eingruppierungen von PP/KJP sollte sich bis zum 1. Oktober 2007 einiges ändern[5].; tatsächlich kommen die Tarifvertragsparteien in ihren Verhandlungen nicht recht voran angesichts der Komplexität der Materie.

7. Welche **Psychotherapieverfahren** dürfen im Rahmen der Approbation angewandt werden: Verhaltenstherapie, Tiefenpsychologisch-fundierte Psychotherapie und analytische Psychotherapie sowie Gesprächspsychotherapie für Erwachsene. Andere Verfahren sind bislang nicht wissenschaftlich anerkannt und damit nicht vom § 1 Abs. 3 Satz 1 PsychThG gedeckt. Dieser lautet:

Ausübung von Psychotherapie im Sinne dieses Gesetzes ist jede mittels wissenschaftlich anerkannter psychotherapeutischer Verfahren vorgenommenen Tätigkeit zur Feststellung, Heilung oder Linderung von Störungen mit Krankheitswert, bei denen Psychotherapie indiziert ist.

16

> **Hinweis:** Das Oberverwaltungsgericht[6] sieht das hinsichtlich der anwendungsfähigen Verfahren aber anders:
>
> *… In Anlehnung an den ärztlichen Bereich, in dem einem Arzt im Rahmen der Therapiefreiheit nicht von vornherein der Einsatz wissenschaftlicher Behandlungsmethoden untersagt ist, kann demnach ein wissenschaftlich anerkanntes Verfahren i. S. des § 1 Abs. 3 PsychThG dann angenommen werden, wenn es wissenschaftlich begründete Argumente in der Profession der Psychotherapeuten für sich findet, wobei dies auch eine Mindermeinung zulässt, oder wenn das psychotherapeutische Verfahren in der Fachdiskussion eine breite Resonanz gefunden hat und in der beruflichen Praxis von einer erheblichen Zahl von Therapeuten angewandt wird.*

---

4   Gerlach, H., TVöD – Hoffnung der Psychotherapeuten in: Psychotherapeutenjournal, 1/2006, S. 22.

5   Im Einzelnen: *Gerlach, H.:* TVöD – Hoffnung für Psychotherapeuten? – Die Tarifvertragsreform im Öffentlichen Dienst, in: Psychotherapeutenjournal, 1/2006, S. 22; 2/2006, S. 141 und 4/2006, S. 380.

6   *OVG NRW*, 13 A 5238/04 v. 15.1.2008, S. 10; *OVG NRW*, 13 A 2146/06 v. 4.8.2008.

Kurz: Das OVG unterscheidet in seinem Urteil streng zwischen dem Nachweis der „Wirksamkeit" und dem Nachweis der „wissenschaftlichen Anerkennung". Letztere Ausführungen des OVG gelten aber nicht für Psychotherapien im Rahmen der GKV. KJP hingegen bedürfen einer Heilpraktikererlaubnis (**HPG-Erlaubnis**), sofern sie Erwachsene psychotherapeutisch behandeln, es sei denn, es liegt die Ausnahme des § 1 Abs. 2 PsychThG vor. Dieser lautet:

Die Berechtigung zur Ausübung des Berufs des KJP erstreckt sich auf Pat., die das 21 Lebensjahr noch nicht vollendet haben. Ausnahmen von Satz 1 sind zulässig, wenn zur Sicherung der Therapieerfolgs eine gemeinsame psychotherapeutische Behandlung von Kindern und Jugendlichen mit Erwachsenen erforderlich ist oder bei Jugendlichen eine vorher mit Mitteln der Kinder- und Jugendpsychotherapie begonnene psychotherapeutische Behandlung erst nach Vollendung des 21. Lebensjahrs abgeschlossen werden kann[7].

Verfügen Sie – als KJP – nicht über eine solche HPG-Erlaubnis, könnten Sie sich insoweit nach § 5 HPG strafbar machen. I. Ü.: Eine Beschränkung auf „wissenschaftlich anerkannte Verfahren" ist rechtlich zulässig und keineswegs ungewöhnlich.   **17**

Beispiel:
Der Steuerberater darf nach geltendem Recht keine Rechtsberatung seiner Klienten betreiben, also bspw. keine Gesellschaftsverträge fertigen. Der Rechtsanwalt hingegen darf auch steuerberatend tätig sein, ohne vom Steuerrecht etwas zu verstehen.

Tipp: Bite beachten, dass Kinder- und Jugendlichenpsychotherapeuten berufsrechtlich nur dann berechtigt sind, Erwachsene zu behandeln, wenn sie entweder auch eine Approbation als Psychologische/r Psychotherapeut/in oder aber zumindest eine (eingeschränkte) Heilpraktiker-Erlaubnis (nur: Psychotherapie) haben.   **18**

8. Für die **Privatbehandlungen** gilt die Gebührenordnung für Psychotherapeuten – **GOP** in Verbindung mit der Gebührenordnung für Ärzte – **GOÄ**. Es ist die Pflicht des Therapeuten, diese anzuwenden. Hält er sich nicht an sie, stellt dies eine Berufsordnungs- und eine Vertragsverletzung dar. Die Erbringung von **IGeL-Leistungen** (= **I**ndividuelle **Ge**sundheits-Leistung) stellt ebenfalls eine Privatbehandlung dar. Siehe hierzu → Best, Arbeitsfelder niedergelassener Psychotherapeuten, Rn. 65 ff. Die Erbringung **gewerblicher Leistungen** (zB Bücherverkauf) im Rahmen einer Psychotherapie ist nicht zulässig, zulässig ist es indes, außerhalb der Praxisräume gewerbliche Leistungen anzubieten. Eine Verknüpfung mit Psychotherapieleistungen hat aber zu unterbleiben. Hält sich der Psychotherapeut nicht an diese

---

7 Vgl. aber den einschränkenden Wortlaut des § 7 Abs. 6 der Psychotherapievereinbarung, die allerdings nur im Bereich der GKV Bedeutung hat.

Empfehlung, könnte seine Tätigkeit wie erwähnt leicht in den gewerblichen Bereich herübergleiten und damit u. U. sogar eine Gewerbesteuerpflicht auslösen (aufgrund der sog. steuerlichen Abfärbewirkung).

9. Während die **Heilpraktikererlaubnis** (HPG-Erlaubnis – nur Psychotherapie) (Nr. 7 oben) keine Grundlage für die **Schweigepflicht** (§ 203 Abs. 1 Nr. 1 StGB) und das **Zeugnisverweigerungsrecht** (§ 53 Abs. 1 Nr. 3 StPO) bietet (anders: § 383 ZPO), stehen diese Pflichten/Rechte den PP/KJP und „Berufspsychologen" sehr wohl zu.

19

> **Tipp:** Bitte beachten, dass diese indes dem Pat., nicht dem/der Therapeuten/in dienen. Der § 132a Abs. 1 Nr. 2 StGB bestimmt darüber hinaus, dass die Berufsbezeichnung „Psychologischer Psychotherapeut/in oder Kinder- und Jugendlichenpsychotherapeut/in" nur der/diejenige führen darf, der/die die Voraussetzungen des § 1 PsychThG erfüllt, also über eine Approbation verfügt. Dem Heilpraktiker oder dem Dipl.-Psych. mit HPG-Erlaubnis fehlt dazu die Berechtigung; sie können sich also weder o. W. auf die Schweigepflicht noch gar auf das Zeugnisverweigerungsrecht berufen.

10. **Rücknahme, Widerruf, Ruhen, Verzicht** und „**Rückgabe**" der Approbation: Eine Rücknahme (§ 3 Abs. 1 PsychThG) kommt dann in Betracht, wenn bei ihrer Erteilung in Wahrheit keine abgeschlossene Ausbildung vorgelegen hat, ein Widerruf (§ 3 Abs. 2 PsychThG), wenn der Therapeut sich eines Verhaltens schuldig gemacht hat, aus dem sich die Unwürdigkeit oder Unzuverlässigkeit zur Ausübung des Berufs ergibt, ein Ruhen, wenn personenbedingte Gründe vorliegen, also gegen den Approbations-Inhaber wegen des Verdachts einer Straftat ein Strafverfahren eingeleitet ist und ein Verzicht, wenn der Approbations-Inhaber durch schriftliche Erklärung gegenüber der zuständigen Behörde auf die Approbation verzichtet. Eine „Rückgabe" gibt es nicht, auch wenn diese Formulierung gelegentlich verwandt wird. Die Approbations-Urkunde muss zwar zurückgegeben werden, aber dieser Rückgabeakt ist m. A. n. als (konkludenter = schlüssiger) Verzicht zu werten. Sehr streitig ist, ob die „Rückgabe" endgültig ist, oder ob der Therapeut die Approbation, wenn er sie benötigt, sie o. W. „wiederbekommt". Hier bestehen unterschiedliche Rechtsauffassungen: Das Sozialministerium Rheinland-Pfalz ist der Auffassung, eine Wiedererteilung komme nur mit einer erneuten Prüfung in Betracht, der zuständige Senator von Bremen verneint dies. B.-W. macht die Wiedererteilung von einer Gebühr abhängig. Ggfl. sollten Sie sich bei Ihrer zuständigen Approbationsbehörde erkundigen, wie es dort jeweils gehandhabt wird.

3 Die Institutionen

3.1 Die Approbationsbehörde

Die Approbationsbehörde ist gem. § 10 PsychThG die zuständige **20** Behörde des Landes, vor der der Antragsteller die staatliche Prüfung abgelegt hat. In Baden-Württemberg ist das beispielsweise das Regierungspräsidium (RP) Stuttgart, in Bayern die Regierung von Oberbayern oder die von Unterfranken, in Berlin das Landesamt für Gesundheit und Soziales, Landesprüfungsamt, in Hessen das Hessische Landesprüfungsamt für Heilberufe, in Brandenburg das Landesamt für Soziales und Versorgung, in Niedersachsen das Nds. Ministerium für Soziales, Frauen und Gesundheit, Landesprüfungsamt für Heilberufe, in NRW die Bezirksregierung Düsseldorf, Landesprüfungsamt für Medizin, in Rheinland-Pfalz das Landesamt für Soziales, Jugend und Versorgung, Landesprüfungsamt für Medizin, und in Hamburg die Behörde für Umwelt und Gesundheit, Landesprüfungsamt für Heilberufe.

Die vollständige Aufzählung aller Approbationsbehörden und deren **21** Adressen finden Sie abgedruckt im → **Anhang Adressen**.

3.2 Die Landespsychotherapeutenkammern

Die Landespsychotherapeutenkammern (jeweils: Körperschaften des **22** öffentlichen Rechts – kurz: KdöR) haben entsprechend der jeweiligen Landesgesetze u. a. den gesetzlichen Auftrag, die **beruflichen Belange der Kammermitglieder**, also auch die Ihren, wahrzunehmen, die Erfüllung der Berufspflichten der Kammermitglieder zu überwachen, Belangen der Qualitätssicherung Geltung zu verschaffen oder – als weiteres Beispiel – die Aus-, Fort- und Weiterbildung der Kammermitglieder zu fördern.[8] Die Pflichtmitgliedschaft in den Kammern (sog. **„Verkammerung"**) für bestimmte, zumeist freie Berufe, und hierzu zählen die Psychotherapeuten, ist auch zulässig, weil die Kammern öffentlichen Aufgaben dienen, und ihre Errichtung ist auch, gemessen an diesen Aufgaben, verhältnismäßig. Denn rein private Verbände könnten diese Aufgaben, mangels Gemeinwohlbindung, nicht in der Weise, wie vom Gesetzgeber intendiert, wahrnehmen.[9]

---

8 Vgl. im Einzelnen den umfangreichen Aufgabenkatalog in Ihrem jeweiligen Heilberufe(kammer)gesetz.

9 Vgl. den Beschluss des *BVerfG* v. 7.12.2001, NVwZ 2002, S. 335; s. dazu *Kluth, W.:* IHK-Pflichtmitgliedschaft weiterhin mit dem GG vereinbar?, in: NVwZ 2002, S. 298; oder auch *LSG Baden-Württemberg*, MedR 2002, 212, (214).

23 Würde es i. Ü. keine Berufskammern geben, also keine von den Berufsangehörigen **selbst verwaltete (!) Körperschaft** des öffentlichen Rechts als Ausdruck des Demokratieprinzips, müssten die Psychotherapeuten stattdessen durch eine Behörde beaufsichtigt werden. Wie auch immer eine Aufsicht organisiert ist, ob nun durch eine Kammer oder in Form von **Staatsaufsicht**, in der einen oder anderen Form ist die Aufsicht jedenfalls gestaltet. Denn Psychotherapeuten üben, wie die Ärzte, die ihrerseits in Ärztekammern organisiert sind, **Heilkunde** i. S. des § 1 Abs. 1 Satz 1 PsychThG (s. o.) aus. Im Interesse der Volksgesundheit, die von Verfassungs wegen als ein besonders wichtiges und schützenswertes Rechtsgut gilt[10], bedürfen auch die Psychotherapeuten der **Überwachung**. Dass vor Inkrafttreten des PsychThG noch keine Kammern existierten, war insoweit unschädlich, da die Psychotherapeuten entweder im Delegationsverfahren oder im Kostenerstattungsverfahren mit (eingeschränkter) Heilpraktikererlaubnis tätig waren, mithin vom delegierenden Arzt oder von Seiten des Gesundheitsamts überwacht bzw. beaufsichtigt wurden.[11] Die Kammern ihrerseits unterstehen ebenso staatlicher Aufsicht, nämlich – bspw. in Baden-Württemberg – dem Ministerium für Arbeit und Soziales.

24 Mit einem Zitat aus einem Urteil des BVerfG[12] möge die Bedeutung einer Berufskammer abschließend und zusammenfassend hervorgehoben werden: „Die **Pflichtmitgliedschaft** eröffnet den Kammerzugehörigen die Chance zur Beteiligung und Mitwirkung an staatlichen Entscheidungsprozessen. Zugleich hat die Pflichtmitgliedschaft eine freiheitssichernde und legitimatorische Funktion, weil sie auch dort, wo das Allgemeininteresse einen gesetzlichen Zwang verlangt, die unmittelbare Staatsverwaltung vermeidet und stattdessen auf die Mitwirkung der Betroffenen setzt.“

Ausführlich zum Thema Psychotherapeutenkammer → Wittmann, Psychotherapeutenkammern: cui bono?, Rn. 1 ff.

3.3 Die Bundespsychotherapeutenkammer (BPtK)

25 Die Bundespsychotherapeutenkammer (BPtK) ist hingegen keine Körperschaft des öffentlichen Rechts, vielmehr ein nicht rechtsfähi-

---

10 *Bundesverfassungsgericht* – BVerfGE 7, 377 (414); 9, 39 (52); 17, 269 (276 f); 85, 248 (261).

11 Zur **unerlaubten Tätigkeit** wegen fehlender Heilpraktikererlaubnis *vor* Inkrafttreten des PsychThG: siehe Urteil des *Bundesverwaltungsgerichts* – BVerwG v. 28.11.2002 – 3 C 44.01.

12 *BVerfG*, BRAK-Mitteilungen 1/2002, S. 40; *Hatje, P.:* Das Bundesverfassungsgericht und die Pflichtmitgliedschaft, in: NJW 2002, S. 1849.

ger und nicht eingetragener Verein („Arbeitsgemeinschaft der Landeskammern der Psychologischen Psychotherapeutinnen/en und Kinder- und Jugendlichenpsychotherapeutinnen/en"). Die Mitglieder bilden die Landespsychotherapeutenkammern aller Bundesländer. Ihre Organe sind die Bundesdelegiertenversammlung (**„Deutscher Psychotherapeutentag – DPT"**), der Bundesvorstand und der Länderrat. Der BPT beschließt u. a. die Leitlinien der (Bundes-)Politik, allerdings mit nicht verbindlichen Vorgaben für die Länderkammern, die Satzung der BPtK und vieles mehr.[13]

3.4 Die Kassenärztliche Vereinigungen (KVen) und Kassenärztliche Bundesvereinigung (KBV)

Zur Erfüllung der ihnen durch das Sozialgesetzbuch V. Buch (§§ 77 ff. SGB V.) übertragenen Aufgaben der vertragsärztlichen-/vertragspsychotherapeutischen Versorgung bilden die Vertragsärzte/-psychotherapeuten für den Bereich jedes Landes eine (in NRW: zwei) Kassenärztliche Vereinigung (KV) in Selbstverwaltung als Körperschaft des öffentlichen Rechts. Die **Aufsicht über** die **KVen** führt – wie bei den Kammern – ein Ministerium (meist das für Arbeit und Soziales zuständige). Die KVen wiederum bilden zusammen – ähnlich wie die Bundespsychotherapeutenkammer – eine Kassenärztliche Bundesvereinigung (KBV). Bei den KVen und der Kassenärztlichen Bundesvereinigung (KBV) bestimmen die Vertreterversammlungen als **Organe der Selbstverwaltung** sowie die hauptamtlichen Vorstände die „Richtlinien der Politik". Die **Aufsicht über** die **KBV** führt das Bundesministerium für Gesundheit und Soziale Sicherung (BMG). **26**

Die Kassenärztliche und die Kassenzahnärztlichen Bundesvereinigungen, die Deutsche Krankenhausgesellschaft und der Spitzenverband Bund der Krankenkassen bilden einen **Gemeinsamen Bundesausschuss (GBA)**. Er ist rechtsfähig (§ 91 SGB V) und ist insbesondere befugt, zur Sicherung der ärztlichen und psychotherapeutischen Versorgung **Richtlinien (§ 92 SGB V)** zu erlassen („Kleiner Gesetzgeber"). Der GBA kann dabei die Erbringung und Verordnung von Leistungen einschließlich Arzneimittel oder Maßnahmen einschränken oder ausschließen, wenn nach allgemein **anerkanntem Stand der medizinischen Erkenntnisse** der diagnostische oder therapeutische Nutzen, die medizinische Notwendigkeit oder die Wirtschaftlichkeit nicht nachgewiesen sind oder eine andere, wirtschaftli- **27**

---

13 Näheres → *Wittmann*, Psychotherapeutenkammern: cui bono?, Rn. 1 ff.

chere Behandlungsmöglichkeit mit vergleichbarem diagnostischen oder therapeutischen Nutzen verfügbar ist. Die für Sie relevanten Richtlinien sind die **Psychotherapie-Richtlinien** (§ 92 Abs. 6a SGB V) – als Bestandteil der sog. **Bundesmantelverträge-Ärzte (BMV-Ä)** – § 87 SGB V. Der GBA gründet und betreibt überdies ein **„Institut für Qualität und Wirtschaftlichkeit im Gesundheitswesen"** (§ 139a SGB V). Jenes ist fachlich unabhängig und rechtsfähig. Seine Aufgabe ist es u. a., zu Fragen von grundsätzlicher Bedeutung für die Qualität und Wirtschaftlichkeit der im Rahmen der gesetzlichen Krankenversicherung (GKV) erbrachten Leistungen insbesondere auf folgenden Gebieten tätig zu werden:

- Recherche, Darstellung und Bewertung des aktuellen medizinischen Wissenstandes zu diagnostischen und therapeutischen Verfahren bei ausgewählten Krankheiten,
- Erstellung von wissenschaftlichen Ausarbeitungen, Gutachten und Stellungnahmen zu Fragen der Qualität und Wirtschaftlichkeit,
- zur Bewertung evidenzbasierter Leitlinien für die epidemiologisch wichtigsten Krankheiten,
- Bewertung des Nutzens und der Kosten von Arzneimittel und
- Bereitstellung von allgemeinen Informationen für Bürger.

28 Bei den KVen und der Kassenärztlichen Bundesvereinigung (KBV) wird ein **„Beratender Fachausschuss für Psychotherapie"** (§ 79b SGB V) gebildet. Dieser hat die Aufgabe, der KV bzw. der KBV die besonderen Interessen der zugelassenen Psychotherapeuten nahe zu bringen.[14]

4 Allgemeine Rechtsgrundlagen des Berufs des Psychotherapeuten – Berufs- und Sozialrecht –

29 Es gilt zwei grundlegende rechtliche Ebenen zu unterscheiden: Das **Berufsrecht** und das **Sozialrecht**.

30 Ersteres betrifft die Befugnis, überhaupt heilkundlich tätig zu sein, wenn auch nur für Privatpatienten und Beihilfeberechtigte, die zweite Ebene die heilkundliche Tätigkeit für die gesetzlich Versicherten (GKV-Patienten). Letztere machen die Masse, nämlich 90 % der Ver-

---

14 Näheres → *Wittmann*, Psychotherapeutenkammern: cui bono?.

sicherten aus. Die wirtschaftlichen Möglichkeiten, allein mit Privatpatienten ein Auskommen zu haben, sind nach allen Erfahrungen sehr
begrenzt.

Die nachstehende Abbildung (Abb. 1) zeigt – mengentheoretisch – **31**
das Verhältnis zwischen dem allumfassenden Berufsrecht und dem
Sozialrecht als dessen Teilmenge. Wer im Rahmen des Sozialrechts
tätig ist, ist es immer zugleich auch im Berufsrecht. Umgekehrt gilt
das aber nicht. Das Bürgerliche Recht wiederum durchdringt beide
Rechtskreise. Berufsrecht, Sozialrecht und Bürgerliches Recht bilden
mithin eine Schnittmenge:

- Das (zivilrechtliche) **Bürgerliche** (Vertrags-)**Recht**
  („Bürgerliches Gesetzbuch – BGB"),
- das (öffentlich-rechtliche) **Berufsrecht**
  (Psychotherapeutengesetz – PsychThG, das
  Länderheilberufegesetz und die Kammersatzungen und
- das (öffentlich-rechtliche) **Sozialrecht** (Sozialgesetzbücher –
  SGB I, V und X).

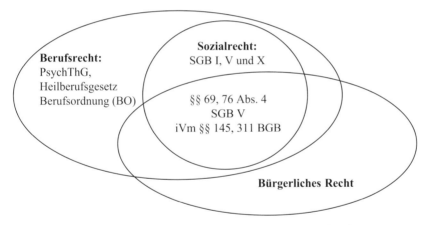

Abb. 1: Vereinfachte Darstellung dreier ineinandergreifender **32**
Rechtskreise

Die nachfolgende Grafik (Abb. 2) hingegen zeigt den Zusammenhang **33**
zwischen EU-, Bundes- und Länderecht bezogen auf das Sozialrecht,
insbesondere das Gesetzliche Krankenversicherungsrecht (GKV) des
Sozialgesetzbuchs V (SGB V):

Bundesrecht: (Vereinfachte Darstellung)

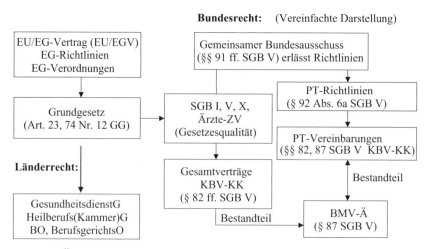

34   *Abb. 2: Übersicht EU-/Bundes- und Länderrecht*

5   Grundpflichten der Psychotherapeuten – verpflichtend sowohl im Berufsrecht als auch im Sozialrecht

35   **Grundpflichten:**
- Behandlungspflichten,
- Aufklärungspflichten im Rahmen des Behandlungsvertrages,
- Dokumentations- und Aufbewahrungspflichten,
- Schweigepflicht,
- Pflicht zur Zeugnisverweigerung,
- Pflicht zur Einhaltung des Datenschutzes,
- Sorgfaltspflichten.

5.1   Aufklärungs-, Dokumentations- und Aufbewahrungspflichten

36   Jede Behandlung hat im Rahmen des Behandlungsvertrages oder in der Anbahnung eines solchen mit der **Aufklärung** des Patienten zu beginnen. Über was ist dieser aufzuklären?

37   Die nachstehende **Checkliste zur Aufklärungspflicht** möge als Orientierung, ein Übungsfall der Vertiefung dienen:
- Diagnose und Art der geplanten Behandlung,
- Behandlungsalternativen,

- Erfolgsaussichten und Risiken der Therapie,
- Sitzungsdauer und -frequenz,
- voraussichtliche Gesamtdauer,
- Verpflichtung zur Verschwiegenheit,
- Inanspruchnahme von Supervision,
- mögliche Folgen einer Nichtbehandlung und eines Behandlungsabbruchs,
- Fehlstundenregelung und Ausfallhonorar,
- Gutachterverfahren, Grenzen der Kassenleistung (Berufsrecht und Sozialrecht),
- wirtschaftliche Aufklärung,
- Institutionelle Rahmenbedingungen.

5.1.1 Übungsfall

Fall:[15] Der Psychotherapeut P., ausgebildet in Verhaltenstherapie, **38** wendet ein in der Fachwelt höchst umstrittenes, weil riskantes psychotherapeutisches Verfahren bei einem Pat. im Rahmen einer Kurzzeittherapie mehrere Behandlungsstunden an. Er klärt den Pat. zuvor über die Risiken dieses Verfahrens auf und beteiligt auch einen weiteren in diesem Verfahren erfahrenen Psychotherapeuten an dieser Kurzzeittherapie, weil er selbst noch nicht häufig dieses umstrittene Verfahren angewandt hat. Sodann wird die Therapie einvernehmlich und lege artis beendet.

Wenige Monate später wendet sich der Pat. erneut an P. und berichtet, **39** ihm ginge es „wieder schlecht", er wolle sich noch einmal dem Verfahren unterziehen. Angesichts der zeitlichen Belastung des P. vereinbaren P. und der Pat., die Therapien an Samstagen vorzunehmen und dabei dieses Verfahren erneut anzuwenden. Dieses Mal führt P. das Verfahren allein durch. Es kommt in der zwölften Behandlungsstunde zu Komplikationen, der Pat. dekompensiert, was der P. zu spät merkt. Und als er es gewahr wird, reagiert er zu spät. Denn der Pat. ist bereits in der Toilette verschwunden und stürzt sich aus dem Toilettenfenster. Er ist sofort tot. Die örtlich zuständige Staatsanwaltschaft nimmt die Ermittlungen auf. Zudem beauftragt die Ehefrau des Pat. einen Anwalt, Schmerzensgeld und Geldrente (§ 844 Abs. 2 BGB) einzuklagen.

a) Was wird der P. unternehmen, wie wird er sich verteidigen?
b) Welche Fragen wird der Staatsanwalt dem P. stellen?

---

15 Nachgebildet einem Urteil des *BGH*, MedR 2008, 158.

c) Wie stellt sich die Rechtslage nach den Verhören für den Staatsanwalt dar?

d) Wie stellt sich die Rechtslage für den Rechtsanwalt dar, nachdem er sich die Strafakte hat kommen lassen?

e) Wie wäre es, wenn der P. ein allseits anerkanntes Verfahren angewendet hätte?

40 **Grundwissen**: Ein Heileingriff eines Arztes oder Psychotherapeuten stellt zunächst erst einmal – nach Ansicht der Juristen – eine vorsätzliche und rechtswidrige Körperverletzung dar. Diese ist nur dann nicht mehr rechtswidrig, wenn der Patient gerade in diese Körperverletzung eingewilligt hat. Nur, um in diese einwilligen zu können, muss der Patient zuvor im Einzelnen über diese aufgeklärt sein: Er muss wissen, was ihn erwartet oder erwarten könnte (mögliche Risiken). Mangelnde oder fehlende **Aufklärung** haben zur Folge, selbst wenn der Patient dem Heileingriff zugestimmt hat, dass der Eingriff rechtswidrig bleibt. Die Rechtsprechung will mit dieser Vorgabe Patienten schützen. Allein, dass er dem Heileingriff zustimmt, beseitigt die Rechtswidrigkeit eben nur dann, wenn der Pat. zuvor lege artis i. S. der o. e. Punkte aufgeklärt wurde. Dass und wie der Patient zuvor aufgeklärt wurde, hat der Psychotherapeut in seiner **Dokumentation** sorgfältig zu vermerken. Empfehlenswert ist darüber hinaus, dem Patienten ein „**Aufklärungsmerkblatt**" mit nach Hause zu geben, besser noch gemeinsam auszufüllen und von ihm unterschreiben zu lassen. Dieses kann individuell nach den Vorstellungen des Psychotherapeuten gestaltet sein, sollte aber auf die o. e. Punkte durchaus im Einzelnen eingehen.

41 Im **Übungsfall** hätte der Psychotherapeut also den Patienten erneut aufklären müssen. Das hat er unterlassen. Darüber hinaus darf bezweifelt werden, ob er inzwischen das abermals angewandte Verfahren nunmehr in vollem Umfang beherrscht, so dass sich hier die die Frage eines sog. **Übernahmeverschuldens** stellt. Ferner hätte er sehr viel früher merken müssen, dass der Patient dekompensieren wird, er hätte ihn also nicht mehr allein auf die Toilette gehen lassen dürfen. Überdies hätte er zuvor sorgfältig dessen **Suizidalität abklären und dokumentieren** müssen, was offensichtlich nicht geschehen ist.

42 Bevor hier auf die gestellten Fragen einzugehen sein wird, sei noch eine weitere grundsätzliche Bemerkung vorausgeschickt: Der Psychotherapeut P wird sich unmittelbar nach diesem Vorfall (Suizid) in einem psychischen Ausnahmezustand befinden. Er wird beim Auftauchen der Kripo, denn diese übernimmt im Regelfall die Ermittlungen, versucht sein, seine innere Spannung „abzureagieren" und sich möglicherweise mit einem unkontrollierten Wortschwall rechtfertigen wollen. Damit besteht grds. die Gefahr, dass er sich „um Kopf und Kragen" redet: Deshalb gilt ihm der anwaltliche Rat: Er möge erst einmal von seinem **Schweigerecht als möglicher Beschuldigter** (nicht zu verwechseln mit der Schweigepflicht des Psychotherapeuten!) Gebrauch machen – und schweigen (§ 136 Abs. 1 Satz 2 Strafprozessordnung – StPO), sodann einen Anwalt hinzuziehen und dessen Rat abwarten.

Nun zu den Fragen, denen er sich voraussichtlich stellen wird:　　**43**

a) Wenn es, wie hier, um seine Verteidigung geht, darf der Psychotherapeut sehr wohl – aus berechtigten Eigeninteressen – die Schweigepflicht brechen. Er darf also alles vortragen, was ihn entlasten könnte. Gleichwohl wird er, bevor er überhaupt Antworten gibt, sich also überlegen (s. o.), um sich möglicherweise nicht selbst zu belasten, ob er nicht besser schweigen und zunächst den Rat eines Fachanwalts für Strafrecht abwarten, ggfl. auch einen Fachanwalt für Sozialrecht hinzuziehen sollte.

b) Die Kripo wird fragen: Haben Sie **aufgeklärt**? Können Sie das durch Ihre **Dokumentation** belegen? Hat der Patient schon öfter Suizidgedanken geäußert? Wenn ja, haben Sie das dokumentiert? Wenn nein, haben Sie solche Gedanken jemals abgefragt? Haben Sie mit ihm eine **„Suizidvereinbarung"** getroffen? Haben Sie kollegialen Rat eingeholt und/oder insoweit Supervision/Intervision in Anspruch genommen? Wurde diese ebenfalls dokumentiert?

c) Mangels erneuter Aufklärung könnte damit eine rechtswidrige und vorsätzliche Körperverletzung mit Todesfolge vorliegen.

d) Der Rechtsanwalt der Ehefrau könnte sich auf die Ansicht des Staatsanwalts und dessen Akten stützen und Schmerzensgeld und eine Geldrente beim zuständigen Amts- oder Landgericht einklagen.

e) Auch in dem Fall, dass ein allseits anerkanntes Verfahren angewendet wurde, hätte der P. erneut aufklären müssen. Ein Übernahmeverschulden wäre insoweit nicht in Betracht gekommen. Selbstverständlich durfte P. auch samstags behandeln. Der Zuziehung eines weiteren Psychotherapeuten bedurfte es dann nicht. Im Übrigen gilt das unter b) Gesagte.

Der Therapeut hat als **Nebenpflicht aus dem Behandlungsvertrag**　**44** zudem die Aufklärungspflicht hinsichtlich der Bekanntgabe der rechtlichen Rahmenbedingungen. Ebenso ist der Pat. vor Beginn der Behandlung umfassend über wahrscheinliche Wirkungen und Nebenwirkungen der Therapie und der möglichen Alternativbehandlung und deren Wirkweise zu informieren.

5.1.1.1 Dokumentation

45 Inhalt und Umfang der Dokumentation müssen sich an den Zwecken: **Therapiesicherung, Beweissicherung** und **Rechenschaftslegung** orientieren. Die Dokumentation muss mindestens das Datum der Therapiestunde enthalten; empfehlenswert ist es auch, deren Beginn (Uhrzeit) und deren Dauer zu vermerken, die anamnestischen Daten, die Diagnose(n), die Fallkonzeptualisierungen, die psychotherapeutischen Maßnahmen sowie ggfl. die Ergebnisse psychometrischer Erhebungen (§ 9 Abs. 1 Satz 2 MBO). An die Erfüllung der Dokumentationspflicht stellt die Rechtsprechung strenge Anforderungen. Allerdings sind Maßnahmen nur dann zu dokumentieren, wenn dies erforderlich ist, um über den Verlauf der Krankheit und die bisherige Behandlung im Hinblick auf künftige psychotherapeutische Entscheidungen ausreichend zu informieren. Der Umfang der Dokumentation hat sich also allein an der Therapiesicherung zu orientieren und ist nicht am Ziel einer Beweissicherung für den Pat. auszurichten.[16] Der **Dokumentationsmangel** selbst stellt nach gefestigter Rechtsprechung keinen Haftungsgrund dar; wohl aber einen Verstoß gegen die Berufsordnung der Psychotherapeuten. **Manipulationen der Dokumentation** sind in mehrfacher Hinsicht zu beurteilen. Die verspätete, aber korrekte Dokumentation mindert allenfalls deren Beweiswert. Hingegen stellt es eine Manipulation dar, wenn inhaltlich Falsches dokumentiert und eine bereits erstellte Dokumentation nachträglich verfälscht wird; es sei denn, es wird ausdrücklich vermerkt, dass aus bestimmten Gründen eine nachträgliche Änderung geboten war. Ersteres dürfte eine (straflose) **schriftliche Lüge** darstellen, letzteres hingegen das **Verfälschen einer Urkunde** (§ 267 Abs. 1, 2. Alt. StGB), sofern der Grund der Abänderung nicht vermerkt wird. Aber auch die „schriftliche Lüge" indiziert einen Verstoß gegen Berufsrecht. Bei der Dokumentation wird insbesondere in der Psychotherapie zuweilen zwischen der Primärdokumentation („**Krankenakte**") und der Sekundärdokumentation („**persönliche Aufzeichnungen**") unterschieden. Das OLG Düsseldorf[17] hat der Sekundärdokumentation nur einen geminderten Beweiswert eingeräumt, so dass der Verf. die Auffassung vertritt, der Psychotherapeut möge deshalb nur eine einheitliche Dokumentation führen, also die persönlichen Eindrücke, die Gegenübertragung usw. ebenfalls in der Krankenakte festhalten. Hinsichtlich der **elektronischen Dokumentation** gilt Ähnliches. Diese muss „fälschungssicher" sein. Im § 57 Abs. 2 BMV-Ä wird deshalb

---

16 *OLG Oldenburg*, MedR 2008, 374.
17 *OLG Düsseldorf*, GesR 2006, 70.

für Vertragspsychotherapeuten eine zertifizierte Software vorgeschrieben; für das Berufsrecht muss Ähnliches gelten. Allerdings hat das OLG Hamm[18] eine elektronische Dokumentation, die nicht fälschungssicher war, dennoch anerkannt, da der Arzt plausibel darlegen konnte, keine Veränderung vorgenommen zu haben.

5.1.1.2 Aufbewahrungsfrist

§ 57 Abs. 3 BMV-Ä schreibt eine Aufbewahrungsfrist der Dokumentation und der Unterlagen von zehn Jahren vor, ebenso der § 9 Abs. 2 MBO und die Berufsordnungen der Landespsychotherapeutenkammern. Im § 84 Abs. 2 Satz 1 SGB X heißt es, dass Sozialdaten zu löschen seien, wenn ihre Kenntnis nicht mehr erforderlich sei.   **46**

5.2 Schweigepflicht (Schutz vor der „Verletzung von Privatgeheimnissen")

Die Schweigepflicht gilt gemeinhin als Schutzschild der Psychotherapie. Erweist sie sich wirklich – immer – als Schutzschild? Wir werden sehen!   **47**

Die Schweigepflicht setzt zunächst voraus, dass einem sog. **Berufsgeheimnisträger** ein Geheimnis „anvertraut" worden ist. Approbierte Psychotherapeuten und ärztliche Psychotherapeuten sind Berufsgeheimnisträger gem. § 53 Abs. 1 Nr. 3 Strafprozessordnung (StPO). **P**sychotherapeuten **in A**usbildung (**PiA**) fallen nicht unmittelbar unter diese Vorschrift; für sie gilt vielmehr der § 53a StPO („Zeugnisverweigerungsrecht der Berufshelfer").   **48**

„Anvertraut" ist ein Rechtsbegriff, der sich im § 203 Abs. 1 Strafgesetzbuch (StGB) („Verletzung von Privatgeheimnissen") findet. Er meint, dass einem Geheimnisträger in seiner Eigenschaft „als Arzt oder Angehöriger eines anderen Heilberufs, der für die Berufsausübung oder die Führung der Berufsbezeichnung eine staatlich geregelte Ausbildung erfordert", ein **Geheimnis** zur Kenntnis gelangt sein muss. Es genügt aber auch schon, wenn dem Geheimnisträger das Geheimnis kraft Berufsausübung **„sonst bekanntgeworden"** ist.   **49**

Zu den **Geheimnisträgern** nach diesem Gesetz und zur **Zeugnisverweigerung** (s. u.) vor Gericht berechtigt zählen u. a., neben den Ärzten, den Psychologischen Psychotherapeuten, den Kinder- und Ju-   **50**

---

18   *OLG Hamm*, GesR 2005, 349.

gendlichenpsychotherapeuten, auch die Diplom-Psychologen, die auf dem Hauptanwendungsgebiet der Psychologie beruflich tätig sind. Auch wenn die Psychologischen Psychotherapeuten und Kinder- und Jugendlichenpsychotherapeuten nicht explizit im § 203 Abs. 1 Nr. 1 StGB erwähnt sind (im Gegensatz zum o. e. § 53 Abs. 1 Nr. StPO), so erfüllen sie dennoch die Voraussetzung, Geheimnisträger i. S. dieser Vorschrift zu sein. Sie führen nämlich eine Berufsbezeichnung, die eine staatlich geregelte Berufsausbildung erfordert (Ausbildungs- und PrüfungsVOen – APrV: **PsychTh-AprV; KJPsychTh-AprV**). Unter die Schweigepflicht des § 203 StGB fallen indes nicht Dipl.-Psychologen, die nur allgemeine psychologisch orientierte Berufstätigkeit ausüben, selbst dann nicht, wenn ihre Tätigkeit vom § 174c Abs. 2 StGB (→ Anhang Rechtsvorschriften). erfasst wird.[19] Ebenso wenig kann sich ein **Heilpraktiker** auf die Schweigepflicht berufen; wohl aber der psychotherapeutisch tätige Dipl.-Psych. ohne Approbation, aber mit eingeschränkter Heilpraktiker(HPG-) Erlaubnis (§ 203 Abs. 1 Nr. 2 StGB).

51 Als „Geheimnis" gelten Tatsachen und Umstände, die nur einem beschränkten Personenkreis bekannt sind und an deren Geheimhaltung der Betroffene ein sachlich begründetes Interesse hat, ohne dass es darauf ankommt, ob das Geheimnis positiv oder negativ zu bewerten ist. Das Gesetz unterscheidet „namentlich", also nicht abschließend, zwischen Geheimnissen, die zum persönlichen Lebensbereich gehören und sonstigen Geheimnissen des äußeren Wirkungsbereichs, also z. B. den Betriebs- und Geschäftsgeheimnissen. Kurz: Jegliche Tatsachen beliebiger Art zählen zu den Geheimnissen[20], sofern sie geheim, also höchstens einem beschränkten Personenkreis bekannt sind. Auch **„Drittgeheimnisse"** zählen grds. hierzu (streitig!). Das sind solche, die Tatsachen über Dritte zum Gegenstand haben, von denen der Geheimnisträger in inhaltlich untrennbarem Zusammenhang mit der beruflichen Tätigkeit erfährt. Unter „Drittgeheimnisse" fallen damit bspw. auch begangene oder geplante Straftaten eines Dritten.

52 In Psychotherapien tauchen für die Psychotherapeuten immer wieder Fragen auf, was sie denn tun oder unterlassen müssen, wenn ihnen Pat. von **Straftaten** – in welchem Zusammenhang auch immer – be-

---

19 *Tröndle, H. / Fischer, T.:* Strafgesetzbuch (51. Aufl.), München 2003, § 203 Rn. 13.

20 *Lippert, H.-D.:* Schweigepflicht, in: Behnsen, E. u. a. (Hrsg.): Management Handbuch für die psychotherapeutische Praxis, Beitrag 2000, Rn. 48, Heidelberg 2001.

richten oder gar beichten. Es geht also auch um **Geständnisse** innerhalb einer Therapie.[21]

Ein **Geständnis** bspw., ob nun strafrechtlich relevant oder nicht (!), **53** stellt mithin immer ein **Geheimnis** i. S. des § 203 Abs. 1 StGB dar. Es unterliegt also, wie auch alle anderen anvertrauten Mitteilungen, der Schweigepflicht. Der Therapeut darf nichts von diesem offenbaren – es sei denn, er „offenbart befugt", aufgrund einer Einwilligung des Patienten, er ist gesetzlich zur Offenbarung verpflichtet, oder die Offenbarung dient dem Schutz eines höheren Rechtsguts.

Das **„Offenbaren"** eines Geheimnisses selbst kann in einem Tun **54** (Gespräch mit Dritten) oder in einem Unterlassen bestehen (z. B.: ein offenes Herumliegen lassen von Aufzeichnungen von eben diesem Geständnis, wenn der Therapeut dabei billigend in Kauf nimmt, dass Unbefugte diese Aufzeichnungen lesen).

5.3 Schweigepflichtentbindung als Recht zur Offenbarung

Es wird wohl kaum vorkommen, dass ein Therapeut seinen geständi- **55** gen Patienten auffordern oder dieser sich anbieten wird, eine **Schweigepflichtentbindung** zu unterschreiben (Wenn doch, dann am besten schriftlich, wenn auch nicht zwingend!), um dem Therapeuten zu ermöglichen, dieses Geständnis nunmehr Dritten zur Kenntnis bringen zu dürfen.

5.4 Verpflichtung zur Offenbarung (§§ 138, 139 StGB)

Interessanter dürfte es freilich sein zu prüfen, ob und in welchen Fäl- **56** len der Psychotherapeut von sich aus und ohne Zutun des Patienten verpflichtet ist, das ihm anvertraute strafrechtlich relevante Geständnis zu offenbaren. Im StGB finden sich hinsichtlich der Verpflichtung zur Offenbarung (**Anzeigepflicht**!) von Straftaten nur zwei Vorschriften, nämlich die des § 138 StGB („Nichtanzeige geplanter Straftaten") und die des § 139 StGB („Straflosigkeit der Nichtanzeige geplanter Straftaten"). Letztere Vorschrift muss als eine den § 138 StGB

---

21 *Gerlach, H. / Lindenmeyer, J.:* Das Geständnis: Vorgehen bei Ankündigung oder Geständnis einer Straftat, in: Stavemann, H.H. (Hrsg.): KVT-Praxis – Strategien und Leitfäden für die Kognitive Verhaltenstherapie (2. Aufl.), S. 467, Weinheim 2008.

beschränkende Vorschrift gelesen werden, denn sie enthält spezielle Regelungen zur Strafbefreiung von Berufsgeheimnisträgern hinsichtlich des § 138 StGB.[22]

57 Der § 138 StGB enthält einen Katalog zahlreicher geplanter, also noch nicht ausgeführter, schwerer Straftaten, die von demjenigen, der von solchen Planungen erfährt, der Behörde (Polizei, Staatsanwaltschaft) angezeigt werden müssen, andernfalls er sich strafbar macht:

Wer von dem Vorhaben oder der Ausführung ... eines Angriffskrieges, ... Hoch- oder Landesverrats, ... einer Geld- oder Wertpapierfälschung, ... eines schweren Menschenhandels, ... Mordes oder Totschlags, ... Völkermordes, ... Verbrechens gegen die Menschlichkeit, ... erpresserischen Menschenraubs ... zu einer Zeit, zu der die Ausführung oder der Erfolg noch abgewendet werden kann, glaubhaft erfährt und es unterlässt, der Behörde oder dem Bedrohten rechtzeitig Anzeige zu machen, wird ... bestraft.

Ebenso wird bestraft, wer die Bildung einer terroristischen Vereinigung nicht anzeigt.

58 Der § 139 Abs. 3 StGB lässt indessen die o. e. Berufsgeheimnisträger bei einigen der im § 138 StGB aufgezählten vorgenannten Straftaten dann **straffrei** ausgehen, trotz deren **Nichtanzeige**, wenn sie in ihrer beruflichen Eigenschaft von den **Planungen eines** der **Verbrechen** zwar erfahren, sich allerdings „ernsthaft bemüht" haben, den Täter (Patienten) „von der Tat abzuhalten oder den Erfolg abzuwenden". Das kann bspw. auch durch eine anonyme Anzeige geschehen. Erlangen Therapeuten freilich von einem solchen Vorhaben „privat" Kenntnis, also außerhalb ihrer beruflichen Eigenschaft, bleiben sie nach § 138 StGB zur Anzeige verpflichtet. Bis 2004 konnten sich die Berufsgruppen der Psychologischen Psychotherapeuten und Kinder- Jugendlichenpsychotherapeuten übrigens noch nicht auf den § 139 Abs. 3 StGB berufen. Jener erfuhr nämlich erst zum 1. April 2004 eine Ausweitung auf diese beiden Berufsgruppen. Seitdem zählen sie auch zu der privilegierten Berufsgruppe wie die der Rechtsanwälte, Verteidiger oder Ärzte. Die berufsmäßigen Gehilfen der privilegierten Berufsgruppen und die Personen, die bei ihnen zur Vorbereitung auf den Beruf tätig sind, sind dabei den Mitgliedern der Berufsgruppe gleichgestellt worden und insoweit ebenfalls nicht mehr zur Anzeige verpflichtet.

59 Wie leicht einzusehen ist, kann dieses Privileg indessen nicht für alle und v. a. nicht für ganz besonders schwere Verbrechen gelten. Jene bleiben

---

22 *Tröndle, H. / Fischer, T.:* Strafgesetzbuch (51. Aufl.), München 2003, § 139, Rn. 2.

weiterhin anzeigepflichtig! Unterlässt der Berufsangehörige einer privilegierten Gruppe die Anzeige einer geplanten besonders schweren Straftat, obgleich er geltend macht, sich um deren Abwendung diesem Falle selbstverständlich nicht nur dem Patienten, sondern auch einem Dritten gegenüber, der eine der aufgeführten Straftaten plant.

Folgende **geplante**, also in Vorbereitung befindliche, **im § 139 Abs. 3**   **60**
StGB aufgezählte Straftaten bleiben für die Geheimnisträger **anzeigepflichtig**: Mord oder Totschlag, Völkermord, Verbrechen gegen die Menschlichkeit, Kriegsverbrechen, erpresserischer Menschenraub, Geiselnahme und der Angriff auf den Luft- und Seeverkehr durch eine terroristische Vereinigung.

Die **Anzeigepflicht** durchbricht also die Schweigepflicht, die **Offenba-**   **61**
rung seitens des Psychotherapeuten geschieht „befugt". Ist indessen die Tat bereits geschehen, gesteht also ein Patient eine besonders schwere Straftat, auch eine solche, die in den §§ 138, 139 StGB aufgeführt ist, oder berichtet er von einer Tat durch einen Dritten, so besteht dennoch keine Anzeigepflicht mehr.[23]

Wichtig: Es gilt also immer scharf zu trennen, zwischen drohenden, zu-   **62**
künftigen schweren Straftaten, die nur zum Teil aufgezählt im § 139 StGB!, und solchen, die bereits begangen wurden und nicht mehr anzeigepflichtig sind.

Andere Straftaten hingegen, ob geplant oder bereits begangen, sind nie-   **63**
mals anzeigepflichtig, berechtigen aber u. U. den Therapeuten, die Schweigepflicht zu brechen (s. u.)! Zu den „anderen" gehören alle die Straftaten, die sich weder im Katalog des § 138 Abs. 1 StGB noch in dem des § 139 Abs. 3 StGB finden. Handelt es sich indessen um Straftaten, die zwar nicht im § 139 StGB, aber im § 138 StGB aufgezählt sind, dann muss sich der Therapeut bei diesen jedenfalls ernsthaft bemühen, den Patienten von dieser Tat abzuhalten oder den Erfolg abzuwenden.

  64

> **Tipp:** Dokumentieren Sie immer zeitnah und sorgfältig, besonders sorgfältig aber ein **Geständnis** (oder auch, wenn der Pat. einen Suizid androht oder ankündigt), und was Sie ggfl. unternommen haben, eine **Straftat** (**Suizid**) abzuwenden, oder warum Sie glauben, zur Anzeige verpflichtet zu sein! Ihre **Dokumentationspflicht** ergibt sich zum einen aus dem Heilberufegesetz Ihres Bundeslandes, wo Sie einmal arbeiten werden, zum andern, so Sie im Rahmen der Gesetzlichen Krankenversicherung (GKV) tätig sind, aus § 57 des Bundesmantelvertrages-Ärzte (BMV-Ä). I. Ü. sollte im Zweifel immer der Rat eines Rechtsanwalts eingeholt werden.

---

23 *Lippert, H.-D.*: Schweigepflicht, in: Behnsen, E. u. a. (Hrsg.): Management Handbuch für die psychotherapeutische Praxis, Beitrag 2000, Rn. 58, Heidelberg 2001.

5.5 Gerechtfertigte Offenbarung (§ 34 StGB)

65 Von der Anzeigepflicht bei einer Behörde wiederum zu trennen ist die Befugnis des Therapeuten, seine Schweigepflicht dann zu brechen (und anzuzeigen oder den Betroffenen zu informieren), wenn bspw. der Bruch zum Zwecke der Verhinderung von Straftaten gerechtfertigt ist, diese aber nicht in den o. e. §§ 138, 139 StGB aufgeführt sind. Dies ist dann bspw. der Fall, wenn unmittelbar und gegenwärtig eine schwere Rechtsgutverletzung bevorsteht. Als Beispiel mag hier die geplante schwere Körperverletzung dienen, oder wenn die Verurteilung eines Unschuldigen droht, wobei der Psychotherapeut weiß, dass sein Patient die Tat begangen hat, oder über entsprechende Informationen hinsichtlich der Täterschaft eines Dritten (s. o.: **„Drittgeheimnis"**) verfügt.[24] Rechtsgrundlage für den **Bruch der Schweigepflicht** ist in diesem Fall der § 34 StGB (**„Rechtfertigender Notstand"** (→ Anhang Rechtsvorschriften).

66 **Beispiel:**
Das OLG Frankfurt[25] sah es nicht nur als **„befugtes Offenbaren"** an, sondern konstatierte sogar eine Pflicht[26] des Hausarztes, nachdem er bei seinem Patienten **HIV** bzw. **Aids** diagnostiziert hatte, dieser aber seine Ehefrau nicht informieren wollte, jene unter Bruch der Schweigepflicht zu informieren. Für das Gericht war aber v. a. entscheidend, dass beide Eheleute Pat. beim selben Arzt waren. Ähnliches gilt, wenn der Psychotherapeut glaubhaft von **Kindesmisshandlungen** Dritter oder vom **sexuellen Missbrauch** des kindlichen oder jugendlichen Patienten oder eines Dritten erfährt; hier darf er das Jugendamt informieren; ob er es allerdings muss, erscheint sehr fraglich. Denn in solchen Fällen lässt sich aus der auf § 34 StGB gestützten **Offenbarungsbefugnis** keine **Offenbarungspflicht** ableiten.[27] Glaubt der Therapeut allerdings, eine Rechtfertigung zum Bruch der Schweigepflicht zu haben, irrt er indessen, dann kann er sich u. U. nach § 203 StGB strafbar machen, wenn es sich nicht um einen sog. „unvermeidbaren **Verbotsirrtum"** handelt. Hat ihn indessen ein Anwalt falsch beraten, wird er i. d. R. straffrei ausgehen.

5.6 Geheimnisse oder Geständnisse eines Kindes oder Jugendlichen

67 Kinder unter 14 Jahren sind nicht – wie die Juristen sagen – strafmündig, können also nicht strafrechtlich belangt werden. Jugendliche bis zum 18., u. U. bis zum 21. Lebensjahr, unterliegen indessen dem **Jugendgerichtsgesetz** (JGG), können mithin nach Jugendstrafrecht

---

24 *Engel, R.:* Rechtliche Schranken der Schweigepflicht der Psychotherapeuten. Psychotherapeutenforum 4/2000, S. 25.
25 *OLG Frankfurt,* NStZ 2001, 149.
26 S. a. *BGH,* Urteil v. 14.6.2005 – VI ZR 179/04 – GesR 2004, 330.
27 *Tröndle, H. / Fischer, T.:* Strafgesetzbuch (51. Aufl.), München 2003, § 203, Rn. 47.

verurteilt werden. Soweit nun Kinder und Jugendliche ihrem Therapeuten gegenüber Geständnisse ablegen, gelten grundsätzlich die bisherigen Ausführungen entsprechend. Allerdings müssen hier noch
Elternrechte (**Elterliche Sorge**: §§ 1626 ff. BGB) bedacht werden.
Damit stellt sich die Frage: Ist der Therapeut, wenn nicht der Polizei,
so doch den Eltern gegenüber zur Mitteilung eines strafrechtlich relevanten Geständnisses verpflichtet? Antwort: Nein! Denn die Schweigepflicht gilt auch gegenüber den Sorgeberechtigten, es sei denn, dass
deren Bruch unabdingbar notwendig ist.

5.7   Nicht gerechtfertigte Offenbarung

Erweist sich indessen eine Offenbarung als ungerechtfertigt, also als   **68**
rechtswidrig, weil keiner der o. e. Gründe eingreift, dann kann – bei
entsprechender rechtzeitiger **Anzeige** – der Therapeut wegen Verstoßes gegen § 203 StGB bestraft werden. Übrigens: Auch die unge-
rechtfertigte Offenbarung einem Gericht oder der Polizei gegenüber
ist strafbar.

Wichtig: Die Verfolgung der Verletzung der Schweigepflicht ist als   **69**
Antragsdelikt ausgestaltet. Erfolgt innerhalb von drei Monaten seit
der unbefugten Offenbarung kein Strafantrag, ist die Strafbarkeit ausgeschlossen (§§ 205 Abs. 1, 77 b Abs. 1 StGB). Die Frist beginnt mit
Ablauf des Tages, an dem der Berechtigte von der Tat und der Person
des Täters Kenntnis erlangt (§ 77b Abs. 2 Satz 1 StGB). Die Verfolgung als Verstoß gegen eine Berufsordnung der Psychotherapeuten
oder Ärzte bleibt davon allerdings unberührt; hier gilt die 3-Monats-
Frist nicht. Eine spätere Ahndung seitens eines Berufsgerichts ist also
o. w. möglich. In Baden-Württemberg gilt eine fünfjährige Frist.

5.8   Zeugnisverweigerungsrecht

5.8.1 Verhältnis von Zeugnisverweigerungsrecht und
Schweigepflicht

Die Rechtskreise der Schweigepflicht (§ 203 StGB) und des Zeugnis-   **70**
verweigerungsrechts (§ 53 StPO) schneiden sich zwar, sind aber nicht
deckungsgleich. Das Zeugnisverweigerungsrecht des § 53 StPO
reicht nämlich viel weiter, weil es auch Tatsachen erfasst und schützt,
die keine „Geheimnisse" darstellen. Andererseits ist der vom § 53
StPO betroffene Personenkreis beschränkter als der des § 203 StGB.
Aus der Schweigepflicht ergibt sich überdies nicht o. w. das Recht,

das Zeugnis, also die Aussage vor Gericht zu verweigern.[28] Die o. e. Dipl.-Psychologen mit eingeschränkter **(HPG-)Heilpraktikererlaubnis** können sich bspw. zwar auf ihre Schweigepflicht, nicht aber auf ein Zeugnisverweigerungsrecht berufen; sie müssen vor einem Strafgericht aussagen. Einen Rechtfertigungsgrund für den **Bruch der Schweigepflicht** gibt der § 53 StPO auch nicht her, denn der **Zeugniszwang**, der die Offenbarung sonst rechtfertigt, ist für den im § 53 Abs. 1 StPO bezeichneten Personenkreis gerade aufgehoben. Ein Zeuge darf daher nur aussagen, wenn ihm ein besonderer Rechtfertigungsgrund gem. § 34 StGB (s. o.) zur Seite steht. Auf das Zeugnisverweigerungsrecht des § 53 StPO dürfen sich – neben anderen Berufsgeheimnisträgern – die uns interessierenden Psychologischen Psychotherapeuten und Kinder- und Jugendlichenpsychotherapeuten berufen. Der in der Vorschrift aufgezählte Personenkreis der **Berufsgeheimnisträger**, dem ein Zeugnisverweigerungsrecht zusteht, ist abschließend bestimmt; es findet also keine erweiternde Auslegung auf andere Personengruppen statt.

71 Das Zeugnisverweigerungsrecht erstreckt sich auf alles, was dem Psychotherapeuten in seiner beruflichen Eigenschaft anvertraut oder bekannt geworden ist. Eine **Belehrungspflicht** des Gerichts über das Zeugnisverweigerungsrecht besteht nicht; es darf davon ausgehen, dass der Zeuge seine Berufsrechte und -pflichten kennt.

72 Die Entbindung von der Verschwiegenheitspflicht durch den Patienten führt zur **Aussagepflicht**. Denn: Schweigepflicht und Zeugnisverweigerung dienen allein dem Schutz des Patienten und seiner psychotherapeutischen Behandlung, nicht dem des Psychotherapeuten.

73 Die Weigerung des Patienten aber, den Psychotherapeuten von der Schweigepflicht zu entbinden, hindert diesen zwar nicht daran, eine Aussage zu machen. Er setzt sich aber der Gefahr aus, wegen Verletzung der Schweigepflicht seitens des Patienten strafrechtlich belangt zu werden, denn nur dieser ist über die Schweigepflichtentbindung verfügungsberechtigt. Dies gilt dann aber nicht, wenn der Therapeut „befugt" ausgesagt hat oder gar verpflichtet ist, eine Aussage zu machen, also z. B. vom Geständnis eines Patienten zu berichten, eine der im § 139 StGB aufgezählten Straftaten begehen zu wollen.

---

28 *Meyer-Goßner, L.:* StPO (48. Aufl.), München 2005, § 53, Rn. 4.

6 Datenschutz? – Kein Problem, wir ignorieren ihn einfach ...

Ariadne, die verliebte griechische Königstochter, drückte bekanntlich dem Helden Theseus ein Wollknäuel in die Hand, damit dieses ihm helfe, aus dem Labyrinth herauszufinden, in dem er den Minotaurus töten wollte. Schön wär's, genügte ein Wollknäuel, um Psychotherapeuten zu helfen, sich im Datenschutzrecht zurechtzufinden, also mit **patientenbezogenen Gesundheitsdaten** richtig umzugehen. Nur gemach. Andere, die es von Berufs wegen eigentlich wissen müssten, können es auch nicht besser: „Für die meisten Anwälte ist der Datenschutz kein Problem, weil sie den Datenschutz schlicht missachten. Sie gehen – im positiven Falle – davon aus, dass das Berufsrecht ausreicht."[29] Und: In einem Merkblatt des Deutschen Anwaltvereins (Juli 2004) heißt es u. a. fast beschwörend:

... wird nochmals nachdrücklich darauf aufmerksam gemacht, dass das Bundesdatenschutzgesetz (BDSG) auch auf die Anwaltschaft anwendbar ... und zu befolgen ist.

Im Folgenden wird insbesondere auf das Buch[30] Bezug genommen. Wer dieses gewichtige Buch zur Hand nimmt, dem wird – wie dem Verfasser – zunächst ein wenig der Schweiß ausbrechen angesichts der Fülle der Problemstellungen: Der Datenschutz im Gesundheitswesen ist noch komplexer als angenommen. Was liegt also näher, als die Komplexität der Materie dadurch zu reduzieren, indem man sie einfach missachtet? Ein solches Handlungsmuster hätte jedoch fatale Folgen. Nein, machen Sie es wie der Verfasser, benutzen Sie anstelle des Wollknäuels Ihre Phantasie und nehmen Sie sich etwas Zeit. Dann geht's los in den Irrgarten „Datenschutzrecht" – und wieder hinaus.

6.1 Krankenakte als Datenträger

Schon dann, wenn Sie eine **Krankenakte** anlegen – erheben und speichern Sie patienten-bezogene Daten. Der Begrifflichkeit wegen werden wir sie nachfolgend entweder **„personenbezogene Daten"** oder, wenn sie sich auf die (gesetzliche) Krankenversicherung beziehen, **„Sozialdaten"** nennen. Personenbezogene Daten/Sozialdaten sind Einzelangaben über persönliche oder sachliche Verhältnisse einer bestimmten oder bestimmbaren natürlichen Person (Betroffener),

74

75

76

---

29 *Schneider, H.*, in: Anwaltsblatt 2004, S. 342.
30 *Meier, A.:* Der rechtliche Schutz patientenbezogener Gesundheitsdaten, Karlsruhe 2003, S. 394.

so die Definition des § 3 Abs. 1 BDSG bzw. des § 67 Abs. 1 Sozial-gesetzbuch (SGB) X. Spätestens seit dem Ihnen vielleicht bekannten „Volkszählungsurteil" des Bundesverfassungsgerichts (BVerfG) avancierte das **„informationelle Selbstbestimmungsrecht"** zu einem Grundrecht. Dieses wurde dann in die EU exportiert und kehrte als „EG-Datenschutz-Richtlinie" wieder zu uns zurück. Umgesetzt fand sie sich dann in der verschärften Neufassung des BDSG wieder. Das informationelle Selbstbestimmungsrecht definiert sich als die Befugnis des Einzelnen, selbst über die Preisgabe seiner Daten zu bestimmen. Geschützt sind dabei alle Daten, unabhängig von ihrer Art oder Bedeutung für den Einzelnen; es gibt mithin keine **belanglosen Daten.**[31] Also: Auch schon bei der einfachen Adresse einer Person handelt es sich um nämliche Daten.

77 **Ziel des deutschen Datenschutzrechts** ist es, den Einzelnen davor zu schützen, dass er durch den Umgang mit seinen personenbezogenen Daten in seinem **Persönlichkeitsrecht** beeinträchtigt wird (§ 1 Abs. 1 BDSG). Das Datenschutzrecht untersagt also bestimmte Formen des Umgangs mit personenbezogenen Daten, weil sie typischerweise besondere Gefahren für das Persönlichkeitsrecht mit sich bringen.

78 Ach, gäbe es doch nur die erwähnte EG-Richtlinie und das BDSG, es wäre viel einfacher, das Datenschutzrecht zu erläutern. Dem ist aber leider nicht so. Denn: Jedes Bundesland hat zudem ein eigenes Landesdatenschutzgesetz (LDSG). Aber nicht genug damit. Zahlreiche Gesetze regeln das Datenschutzrecht noch einmal gesondert für den jeweils speziellen Bereich. Zu nennen sind vor allem die für zugelassene Psychotherapeuten/Ärzte bedeutsamen Bücher des Sozialgesetzbuchs (I., V. und X. Buch) und für die in zugelassenen Krankenhäusern, Klinken, Reha-Kliniken und Beratungsstellen tätigen Therapeuten – die Krankenhausgesetze der Länder und die Bücher des Sozialgesetzbuchs (I, V, VIII, IX und X).

6.2 Grundbegriffe

79 Schon oben machten Sie sich mit den Begriffen „Erheben" und „Speichern" vertraut. **„Erheben"** ist das Beschaffen von Daten des Betroffenen. Indem Sie den Patienten befragen, „erheben" sie, indem Sie seine Angaben notieren, **„speichern"** Sie; es bedarf also nicht unbe-

---

31 *Hanika, H.:* Datenschutz, in: Rieger, H.-J.: Lexikon des Arztrechts, Nr. 1340, Rn. 3, Heidelberg 2004.

dingt des Speicherns auf einem elektronischen Datenträger. Weiter: „**Verändern**" ist das inhaltliche Umgestalten gespeicherter, „**Übermitteln**" die Bekanntgabe von oder durch Datenverarbeitung gewonnener, gespeicherter oder nicht gespeicherter Sozialdaten an Dritte, **Sperren** das vollständige oder teilweise Untersagen der weiteren Verarbeitung oder Nutzung und **Löschen** das Unkenntlichmachen gespeicherter Sozialdaten. **Nutzen** ist schließlich jede Verwendung personenbezogener Daten, soweit es sich nicht um Verarbeiten handelt. Die genannten Begriffe finden sich alsdann unter dem Oberbegriff „**Verarbeiten**" zusammengefasst (§ 67 Abs. 5, 6 SGB X). Die Definitionen sind weitgehend identisch mit denen des BDSG mit einer für Sie wichtigen Ausnahme. Der § 67 Abs. 6 Satz 2 Nr. 3 SGB X bestimmt zusätzlich: „Übermitteln im Sinne dieses Gesetzbuchs ist auch das Bekanntgeben nicht gespeicherter Daten". Haben Sie also bspw. mündlich Sozialdaten erfahren, also nicht gespeichert, und geben sie Dritten weiter, übermitteln Sie i. S. des Gesetzes. Und das Übermitteln an Dritte – dazu gleich – bedarf der Erlaubnis desjenigen, der Ihnen die Information mitgeteilt hat. Hier berühren sich also Datenschutz und Schweigepflicht.

Im § 35 Abs. 1 SGB I heißt es nämlich u. a.:   **80**

*Jeder hat Anspruch darauf, dass die ihn betreffenden Sozialdaten ... von den Leistungsträgern nicht unbefugt erhoben, verarbeitet oder genutzt werden (**Sozialgeheimnis**). Die Wahrung des Sozialgeheimnisses umfasst die Verpflichtung, auch innerhalb des Leistungsträgers sicherzustellen, dass die Sozialdaten nur Befugten zugänglich sind oder nur an diese weitergegeben werden ...*

Soweit Sozialdaten freilich anonymisiert oder gar pseudonymisiert sind,   **81**
greift das Datenschutzrecht nicht ein, z. B. bei anonymisierten **Klinikberichten** oder **Mitteilungen an den Gutachter**.[32] **Anonymisierte Daten** sind solche, bei denen die Einzelangaben über persönliche oder sachliche Verhältnisse nur noch mit unverhältnismäßigem Aufwand einer bestimmten oder bestimmbaren natürlichen Person zugeordnet werden können. **Pseudonymisieren** ist das Ersetzen des Namens und anderer Identifikationsmerkmale durch ein Kennzeichen zu dem Zweck, Rückschlüsse auf den Betroffenen auszuschließen oder wesentlich zu erschweren.

Noch ein paar für Sie wichtige **Grundbegriffe des Datenschutzrechts**,   **82**
deren und weitere Definitionen Sie sowohl im BDSG (§§ 2f.) als auch im

---

32 So *Lippert, H.-D.:* Datenschutz, in: Behnsen, E. u. a. (Hrsg.): Management Handbuch für die psychotherapeutische Praxis, Beitrag 630, Rn. 5, Heidelberg 2001.

SGB X (§ 67) und anderswo finden. **Dritter** ist jede Person oder Stelle außerhalb der verantwortlichen Stelle. **Verantwortliche** und zugleich **nicht-öffentliche Stelle** – das sind bspw. Sie als selbstständiger Psychotherapeut oder der Leistungsträger oder dessen Organisationseinheit, für den oder für die Sie tätig sind. **Besondere Daten** sind schließlich solche sensitiver Art, nämlich Angaben über die rassische und ethnische Herkunft, politische Meinungen u. ä. m., insbesondere aber auch über Gesundheit oder Sexualleben.

83   Der „**Umgang mit Daten**" schließlich ist der vom BDSG verwendete Oberbegriff für die sieben Phasen des Erhebens, Speicherns, Veränderns, Übermittelns, Sperrens, Löschens und Nutzens.[33] Dessen § 1 Abs. 2 bestimmt im Einzelnen den Anwendungsbereich des BDSG, nämlich für **öffentliche Stellen** des Bundes, öffentliche Stellen der Länder, soweit der Datenschutz nicht durch Landesgesetz geregelt ist (und das ist er zumeist), und für nicht-öffentliche Stellen, soweit sie die Daten unter Einsatz von Datenverarbeitungsanlagen verarbeiten, nutzen oder dafür erheben oder die Daten in oder aus nicht automatisierten Daten verarbeiten, es sei denn, die Verarbeitung geschieht ausschließlich für persönliche oder familiäre Zwecke. – Sie sehen, die Begriffe decken jede Art von „Umgang mit Daten" ab.

84   Zu den „nicht-öffentlichen Stellen" gehören, wie schon erwähnt, die psychotherapeutische Praxis (Niederlassung) und das Krankenhaus in privatrechtlicher Rechtsform.[34] Zu den **öffentlichen Stellen** des Bundes und der Länder gehören z. B. Ärztekammern, KVen, die in öffentlich-rechtlicher Rechtsform betriebenen Krankenhäuser der Länder, Gemeinden und Kreise, die Universitäten und ihre Einrichtungen sowie die Landespsychotherapeutenkammern. Für letztere gilt also grundsätzlich das Landesdatenschutzgesetz (LDSG) vorrangig. Schwierigkeiten entstehen aber immer bei der Beantwortung der Frage, welche Datenschutzgesetze (Bund, Land oder Spezial) finden denn Anwendung bei den Krankenhäusern? Hier ist entscheidend: Wer ist Träger des jeweiligen Krankenhauses?

6.3 Krankenhäuser: Welches Datenschutzrecht gilt denn da eigentlich?

85   Drei Hauptgruppen sind zu unterscheiden: So werden **öffentliche Krankenhäuser** getragen von Sozialversicherungsträgern oder Ge-

---

33 *Gola, P. u. a.*: BDSG (7. Aufl.), München 2002, § 1 Rdnr. 22.
34 *Meier, A.*: Der rechtliche Schutz patientenbezogener Gesundheitsdaten, Karlsruhe 2003, S. 13.

bietskörperschaften, meist Gemeinden oder Gemeindeverbänden. Freie gemeinnützige Krankenhäuser werden ohne Gewinnerzielungsabsicht getragen von kirchlichen oder weltlichen Vereinigungen oder Stiftungen. Bei **privaten Krankenhäusern** handelt es sich zumeist um nicht-öffentliche Stellen im Sinne des BDSG (s. o.), wobei allerdings in der Regel das Landeskrankenhausgesetz (LKHG) Anwendung findet. Die Krankenhäuser der Länder unterfallen meist dem Anwendungsbereichs des 3. Abschnitts des BDSG, sofern nicht das jeweilige Landeskrankenhausgesetz das BDSG verdrängt. Psychiatrische Krankenhäuser und Hochschulkliniken sind Wettbewerbsunternehmen. Die jeweiligen Landesdatenschutzgesetze verweisen deshalb auf die Datenverarbeitung nicht-öffentlicher Stellen und öffentlich-rechtlicher Wettbewerbsunternehmen. Für **kirchliche Krankenhäuser** gilt hingegen nicht ohne weiteres das Kriterium öffentliche bzw. nicht-öffentliche Stelle, sodass das staatliche Datenschutzrecht i. d. R. nicht gilt. Die Kirchen haben vielmehr ihren Datenschutz in eigener Regie geregelt.[35] Die hier nur grob skizzierte Zersplitterung des jeweils anwendbaren Rechts zeigt mehr als deutlich, welche Schwierigkeiten es macht, zu klären, welches Gesetz – BDSG, LDSG und/oder Spezialgesetz – überhaupt Anwendung findet und inwieweit dieses jeweils verdrängt, ergänzt oder eingeengt wird.

6.4 Therapeuten im Krankenhaus, Kliniken oder in Reha-Einrichtungen

In den meisten Bundesländern beinhalten die Landeskrankenhausge- **86** setze Bestimmungen, die datenschutzrechtlich die Datenübermittlung an die Abrechnungs- und an andere Abteilungen der Krankenhäuser erlauben und darüber hinaus festlegen, wann die Übermittlung an Stellen außerhalb des Krankenhauses zulässig ist. Die Verwaltungsmitarbeiter im Krankenhaus zählen zu den berufsmäßig tätigen Gehilfen, sodass straf- oder datenschutzrechtlich kein Anlass besteht, diese Konstruktion als kritisch zu betrachten. Ist der Therapeut in einem zur GKV **zugelassenen (Akut-)Krankenhaus** (§ 108 Abs. 1 SGB V) tätig, gilt für die Übermittlungsbefugnis i. Ü. Folgendes: Der § 301 SGB V bestimmt, dass die zugelassenen Krankenhäuser den KK in maschinenlesbarer Form u. a. die **Krankenversicherungsnummer** des Pat., Tag und Grund der Aufnahme sowie Aufnahme- und Entlas-

---

35 Vgl. Verordnung zum Schutz von Patientendaten in kirchlichen Krankenhäusern, Vorsorge- und Rehabilitationseinrichtungen – DSVO, HA-EKD-ABl. 1996, S. 324.

sungsdiagnose zu übermitteln haben. Verpflichtet zur Übermittlung ist nicht der Psychotherapeut oder der Arzt, sondern der Träger des Krankenhauses. Steht eine Verlängerung des Krankenhausaufenthalts an, ist die KK sogar berechtigt, Auskünfte mit medizinischer Begründung zu verlangen (§ 301 Abs. 1 Nr. 3 SGB V). **Untersuchungs- und Behandlungsunterlagen** kann sie jedoch nicht herausverlangen.

87 Sehr viel komplexer erweist sich die Übermittlung von Daten innerhalb eines Krankenhauses. Einsichtig ist es, dass die Verwaltungsabteilung nur die Unterlagen erhalten darf, die sie z. B. für die Erstellung der Abrechnung benötigt. Rechtswidrig wäre demnach eine generelle Weisung der **Krankenhausverwaltung** an die Ärzte, ihr sämtliche **Krankenunterlagen** vorzulegen.[36] Wie sieht es aber mit der Weitergabe an den **Chefarzt**, den **Verwaltungsleiter** oder an eine andere Abteilung des Krankenhauses aus? Sieht man das Krankenhaus als eine größere Organisationseinheit, damit als „eine Stelle" im Sinne des Datenschutzrechts an, so handelt es sich bei der Informationsweitergabe zwischen verschiedenen **Abteilungen** nicht um ein „Übermitteln" (sog. **organisatorischer Stellenbegriff**), versteht man es indes als: „mehrere Stellen", dann liegt ein Übermitteln vor (sog. **funktionaler Stellenbegriff**). Die Landeskrankenhausgesetze orientieren sich nicht einheitlich an einem der beiden Stellenbegriffe, sodass es – datenschutzrechtlich – durchaus zu unterschiedlichen Ergebnissen kommen kann, ob nun ein Übermitteln vorliegt oder nicht. Die Weitergabe an den Chef- oder Oberarzt, wenn er die Fachaufsicht führt, dürfte unter diesem Aspekt jedenfalls kein Übermitteln darstellen, die Übermittlung an die **Abrechnungsabteilung** aber sehr wohl; letztendlich entscheidend ist aber, wie das jeweilige LKHG die Datenweitergabe regelt und wie sich der Einzelfall gestaltet. Im Grunde muss man für jeden Sachverhalt eine sorgfältige rechtliche Analyse vornehmen, um die Frage zu beantworten:

88

> **Tipp:** Stellen Sie sich immer folgende Prüffrage: Liegt eine zulässige Übermittlung vor oder nicht?

---

36 *Meier, A.:* Der rechtliche Schutz patientenbezogener Gesundheitsdaten, Karlsruhe 2003, S. 376.

6.5 Schweigepflicht und Datenschutz: Wie verhalten die sich denn aber zueinander?

Sie wissen inzwischen schon einiges: Sie kennen wesentliche Begriffe des Datenschutzes. Sie wissen ferner, wenn Sie im Krankenhaus beschäftigt sind und Fragen des Datenschutzes auftauchen, dass zunächst immer die Vorfrage zu beantworten ist: Wer ist der Träger? Um dann zu folgen, welches Datenschutzgesetz für Ihre Tätigkeit gilt. Aber wie ist das denn mit der Schweigepflicht, die Ihnen ja viel vertrauter ist? Welche Bedeutung hat diese denn in diesem Zusammenhang? **89**

Lippert[37] beantwortet die Frage kurz und knapp: „Die Datenschutzgesetze des Bundes und der Länder räumen berufsrechtlich bestehenden **Verschwiegenheitspflichten**, wie sie u. a. für Ärzte, Psychotherapeuten und Rechtsanwälte bestehen, **Vorrang vor** den **datenschutzrechtlichen Vorschriften** ein". Oder anders gesagt, wer die psychotherapeutische/ärztliche Schweigepflicht einhält, beachtet zugleich die Regeln des Datenschutzes. § 1 Abs. 3 Satz 1 BDSG bestätigt diesen Vorrang, Satz 2 hingegen bestimmt, dass z. B. Regelungen in einer **Berufsordnung** für Psychotherapeuten unberührt bleiben. Sätze 1 und 2 lauten: „Soweit andere Rechtsvorschriften des Bundes auf personenbezogene Daten einschließlich deren Veröffentlichung anzuwenden sind, gehen sie den Vorschriften dieses Gesetzes (des BDSG, der Verf.) vor. Die Verpflichtung zur Wahrung gesetzlicher Geheimhaltungspflichten oder von Berufs- oder besonderen Amtsgeheimnissen, die nicht auf gesetzlichen Vorschriften beruhen, bleibt unberührt". Wo also der Schutz der besonderen Geheimhaltungspflichten weitergeht als der des BDSG, gilt dieser weitergehende Schutz.[38] Die Formulierung „bleibt unberührt", verheißt eine parallele Anwendbarkeit zweier Normenkomplexe, ohne dass der eine den anderen verdrängt.[39] **90**

M. a. W.: **Datenschutz und Schweigepflichten sind zwei unabhängig voneinander bestehende Rechtskreise**, die vom Psychotherapeuten immer im Blick gehalten werden müssen. Lassen Sie uns nunmehr das Gelernte im Lichte der Dokumentationsverpflichtung des Psychotherapeuten näher betrachten: **91**

---

37 *Lippert, H.-D.:* Schweigepflicht, in: Behnsen, E. u. a. (Hrsg.): Management Handbuch für die psychotherapeutische Praxis, Beitrag 2000, Rn. 6, Heidelberg 2001.

38 *Gola, P. u. a.:* BDSG (7. Aufl.), München 2002, § 1 Rn. 25.

39 *Meier, A.:* Der rechtliche Schutz patientenbezogener Gesundheitsdaten, Karlsruhe 2003, S. 31.

6.6 Dokumentation und Datenschutz; Einsichtsrechte des Patienten

92 Aufgrund der Verpflichtung zur **Dokumentation des Behandlungsablaufs**, die sich zum einen aus dem **Behandlungsvertrag**, dem Berufsrecht und dem Heilberufe-Kammergesetz Ihres Bundeslandes ergibt (in Baden-Württemberg: § 30 Abs. 3 Satz 1 HBKG), oder zum anderen ergänzend – soweit es Behandlungen im Rahmen der GKV betrifft – aus dem Bundesmantelvertrag – Ärzte (BMV-Ä) und aus weiteren Vorschriften (z. B. aus dem Landeskrankenhausgesetz Ihres Bundeslandes) ergeben kann, befinden Sie sich mitten im Anwendungsbereich der Datenschutzvorschriften – und der Schweigepflicht (genauer: § 203 Abs. 1 StGB: „Verletzung von Privatgeheimnissen"). Sie – als nicht-öffentliche Stelle, soweit Sie niedergelassen oder PiA sind, oder, soweit Sie in einer Klinik tätig sind, als öffentliche Stelle – erheben Sozialdaten, speichern, nutzen oder, wenn notwendig, übermitteln jene an Dritte. Oder aber der Patient begehrt **Einsicht in** die ihn betreffende **Dokumentation**. Beginnen wir zunächst mit dem Einsichtsrecht, sodann wenden wir uns der Übermittlung von Daten an Dritte zu.

93 Der Patient, der **Einsicht** begehrt, kann sich dabei auf § 34 BDSG berufen („Auskunft an den Betroffenen") und auf eine Nebenpflicht aus dem Behandlungsvertrag. Solche Auskünfte sind i. d. R. schriftlich zu erteilen, wenn nicht wegen besonderer Umstände eine andere Form angemessen ist (§ 34 Abs. 3 BDSG). Auskunft von öffentlichen Stellen kann er in etwa gleichem Umfang verlangen (§ 19 Abs. 1 und 2 BDSG). Bestimmungen über ein Recht des Patienten auf Einsicht in seine Krankenakte sind auch in einigen bereichsspezifischen Landesgesetzen enthalten.[40] Allerdings bestehen Ausnahmen für **Auskünfte**, wenn der **Schutz Dritter** es erfordert (vgl. § 19 Abs. 4 Nr. 3 BDSG), **oder** der **Patient** selber betroffen ist und geschützt werden muss. Das von der Rechtsprechung entwickelte **Einsichtsrecht** bezieht sich aber nur auf den **objektiven Teil der Aufzeichnungen**, also v. a. auf **Diagnosen**, nicht aber auf sonstige Eindrücke des Psychotherapeuten/ Arztes. Bezüglich psychischer Erkrankungen hat der Psychotherapeut/Arzt überdies den Schutz des Patienten zu beachten, wenn er glaubt, dass die Herausgabe seiner **subjektiven Befunde** diesem schaden könnte. Beharrt der Patient indessen auf der Herausgabe, so hat der Therapeut diesem jedenfalls nach „Art und Richtung„ zu

---

[40] *Meier, A.:* Der rechtliche Schutz patientenbezogener Gesundheitsdaten, Karlsruhe 2003, S. 102 f.

kennzeichnen, ohne ins Detail gehen zu müssen, weshalb er die Auskunft insoweit für kontraindiziert hält.[41] Diese Rechtsprechung ist aber durch ein neueres Urteil des Bundesverfassungsgerichts (BVerfG) erheblich in Frage gestellt: Danach hat der Pat. generell ein geschütztes Interesse daran, zu erfahren, wie mit seiner Gesundheit umgegangen wurde, welche Daten sich dabei ergeben haben und wie man die weitere Entwicklung einschätzt.[42] Dies gelte in gesteigertem Maße für **Informationen über seine psychische Verfassung**. Das BVerfG lässt es (noch) offen, ob der Pat. nur einen Anspruch auf Einsicht in die ihn betreffenden sog. **objektiven Krankenunterlagen** und Befunde hat, oder ob der bislang bestehende sog. therapeutische Vorbehalt noch als verfassungsmäßig anzuerkennen sei. M. a. W.: Noch hat der Pat. keinen Anspruch auf Einsicht in die **subjektiven Unterlagen**, dies kann sich aber ändern ….

Lehnen Sie aus den genannten Gründen die Einsicht ab, bleibt dem **94** Patienten in einem solchen Fall, sich entweder (wenn es sich um eine öffentliche Stelle des Bundes handelt) an den Bundesbeauftragten für den Datenschutz (§ 19 Abs. 6 Satz 1 BDSG bzw. §§ 81 ff. SGB X) zwecks Einsichtnahme oder hinsichtlich eines Niedergelassenen an einen Psychotherapeuten/Arzt seines Vertrauens zu wenden, der für ihn Einsicht nimmt.[43]

6.7 Datenschutz: „Übermitteln" – der gefährlichste Vorgang

Sieben Phasen, so lernten wir, kennzeichnen den Umgang mit Daten: **95** Erheben, Speichern, Verändern, Übermitteln, Sperren, Löschen und Nutzen. Jetzt wollen wir uns besonders der Phase „Übermitteln" widmen. Gehört denn dazu auch, Sie werden sich erinnern, die oben erwähnte Einsicht in die Dokumentation des Psychotherapeuten? Denn hier werden doch dem die Einsicht begehrenden Patienten (Pat.) seine Daten übermittelt – oder? Nein – das ist nun gerade kein Übermitteln! Wird doch im § 3 Abs. 4 Nr. 3 Bundesdatenschutzgesetz (BDSG) das **„Übermitteln"** definiert als „Bekanntgeben gespeicherter oder durch Datenverarbeitung gewonnener personbezogener Daten an einen Dritten …". Der Betroffene, also der Patient, ist indessen kein Dritter im Sinne des BDSG. Ersetzen Sie nun den Begriff „personenbezogene Daten" durch „Sozialdaten", dann bewegen Sie sich unversehens

---

41   *BVerfG*, NJW 1999, 1777.
42   *BVerfG*, NJW 2006, 1116.
43   *Gola, P. u. a.:* BDSG (7. Aufl.), München 2002, § 34 Rn. 15.

im Sozialgesetzbuch X (§ 67 Abs. 6 Nr. 3 SGB X). Die Definitionen sind also deckungsgleich – mit einer Ausnahme –, auf die schon hingewiesen wurde: Ein Übermitteln im Sinne des SGB X kann auch darin bestehen, nicht gespeicherte Sozialdaten Dritter bekannt zu geben. Sie haben also bspw. von einem Pat. „etwas" mündlich erfahren. Diese Daten haben Sie weder notiert noch elektronisch gespeichert. (Ihr Kopf gilt übrigens – noch nicht – als Datenträger im technischen Sinne!) Gleichwohl unterfällt dieses „etwas" dem Datenschutz des SGB (und zumeist sowieso der Schweigepflicht). Seine Weitergabe – also das Übermitteln an Dritte – ist damit nur mit Einwilligung des Pat. oder aufgrund eines speziellen Gesetzes zulässig.

96 **Zwei Schranken versperren Ihnen den Weg ...** Sie fragen: Unterfällt denn nicht alles, was ich im Rahmen einer Therapie erfahre, der Schweigepflicht? Wenn Sie sich die Überschrift des § 203 StGB ansehen, dann lesen Sie dort: **„Verletzung von Privatgeheimnissen"**, **nicht** (!) aber **„Schweigepflicht"**. Die Vorschrift erfasst eben nicht jede Verletzung der psychotherapeutischen Schweigepflicht aufgrund der jeweiligen Berufsordnung (BO); nur diese verwendet den Begriff „Schweigepflicht", sie reicht also weiter als § 203 Abs. 1 Nr. 1 StGB. Denn der § 203 StGB hat nur dann Relevanz, wenn es sich um ein „Geheimnis" handelt. Jenes setzt voraus, dass es nur einem beschränkten Personenkreis bekannt sein darf und der Betroffene nicht damit einverstanden ist, wenn es Dritte erfahren, und er muss ein Interesse an der Geheimhaltung haben.[44] Das habe ich verstanden, so Ihr Einwand, aber – Sie werden langsam ungehalten – wo bleibt denn da das Datenschutzrecht? Antwort: Stellen Sie sich einfach zwei Schranken vor, die Ihnen den Weg, zum Beispiel für eine Übermittlung von Daten an Dritte, versperren. Wenn Sie sich dieses Bild immer vor Augen halten, so haben Sie die Grundaussagen des Datenschutzrechtes und der „Verletzung von Privatgeheimnissen" verstanden, und – Sie können danach Ihr Handeln ausrichten.

97 Dieses Bild eines **Zwei-Schranken-Modells** beschreibt die Zulässigkeit eines Vorgangs im Rahmen des Datenschutzrechts und im Rahmen des Strafrechts; es belegt die Unabhängigkeit beider Hürden. Weder werden die Übermittlungsbefugnisse der Datenschutzgesetze im Anwendungsbereich von § 203 StGB unanwendbar, noch wirkt eine Offenbarungsbefugnis i. S. des § 203 StGB zugleich als Erlaubnistatbestand im Sinne des Datenschutzrechts. Dies schließt nicht aus, dass es Erlaubnisse für die Datenweitergabe gibt, die in beiden Berei-

---

44 *Meier, A.*: Der rechtliche Schutz patientenbezogener Gesundheitsdaten, Karlsruhe 2003, S. 142 f.

chen legalisierend wirken, lediglich ein Automatismus in die eine oder andere Richtung besteht nicht.[45]

98

> **Tipp:** Beachten Sie wo, wie und für wen sind Sie tätig – danach richtet sich das anzuwendende Datenschutzrecht!

Wenn Lernen auch Wiederholen und erneutes Durcharbeiten bedeutet, dann werden Sie verstehen, warum oben bereits Erarbeitetes nachfolgend noch einmal Erwähnung findet, nämlich:

99

Das Sozialgesetzbuch (SGB) und dessen Datenschutzbestimmungen finden für Sie zum einen dann Anwendung, wenn Sie niedergelassene/r (Ndl.) und zugelassene/r (Zul.) Therapeut/in (SGB V) sind und einen GKV-Patienten behandeln. Ebenso, wenn Sie in einem öffentlichen Krankenhaus (SGB V und Landeskrankenhausgesetz – LKHG), in einem Jugend- oder Sozialamt (SGB VIII, XII), in einer Rehabilitationseinrichtung (SGB IX), in einer Agentur für Arbeit angestellt oder verbeamtet oder in einer dafür zuständigen kommunalen Stelle (SGB II, III, XII) tätig sind. Zusätzlich gelten für Sie aber immer noch Bestimmungen des BDSG, insbesondere der § 28 Abs. 7, 8 BDSG, soweit Sie im Gesundheitsbereich wirken. Letztere Bestimmung erlaubt Ihnen als Therapeut das Erheben, Verarbeiten und Übermitteln „besonderer personenbezogener Daten" (= Gesundheitsdaten!) zum Zwecke der **Gesundheitsversorgung**, denn Sie unterliegen ja dem § 203 Abs. 1 Nr. 1 StGB.

100

Sind Sie hingegen zwar niedergelassen, aber nicht zur GKV zugelassen und behandeln Sie deshalb nur **Privatpatienten** oder Sie sind nur in einem Privatkrankenhaus tätig, dann kommt namentlich das BDSG zum Zuge (siehe vor), es sei denn, Ihr **Landeskrankenhausgesetz** bestimmt etwas anderes. Aber auch dann, wenn Sie zwar niedergelassen und zugelassen sind, indes einen Privatpatienten behandeln, findet wiederum nur das BDSG Anwendung. Daneben – denken Sie an das Bild der zwei Schranken – der § 203 StGB.

101

Gleichsam als basso continuo schwingt für die zwei vorbezeichneten Varianten, soweit es Niedergelassene betrifft, i. Ü. immer das Heilberufe-Kammergesetz Ihres jeweiligen Bundeslandes mit. Zugegeben: Das ist alles etwas verwirrend, weil zum Teil in einander greifend oder überschneidend, aber ich denke, zumindest die Grundstruktur hebt sich für Sie deutlich hervor. Auch die nachstehende Tabelle

102

---

45 *Meier, A.:* Der rechtliche Schutz patientenbezogener Gesundheitsdaten, Karlsruhe 2003, S. 31.

(Tab. 1) kann nur einen sehr groben Überblick vermitteln und das Gesagte noch einmal zusammenfassen:

103 *Tab. 1: Anzuwendendes Datenschutzrecht*

Tätigkeit als/in	Anzuwendendes Datenschutzrecht		
PP/KJP (Ndl.+Zul.+ GKV-Pat.)	I., V., X. Buch SGB	§§ 1 Abs. 2 Nr. 3, 28 BDSG	Heilberufe-Kammergesetz
PP/KJP (Ndl.+Zul.+Priv.-Pat.)		§§ 1 Abs. 2 Nr. 3, 28 BDSG	Heilberufe-Kammergesetz
PP/KJP (Ndl.+Priv.-Pat.)		§§ 1 Abs. 2 Nr. 3, 28 BDSG	Heilberufe-Kammergesetz
Öffentlichem Krankenhaus	I., V., X. Buch SGB	LKHG, BDSG und/oder	LandesdatenschutzG
Privatkrankenhaus		BDSG oder	LKHG
Kirchlichem Krankenhaus		BDSG oder LKHG oder	kircheninterne Bestimmung
Jugend- oder Sozialamt	I., VIII., X., XII. Buch SGB	BDSG, LDSG	
Reha-Einrichtung	I., IX., X. Buch SGB	BDSG, LDSG und/oder	LKHG
Agentur für Arbeit	I., III., X. Buch SGB	BDSG	

104 Wir wollen uns jetzt mit der größten Gruppe der Psychotherapeuten – berufssoziologisch gesprochen – näher befassen: Die Mehrheit der Psychotherapeuten – davon ist auszugehen – ist entweder selbstständig in eigener Praxis tätig und zur GKV zugelassen, dann v. a. in **Reha-Einrichtungen**[46], in Krankenhäusern und in **Beratungsstellen** angestellt oder auch verbeamtet. Für diese gelten damit weitgehend die zentralen Vorschriften des § 35 (**„Sozialgeheimnis"**) SGB I in Vbd. mit §§ 67 ff. („Schutz der Sozialdaten") SGB X. Diese Bestimmungen schauen wir uns jetzt näher an, v. a. die, die das „Übermitteln von Daten" betreffen.

105 Der Gesetzgeber hat die Übermittlung von personenbezogenen Daten/Sozialdaten als besonders gefährlichen Vorgang im Hinblick auf das Persönlichkeitsrecht des Betroffenen angesehen und sie deshalb detaillierter geregelt als z. B. deren Nutzung und Verarbeitung. Aus

---

46 *Lueger, S.* „Psychotherapie in der medizinischen Rehabilitation ..." in: *Psychotherapeutenjournal* 2004, S. 221, 222.

diesem Grunde hat er eigene Erlaubnistatbestände festgelegt.[47] Sie dürfen sich zunächst getrost die **Faustformel** merken:

Tipp: Bitte beachten, dass das Übermitteln verboten ist, es sei denn der Patient hat schriftlich eingewilligt, oder ein besonderes Gesetz erlaubt es Ihnen oder zwingt Sie gar zum Übermitteln.

106

Das Übermitteln, aber auch das Erheben und Verwenden von Daten betrifft – egal, wo Sie tätig sind – alle Psychotherapeuten. Insofern sollten Sie das Folgende lesen und nicht überspringen, auch wenn Sie nicht in eigener Praxis, sondern bspw. in einem **Jugendamt** tätig sind oder – als Approbierter – tätig sein wollen. Denn die Grundprinzipien des Datenschutzes gelten in allen Bereichen, in denen Sie arbeiten.

107

Das Übermitteln von Sozialdaten setzt zunächst eine **Übermittlungs-befugnis** voraus. Im § 67d SGB X finden sich deshalb Übermittlungsgrundsätze: Eine Übermittlung von Sozialdaten ist nur zulässig, soweit sich eine Übermittlungsbefugnis im SGB X oder in einem andern Gesetz findet. Denken Sie an die o. e. Faustformel; hier finden Sie sie in seriöse Gesetzesform gekleidet. Zugleich bestimmt diese Vorschrift, dass Sie (als Psychotherapeut/in) grds. die Verantwortung für die Zulässigkeit der Übermittlung als übermittelnde Stelle tragen. Etwas anderes gilt nur dann, wenn die Übermittlung auf einem Ersuchen des Empfängers beruht. Bei der Übermittlung von **Sozialgeheimnissen** kommen wegen § 67d SGB X weder eine **mutmaßliche Einwilligung** noch ein **rechtfertigender Notstand** (§ 34 StGB) zum Tragen, ebenso wenig eine Rechtfertigung als „Wahrnehmung berechtigter Interessen"[48]. Eine Übermittlungsbefugnis ergibt sich vielmehr, entweder indem der Patient ausdrücklich einwilligt oder aber aus einem Gesetz. Bei der **Einwilligung** handelt es sich um eine rechtserhebliche Erklärung eigener Art. Mithin können diese auch **Minderjährige** abgeben, sofern sie über die genügende **Einsichts- und Urteilsfähigkeit** verfügen[49], spätestens dann, wenn diese das 15. Lebensjahr vollendet haben (§§ 36 Abs. 1 in Vbd. mit 33a SGB I).

108

Soweit Sie – als **Schweigeverpflichteter** (§ 203 Abs. 1 Nr. 1 StGB) – nun zulässigerweise Daten an eine der in § 35 SGB I genannten Stel-

109

---

47 *Meier, A.:* Der rechtliche Schutz patientenbezogener Gesundheitsdaten, Karlsruhe 2003, S. 231.
48 *Meier, A.:* Der rechtliche Schutz patientenbezogener Gesundheitsdaten, Karlsruhe 2003, S. 232.
49 *Meier, A.:* Der rechtliche Schutz patientenbezogener Gesundheitsdaten, Karlsruhe 2003, S. 82 f.

len weitergegeben haben, darf diese Stelle diese Daten nur unter den Voraussetzungen des § 76 Abs. 1 SGB X wiederum weitergeben („übermitteln"). Auch dann, wenn es sich um besonders schutzwürdige Sozialdaten („besondere Daten" – s. o.) handelt, die also die Gesundheit oder das Sexualleben betreffen. Die Bestimmung dient damit nur dem Schutz solcher Geheimnisse, die vom Anwendungsbereich des § 203 StGB umfasst sind.[50]

6.8 Therapeuten in eigener Praxis

110 Sie – als Psychotherapeut/in – haben bei der Übermittlung von besonders schutzwürdigen Sozialdaten also immer zu prüfen, liegen **Übermittlungsbefugnis** im Sinne des Datenschutzrechts als auch **Offenbarungsbefugnis** im Sinne des § 203 StGB vor. In der GKV wird dieser **(Doppel-)Prüfung** insoweit schon Rechnung getragen, als das entsprechende Formblatt (PTV 1: Antrag des Versicherten auf Psychotherapie) die schriftliche Einwilligung vom Pat. oder dessen Sorgeberechtigten einfordert.

111 PTV 1: Auch 15 jährige sollten mit unterschreiben.

112 Ein Ratschlag für Kinder- und Jugendlichenpsychotherapeuten im Rahmen der GKV: Lassen Sie immer den 15 jährigen und Ältere das Formblatt mit unterschreiben! Sie würdigen damit zugleich auch das informationelle Selbstbestimmungsrecht des Jugendlichen und Sie sind mit den Unterschriften der Eltern und des **Jugendlichen** immer auf der sicheren Seite!

113 Der Patient darf z. B. einer Übermittlung des im verschlossenen Umschlag enthaltenen **Berichts an den Gutachter** durch die Krankenkasse (KK) zwar widersprechen (§ 76 Abs. 2 Nr. 1 SGB X), dann aber wirkte er nicht im Verwaltungsverfahren mit. Die KK könnte damit ihrerseits die Leistung (Psychotherapie) versagen (§§ 60 ff., 66 SGB I).[51] Die Übermittlung der **Behandlungsbedürftigkeit** des Pat. an die Krankenkasse (KK) ist durch § 284 Abs. 1 Nr. 4 SGB V gedeckt, die Übermittlung an den Gutachter, weil der Bericht des Psychotherapeuten pseudonymisiert ist, unterfällt erst gar nicht dem Datenschutz.

114 Soeben, Sie werden es bemerkt haben, bewegten wir uns zwischen dem SGB X, überschrieben mit „Sozialverwaltungsverfahren und So-

---

50 Sog. „Verlängerung des Arztgeheimnisses", *Meier, A.:* Der rechtliche Schutz patientenbezogener Gesundheitsdaten, Karlsruhe 2003, S. 235.
51 Vgl. *BSG*, Urteil v. 17.2.2004 – B 1 KR 4/02 R.

zialdatenschutz", dem SGB I – „Allgemeiner Teil" des SGB – und dem SGB V („Gesetzliche Krankenversicherung"). Das I. und das X. Buch SGB wirken jeweils auf die einzelnen Bücher (II – IX, XII) des SGB ein, damit auch auf das V. Buch. Letzterem wollen wir uns nun widmen. Die Erhebung und Verwendung patientenbezogener Daten, unmittelbar erhoben vom **Leistungsträger** (= Krankenkasse = KK) beim Patienten, oder – mittelbar – über den **Leistungserbringer** (Psychotherapeuten/Ärzte usw.), sind in den §§ 284 ff. SGB V, und die Übermittlung von Leistungsdaten des Psychotherapeuten/Arzt im Verhältnis an die KVen/KK in den §§ 294 ff. SGB V geregelt. Dort tauchen, bspw. in §§ 284 Abs. 1 Sätze 2, 4, 294a Satz 1 SGB V, wie auch im § 67a SGB Abs. 3 Satz 1 SGB X der sog. Zweckbindungs- und der sog. Erforderlichkeitsgrundsatz – gleichfalls zentrale Leitbegriffe des Datenschutzrechts – auf.

115 Der **Zweckbindungsgrundsatz** meint, dass Sozialdaten nur zu dem Zweck verwendet werden dürfen, für den sie erhoben, gespeichert oder übermittelt wurden. Der Grundsatz wird ergänzt durch den sog. **Erforderlichkeitsgrundsatz**. Es dürfen nämlich nur insoweit und in dem Umfang Daten erhoben, gespeichert oder übermittelt werden, als sie für die Aufgabenerfüllung benötigt werden. Was bedeuten diese weiteren Grundsätze nun für Sie als Therapeut/in?

116 **Beispiel:**
Zur Vorbereitung des **Berichts an den Gutachter** erheben Sie Sozialdaten beim Patienten, die Sie auch anderweitig verwenden (Verstoß gegen die Zweckbindung) oder die Sie nicht für die durchzuführende Psychotherapie benötigen (Verstoß gegen den Erforderlichkeitsgrundsatz).

117 Die beiden vorgenannten Grundsätze korrelieren wiederum mit zwei weiteren Grundsätzen, nämlich mit dem der **Datensparsamkeit** und dem der **Datenvermeidung**.

118 **Beispiel:**
Sie wollen alles vom Patienten wissen, also auch Daten, die unter keinem Gesichtspunkt für die Therapie erforderlich sind, und speichern diese dennoch (Verstoß gegen die Datensparsamkeit und -vermeidung). Wenn auch nicht explizit in den §§ 67 ff. SGB X erwähnt, so müssen diese beiden Grundsätze des § 3a BDSG von Ihnen mit beachtet werden.

6.9 Exkurs ins Sozialrecht

119 Bei den Abrechnungsvorschriften (§§ 294 ff. SGB V), denen Sie ja als Vertragspsychotherapeut permanent unterliegen, handelt es sich um gesetzliche Übermittlungsbefugnisse; hier benötigen Sie also keine schriftliche Einwilligung. Psychotherapeuten und andere Leistungserbringer sind danach verpflichtet, die von ihnen erbrachten Leistungen in den **Abrechnungsunterlagen** aufzuzeichnen (§ 294 SGB V) und an die KV im Wege **elektronischer Datenübertragung** zu übermitteln (§ 295 Abs. 4 SGB V). Von Seiten der Krankenkasse sind sie anonymisiert, jedoch psychotherapeuten-/arztbezogen zu speichern und zu verwenden. Die KV ihrerseits teilt der Krankenkasse die erforderlichen psychotherapeuten-/arztbezogenen Daten mit (im Einzelnen: § 295 Abs. 2 Satz 1 SGB V).

120   Soweit beim Vertragspsychotherapeuten eine **Plausibilitätsprüfung** stattzufinden hat (§ 106a Abs. 1 SGB V), kann die KV gem. § 295 Abs. 1a SGB V die **Vorlage der Befunde** vom Psychotherapeuten verlangen.[52] Das LSG, aber auch das BSG urteilten, die Pflicht zur Auskunftserteilung im Rahmen von Überprüfungen innerhalb des kassenärztlichen Versorgungssystems kollidiere nicht mit der ärztlichen Schweigepflicht. Als Rechtsgrundlage zur Vorlage seien zum einen die Befugnis der KV zu nennen, die vertragsärztliche Versorgung sicherzustellen, zum andern die zur Überwachung der den Vertragsärzten obliegenden Pflicht zur **Qualitätssicherung** und die zur **Erhebung von Versichertendaten** im Rahmen von Wirtschaftlichkeits-, Qualitäts- und Plausibilitätsprüfungen. Ergänzend sei noch darauf hingewiesen, dass auch die Satzungen der KVen zumeist die Pflicht normiert haben, wonach der Vertragspsychotherapeut/-arzt auf Verlangen die erforderlichen Unterlagen vorzulegen habe. Auch § 46 BMV-Ä („**Plausibilitätskontrollen**") ist einschlägig.

121   Zahlt der GKV-Pat. hingegen das Honorar für die psychotherapeutische Behandlung selber, wozu er im Hinblick auf § 18 Abs. 10 Bundesmantelvertrag-Ärzte n. F. (BMV-Ä) ja berechtigt ist (**Privatpatient),** bei ihm gilt das BDSG, wenn er also den Therapeuten darum ausdrücklich ersucht hatte, und beide eine solche Vereinbarung schriftlich getroffen haben, dann besteht keine Übermittlungsbefugnis für diese Sozialdaten mehr.

122   Im Zusammenhang mit der **Praxisgebühr** kam und kommt es immer wieder vor, dass der überweisende Hausarzt (§§ 24 Abs. 3 Nr. 3 in Vbd. mit Abs. 6 Satz 2 BMV-Ä) vom behandelnden Psychotherapeuten Auskunft begehrt. Hier gilt Folgendes: Der aufgrund der Überweisung in Anspruch genommene Psychotherapeut hat den **Hausarzt** über die von ihm erhobenen Befunde und Behandlungsmaßnahmen

---

52   Vgl. schon die *BSG*-Urteile v. 19.11.1985 – 6 RKa 14/83 und v. 17.12.1998 – B 6 KA 63/98 B, welches die vorangegangen Urteile des *Sozialgerichts Saarbrücken* und des *LSG Saarland,* v. 1.4.1998 – L 3 Ka 19/96 hinsichtlich der Pflicht zur Vorlage von **ärztlichen Befunden** ausdrücklich bestätigte.

zu unterrichten, soweit es für die **Weiterbehandlung** durch den **überweisenden Arzt** erforderlich ist. Eine Auskunftspflicht ist also schon dann zweifelhaft, wenn der Hausarzt den Pat. nicht gleichzeitig weiterbehandelt. Datenschutzrechtlich muss der Hausarzt aber zudem eine schriftliche Einwilligung des Pat. vorlegen, um diese Auskünfte verlangen zu können (§ 73 Abs. 1b SGB V). Der Vorschrift zu Folge muss umgekehrt der Psychotherapeut/Facharzt den Pat. nach dessen Hausarzt fragen und diesem, mit schriftlicher Einwilligung des Pat., Behandlungsdaten und Befunde mitteilen. Diese Regelung geht maßgeblich auf die politisch gewollte Stärkung des Hausarztes zurück; sie gilt zu Recht allgemein als missglückt[53], kommt aber unverdrossen weiter zur Anwendung.

6.9.1 Zugriff auf Patientendokumentationen/ Patientenkarteien

Soweit der Psychotherapeut in einem **Praxisnetz** tätig ist, hat er sich zwingend gem. § 140b Abs. 3 Satz 3 SGB V an einer gemeinsamen Patientendokumentation zu beteiligen, auf die jeder Psychotherapeut/ Arzt des Netzes für seine Tätigkeit im erforderlichen Umfang zurückgreifen kann. Dieses Zugriffsrecht gilt indessen nicht für Therapeuten, die in einer **Praxisgemeinschaft** (§ 33 Abs. 1 Ärzte-ZV) tätig sind. Ähnlich wie bei verschiedenen Abteilungen eines Krankenhauses, so Meier[54], müsse hier das Vorliegen einer **„einheitlichen Stelle"** verneint werden, sodass das Zusammenführen zu einer **Patientenkartei** als „Übermitteln" zu werten und von der schriftlichen Zustimmung des Pat. abhängig sei. Denn für das Zusammenführen bestünde keine medizinische Notwendigkeit, die ein Zusammenführen erlaube (§ 28 Abs. 8 Satz 1 BDSG). Mithin müssten die Patientenkarteien getrennt geführt werden. Anders sei es in einem Krankenhaus: Hier decke die vorgenannte Bestimmung des BDSG die Übermittlung an die Abrechnungsstelle. | **123**

Bei einer **Berufsausübungsgemeinschaft (BAG:** früher: **Gemeinschaftspraxis)** oder einem **Medizinischen Versorgungszentrum (MVZ)** sei zwar davon auszugehen, dass der Pat. i. S. des § 203 StGB stillschweigend zugestimmt habe, seine Daten in einer gemeinsamen Kartei/Datei aufzunehmen, datenschutzrechtlich sei es hingegen | **124**

---

53 *Meier, A.:* Der rechtliche Schutz patientenbezogener Gesundheitsdaten, Karlsruhe 2003, S. 256 f.
54 *Meier, A.:* Der rechtliche Schutz patientenbezogener Gesundheitsdaten, Karlsruhe 2003, S. 369.

höchst streitig, ob ein Zusammenführen („übermitteln") i. S. des § 28 Abs. 8 Satz 1, Abs. 7 Satz 1 BDSG ohne schriftliche Einwilligung des Patienten zulässig sei.[55] Eine stillschweigende Einwilligung wie im Strafrecht sei nämlich nicht im § 28 BDSG, auch nicht im SGB V, vorgesehen, so dass § 4a Abs. 1 Satz 3 BDSG zum Zuge käme: Die Zusammenführung der Karteien bedürfe mithin der schriftlichen Einwilligung des Patienten! Die Berufung auf die einschränkenden Formulierung „... soweit nicht wegen besonderer Umstände des Einzelfalls eine andere Form angemessen ist ..." – § 4a Abs. 1 Satz 2 am Ende BDSG) könne diesen Anspruch der Schriftlichkeit nicht in sein Gegenteil verkehren.[56]

125 Für die **Praxisgemeinschaft** gilt hingegen (unstreitig! s. o.), dass eine gemeinsame Datei/Kartei nicht zulässig ist. Aber: Die schweigepflichtige Sprechstundenhilfe, die für die Praxisinhaber tätig ist, hat Zugriff zu beiden Patientenkarteien, nicht aber der andere psychotherapeutische Behandler. Und: In Netzen mit vielen Behandlern ist der Binnenaustausch gestattet, nicht hingegen in den vorgenannten Praxen. Aber: Ist der Behandler einer Praxisgemeinschaft hingegen im Urlaub, so darf der andere Therapeut zumindest eine Krisenintervention vornehmen und deshalb in die Kartei des Kollegen Einsicht nehmen (§ 28 Abs. 8 Satz 1, Abs. 6 Nr. 1 BDSG). Ist der Pat. mit der Krisenintervention einverstanden, und davon ist auszugehen, wenn er in der Praxis beim Kollegen erscheint, dann willigt er auch zugleich in die Einsicht in seine Patientenakte ein. Die Schriftform kann hier ausnahmsweise entfallen (§§ 28 Abs. 8 Satz 1, Abs. 6 Satz 1, § 4a Abs. 1 Satz 3 BDSG). Wenn auch eine **Vertretung in psychotherapeutischen Behandlungen** im Sozialrecht bekanntlich ausgeschlossen ist (§ 14 Abs. 3 BMV-Ä), so muss eine Krisenintervention jedenfalls gleichwohl möglich sein. Eine auf Dauer gerichtete Vertretung liegt hier ja nicht vor.

126 Wenn es Sie tröstet: Auch Juristen, und besonders Anwälte, stöhnen über das ach so komplexe und komplizierte Datenschutzrecht. Wenn Sie gleichwohl die Lektüre bis hierher durchgehalten und sich die

---

55 So verneinend: *Meier, A.:* Der rechtliche Schutz patientenbezogener Gesundheitsdaten, Karlsruhe 2003, S. 369; bejahend indessen z. B.: die *Landesärztekammer* und die *Landespsychotherapeutenkammer Baden-Württemberg:* in: Informationen für Ärztinnen, Ärzte, Psychotherapeutinnen, Psychotherapeuten – Schweigepflicht und Datenschutz, Herausgeber: Landesärztekammer und Landespsychotherapeutenkammer Baden-Württemberg, Stuttgart 2008, S. 42.

56 So jedenfalls *Meier, A.:* Der rechtliche Schutz patientenbezogener Gesundheitsdaten, Karlsruhe 2003.

Grundprinzipien gemerkt haben, dann wissen Sie schon sehr viel. Nachstehend sei noch einmal Wesentliches zusammengefasst:

Sie lernten bislang, dass das „Übermitteln" der gefährlichste Vorgang **127** im Datenschutzrecht ist. Sie merkten sich weiter: Ein **„Übermitteln"** ist nur **mit schriftlicher (!) Einwilligung** des Pat. oder aufgrund eines **Gesetzes** zulässig. Und Sie haben schließlich im Gedächtnis behalten, dass Sie bei der Übermittlung von besonders schutzwürdigen Daten (dazu zählen die Gesundheitsdaten!) immer eine Doppelprüfung anzustellen haben: Bin ich denn zur Übermittlung i. S. des Datenschutzrechts berechtigt und bin ich zur Offenbarung i. S. des § 203 StGB befugt? Noch eines: Soweit der Datenschutz in der für Sie geltenden Berufsordnung weitergehende Bestimmungen als die gesetzlichen enthält, kommt der **Berufsordnung** Vorrang zu, ohne dass Sie allerdings die erörterten Bestimmungen des Datenschutzes aus dem Auge verlieren dürfen.

6.9.2 Auskunftspflichten des Therapeuten gegenüber Leistungsträgern (§ 100 SGB X)

Zum Datenschutzrecht werden nachfolgend u. a. die Auskunfts(Über- **128** mittlungs-)pflichten nach **§ 100 SGB X**, der von den Therapeuten zu beachtende **Datenschutz im Krankenhaus**, in **Reha-Einrichtungen**, im **Jugend- und Sozialamt**, und in **Beratungsstellen** behandelt, darüber hinaus Ihnen Vorschläge für ein **Sicherheitskonzept** (§ 9 BDSG) unterbreitet.

Der nachfolgende Teil zum Datenschutzrecht widmet sich – wenn **129** auch nur kursorisch – dem Zugriff auf Patientendokumentationen, den **Auskunftspflichten** gem. § 100 SGB X, dem Datenschutzrecht innerhalb eines Krankenhauses, einer **Reha-Einrichtung** oder einer Beratungsstelle bzw. eines Jugendamts und unterbreitet Ihnen schließlich einige **Sicherheitsvorschläge**.

Werfen wir nun einen Blick auf den in der Praxis sehr bedeutsamen **130** § 100 SGB X. Fast jeder der im Rahmen der GKV tätigen Psychotherapeuten dürfte schon mit einem Auskunftsersuchen zu den gesundheitlichen Verhältnissen eines von ihm behandelten Pat. einer Gesetzlichen Krankenkasse (GKV), eines **Unfallversicherungs- oder Rentenversicherungsträgers** oder eines **Versorgungsamtes** konfrontiert worden sein. Die genannte Bestimmung (Abs. 1) verweist nun ausdrücklich auf den uns schon bekannten **Grundsatz**: Die Auskunft („Übermittlung") ist nur zulässig, wenn es gesetzlich zugelassen ist, oder der Pat. im Einzelfall eingewilligt hat. Darüber hinaus muss der Leistungsträger gerade die begehrte Auskunft für die Durchführung seiner Aufgaben benötigen.

131 Soweit ein Unfallversicherungsträger, also z. B. die **Berufsgenossenschaft,** Auskunft begehrt, ist der Vertragsarzt gem. §§ 201, 203 SGB VII (= gesetzliche Regelung) zur Auskunft verpflichtet, soweit dies für Zwecke der Heilbehandlung und für die Erbringung sonstiger Leistungen erforderlich ist. Er hat aber den Pat. vom Erhebungszweck und der Verpflichtung zur Auskunft zu unterrichten. Ob der Vertragspsychotherapeut o. w. unter „Arzt" zu subsumieren ist, erscheint mir zweifelhaft, selbst dann, wenn man der Meinung von Fröde folgte, wonach der § 203 SGB VII weit auszulegen sei.[57] Denn der § 72 Abs. 1 Satz 2 SGB V erklärt nur das Vierte Kapitel des SGB V und der § 285 Abs. 4 SGB V das 10. Kapitel des SGB X bezüglich der Psychotherapeuten für anwendbar („Soweit sich die Vorschriften dieses Kapitels auf Ärzte beziehen, gelten sie entsprechend für ... Psychotherapeuten, sofern nichts Abweichendes bestimmt ist."). Ein weiterer Verweis auf die anderen Bücher des SGB findet sich aber nicht. Mithin bedarf eine Auskunft an die Berufsgenossenschaft (BG) immer der **schriftlichen Zustimmung** des Pat.

132 Das Recht der **Rentenversicherung** (SGB VI) normiert keine Verpflichtung zur Auskunftserteilung des Vertragsarztes oder gar des Psychotherapeuten. Für eine Auskunft bedarf es also immer der **schriftlichen Einwilligung** des Pat.[58]

133 Soweit die **Versorgungsämter** Auskünfte begehren, gilt § 12 Abs. 2 des Gesetzes über das Verwaltungsverfahren der Kriegsopferversorgung. Hier ist immer die **schriftliche Einwilligung** des Versorgungsberechtigten einzuholen.

134 Dem **Medizinischen Dienst (MDK)** der Krankenkassen gegenüber besteht grds. eine **Auskunftsverpflichtung** des Vertragspsychotherapeuten (§ 276 Abs. 2 Satz 1, 2. Halbsatz SGB V: Leistungserbringer sind verpflichtet, Sozialdaten an den MDK zu übermitteln, soweit dies für eine Prüfung erforderlich ist). – Zur Auskunftspflicht gegenüber einer **Krankenkasse** gehört u. a. natürlich in erster Linie das Gutachterverfahren erwähnt; der Gutachter ist ja im Auftrag der Kasse tätig.

---

57 *Fröde, G.,* in: NZS 2004, 645, (648).
58 Schon wegen § 28 Abs. 8 Satz 1 Satz 1 BDSG; so auch *Kamps, H. / Kiesecker, R.:* Merkblatt – Auskunftspflicht des Arztes gegenüber Leistungsträgern des SGB (Stand: März 2003), LÄK Baden-Württemberg, Stuttgart.

Sind die Voraussetzungen des § 100 SGB X indessen erfüllt, muss **135**
der Leistungserbringer Auskunft geben, selbst dann, wenn der Versicherte widerspricht.[59] I. Ü. hat der Vertragspsychotherapeut Anspruch
auf Vergütung nach dem Justizvergütungs- und -entschädigungsgesetz.

Weder das SGB III („**Arbeitsförderung**") noch das SGB IX („**Reha-** **136**
bilitation und **Teilhabe**") sehen den Leistungsträgern gegenüber
Auskunftspflichten seitens der Ärzte oder Psychotherapeuten vor.
Auskunft kann es also nur nach schriftlicher Einwilligung des Pat. geben.

6.10 Exkurs ins Jugendhilferecht

Selbstverständlich haben auch die **Jugendämter** im Bereich der **Ju-** **137**
gendhilfe den Schutz von Sozialdaten zu gewährleisten (§§ 61 ff.
SGB VIII „Kinder- und Jugendhilfe"). Die genannten Bestimmungen
verweisen auf die Ihnen schon bekannten Vorschriften des §§ 35
SGB I in Vbd. mit §§ 67 ff. SGB X, nehmen aber einzelne Abweichungen vor. Hier sei insbesondere auf den § 65 SGB VIII („Besonderer Vertrauensschutz in der persönlichen und **erzieherischen Hilfe**") hingewiesen. Sozialdaten dürfen danach vom Mitarbeiter nur
weitergegeben werden, wenn eine – nicht unbedingt schriftliche –
Einwilligung vorliegt, es sich um Auskünfte an ein **Familiengericht**
in Scheidungs- und Sorgerechtsangelegenheiten handelt oder die Voraussetzungen einer Weitergabe nach § 203 StGB vorliegen.

Wie sieht es nun aber mit **Auskunftspflichten von Jugendämtern** **138**
oder Beratungsstellen gegenüber Eltern aus? Grundnorm ist der
§ 36 SGB I in Vbd. mit dem zuvor erwähnten § 65 SGB VIII. Danach
kann derjenige Jugendliche, der das 15. Lebensjahr vollendet hat (also seinen 15. Geburtstag gefeiert hat), selbstständig **Sozialleistungen**,
damit auch Psychotherapie im Rahmen der GKV in Anspruch nehmen. Aber in diesem Fall „soll" (nicht: „muss") der Leistungsträger
den **gesetzlichen Vertreter** informieren. Überdies: Im § 8 Abs. 3
SGB VIII heißt es: „Kinder und Jugendliche können ohne Kenntnis
des **Personensorgeberechtigten** beraten werden, wenn die Beratung
aufgrund einer Not- und **Konfliktlage** erforderlich ist und solange
durch die Mitteilung an den Personensorgeberechtigten der **Beratungszweck** vereitelt würde." Kurz: Der Therapeut wird sehr sorgfäl-

---

59 *BSG*, v. 22.6.1993 – 6 Rka 10/84 – zitiert nach *Kamps, H. / Kiesecker, R.*: Merkblatt – Auskunftspflicht des Arztes gegenüber Leistungsträgern des SGB (Stand: März 2003), LÄK Baden-Württemberg, Stuttgart.

tig abzuwägen haben, ob und ggf. wie er die Personensorgeberechtigten informiert. Im Rahmen des sog. **Schutzauftrags** (§ 8a Abs. 3 SGB VIII, → Anhang Rechtsvorschriften) darf das **Jugendamt** dem **Familiengericht** Daten weitergeben, wenn es das Tätigwerden des Gerichts für erforderlich hält.

6.11 Einige Sicherheitsvorschläge für den Umgang mit Daten

139 Entsprechend dem § 9 BDSG haben öffentliche und nicht-öffentliche Stellen, die personenbezogene Daten erheben, verarbeiten oder nutzen, die technischen und organisatorischen Maßnahmen treffen, die erforderlich sind, um den Vorschriften des Datenschutzes zu genügen. Zur Verbesserung des Datenschutzes können Daten verarbeitende Stellen ihr **Datenschutzkonzept** durch unabhängige und zugelassene Gutachter prüfen und bewerten lassen (§ 9a BDSG – „**Datenschutzaudit**"). Auch kann sich „jedermann" (§ 21 BDSG) an den **Datenschutzbeauftragten** wenden, wenn er der Ansicht ist, er sei datenschutzrechtlich in seinen Rechten verletzt.

140 Wollte man allerdings den Ansprüchen aller Datenschutzbeauftragten gerecht werden, so müsste man vermutlich auf die elektronische Datenverarbeitung in der Praxis verzichten. Tatsächlich erweist sich ein technisch wirksamer Schutz als ausgesprochen aufwändig, und eine rentable Nutzung der **EDV** wäre kaum noch möglich. Nicht ohne Grund heißt es deshalb im § 9 Satz 2 BDSG: „Erforderlich sind Maßnahmen nur, wenn ihr Aufwand in einem angemessenen Verhältnis zu dem angestrebten Schutzzweck steht.". Entscheidend ist für Sie als Datenverarbeiter/in, Problembewusstsein zu entwickeln und zu bewahren. Schwierig wird es für Sie zunächst, wie Sie den **unautorisierten Zugriff** technisch unmöglich machen wollen. Zunächst garantiert kaum ein Hersteller das korrekte Funktionieren seiner Standard-Software, insbesondere der zum technischen Datenschutz notwendigen Funktion. Standard-Software wird in der Regel wie besehen, d. h. inklusive aller Sicherheitslöcher und Design-Fehler verkauft. Hier könnte ein nachträgliches Datenschutzaudit (s. o.), also eine Überprüfung des korrekten Funktionierens des technischen Datenschutzes, mehr Klarheit schaffen. Dies ist jedoch kostenintensiv, da es – aus gutem Grund – für jedes System einzeln erfolgen muss. Auch hat der Bundesgesetzgeber die Einzelheiten bislang nicht geregelt (vgl. § 9a BDSG, z. T. aber die Länder). Und zuletzt darf man sich fragen, wie zuverlässig ein solches Datenschutzaudit ist, wenn die verwendete Software – wie oft üblich – nicht im Quellcode vorliegt.

6.12 Ihr Ziel muss es sein, den fahrlässigen Umgang mit Daten zu vermeiden

Aber nicht nur durch Ausnutzen von Software-Fehlern lässt sich der **141** Datenschutz umgehen. Auch mit Hilfe von Wanzen, durch Einbruch oder durch das Abgreifen elektromagnetischer Strahlung kann man an geschützte Daten gelangen. Ein technischer Schutz gegen diese Angriffe ist in der Regel unverhältnismäßig teuer. Letztlich ist es immer eine Frage des technischen Aufwands und der kriminellen Energie, um auch an besonders geschützte Daten zu kommen. Das Ziel kann also nicht sein, einen unautorisierten Zugriff unmöglich zu machen. Vielmehr genügt es, wenn der Datenverarbeitende nicht fahrlässig mit den Daten umgeht, sodass erheblicher technischer Aufwand und kriminelle Energie aufgewendet werden müssen, um an die Daten zu kommen. Der unerlaubte Zugriff auf geschützte Daten ist übrigens nach § 202a StGB („**Ausspähen von Daten**") strafbar!

Auf jeden Fall sollte der Zugang zur EDV beschränkt werden, d. h. **142** jeder Benutzer sollte sich nur mit einem **Passwort** einloggen dürfen. Dieses Passwort verhindert z. B. das Herumspielen eines Patienten am System, während er im Behandlungszimmer auf den Psychotherapeuten wartet. Sinnvoll ist auch ein sich automatisch einschaltender **Bildschirmschoner**, der erst nach Passworteingabe das Weiterarbeiten ermöglicht. Nicht unbedingt sinnvoll ist es, das Passwort zu häufig zu ändern, da das Ausspähen eines Passworts zum Zwecke eines Systemeinbruchs erhebliche kriminelle Energie erfordert, bzw. das Erraten von Passwörtern sehr aufwendig ist.

Ordnet man Mitarbeitern eine **eigene Zugangskennung** zu, so ergeben **143** sich weitere Möglichkeiten und Probleme. Zum einen wird eine Protokollierung erforderlich, wer welche Änderung getätigt hat.[60] Sie wird jedoch häufig so nicht von der Standardsoftware unterstützt. Zum anderen kann man die Zugriffsrechte des einzelnen sehr genau kontrollieren. Es ist jedoch oft nicht praktikabel, eine zu feine Granulierung dieser Zugriffsrechte vorzunehmen. Man stelle sich das Chaos vor, wenn jede Schublade im Büro mit einem eigenen Schloss versehen wäre und jeder nur zu einigen die Schlüssel hätte. Eine Einteilung in Hierarchien bietet sich an.

---

60 *Gola, P. u. a.:* BDSG (7. Aufl.), München 2002, § 9 Rn. 13 Nr. 5.

144 Wann immer Daten übertragen werden, so sind sie besonders zu schützen (natürlich ist, wie oben dargelegt, vorher zu prüfen, ob eine Übertragung überhaupt zulässig ist). Verlassen die Daten auf einem physischen **Datenträger** Ihre Praxis, so ist dieser **zu verschlüsseln**[61], denn die Gefahr des Diebstahls oder des versehentlichen Verlusts ist ungleich höher als innerhalb Ihrer Räume, und es wäre fahrlässig auf eine Verschlüsselung zu verzichten. Insbesondere sollten die Festplatten von **Laptops** verschlüsselt werden, denn auch diese sind Datenträger (IT-GSHB M 4.29). Auch eine elektronische Übertragung, z. B. über das **Telefonnetz** oder **Internet,** sollte nur verschlüsselt erfolgen.

145 Sind die Rechner in Ihrer Praxis vernetzt, so sollte mindestens der physikalische Zugang zum **Netz** einigermaßen geschützt sein. Es sollte z. B. im unbeaufsichtigten Wartezimmer keine Netzwerk-Buchse geben. Ein direkter Schutz der übertragenen Daten durch ein fachmännisch eingerichtetes VPN (Virtual Private Network) ist wünschenswert. Für kabellose Netzwerke (WLAN) ist besonderer Aufwand zu deren Absicherung zu betreiben. Soll Verbindung zum Internet bestehen, ist ebenfalls erhöhte Aufmerksamkeit notwendig. Wer keine **aktuellen Updates** einspielt und keine **Antivirensoftware** verwendet, handelt mit Sicherheit fahrlässig, wenn ein Virus anfängt, Patientendaten an alle Empfänger des Adressbuchs zu senden. Zusätzliche Sicherheit kann man hier schon erreichen, wenn der **Internetzugang** nur einer bestimmten Benutzerkennung möglich ist, die aber selbst wiederum keinen Zugriff auf Patientendaten hat.

146 Zur Datensicherheit gehört nicht zuletzt die Verfügbarkeit der Daten. Alle relevanten Daten sollten regelmäßig gesichert werden. Da die Patientendaten in der Regel nicht leicht wiederzubeschaffen sind, könnte eine **tägliche Sicherung** sinnvoll sein. Will man die Daten z. B. auch vor einem Brand schützen, darf man die **Sicherungskopien** nicht mit den **Originaldatenträgern** zusammen aufbewahren. Bringt man die Daten an einen anderen Ort, sind sie natürlich wieder zu verschlüsseln, weil sie transportiert werden. Da dem Schlüssel so eine wichtige Rolle zukommt, sollte man überlegen, ihn mit einem entsprechenden Programm auch auf Papier auszudrucken, da er so sehr viel haltbarer ist als beispielsweise auf einer CD-ROM. Aus betriebswirtschaftlicher Sicht ist es schließlich interessant zu wissen, wie lange es dauert, bis die Daten von einer Sicherung nach einem Ausfall auf das alte oder ein komplett neues System zurückgespielt sind.

---

61 Vgl. IT-GSHB 3.7 Kryptokonzept.

Egal ob Festplatte oder CD-ROM, das sollten Sie wissen, irgendwann **147** gibt jeder Datenträger „seinen Geist auf" und muss entsorgt werden. Genauso wenig wie man vertrauliche Akten einfach zum Altpapier geben darf, sondern datengerecht zu vernichten hat, genauso muss man auch **Datenträger vernichten**. CDs sollte man dazu durchbrechen, also physisch vernichten.[62] Festplatten, sofern noch funktionsfähig, sollte man überschreiben; leider werden dabei nicht immer alle Daten gelöscht; mit entsprechendem technischen Aufwand sind u. U. noch Teile zugänglich. Wer dieses Risiko nicht eingehen will, oder falls die Festplatte (scheinbar) defekt ist, sollte sie mechanisch zerstören, d. h. aufschrauben und die einzelnen Speicherplatten mit dem Hammer deformieren. Ähnlich kann man mit Disketten oder USB-Sticks verfahren.

Für viele der oben vorgestellten Maßnahmen benötigt man u. U. die **148** Hilfe eines Fachmanns. Letztlich tragen aber Sie die Verantwortung dafür, dass die Maßnahmen greifen. Denn: **Sie sind die verantwortliche Stelle im Sinne des Datenschutzrechts!** Darüber hinaus müssen Sie auch dafür Sorge tragen, dass der Fachmann geschützte Daten nicht widerrechtlich einsieht. Hierbei sind die § 11 Abs. 5 BDSG bzw. § 80 Abs. 7 SGB X zu beachten (Wartung und **Reparatur von EDV-Anlagen**). Der Fachmann muss von Ihnen sorgfältig ausgewählt werden, der **Auftrag** an ihn ist **schriftlich** zu erteilen, u. a. mit der Maßgabe, den Datenschutz strikt zu beachten. Zumeist wird der Anbieter selbst entsprechende Allgemeine Geschäftsbedingungen seinem Angebot zugrunde legen.

7 Der Behandlungsvertrag, Haftungsfragen

7.1 Der Behandlungsvertrag

Der **Behandlungsvertrag** zwischen dem/der Psychotherapeuten/in **149** und dem Patienten ist der Rechtsprechung zufolge ein sog. **Dienstvertrag** (§§ 611 BGB). Im Rahmen eines Dienstvertrages wird kein Erfolg geschuldet, sondern nur die Dienstleistung, diese allerdings lege artis. Der Gegensatz zu einem Dienstvertrag ist der sog. **Werkvertrag**. Hier wird ein Erfolg sehr wohl geschuldet. Der Therapeut schuldet also im Rahmen des erwähnten Dienstvertrages ein Bemühen um die seelische Heilung des Pat., nicht aber den Heilerfolg, genauso wenig wie ein Arzt. Ein Behandlungsvertrag setzt – wie jeder Vertrag – übereinstimmende **Willenserklärung** zwischen den Vertragspart-

---

62   So auch: www.bsi-fuer-buerger.de, Suchbegriff „Datenlöschung".

nern, hier: Therapeut und hier: Patient voraus, diesen Behandlungsvertrag einzugehen. Die Einwilligung in den Behandlungsvertrag
kann auch, wie die Juristen sagen, konkludent (durch schlüssiges Verhalten) erfolgen. Einer schriftlichen Vereinbarung bedarf es dabei
nicht, ist aber empfehlenswert.

150 Bei den Parteien des Behandlungsvertrages ist zu unterscheiden: Auf
Patientenseite, ob der Vertrag mit einem **Privat- oder** einem **Kassen-
patienten** abgeschlossen worden und zudem, ob der Patient geschäftsfähig oder nicht geschäftsfähig ist. Hinsichtlich des Therapeuten ist zu fragen, ob er im Rahmen einer Gemeinschaftspraxis oder für
andere Leistungserbringer, als PP oder KJP. als PiA oder als Ausbil-
dungsassistent tätig ist. Zwischen Pat. und PP oder KJP kommt unmittelbar ein Dienstvertrag zustande, bei der Gemeinschaftspraxis
zwischen dieser und dem Pat, bei der Praxisgemeinschaft nur zwischen dem behandelnden Psychotherapeuten und beim Ausbildungsassistenten zwischen Praxisinhaber und Pat. Soweit der PiA „weitgehend" selbstständig tätig ist und auch sein darf (in der praktischen
Ausbildung, § 4 APrV), kommt mit ihm der Behandlungsvertrag zustande, allerdings mit der Maßgabe, dass ggfl. auch der zuständige
Supervisor (mit)haftet.

151 Ein **Behandlungsvertrag mit Minderjährigen** kann wirksam einerseits dadurch zustande kommen, dass der minderjährige Patient sich
in Behandlung begibt und die Sorgeberechtigten den Vertrag genehmigen, oder mittels eines Abschlusses durch die Angehörigen.[63] Ist
der **Minderjährige** sozialversichert, schließen die Krankenkasse des
Minderjährigen und der Therapeut zu Gunsten des Patienten den Behandlungsvertrag (vgl. § 36 Abs. 1 SGB I). Soweit der Minderjährige
als Privatpatient behandelt werden soll, ist der Behandlungsvertrag
nur dann rechtswirksam, wenn die gesetzlichen Vertreter (**Sorgeberechtigten**) gem. § 107 BGB eingewilligt haben. In der Regel wird es
aber so sein, dass der Minderjährige von seinen Eltern in psychotherapeutische Behandlung gebracht wird, so dass die Eltern bzw. die/der
Sorgeberechtigte/n aus dem Vertrag verpflichtet werden, der Minderjährige hingegen das Recht hat, die Leistung vom Psychotherapeuten
zu fordern (sog. **Vertrag zu Gunsten Dritter**, § 328 BGB). Verweigert ein Elternteil seine Zustimmung (Dies gilt m. A. n. indessen nicht
für die **probatorischen Sitzungen** wegen § 28 Abs. 3 Satz 2
SGB V!), sollte der Psychotherapeut den anderen Sorgeberechtigten

---

[63] *Motz, T.:* Behandlungsvertrag in der Psychotherapie, in: Behnsen, E. u. a.
(Hrsg.): Management Handbuch für die psychotherapeutische Praxis, Beitrag
420, Rn. 11, Heidelberg 2007.

auffordern, das **Familiengericht** anzurufen – und bis zu dessen Entscheidung die Therapie aussetzen.

Auch zwischen **Kassenpatient und** Vertragspsychotherapeut kommt **152** ein privatrechtlicher **Behandlungsvertrag** zustande (§ 76 Abs. 4 SGB V). Der Patient ist allerdings nicht **Schuldner des ärztlichen Vergütungsanspruchs**, sondern die Krankenkasse schuldet ihrem Patienten Heilmaßnahmen durch die Vermittlung psychotherapeutische/ärztlicher Leistungen und die Befreiung von der Leistungspflicht gegenüber dem Psychotherapeuten//Arzt (sog. **Sachleistungsanspruch**).

Der (Vertrags-)Psychotherapeut ist grundsätzlich nicht verpflichtet, **153** mit einem Patienten einen Therapievertrag abzuschließen (kein **Kontrahierungszwang**, also keine Verpflichtung zum Abschluss eines Behandlungsvertrages!). „In begründeten Fällen" (§ 11 Abs. 5 BMV-Ä) kann der Therapeut eine Behandlung ablehnen. Solche Gründe sind: fehlendes **Vertrauensverhältnis**, Nichtbefolgung von psychotherapeutischen Anordnungen, **Überlastung des Psychotherapeuten**, erstrebte fachfremde Behandlung, querulatorisches oder unqualifiziertes Verhalten des Patienten, Verlangen nach einer unwirtschaftlichen Behandlungsmaßnahme.

Der Behandlungsvertrag kann in der Weise beendet werden, dass die- **154** ser erfüllt wird, durch **Kündigung**, durch einverständliche **Aufhebung** oder durch **Tod einer Vertragspartei**. Ein psychotherapeutischer Behandlungsvertrag kann grundsätzlich ohne Einhaltung einer **Kündigungsfrist** gekündigt werden, selbst dann, wenn kein wichtiger Grund vorliegt (§ 627 Abs. 1 BGB – „Dienste höherer Art"). Einvernehmlich kann aber die Kündigungsfrist hinausgezögert werden. Der Therapeut hingegen kann von seinem **Kündigungsrecht** gem. § 627 Abs. 2 BGB nur dann Gebrauch machen, wenn sichergestellt ist, dass der Patient eine Fortsetzung der Behandlung anderweitig erhalten kann. Eine **Kündigung „zur Unzeit"** ist nur dann möglich, wenn ein wichtiger Grund im Sinne des § 626 BGB vorliegt.

Wenn dem Psychotherapeuten nachgewiesen wird, dass er schuldhaft **155** eine Therapie übernommen hat, zu der er nicht befähigt war (sog. **Übernahmeverschulden**) und entstand dadurch dem Pat. ein Schaden, kann er in **Haftung** genommen werden. Ein Beispiel für ein Übernahmeverschulden wäre die mangelhafte Abklärung somatischer Grunderkrankungen mit der Folge, dass diese unbehandelt blieben oder dass der Psychotherapeut übersehen würde, dass dem Patienten antidepressive Medikamente gegeben werden müssten. Der Therapeut schuldet dem Patienten die Behandlung lege artis. Er hat eine sorgfältige **Anamnese** zu erstellen, die Erhebung von Befunden und eine Diagnose vorzunehmen und sorgfältig zu dokumentieren. Die Pflicht des Patienten besteht in seiner **Mitwirkungspflicht**, seiner Offenbarungspflicht und seiner Pflicht, den **Weisungen des Therapeuten** zu folgen.

7.2 Die Haftung

156 Im Folgenden soll nur die **zivilrechtliche** (vertragliche) **Haftung** des Psychotherapeuten dargestellt werden. Unberücksichtigt bleibt also, dass der Psychotherapeut ggf. nach Strafrecht oder nach Berufsrecht in Anspruch genommen werden kann.

157 Macht der Psychotherapeut Fehler, oder erbringt er seine geschuldete therapeutische Leistung nicht lege artis, so haftet er gemäß § 280 Abs. 1 BGB. Voraussetzung ist allerdings für eine vertragliche Haftung, dass zuvor ein wirksamer Behandlungsvertrag zustande gekommen ist, eine Verletzung einer vertraglichen Hauptpflicht oder einer Nebenpflicht vorliegt, der Therapeut schuldhaft gehandelt hat und vor allem, dass durch dieses schuldhafte Handeln ein Schaden entstanden ist.

158 Außerdem kann es sein, dass der Psychotherapeut aus sogenannter **deliktischer Haftung** (§ 823 Abs. 2 BGB) haftet. Dann muss er eine schuldhafte Verletzung absolut geschützter Rechtsgüter des Patienten, insbesondere an dessen Leben, Gesundheit, Eigentum, Ehre verursacht oder aber ein das den Patienten schützendes Gesetz verletzt haben. Ggf. könnte hier noch ein Schmerzensgeldanspruch zusätzlich in Betracht kommen.

159 Ein **Behandlungsfehler** liegt dann vor, wenn der Psychotherapeut den psychotherapeutischen Standard nicht eingehalten hat. Dieser Standardinhalt wird von der Profession der Psychotherapeuten bestimmt. Um das festzustellen empfehlen Boehmke/Gründel[64], die folgende Frage: „Was hätte ein gewissenhafter und fachkundiger Psychotherapeut im konkreten Fall und zur konkreten Zeit getan bzw. unterlassen? Anhand dieser Fragen muss dann jeder Einzelfall geprüft werden."

---

64 *Boehmke, B. / Gründel, M.:* Haftung des Psychotherapeuten, in: Behnsen, E. u. a. (Hrsg.): Management Handbuch für die psychotherapeutische Praxis, Beitrag 1060, Rn. 8, Heidelberg 2006.

Der Therapeut haftet nur dann, wenn er einen Behandlungsfehler ver- **160** schuldet hat. Zwei Formen des Verschuldens sind möglich: **Vorsatz** oder **Fahrlässigkeit**.

Hier muss der Verschuldensform „Vorsatz" nicht weiter nachgegan- **161** gen werden, denn dann würde es sich ggf. um eine vorsätzliche Schädigung handeln, die strafrechtlich in erster Linie zu ahnden wäre. Im Regelfalle wird eine Haftung des Therapeuten wegen fahrlässigen Handelns in Betracht kommen.

Wann liegt aber **Fahrlässigkeit** vor? Gemäß § 276 Abs. 2 BGB **162** spricht man von Fahrlässigkeit, wenn der Therapeut die erforderliche Sorgfalt außer acht gelassen hat. Maßstab für den Begriff der Erforderlichkeit bildet das Maß an Umsicht und Können, das von einem besonnenen und gewissenhaften Angehörigen des betreffenden Verkehrskreises zu erwarten ist.[65]

Fahrlässigkeit liegt immer schon dann vor, wenn objektiv gegen den **163** Standard des Verkehrskreises verstoßen wird, nicht erst, wenn subjektiv-individuelle Fehlleistungen vorliegen. Hervorzuheben ist das so genannte **Übernahmeverschulden**. Ist der Therapeut aufgrund seiner Ausbildung und Kenntnisse nicht in der Lage, eine ordnungsgemäße und Erfolg versprechende Behandlung gemäß dem therapeutischem Standard durchzuführen, macht er es gleichwohl, so liegt bereits in der Übernahme der Behandlung ein Pflichtenverstoß, eben ein Übernahmeverschulden.

Soweit dem Psychotherapeuten ein **Diagnosefehler** unterläuft, heißt **164** das nicht automatisch, dass damit eine Haftung indiziert ist. Nur dann, wenn ganz elementare Diagnoseirrtürmer vorliegen, also wenn einfachste, ganz nahe liegende Überlegungen nicht angestellt oder bei der Befunderhebung unter Bewertung des Patienten nicht beachtet wurden, oder wenn er die Pflicht zur Überprüfung der Diagnose im Verlauf der Behandlung unterlässt und daraus letztlich ein Schaden entsteht, kommt eine Haftung in Betracht.

Als **Beispiel eines Behandlungsfehlers** sei hier das **Abstinenzgebot** **165** herausgegriffen. Verletzt der Psychotherapeut dieses berufrechtliche Gebot, so haftet der Therapeut vertraglich, darüber hinaus auch deliktisch (s. o.). Eine Verletzung an der Gesundheit des Patienten dürfte damit gegeben sein, so dass der Pat. Schadensersatz und Schmerzens-

---

65 *Boehmke, B. / Gründel, M.:* Haftung des Psychotherapeuten, in: Behnsen, E. u. a. (Hrsg.): Management Handbuch für die psychotherapeutische Praxis, Beitrag 1060, Rn. 11.

geld verlangen kann. Der Schadensersatz kann beispielsweise in der Weise ausgestaltet sein, dass der Patient, der eine zweite Therapie bei einem anderen Therapeuten in Anspruch nehmen muss, Ersatz der Aufwendungen für diese zweite Therapie verlangen kann. Eine Haftung ergibt sich aber auch aus dem oben zitierten § 823 Abs. 2 BGB in Verbindung mit § 174c StGB. Nach § 174c Abs. 2 StGB macht sich nämlich ein Psychotherapeut dann strafbar, wenn er eine sexuelle Handlung unter Ausnutzung des Behandlungsverhältnisses an einem Patienten vornimmt oder an sich vornehmen lässt; ihm muss allerdings der Patient zur psychotherapeutischen Behandlung anvertraut worden sein, d. h. der Pat. muss sich in dessen Behandlung begeben haben. Dabei spielt es keine Rolle, ob der Patient in diese sexuellen Handlungen eingewilligt oder sogar von sich aus darauf gedrängt hat. Sexuelle Kontakte werden also immer einen Haftungstatbestand und strafrechtliche Konsequenzen auslösen.

166 Besondere **Sorgfaltspflichten** treffen den Psychotherapeuten bei Suizid gefährdeten Patienten. In diesem Bereich kommen auch die meisten Fälle von Schadensersatz vor. Verletzt hier der Psychotherapeut den psychotherapeutischen Standard, indem er beispielsweise nicht abklärt, ob beim Patienten Suizidalität vorliegt, diese Abklärung nicht, im Falle, dass eine solche vorliegt, nicht sorgfältig dokumentiert einschließlich insoweit wahrgenommener Supervision und Intervision oder keine entsprechende „Vereinbarung" mit dem suizidalen Patienten trifft, kann er sich Schadensersatzansprüchen aussetzen.

167 Ansprüche auf Schadensersatz und Schmerzensgeld aufgrund vertraglicher oder deliktischer Ansprüche verjähren in der Regel nach drei Jahren (§ 195 BGB). Die Verjährungsfrist selbst beginnt gemäß § 199 Abs. 1 BGB mit Schluss des Jahres, in dem der Anspruch entstanden ist und der Patient von den anspruchsbegründeten Umständen Kenntnis erlangt hat. Soweit der Patient aber Schadensersatzansprüche geltend gemacht hat, die auf Verletzung des Lebens, des Körpers, der Gesundheit oder der Freiheit berufen, so verjähren diese Ansprüche – unabhängig von seiner Kenntnis – erst nach 30 Jahren (§ 199 Abs. 3 BGB). Dies ist bspw. dann gegeben, wenn eine Abstinenzverletzung (§ 174c Abs. 2 StGB) vorliegt.

168

> **Tipp:** Bitte beachten, dass eine fehlerhafte Behandlung neben einer etwaigen Schadensersatzpflicht zugleich einen Verstoß gegen die Berufsordnung darstellen kann, es aber keineswegs muss!

8 Die Musterberufsordnung (MBO) und die Berufsordnungen der Psychotherapeutenkammern

Am 25. März 2005 trat bspw. die Berufsordnung Baden-Württemberg **169** (BO) in Kraft; sie konnte damit erst ab dem 26. März 2005 Wirkung in diesem Bundesland entfalten. Die Berufsordnungen der anderen Bundesländer traten zu anderen Zeitpunkten in Kraft. Die **„Muster-berufsordnung für die Psychologischen Psychotherapeutinnen und Psychotherapeuten und Kinder- und Jugendlichenpsycho-therapeutinnen und Kinder- und Jugendlichenpsychotherapeu-ten (MBO-PP/KJP 2006)"**, (→ Anhang Rechtsvorschriften) in der Fassung des Beschlusses des 7. Deutschen Psychotherapeutentages in Dortmund datiert hingegen vom 14. Januar 2006.[66]

Die MBO gliedert sich in: **170**
• Allgemeine Grundsätze der Berufsausübung,
• in Regeln der Berufsausübung,
• in Formen der psychotherapeutischen Berufsausübung
• und in Schlussbestimmungen.

Die MBO hat keine unmittelbare juristische Wirkung; sie dient nur **171** als **Empfehlung für die einzelnen Psychotherapeutenkammern** der Länder. Maßgeblich sind die Berufsordnungen der einzelnen Kammern nur für ihre jeweiligen Kammermitglieder. Aus diesem Grunde werden im Folgenden – beispielhaft – nur einzelne Bestim-mungen der Berufsordnung Baden-Württemberg mit unmittelbar gel-tender Wirkung für die baden-württembergischen Kammermitglieder herausgegriffen.

Um aber einen umfassenden Einblick in die Musterberufsordnung **172** und damit zugleich in die Berufsordnungen der Landespsychothera-peutenkammern zu gewinnen, sei ausdrücklich auf die umfassende Kommentierung Stellpflug/Berns „Musterberufsordnung für die Psy-chologischen Psychotherapeuten und Kinder- und Jugendlichenpsy-chotherapeuten", 2. Auflage 2008, verwiesen, deren Lektüre wärms-tens empfohlen wird.

Nur soviel: Gem. § 4 Abs. 1 BO Baden-Württemberg (= § 3 MBO) **173** sind Psychotherapeuten verpflichtet, ihren **Beruf gewissenhaft aus-zuüben** und dem ihnen entgegengebrachten Vertrauen zu entspre-chen. Dieser Satz findet sich schon im § 30 des HBKG-Baden-Würt-

---

66   MBO in: Psychotherapeutenjournal 2006, S. 37.

temberg. Ferner haben sich Psychotherapeuten bei der Ausübung ihres Berufes am Stand der Wissenschaft und der Lehre zu orientieren, und Psychotherapeuten sind verpflichtet, sich über die für die Berufsausübung geltenden Vorschriften unterrichtet zu halten. Der § 27 der BO (= §§ 19, 26 MBO) befasst sich mit der „Beschäftigung von Assistenten und Auszubildenden". Danach sind Psychotherapeuten verpflichtet, Kollegen in Fort- und Weiterbildung, die sie in ihrer Praxis beschäftigen, angemessene Arbeitsbedingungen zu bieten sowie sie für die Fort- und Weiterbildungsmaßnahmen freizustellen. Entsprechendes gilt für Psychotherapeuten, die Kollegen in Ausbildung im Rahmen der praktischen Tätigkeit und/oder der praktischen Ausbildung als Ausbildungsassistenten in ihrer Praxis beschäftigen.

174 Auch der § 30 BO (= § 26 MBO) ist für Ausbilder von PiAs und für PiAs selbst interessant: „In der Ausbildung tätige Psychotherapeuten sind verpflichtet, die Integrität der Ausbildungsteilnehmer zu achten. Sie dürfen keine Abhängigkeit zur Befriedigung eigener Bedürfnisse, Interessen oder zur Erzielung persönlicher Vorteile ausnutzen. Dies gilt auch für die in der universitären Ausbildung befindlichen Praktikanten. Auch dürfen Psychotherapeuten bei Ausbildungsteilnehmern, die bei ihnen in Selbsterfahrung, Lehranalyse oder Lehrtherapie sind, oder waren, keine Prüfungen abnehmen. Schließlich müssen vor Abschluss eines Ausbildungsvertrages sämtliche Ausbildungsbedingungen offengelegt werden. Die **Ausbildungsteilnehmer** sind von ausbildenden Kammermitgliedern darüber **zu unterrichten, dass die Ausbilder dieser Berufsordnung unterliegen.**

175 Ebenso wenig kann hier ein Überblick über die **Berufsgerichtsbarkeit** der einzelnen Bundesländer, insbesondere der Berufsgerichte für Psychotherapeuten gegeben werden. Die Berufsgerichtsbarkeiten der einzelnen Bundesländer unterscheiden sich derart, dass ein Überblick den Rahmen dieses Buches sprengen würde.

Literatur

Behnsen, E. u. a. (Hrsg.): Management Handbuch für die psychotherapeutische Praxis, Heidelberg.

Beier, / Brauch, / Akman,: Aber sicher – Verschlüsselung für Windows, Linux und Mac OS X, in: c't, 16/2004, S. 176 ff.

Boehmke, B. / Gründel, M.: Haftung des Psychotherapeuten, in: Behnsen, E. u. a. (Hrsg.): Management Handbuch für die psychotherapeutische Praxis, Beitrag 1060, Heidelberg 2006.

Engel, R.: Rechtliche Schranken der Schweigepflicht der Psychotherapeuten in Psychotherapeutenforum 4/2000, S. 25.

Fröde, H., in: NZS, 2004, S. 645 ff.

Gerlach, H. / Lindenmeyer, J.: Das Geständnis: Vorgehen bei Ankündigung oder Geständnis einer Straftat, in: Stavemann, H.H. (Hrsg.): KVT-Praxis – Strategien und Leitfäden für die Kognitive Verhaltenstherapie (2. Aufl.), Weinheim 2008.

Gerlach, H.: Datenschutz? Kein Problem, wir ignorieren ihn einfach …, in: Psychotherapeutenjournal 3/2004, S. 235.

Gerlach,H.: Datenschutz – der geht auch Sie an!, in: Psychotherapeutenjournal, 1/2005, S. 33–36.

Gerlach, H.: TVöD – Hoffnung für Psychotherapeuten? – Die Tarifvertragsreform im Öffentlichen Dienst, in: Psychotherapeutenjournal, 1/2006, S. 22–26; 2/2006, S. 141–146 und 4/2006, S. 380–382.

Gerlach, H. / Lindenmeyer, J.: Das Geständnis: Vorgehen bei Ankündigung oder Geständnis einer Straftat, in: Stavemann, H.H. (Hrsg.): KVT-Praxis – Strategien und Leitfäden für die Kognitive Verhaltenstherapie (2. Aufl.), Weinheim 2008.

Gola, P. u. a.: BDSG (7. Aufl.), München 2002.

Jerouschek, G.: PsychThG, Kommentar, München 2004.

Lippert, H.-D.: Schweigepflicht, in: Behnsen, E. u. a. (Hrsg.): Management Handbuch für die psychotherapeutische Praxis, Beitrag 2000, Heidelberg 2001.

Lippert, H.-D.: Datenschutz, in: Behnsen, E. u. a. (Hrsg.): Management Handbuch für die psychotherapeutische Praxis, Beitrag 630, Heidelberg 2001.

Meier, A.: Der rechtliche Schutz patientenbezogener Gesundheitsdaten, Karlsruhe 2003.

Mergenthaler, J.: Praxisräume: Miete/Kauf/Nutzung, in: Behnsen, E. u. a. (Hrsg.): Management Handbuch für die psychotherapeutische Praxis, Beitrag 1550, Heidelberg 2007.

Meyer-Goßner, L.: StPO (48. Aufl.), München 2005.

Motz, T.: Behandlungsvertrag in der Psychotherapie, in: Behnsen, E. u. a. (Hrsg.): Management Handbuch für die psychotherapeutische Praxis, Beitrag 420, Heidelberg 2007.

Schneider, H., in: Anwaltsblatt 2004, S. 342.

Tinnefeld, M.-T. / Ehmann, E. / Gerling, R. W.: Einführung in das Datenschutzrecht (4. Aufl.), München 2005.

Tröndle, H. / Fischer, T.: Strafgesetzbuch (51. Aufl.), München 2003.

Vahldiek, G. / Bremer, L.: Auf Nimmerwiedersehen – Dateien richtig löschen, in: c't, 5/2003, S. 192.

Weichert,T.: Datenschutz-Audit und Gütesiegel im Medizinbereich, in: MedR 2003, S. 674–681.

Internetquellen

www.bfd.bund.de,
Suchbegriff „Orientierungshilfe zum Einsatz kryptografischer Verfahren", (Abgerufen: August 2008).

www.bsi.bund.de,
Suchbegriff „IT-Grundschutzhandbuch des BSI", (Abgerufen: August 2008).

www.bsi-fuer-buerger.de

Arbeitsfelder angestellter Psychotherapeuten

Dr. Dietrich Munz

		Rn.
1	**Einleitung**	1
2	**Arbeitsbereiche und Einkommen angestellter Psychotherapeuten**	4
3	**Besonderheiten der Berufsausübung in Institutionen**	7
3.1	Für Angestellte wichtige Regelungen der Berufsordnung	7
3.2	Arbeitsvertrag und weitere rechtliche Regelungen . .	15
3.3	Der Tarifvertrag für den öffentlichen Dienst (TVöD)	20
4	**Zum Spannungsfeld von Psychotherapie, klinischer Psychologie und Beratung in Institutionen**	23
5	**Psychotherapeuten in der stationären medizinischen Versorgung**	26
5.1	Psychotherapeuten in der stationären organmedizinischen Versorgung	28
5.1.1	Psychotherapeuten im organmedizinischen Krankenhaus	28
5.1.2	Psychotherapeuten in der organmedizinischen Rehabilitation	29
5.2	Psychotherapeuten in der stationären Versorgung psychisch Kranker	31
5.2.1	Psychotherapeuten in der stationären und tagesklinischen psychiatrischen Akut- und Rehabilitationsbehandlung	34
5.2.2	Psychotherapeuten in der stationären und tagesklinischen psychosomatisch/ psychotherapeutischen Versorgung	39

		Rn.
5.2.2.1	Psychotherapeuten in Abteilungen für Psychosomatik und Psychotherapie an Universitätskliniken	41
5.2.2.2	Psychotherapeuten in Abteilungen für Psychosomatik und Psychotherapie an Allgemeinkrankenhäusern ..	42
5.2.2.3	Psychotherapeuten in Fachkrankenhäusern für Psychosomatik und Psychotherapie	44
5.2.2.4	Psychotherapeuten in der stationären und tagesklinischen Rehabilitation von Patienten mit psychosomatischen und psychischen Erkrankung ...	45
6	**Psychotherapeuten in der Kinder- und Jugendhilfe**	47
7	**Psychotherapeuten in Suchtberatungsstellen**	52
8	**Psychotherapeuten im Strafvollzug und Maßregelvollzug**	53
9	**Psychotherapeuten an Schulen**	56
10	**Psychotherapeuten an Universitäten**	57
11	**Ausblick**	59
Literatur		
Internetquellen		

Schlagwortübersicht

	Rn.		Rn.
Abhängigkeitser-krankungen	31	Leitung	
Allgemeinkrankenhaus	39	– ärztliche	40
Approbationsvorbehalt	23, 36, 62	– institutionelle	3
Arbeitsvertrag	12, 15, 21	– therapeutische	3
BAT	6, 16, 20	Leitung eines Stationsteams	44
Beratungsstellen	4, 48	Leitungsaufgaben	34
Beruf		Maßregelvollzug	54
– freier	8	Medizinische Psychologie	57
Berufsordnung	7, 10	Nebenbeschäftigung	17
Bundeskonferenz für Erziehungsberatung (bke)	49	Psych-PV	34 f., 37
		Psychiatrie	31
Dienstvorgesetzte	10	Psychiatrie-Personal-verordnung	34
Eingruppierung	21	Psychologischer Psychotherapeut	
Einkommen	6		
Entgelttabelle	21	– leitender	36
Entwöhnung	31	Psychosomatik	31
Entzug	31	Reha-Einrichtung	
Erziehungsberatung	49	– psychatrische	34
Erziehungsberatungs-stellen	47, 51	Rehabilitation	29
		Rehabilitationsklinik	45
Facharzt	38, 59	Schule	56
Fachaufsicht	3	Schweigepflicht	12
Fachklinik	39	Strafvollzug	54
Fachkrankenhaus	39, 44	Suchtberatungsstelle	52
Fachvorgesetzte	11, 19	Supervision	19
Haftpflichtversicherung	13	Tarifvertrag	16
Hochschullaufbahn	57	TVöD	6, 16, 20
Katalog therapeutischer Leistungen	24	Übernahmeverschulden	23
		Universität	57
Kinder- und Jugendhilfe	47	Universitätsklinik	41
Kinder- und Jugendhilfe-gesetz	47	Versorgung	
		– psychosomatisch/psychotherapeutische	39
Konsiliar- und Liaison-dienst	28, 42	– stationäre	4, 26
		Vertretung	14
Krankenhaus		Weisungen	10
– psychatrisches	34	Weisungsbefugnis	18, 22
Krankheitsbewältigung	28		

1   Einleitung

Nach Gründung der Landespsychotherapeutenkammern zeigte sich, **1**
dass knapp die Hälfte der Kammermitglieder als Angestellte, Beamte
oder Honorarkräfte[1] in Institutionen arbeiten. Dies verdeutlicht, dass

---

1   Zur einfacheren sprachlichen Darstellung wird im Weiteren nur der Begriff Angestellte benutzt, Beamte sind damit auch immer angesprochen.

in Institutionen für approbierte Psychotherapeuten ein wichtiges Arbeitsfeld besteht. Über Umfragen wurde von einigen Landespsychotherapeutenkammern die Situation der Angestellten erkundet, um die verschiedenen Arbeitsfelder und die Stellung der Psychologischen Psychotherapeuten (PP) und Kinder- und Jugendlichenpsychotherapeuten (KJP) in Institutionen zu erkunden. Anhand der Ergebnisse der Umfrage der Landespsychotherapeutenkammer Baden Württemberg[2] sollen diese zusammenfassend dargestellt und kommentiert werden. Durch unterschiedliche sozialpolitische Infrastruktur der Bundesländer können diese Ergebnisse in anderen Bundesländern abweichen.

2   In den Institutionen arbeiten etwas mehr Männer (52 %) als Frauen (48 %). Mehr Angestellte verfügen über eine Approbation als PP (77 %), 13 % sind KJP, etwa 10 % haben beide Approbationen. Das Durchschnittsalter der angestellten Psychotherapeuten war bei etwa 48 Jahren mit einem Range zwischen 30 und 70 Jahren. 94 % befinden sich in einem Angestelltenverhältnis, 5 % sind Beamte, 1 % war zum Zeitpunkt der Umfrage ohne Beschäftigung. Das Arbeitsverhältnis war bei mehr als 90 % der KollegInnen unbefristet. Etwa 50 % arbeiten Vollzeit, von den teilzeitbeschäftigten arbeitet etwa die Hälfte halbtags, die andere Hälfte in größerem Umfang. Neben ihrer Tätigkeit als Angestellte PP/KJP sind 12 % zusätzlich in niedergelassener Praxis tätig.

3   Die Fachaufsicht gegenüber den PP/KJP wird bei 35 % von vorgesetzten Ärzten ausgeübt, bei 26 % durch vorgesetzte PP/KJP, bei etwa 14 % durch die Verwaltung und bei zirka 7 % durch Diplom-Psychologin ohne Approbation. Knapp die Hälfte der angestellten Psychotherapeuten nehmen Leitungsfunktionen wahr: therapeutische Leitungsfunktion üben 22 % der Psychotherapeuten aus, 17 % haben eine institutionelle Leitungsfunktion, 9 % beide Funktionen in ihrer Institution.

2   Arbeitsbereiche und Einkommen angestellter Psychotherapeuten

4   Die größten Arbeitsbereiche für Psychotherapeuten sind in der stationären psychotherapeutischen Versorgung (53 %) und in Beratungsstellen (34 %), der Rest verteilt sich auf andere Institutionen.

---

2   *Ausschuss für Psychotherapie in Institutionen:* Erste Ergebnisse der Befragung der in Institutionen tätigen Psychologischen PsychotherapeutInnen und Kinder- und JugendlichenpsychotherapeutInnen in Baden-Württemberg, in: Psychotherapeutenjournal, 2/2005, S. 144 ff.

Tab. 1: Arbeitsfelder von Psychologischen Psychotherapeuten und   **5**
Kinder- und Jugendlichenpsychotherapeuten

Quelle: Ausschuss für Psychotherapie in Institutionen Baden-Württemberg, 2005.

Psychotherapeuten in Kliniken	
• Rehabilitationsklinik	25 %
• Krankenhaus	20 %
• Universitätsklinik	8 %
Beratungsstellen	
• Psychologische Beratungsstelle	25 %
• Suchtberatung	4 %
• Sonstige Beratungsstellen	5 %
Heim	9 %
Schule	4 %
Universität	3 %
Strafvollzug	2 %

Zur Einkommenssituation gaben 6 % der angestellten Psychothera-   **6**
peuten an, in BAT Stufe 1 oder höher (entspricht TVöD Entgeltgruppe 15 oder übertariflich) eingruppiert zu sein, etwa 30 % waren
entsprechend BAT Stufe 1b (TVöD: Entgeltgr. 14), weitere 30 % entsprechend BAT 2 a (TVöD Entgeltgr. 12 oder 13) eingestellt, 10 %
waren in niedereren Stufen, überwiegend BAT Stufe 3 (TVöD Entgeltgr. 11 oder 12) eingruppiert. Umgerechnet auf Vollzeitstellen ergibt sich so eine Verteilung des Jahresbruttoeinkommens zwischen
etwa 70 000 € und 45 000 €, wobei Abweichungen nach oben und unten möglich sind.

3 Besonderheiten der Berufsausübung in Institutionen

3.1 Für Angestellte wichtige Regelungen der Berufsordnung

Die Bestimmungen der Berufsordnungen der Landespsychotherapeu-   **7**
tenkammern sind auch für angestellte Psychotherapeuten bindend.
Darüber hinaus sind Spezifika der Berufsausübung als Angestellte in
den Berufsordnungen berücksichtigt.

In der „Musterberufsordnung für die psychologischen Psychothera-   **8**
peutinnen und Psychotherapeuten und Kinder- und Jugendlichenpsy-

chotherapeutinnen und Kinder- und Jugendlichenpsychotherapeuten (MBO-PP/KJP)" sowie in den Berufsordnungen der Landespsychotherapeutenkammern wird ausgeführt:

Der Beruf des Psychotherapeuten ist seiner Natur nach ein freier Beruf und kein Gewerbe.[3]

9 Danach kommt es nicht darauf an, ob der Beruf in freier Praxis oder als Angestellter ausgeübt wird[4]. Für die die Freiberuflichkeit sind vor allem folgende Merkmale charakteristisch, die auch für Angestellte gelten[5]:
- Unabhängigkeit bei der Berufsausübung,
- besonderes Vertrauensverhältnis,
- persönliche Leistungserbringung,
- Erfordernis einer qualifizierten Ausbildung.

10 In § 25 MBO-PP/KJP: Ausübung des Berufs in einem Beschäftigungsverhältnis ist dies konkretisiert:

1. Psychotherapeuten in einem privaten oder öffentlich-rechtlichen Beschäftigungsverhältnis dürfen nur Weisungen befolgen, die mit dieser Berufsordnung vereinbar sind oder deren Befolgung sie selbst verantworten können,

2. Sie dürfen in Bezug auf fachliche Angelegenheiten ihrer Berufsausübung Weisungen von Vorgesetzten nur dann befolgen, wenn diese über entsprechende psychotherapeutische Qualifikationen verfügen.

3. Psychotherapeuten als Dienstvorgesetzte dürfen keine Weisungen erteilen, die mit der Berufsordnung unvereinbar sind. Sie haben bei der Gestaltung beruflicher Rahmenbedingungen darauf hinzuwirken, dass diese dem weisungsgebundenen Berufskollegen die Einhaltung seiner Berufspflichten ermöglichen.

4. Üben Psychotherapeuten ihren Beruf in einem Beschäftigungsverhältnis und zugleich selbstständig in einer Praxis aus, haben sie Interessenkonflikte, die sich hierbei ergeben könnten, unter vorrangiger Berücksichtigung des Patientenwohls zu lösen.

11 Dieser Paragraph beinhaltet, dass organisationsrechtliche Anweisungen zur Arbeitszeitgestaltung, Urlaubsregelung etc. von einem Dienstvorgesetzten ohne psychotherapeutische Kenntnisse, fachliche Anordnungen zur Behandlung, beispielsweise Beendigung einer Behandlung, Krisenin-

---

3 § 1 Abs. 3 MBO-PP/KJP.

4 *Laufs, A.:* Die Freiheit des ärztlichen Berufs, in Laufs, A. / Uhlenbruck, W. (Hrsg): Handbuch des Arztrechts (3. Aufl.), München 2002, S. 15.

5 *Stellpflug, M.H. / Berns, I.:* Musterberufsordnung für die psychologischen Psychotherapeuten und Kinder- und Jugendlichenpsychotherapeuten, Text und Kommentierung, Heidelberg 2006, Rn. 1 zu § 1.

tervention etc. hingegen nur von einem Fachvorgesetzten mit psychotherapeutische Ausbildung entgegengenommen werden können[6]. Das Weisungsrecht des fachlich Vorgesetzten entbindet jedoch nicht den nachgeordneten Kollegen von der Pflicht, die Situation kritisch einzuschätzen und ggf. begründete Bedenken vorzutragen[7].

Die Schweigepflicht gemäß § 8 MBO-PP/KJP und § 203 StGB ist auch **12** für angestellte Psychotherapeuten bindend, dies sollte im Arbeitsvertrag geregelt sein. Durch die Inanspruchnahme der Behandlung in einer Institution, wie z. B. einem Krankenhaus, willigt der Patient stillschweigend ein in die institutionellen Vorgänge und somit auch Informationsweitergabe an Mitarbeiter des behandelnden Teams. Die Bindung an die Schweigepflicht bei Weitergabe von Informationen an Mitarbeiter anderer Abteilungen ist jedoch strittig, sollte dies erforderlich sein, sollte der Patient informiert und schriftlich um Zustimmung gebeten werden. Gegenüber der Verwaltung besteht auch im Krankenhaus immer eine Verschwiegenheitspflicht, hier dürfen nur die zur administrativen Abwicklung erforderlichen Daten weiter gegeben werden. Im Falle eines rechtfertigenden Notstands (§ 34 StGB) und mit Bezug auf § 8 Abs. 4 MBO-PP/KJP und § 139 StGB, in dem die Anzeigepflicht zur Vermeidung bestimmter schwerer Straftaten geregelt ist, können bzw. müssen Psychotherapeuten zur Gefahrenabwehr gegen ihre Schweigepflicht verstoßen[8].

Die eigenverantwortliche und persönliche Ausübung der Psychotherapie **13** verpflichtet auch angestellte Psychotherapeuten sicherzustellen, dass eventuelle finanzielle Ansprüche eines Patienten, die aus einem Behandlungsfehler entstehen können, durch eine Haftpflichtversicherung abgesichert sind (§ 4 Abs. 2 MBO-PP/KJP). Dies kann auch durch den Arbeitgeber erfolgen[9].

Die Vertretung der psychotherapeutischen Tätigkeit kann nur durch einen **14** Kollegen mit entsprechender psychotherapeutischer Ausbildung und Approbation wahrgenommen werden.

---

6 *Schafhausen, M.:* Die angestellte Psychotherapeutin/der angestellte Psychotherapeut – Spannungsverhältnis zwischen Freiheit der Berufsausübung und Weisungsrecht des Arbeitgebers, in: Psychotherapeutenjournal, 2/2007, S. 142 ff.

7 *Laufs, A.:* Die Freiheit des ärztlichen Berufs, in Laufs, A. / Uhlenbruck, W. (Hrsg): Handbuch des Arztrechts (3. Aufl.), München 2002, S. 121.

8 *Rendschmidt, J.:* Die Schweigepflicht des PP/KJP im Angestelltenverhältnis, in: Psychotherapeutenjournal, 3/2007, S. 225 ff.

9 *Stellpflug, M.H. / Berns, I.:* Musterberufsordnung für die psychologischen Psychotherapeuten und Kinder- und Jugendlichenpsychotherapeuten, Text und Kommentierung, Heidelberg 2006, S. 46.

3.2 Arbeitsvertrag und weitere rechtliche Regelungen

15 Der Arbeitsvertrag wird mit dem Träger der Institution geschlossen, der durch den Geschäftsführer oder den Leiter der Personalabteilung vertreten sein kann. Im Arbeitsvertrag sollte die Anstellung als Psychologischer Psychotherapeut oder Kinder- und Jugendlichenpsychotherapeut genannt sein. Nur so kann man sich ggf. auf die besondere Rechtslage als PP oder KJP berufen.

16 Weiterhin sollte der Arbeitsvertrag, sofern er sich nicht auf einen Tarifvertrag (z. B. BAT oder TVöD) oder eine Tarifordnung (z. B. Arbeitsvertragsrichtlinien (AVR) des Deutschen Caritasverbandes oder des Diakonischen Werkes) bezieht, neben der Vergütung Regelungen zur Arbeitszeit und Ruhepausen unter Berücksichtigung des Arbeitszeitgesetzes, Regelungen zur Dienstplangestaltung, Urlaubsregelung sowie Regelungen zur Arbeitsbefreiung für Fort- und Weiterbildung und Kündigungsregelungen zur Beendigung des Arbeitsverhältnisses beinhalten. Eine Befristung des Arbeitsvertrages ist ohne Vorliegen eines sachlichen Grundes bis zur Dauer von zwei Jahren zulässig[10]. In Analogie zu Regelungen für Zeitverträge bei Weiterbildung zum Facharzt sind nach der Sonderregelung 2 y BAT und dem Gesetz über befristete Arbeitsverträge mit Ärzten in der Weiterbildung (§ 1 Abs. 1) Zeitverträge bis zum Abschluss einer Weiterbildung möglich. Besondere Arbeitsbedingungen, die mit dem Fachvorgesetzten vor der Einstellung besprochen wurden, sollten in den Arbeitsvertrag aufgenommen werden.

17 Die Möglichkeit einer Nebenbeschäftigung, somit auch die Arbeit in eigener Praxis kann eingeschränkt sein durch einzelvertragliche oder tarifvertragliche Regelungen oder durch eine Betriebsvereinbarung. Im öffentlichen Dienst bzw. bei Anwendung des BAT oder TVöD und für Beamte ist jede Nebentätigkeit genehmigungspflichtig (§ 11 BAT, Nr. 5 Abs. 2 SR 2c).

18 Die Übertragung der Weisungs- und Aufsichtsbefugnis gegenüber Mitarbeitern muss durch ausdrückliche Anordnung erfolgen und sollte im Arbeitsvertrag festgehalten sein. Hierbei bleibt der letztverantwortliche Arzt im Krankenhaus oder Psychotherapeut in anderen Institutionen für die von ihm selbst vorgenommenen Handlungen und Entscheidungen voll und alleine verantwortlich. Der Psychotherapeut, dem Maßnahmen zur alleinigen Durchführung übertragen wer-

---

10 § 14 Abs. 2 Teilzeit- und Befristungsgesetz.

den, deren Indikation durch generelle Entscheidungen angeordnet ist, trägt lediglich die Handlungsverantwortung für die von ihm vorzunehmenden Handlungen[11].

Beratung und psychotherapeutische Behandlung in Institutionen wird **19** in der Regel je nach Arbeitsgebiet in unterschiedlichen multidisziplinären Teams zusammen mit Angehörigen anderer Berufsgruppen, beispielsweise Ärzten, Psychologen, Pädagogen, Sozialpädagogen, Spezialtherapeuten für körperbezogene Therapien und Kreativtherapien, Ergotherapeuten und Sozialtherapeuten erbracht. Dies erfordert die Einordnung des eigenen psychotherapeutischen Vorgehens in einen Gesamtbehandlungsplan, der mit den genannten Kolleginnen und Kollegen abzustimmen ist. Je nach eigener Einordnung in die Fachhierarchie hat man hierbei die eigene Behandlung oder, sofern man Fachvorgesetzter eines Teams ist, die Arbeit des gesamten Teams oder einzelner Teammitglieder gegenüber Fachvorgesetzten und im Streitfall ggf. vor Gericht zu verantworten. Deshalb ist neben der psychotherapeutischen Kompetenz Wissen und Erfahrung im Umgang mit Teamprozessen erforderlich und hilfreich. Neben der individuellen Beziehungsgestaltung und deren Wirkung auf die Behandlung sind die verschiedenen Beziehungsprozesse zwischen Patienten und Teammitgliedern im Behandlungsprozess zu reflektieren und zu nutzen. So stellen bspw. Spaltungsprozesse häufig besondere Herausforderungen an die für die Behandlung verantwortlichen Psychotherapeuten und das gesamte Team. Patientenbezogene Supervision und Teamsupervision können hilfreich sein, Verstrickungen mit Patienten zu erkennen, zu klären und therapeutisch zu nutzen.

3.3 Der Tarifvertrag für den öffentlichen Dienst (TVöD)

Der Bundesangestelltentarifvertrag (BAT) und dessen Nachfolgever- **20** trag, der am 1.10.2005 in Kraft getretene Tarifvertrag für den öffentlichen Dienst (TVöD) hat de facto prägende Kraft für Arbeitsverhältnisse in vielen Krankenhäusern, die Arbeitsvertragsrichtlinien der kirchlichen Träger entsprechen weitgehend den Richtlinien des BAT/TVöD. Deshalb soll hier kurz erwähnt werden, was bei Abschluss des Arbeitsvertrages mit Bezug auf den TVöD zu berücksichtigen ist.

---

11 *Genzel, H.:* Die Organisation und Struktur des ärztlichen Dienstes, in: Laufs, A./ Uhlenbruck, W. (Hrsg.): Handbuch des Arztrechts (3. Aufl.), München 2002, S. 823.

21 Die Höhe des Entgelts richtet sich nach der Eingruppierung, die sich im Unterschied zum BAT im TVöD nicht mehr primär nach dem formalen Bildungs- und Berufsabschluss, sondern auch an der auszuübenden Tätigkeit orientieren soll[12]. Noch bestehen keine Regelungen im TVöD, in welche Entgeltgruppe Psychotherapeuten einzuordnen sind, sondern es wird auf den BAT Bezug genommen. Wegen unterschiedlicher Hochschulabschlüsse vor der Psychotherapieausbildung werden KJP i. d. R. niederer eingruppiert als PP. Die vereinbarte Entgelttabelle für Ärztinnen und Ärzte gilt formal nur für diese Berufsgruppe. Bei Anstellung als Psychotherapeut sollte man jedoch darauf drängen, ebenfalls nach dieser Tabelle eingruppiert zu werden[13]. Hierbei ist zu beachten, dass im Arbeitsvertrag festzulegen ist, dass überwiegend Aufgaben in der Patientenversorgung wahrgenommen werden. Falls beispielsweise Forschung oder Qualitätsmanagement, die häufig von Psychologen und Psychotherapeuten wahrgenommen werden, als Arbeitsaufgaben im Vertrag festgelegt sind, kann eine niederere Einstufung erfolgen.

22 Neu wurde im TVöD die „Führung auf Probe" (§ 31) und „Führung auf Zeit" (§ 32) eingeführt. Als Führungspersonen gelten diejenigen, die ab der Entgeltgruppe 10 Tätigkeiten mit Weisungsbefugnis gegenüber anderen Mitarbeitern ausüben. Diese Weisungsbefugnis, verbunden mit höherer Einstufung, kann auf Probe oder auf Zeit zugewiesen werden,

4 Zum Spannungsfeld von Psychotherapie, klinischer Psychologie und Beratung in Institutionen

23 Durch das PsychThG kam die Diskussion auf, wie zwischen Psychotherapie und anderen Tätigkeiten, z. B. klinischer Psychologie oder Beratung zu differenzieren ist. Hier ist festzuhalten, dass therapeutische Interventionen Anwendung finden können, um einen nicht psychotherapeutischen institutionellen Auftrag, beispielsweise bessere Bewältigung schwerer Erkrankung oder Beratung und Hilfe zu Erziehung und Förderung der Familie erfüllen zu können. Erforderlich ist

---

12 *Gerlach, H.:* TVöD – seine Regeln, Geheimnisse und Ziele. Das neue Tarifrecht für Beschäftigte im Öffentlichen Dienst, in: Psychotherapeutenjournal, 2/2008, S. 141.

13 *Dielmann, G.:* Neues Tarifrecht für den öffentlichen Dienst – TVöD/TV-L. Die Eingruppierung von PP/KJP – wie sieht es aus mit der Facharztäquivalenz?, in: Psychotherapeutenjournal, 3/2007, S. 228 ff.

jedoch immer eine diagnostische Abklärung, ob eine psychische Erkrankung die Erreichung dieses Zieles beeinträchtigen oder behindern kann, auch wenn dies gelegentlich nur schwer eindeutig feststellbar ist. Diese Diagnostik und hieraus abzuleitenden psychotherapeutische Konsequenz kann nur durch approbierte Psychotherapeuten (Approbationsvorbehalt) erfolgen. Andererseits kann bei nicht approbierten Mitarbeitern ein Übernahmeverschulden vorliegen, wenn sie bei Klienten mit psychischer Erkrankung mit therapeutischen Interventionen arbeiten.

Die Deutsche Rentenversicherung Bund (DRV) hat in der Überarbeitung des Kataloges therapeutischer Leistungen (KTL) die Konsequenz aus dem PsychTG gezogen und differenziert zwischen psychotherapeutischen Leistungen (Kapitel G) und anderen Interventionen der klinischen Psychologie. In der Rehabilitation dürfen Patienten mit einer psychischen Erkrankung diesbezüglich nur von einem approbierten Psychotherapeuten oder einem Psychotherapeuten/Arzt in fortgeschrittener Aus- bzw. Weiterbildung unter Supervision behandelt werden[14].   **24**

In der Kinder- und Jugendhilfe wird die Diskussion der Trennung oder Integration von Psychotherapie in der Beratung seit längerer Zeit geführt[15]. Die Frage nach der beruflichen Qualifikation und eventuell erforderlicher Anstellung von approbierten Psychotherapeuten besteht aus fachlicher und berufspolitischer sowie juristischer Perspektive. In einem Fachgutachten wird beispielsweise festgestellt: „Dient eine Psychotherapie (als Hilfe zur Erziehung) im Einzelfall gleichzeitig heilkundlichen Zwecken und (schwerpunktmäßig) der Persönlichkeitsentwicklung, so setzt sie ebenfalls die Approbation voraus"[16].   **25**

---

14 *Deutsche Rentenversicherung Bund:* Klassifikation therapeutischer Leistungen in der medizinischen Rehabilitation, Berlin 2007, S. 189 ff.

15 *Hensen, G. / Körner, W.:* Erziehungsberatung – eine Standortbestimmung der Position von Psychotherapie in der Jugendhilfe, in: Psychotherapeutenjournal, 3/2005, S. 227 ff.

16 *Wiesner, R.:* Psychotherapie in Kinder- und Jugendhilferecht. Gutachten im Auftrag der Psychotherapeutenkammer Berlin, 2005. Der Begriff Psychotherapie wird nach Ansicht des Verfassers hier fälschlicherweise benutzt, besser wäre hier der Begriff psychotherapeutische Intervention angebracht.

5 Psychotherapeuten in der stationären medizinischen Versorgung

26 Etwa die Hälfte der angestellten Psychotherapeuten arbeitet in der stationären medizinischen Versorgung (vgl. Tab. 1). Ihre Aufgaben sind sehr unterschiedlich, wobei Psychotherapeuten hier auch Leitungsfunktionen haben können. Sie erstrecken sich von psychotherapeutischer Behandlung psychisch Kranker über Förderung der Krankheitsbewältigung organisch erkrankter Patienten bis hin zu Verwaltungsaufgaben oder Forschungstätigkeit.

27 Zur Betrachtung der Arbeitsgebiete von Psychotherapeuten in der medizinischen Versorgung wird diese im Folgenden unterteilt in:
- Organmedizinische Versorgung im Krankenhaus und organmedizinischer Rehabilitation,
- Psychiatrische stationäre und tagesklinische Versorgung und psychiatrische Rehabilitation,
- Psychotherapeutische und psychosomatische stationäre Versorgung in:
  - Universitätsabteilungen für Psychosomatik und Psychotherapie,
  - Abteilungen für Psychosomatik und Psychotherapie an Allgemeinkrankenhäusern,
  - Fachkrankenhäuser für Psychosomatische Medizin und Psychotherapie,
  - Rehabilitationsfachkliniken für Patienten mit psychischen und psychosomatischen Störungen.

5.1 Psychotherapeuten in der stationären organmedizinischen Versorgung

5.1.1 Psychotherapeuten im organmedizinischen Krankenhaus

28 In der organmedizinischen Versorgung im Krankenhaus ist die Erfassung und Behandlung psychischer Erkrankungen meist nachgeordnet, in der Fallpauschalenvergütung nicht vorgesehen. Der Konsiliar- und Liaisondienst wird bei psychisch auffälligen Patienten meist von Ärzten mit psychiatrischer oder psychosomatischer Ausbildung wahrgenommen. In Kliniken für schwerkranke Patienten, z. B. der Onkologie sind klinische Psychologen und auch Psychologische Psychotherapeuten zur Unterstützung der Krankheitsbewältigung der Betroffenen und Angehörigen und für andere sozio-psychologische und psychotherapeutische Aufgaben eingestellt.

5.1.2 Psychotherapeuten in der organmedizinischen Rehabilitation

Die Diskussion der Differenzierung von klinisch-psychologischer **29** und psychotherapeutischer Tätigkeit in der organmedizinischen Rehabilitation wird seit längerer Zeit geführt[17]. Aus dem Prozess der Krankheitsverarbeitung ergeben sich für die behandelten Patienten verschiedene Probleme: Akzeptanz der Erkrankung, emotionale Störungen, vor allem Angst und Depression, Konflikte in Partnerschaft und Familie, Beeinträchtigung des Sozialverhaltens, inadäquates Krankheitsverhalten und Schwierigkeiten der Compliance sowie psychische Beeinträchtigungen[18]. Studien zur Prävalenz psychischer Störungen in der somatischen Rehabilitation belegen, dass dort zwischen 15 und 25 % der Patienten eine behandlungsbedürftige komorbide Störung aufweisen[19]. Auch wenn keine strikte Trennung zwischen psychotherapeutischer Behandlung und klinisch-psychologischer Intervention möglich ist, ist bei einer psychischen Erkrankung, die u. U. die Erreichung des Rehabilitationsziels erschwert, die Behandlung durch einen approbierten Psychotherapeuten erforderlich.

Im Rahmen der Umsetzung der o. g. Differenzierung der therapeutischen Leistungen im KTL zwischen klinischer Psychologie und Psychotherapie in der organmedizinischen Rehabilitation ist davon auszugehen, dass in diesem Bereich weiterhin Arbeitsstellen für Psychotherapeuten bestehen und diese ausgebaut werden. **30**

---

17 *Lueger, S.:* Psychotherapien in der medizinischen Rehabilitation – ein zukunftsträchtiges Feld in der multidisziplinären Gesundheitsversorgung, in: Psychotherapeutenjournal, 3/2004, S. 221 ff.

18 *Verband Deutscher Rentenversicherungsträger (VDR):* Rahmenkonzept zur medizinischen Rehabilitation in der gesetzlichen Rentenversicherung. Empfehlungen des Verbandes der Deutschen Rentenversicherungsträger, in: Deutsche Rentenversicherung, 51/1996, S. 652.

19 *Härter, M. u. a.:* Psychische Störungen bei Rehabilitanden mit chronischen körperlichen Erkrankungen, in: Verband Deutscher Rentenversicherungsträger (VDR) (Hrsg.): Selbstkompetenz – Weg und Ziel der Rehabilitation (DRV-Schriften, Bd. 52), Berlin 2004, S. 16 ff.

5.2 Psychotherapeuten in der stationären Versorgung psychisch Kranker

31 Deutschland verfügt über ein im internationalen Vergleich überdurchschnittlich gut ausgebautes System stationärer und teilstationärer Versorgung für Patienten mit psychischen und psychosomatischen Störungen und Suchterkrankungen. Die stationäre Behandlung erfolgt hierbei in Kliniken für Psychiatrie und Psychotherapie, die teilweise über Spezialabteilungen für Psychosomatik und Psychotherapie verfügen sowie in Kliniken für Psychosomatik und Psychotherapie. Hierbei besteht in Deutschland die Besonderheit, dass ein großer Teil der stationären Behandlungsplätze in der Rehabilitation und nicht nur in der Krankenhausversorgung angesiedelt ist[20]. Die Behandlung von Abhängigkeitserkrankungen erfolgt in der Phase des Entzugs in psychiatrischen Kliniken, die stationäre Entwöhnung i. d. R. in Suchtrehabilitationskliniken.

32 In diesen Versorgungsbereichen, der Psychiatrie und der Psychosomatik sowie der Suchtbehandlung arbeiten seit Jahrzehnten Psychologen, früher als klinische Psychologen, meist mit psychotherapeutischer Ausbildung, heute meist approbierte Psychotherapeuten.

33 In der psychiatrischen Versorgung werden überwiegend Patienten mit den Diagnosen der organischen psychischen Störungen (ICD 10: F0), Störungen durch psychotrope Substanzen (ICD 10: F1), schizophrene und psychotische Störungen (ICD 10: F2) sowie schwere affektive Störungen (ICD 10: F3) behandelt, stationäre Psychosomatik/Psychotherapie umfasst die anderen Diagnosekategorien der ICD 10[21].

5.2.1 Psychotherapeuten in der stationären und tagesklinischen psychiatrischen Akut- und Rehabilitationsbehandlung

34 In psychiatrischen Krankenhäusern und psychiatrischen Rehabilitationseinrichtungen arbeiten seit etwa 40 Jahren klinische Psychologen, zwischenzeitlich überwiegend Psychologische Psychotherapeuten. In vielen Kliniken waren sie an der Entwicklung psychotherapeutischer Behandlungskonzeptionen beteiligt und wurden mit Leitungsaufgaben betraut. In der 1991 eingeführten Psychiatrie-Personalverordnung

---

20 *Schauenburg, H. u. a.:* Klinikführer stationäre psychosomatische – psychotherapeutische Einrichtungen, Stuttgart 2007, S. 6.
21 *Schauenburg, H. u. a.:* a. a.O., S. 7.

(Psych-PV)[22] wurden die Behandlungsleistungen für Patienten mit vergleichbarem Hilfebedarf und der hierfür erforderliche Personalbedarf für die verschiedenen Berufsgruppen festgelegt. Die Umsetzung der Psych-PV führte zu einer deutlichen Verbesserung der akutpsychiatrischen Versorgung[23]. Da noch vor Erarbeitung des PsychThG eingeführt, wird in der Psych-PV zwischen Psychologen und Psychologischen Psychotherapeuten nicht unterschieden. Als Tätigkeit von Psychologen ist in der Psych-PV vor allem Mitwirkung bei der Befunderhebung, Einzelpsychotherapie, Gruppentherapie, Familiengesprächen und Dokumentation vorgesehen. In der Intensivbehandlung, Akutpsychiatrie und Tagesklinik ist hierbei die für Psychologen vorgesehene Behandlungszeit generell deutlich niederer als die von Ärzten. In der psychiatrischen Rehabilitation für stabilisierte Patienten und für die Suchtentwöhnungsbehandlung ist in der Psych-PV für die Behandlung durch Psychologen ein größerer Zeitanteil vorgesehen als für Ärzte.

In der Kinder- und Jugendlichenpsychiatrie sind in der Psych-PV den **35** Psychologen therapeutische Aufgaben sowie Dokumentation zugewiesen. Besondere Bedeutung kommt hier in der Psych-PV dem „Erziehungsdienst" zu, wahrgenommen von Pflegekräften sowie Sozialarbeitern, Sozialpädagogen und Heilpädagogen. Kinder- und Jugendlichenpsychotherapeuten mit pädagogischem Grundberuf sind in der Psych-PV nicht vorgesehen und haben bisher dort auch nur wenige Arbeitsfelder. Dies sicher nicht nur, weil es diese Berufsgruppe zur Zeit der Erarbeitung der PSych-PV formal noch nicht gab, ein großer Teil psychotherapeutischer Tätigkeit ist hier an Psychologen übertragen worden, die zwischenzeitlich häufig als PP und KJP doppelt approbiert sind.

Ökonomischer Druck, verbunden mit massiver Verkürzung der Ver- **36** weildauer auf zwischenzeitlich knapp 20 Tage in der Akutpsychiatrie bei gleichzeitig größerer Zahl behandelter Patienten sowie veränderten therapeutischen Strategien und engere Auslegung von Rechtsvorschriften, bspw. des Approbationsvorbehaltes führte in vielen psychiatrischen Einrichtungen dazu, dass Psychologen, jedoch auch Psychologische Psychotherapeuten zunehmend weniger mit therapeutischen Aufgaben betraut werden. Zwischen den Einrichtungen sind

22 *Kunze, H. / Kaltenbach, L.:* Psychiatrie-Personalverordnung. Textausgabe mit Materialien und Erläuterungen für die Praxis (4. Aufl.), Stuttgart 2003.
23 *Deister, A.:* Eigenverantwortung der psychologischen Psychotherapeuten/Psychotherapeutinnen in einer künftigen Psych-PV, in: ver.di-sofern Vereinte Dienstleistungsgewerkschaft: Stand und Perspektiven der psychotherapeutische Versorgung, ver.di Fachtagung, Berlin 2006, S. 115.

deutliche Unterschiede bezüglich der Arbeits- und Verantwortungs-
bereiche von Psychologischen Psychotherapeuten festzustellen. Teilweise wird diesen die Funktion eines leitenden Psychologischen
Psychotherapeuten übertragen und Psychotherapeuten nehmen eigenverantwortliche psychotherapeutische Aufgaben wahr, in anderen
Kliniken hingegen sind nur vereinzelt Psychologen ohne eigenverantwortliche Arbeitsbereiche eingestellt.

37   Der Umbruch der psychiatrischen und psychotherapeutischen Versorgung in psychiatrischen Kliniken soll in einer Weiterentwicklung der
Psych-PV Niederschlag finden. Ein flexibler Übergang zwischen
vollstationärer, teilstationärer und ambulanter Versorgung mit psychotherapeutischer Behandlung als relevantem Bestandteil aller
Behandlungsformen in der Psychiatrie soll zu intensiverem Einsatz
psychotherapeutischer Behandlungsmethoden in einem multiprofessi-
onellen Team führen. Hierbei wird der Tätigkeit psychologischer Psychotherapeuten eine zunehmend wichtigere Bedeutung zukommen,
was eine Veränderung der traditionellen Rollenverteilung bei Ärzten
erfordert[24].

38   Seit einigen Jahren zeichnet sich ab, dass weniger Ärzte die Ausbildung zum Facharzt für Psychiatrie und Psychotherapie anstreben, was
zu Versorgungsengpässen in der stationären und teilstationären psychiatrischen Versorgung führen kann. Bei Fachärzten für Kinder- und
Jugendlichenpsychiatrie besteht immer noch ein Mangel. Dies kann
zur Konsequenz haben, dass mehr therapeutische Aufgaben an Psychologische Psychotherapeuten und Kinder- und Jugendlichenpsychotherapeuten übertragen werden. Im Unterschied zur Situation vor
etwa 20 bis 30 Jahren bietet jetzt die Approbation der Psychotherapeuten die rechtliche Grundlage, dass Psychotherapeuten in Koopera-
tionsmodellen mit Ärzten innerhalb einer Klinik oder Ambulanz eigenverantwortlich psychotherapeutisch tätig sein können. Es ist zu
fordern, dass diese Verantwortung und die hiermit verbundene Stellung analog einem Facharzt im Arbeitsvertrag festgehalten ist. Nur
dann ist eine adäquate Vergütung gesichert.

---

24   *Deister, A.:* Eigenverantwortung der psychologischen Psychotherapeuten/Psy-
chotherapeutinnen in einer künftigen Psych-PV, in: ver.di-sofern Vereinte
Dienstleistungsgewerkschaft: Stand und Perspektiven der psychotherapeutische
Versorgung, ver.di Fachtagung, Berlin 2006, S. 125 ff.

5.2.2 Psychotherapeuten in der stationären und tagesklinischen psychosomatisch/ psychotherapeutischen Versorgung

Mit unterschiedlichen Versorgungsaufgaben und Behandlungskonzepten verteilt sich die stationäre und tagesklinische psychosomatisch/psychotherapeutische Versorgung auf entsprechende Universitätsabteilungen, auf Abteilungen in Allgemeinkrankenhäusern und auf Fachkrankenhäuser sowie Fachkliniken für die Rehabilitation von Patienten mit psychosomatischen und psychischen Erkrankungen. Psychologische Psychotherapeuten sind hier häufig mit der Psychotherapie, teilweise auch mit anderen Aufgaben betraut. **39**

Alle Einrichtungen stehen unter ärztlicher Leitung. In interdisziplinären Teams arbeiten Ärzte, Psychologische Psychotherapeuten, Psychologen, Sozialarbeiter, Spezialtherapeuten (z. B. Kunsttherapie, Bewegungstherapie), Ergotherapeuten, Physiotherapeuten, Familientherapeuten und Krankenschwestern. Die meisten Kliniken haben entweder eine psychoanalytisch-psychodynamische oder verhaltenstherapeutische Grundausrichtung, wobei Elemente anderer Therapierichtungen integriert sind. **40**

5.2.2.1 Psychotherapeuten in Abteilungen für Psychosomatik und Psychotherapie an Universitätskliniken

Neben der Versorgung psychisch-psychosomatisch erkrankter Patienten werden in Universitätskliniken häufig auch Patienten mit schwerwiegenden körperlichen Erkrankungen behandelt. Neben der Facharztweiterbildung werden zu verschiedenen Fragestellungen Forschungsprojekte durchgeführt. Psychologen und Psychologische Psychotherapeuten sind aufgrund ihrer fundierten Ausbildung in Forschungsmethodik in nahezu allen Universitätsabteilungen für Psychosomatik und Psychotherapie tätig. Ihre Arbeitsschwerpunkte können hierbei sehr unterschiedlich gewichtet sein, mit überwiegend klinischer bis hin zu rein wissenschaftlicher Tätigkeit, meist sind sie auch in die universitäre Lehre eingebunden. **41**

5.2.2.2 Psychotherapeuten in Abteilungen für Psychosomatik und Psychotherapie an Allgemeinkrankenhäusern

42 Vor etwa 20 Jahren wurde der Ausbau der psychotherapeutisch-psychosomatischen Versorgung durch Aufbau von Abteilungen für Psychosomatik und Psychotherapie an Allgemeinkrankenhäusern mit 15 bis 30 Betten politisch angekündigt, jedoch wegen gesundheitsökonomischer Restriktionen nur zögerlich und unvollständig umgesetzt. Neben regionaler Versorgung von Patienten mit psychosomatischen und psychischen Erkrankungen war als Behandlungsaufgabe dieser Abteilungen vorgesehen, psychisch komorbide Patienten anderer Krankenhausabteilungen, beispielsweise der Inneren Medizin im Rahmen von Konsiliar- und Liaisondiensten und durch Übernahme auf die Abteilung psychotherapeutisch mit zu versorgen.

43 Die Nähe zur Organmedizin und Einbindung Ärztlicher Psychotherapeuten in die Konsiliar- und Liaisondienste mit erforderlichen organmedizinischen Hintergrundkenntnissen und mangelnder Akzeptanz von PP/KJP bei den Ärzten sowie die gesetzlich vorgeschriebene Facharztdienstpräsenz führt dazu, dass in diesen Abteilungen nur selten Psychologische Psychotherapeuten angestellt sind.

5.2.2.3 Psychotherapeuten in Fachkrankenhäusern für Psychosomatik und Psychotherapie

44 In den Fachkrankenhäusern für Psychosomatik und Psychotherapie, die bei 60 bis 140 Behandlungsplätzen neben wohnortnaher Versorgung auch überregional Patienten aufnehmen, können diese in spezialisierten Abteilungen für bestimmte Erkrankungen, beispielsweise Essstörungen oder Angsterkrankungen oder für bestimmte Altersgruppen, beispielsweise Jugendliche oder ältere Patienten behandelt werden. In den großen Behandlerteams sind Psychologische Psychotherapeuten häufig fachärztlichen Kollegen gleichgestellt und nehmen die Aufgabe der Leitung eines Stationsteams wahr. Andere Aufgaben, bspw. Testdiagnostik oder Betreuung von Qualitätssicherung und Dokumentation werden häufig an Psychologische Psychotherapeuten übertragen.

5.2.2.4 Psychotherapeuten in der stationären und tagesklinischen Rehabilitation von Patienten mit psychosomatischen und psychischen Erkrankung

Die Behandlungsmethoden in der stationären und tagesklinischen **45** psychosomatischen Rehabilitation sind denen der Akutversorgung für Psychosomatik und Psychotherapie ähnlich[25], daher ist die Abgrenzung von Krankenhausbehandlung und stationärer Rehabilitation bei teilweise überlappenden Zielsetzungen bisweilen schwierig[26]. Führt die anhaltende psychische Beeinträchtigung zu erheblicher Einschränkung der Teilhabe am Alltagsleben und zu Einschränkungen in der Arbeitsfähigkeit, ist häufig eine Rehabilitation indiziert. Die Aufnahme in die Rehabilitationsklinik erfolgt nach Überprüfung der im Reha-Antrag darzustellenden „Rehabilitationsbedürftigkeit" und „ Rehabilitationsfähigkeit" und „Rehabilitationsprognose" durch den Kostenträger (i. d. R. die Deutsche Rentenversicherung (DRV)). Individuell festgelegtes Rehabilitationsziel ist die Minderung des Schweregrades der Funktionsstörungen oder die Wiederherstellung ungestörter Fähigkeiten sowie die soziale Reintegration der Betroffenen durch multiprofessionelle sozialtherapeutische Behandlung.

Psychologische Psychotherapeuten arbeiten in der stationären und ta- **46** gesklinischen psychosomatischen Rehabilitation häufig in Fachärzten gleichgestellten Aufgabenbereichen und Positionen. Ökonomischer Druck bedingt oft eine tarifrechtlich niederere Einstufung, gelegentlich auch den Versuch die Notwendigkeit der Approbation anzuzweifeln, da die Gesamtbehandlung unter ärztlicher Verantwortung durchgeführt werde. Bei Einstellungsgesprächen sollte dies geklärt und darauf hingewiesen werden, dass im Katalog Therapeutischer Leistungen (KTL) der DRV festgehalten ist, dass Psychotherapie bei festgestellter psychischer Erkrankung nur von approbierten Psychotherapeuten (s. o.) erbracht werden darf. Die Einstufung hat dann analog der eines Facharztes zu erfolgen.

---

25 *Schauenburg, H. u. a.:* Klinikführer stationäre psychosomatische – psychotherapeutische Einrichtungen, Stuttgart 2007, S. 23.
26 *Schauenburg, H. u. a.:* Klinikführer stationäre psychosomatische – psychotherapeutische Einrichtungen, Stuttgart 2007, S. 27 f.

6 Psychotherapeuten in der Kinder- und Jugendhilfe

47 Die rechtlichen Grundlagen der Kinder und Jugendhilfe sind in § 27 ff SGB VIII (Kinder- und Jugendhilfegesetz) geregelt. Die Erziehungsberatungsstellen nehmen ihre Aufgabe gemäß § 28 SGB VIII wahr und sollen Kindern, Jugendlichen, Eltern und anderen Erziehungsberechtigten bei der Klärung und Bewältigung von Erziehungsfragen und Erziehungsschwierigkeiten sowie Verhaltensauffälligkeiten individuell und familienbezogen helfen. Die teilstationäre und stationäre Kinder- und Jugendhilfe sind in § 32 und 34 SGB VIII verankert. Der Gesetzgeber sieht vor, dass Fachkräfte verschiedener Fachrichtungen mit unterschiedlichen methodischen Ansätzen in den Einrichtungen der Kinder- und Jugendhilfe zusammenarbeiten.

48 In § 27 Abs. 3 SGB VIII befindet sich der allgemeine Hinweis, dass in der Kinder- und Jugendhilfe auch therapeutische Verfahren zum Einsatz kommen können. Schon vor und auch nach Verabschiedung des Kinder- und Jugendhilfegesetzes wird unter fachlicher[27] und juristischer[28] Sicht diskutiert, welche Bedeutung der Psychotherapie in Beratungsstellen zukommt.

49 Für den Bereich der Erziehungsberatung haben die Bundeskonferenz für Erziehungsberatung (bke) und die Bundespsychotherapeutenkammer (BPtK) diese Diskussion in einer gemeinsamen Stellungnahme aufgegriffen. Hier wird festgestellt, dass im Rahmen der Erziehungsberatung psychotherapeutische Interventionen zur Erfüllung des gesetzlichen Auftrages der Kinder- und Jugendhilfe zur Anwendung kommen können, da diese außerhalb der Krankenbehandlung stattfindet[29]. Nur unter dieser Voraussetzung besteht ein Rechtsanspruch nach dem KJHG auf deren Finanzierung, ansonsten nicht[30].

---

27 *Hensen, G. / Körner, W.:* Erziehungsberatung – eine Standortbestimmung der Position von Psychotherapie in der Jugendhilfe, in: Psychotherapeutenjournal, 3/2005, S. 227 ff.

28 *Wiesner, R.:* Psychotherapie in Kinder- und Jugendhilferecht. Gutachten im Auftrag der Psychotherapeutenkammer Berlin, 2005.

29 *Bundeskonferenz für Erziehungsberatung (bke) / Bundespsychotherapeutenkammer (BPtK):* Psychotherapeutische Kompetenz in der Erziehungs- und Familienberatung, in: Psychotherapeutenjournal, 3/2008, S. 261–263.

30 *Lasse, U.:* Psychotherapie in der Erziehungsberatung als Leistung der Jugendhilfe, in: Hundsalz, A. / Menne, K.: Jahrbuch für Erziehungsberatung (Bd. 5), Weinheim 2004, S. 118.

BKE und BPtK kommen zu der Feststellung: **50**

BKE und BPtK ziehen die Schlussfolgerung, dass für Psychologische Psychotherapeuten und Kinder- und Jugendlichenpsychotherapeuten nicht jede ihrer Tätigkeiten, bei denen sie ihre psychotherapeutische Kompetenz anwenden, der Krankenbehandlung dienen muss. Wenn PP oder KJP Aufgaben in der Jugendhilfe übernehmen, nehmen sie Aufgaben außerhalb der Krankenbehandlung in einem Bereich wahr, der eigene Erwartungen an sie heranträgt. Mit einer Tätigkeit außerhalb des Krankenversorgung geben PP und KJP nicht ihren Beruf auf, sondern ist daher für den Psychologischen Psychotherapeuten und den Kinder- und Jugendlichen Psychotherapeuten Ausübung seines Berufes[31].

In Erziehungsberatungsstellen arbeiten sowohl approbierte Psychologische Psychotherapeuten als auch Kinder- und Jugendlichenpsychotherapeuten, teilweise in leitenden Funktionen. In früheren Jahren absolvierten Psychologen, Sozialpädagogen und Pädagogen häufig während ihrer Tätigkeit an Erziehungsberatungsstellen ihre psychotherapeutische Ausbildung. **51**

7 Psychotherapeuten in Suchtberatungsstellen

Krankenkassen und Rentenversicherungsträger legten in der „Vereinbarung Abhängigkeitserkrankungen"[32] fest, dass sie die Kosten für ambulante Entwöhnungsbehandlung in Suchtberatungsstellen mit einem wissenschaftlich fundierten Behandlungskonzept tragen. In der Einrichtung müssen für Suchtkrankenarbeit qualifizierte Ärzte, approbierte psychologische Psychotherapeuten oder Diplom-Psychologen und Diplom-Sozialarbeiter/Diplom-Sozialpädagogen regelmäßig und verantwortlich zusammenarbeiten, Diagnostik und Erstellung des Gesamtbehandlungsplans ist als Aufgabe des Arztes definiert. Die therapeutischen Mitarbeiter sollen über Fortbildung zur Suchtbehandlung und Gruppentherapieerfahrung verfügen. **52**

8 Psychotherapeuten im Strafvollzug und Maßregelvollzug

Die psychotherapeutische Versorgung von psychisch kranken Strafgefangenen und die von der Bundesregierung im „Gesetz zur Bekämpfung von Sexualdelikten und anderen gefährlichen Straftaten" **53**

---

31 *Bundeskonferenz für Erziehungsberatung (bke) / Bundespsychotherapeutenkammer (BPtK):* a.a.O.

32 www.slsev.de/VAbhaengigkeit2001.pdf.

verpflichtend vorgeschriebenen Behandlung für Gewalt- und Sexualstraftäter mit einem Strafmaß von über zwei Jahren wurde in den Bundesländern in entsprechenden Vollzugsgesetzen unterschiedlich umgesetzt. Mehrere Bundesländer haben forensische Institutsambulanzen eingerichtet, um Entlassungen beschleunigen zu können, ohne das Risiko für die Bevölkerung zu erhöhen.

54 Neben der psychotherapeutischen Behandlung haben Psychotherapeuten und Psychologen im Strafvollzug und Maßregelvollzug auch Gutachten zu erstellen, z. B. zur Prognose, für Freigang und Urlaub. Über Bundes- und Landesgesetze sind für den Bereich des Strafvollzuges und Maßregelvollzuges Regelungen der Berufsordnung – vor allem zur Schweigepflicht – teilweise eingeschränkt oder aufgehoben.

55 In einigen Bundesländern wurde in Vollzugsgesetzen festgelegt, dass die Psychotherapie von Straftätern nur von approbierten Psychotherapeuten wahrgenommen wird und diese auch Leitungsfunktionen im psychologischen und psychotherapeutischen Dienst wahrnehmen können. In anderen Bundesländern wurden andere Regelungen getroffen, dort sind zur Behandlung der Strafgefangenen Psychologen ohne Approbation vorgesehen, es werden jedoch dort auch Psychologische Psychotherapeuten zur Wahrnehmung der Psychotherapie und Gutachtenerstellung angestellt.

9 Psychotherapeuten an Schulen

56 Der aus der Erhebung in Tab. 1 ersichtliche relativ große Anteil von Psychotherapeuten in Schulen kann ein Artefakt sein, da ein Teil der KJP nach ihrer Ausbildung weiter im Schuldienst blieb und nur nebenberuflich Psychotherapie in Privatpraxis oder auch mit KV-Ermächtigung ausübte. Im schulpsychologischen Dienst sind meist Psychologen angestellt, die teilweise auch approbiert sind.

10 Psychotherapeuten an Universitäten

57 An psychologischen Instituten der Universitäten arbeiten Psychotherapeuten in der klinischen Psychologie sowohl klinisch als auch wissenschaftlich in Forschungsprojekten. Ähnliche Tätigkeitsfelder finden sich in den Abteilungen für Psychosomatik und Psychotherapie sowie in Psychiatrischen Abteilungen der Universitätskliniken sowie in der Medizinischen Psychologie. Hier steht Psychotherapeuten neben der Möglichkeit zur Promotion die weitere Hochschullaufbahn mit Habilitation offen. In der medizinischen Psychologie und gelegentlich auch den Hochschulkliniken für Psychosomatik und Psychotherapie werden Lehrstühle auch für habilitierte Psychologen und Psychologische Psychotherapeuten ausgeschrieben.

Auch in anderen klinischen Fächern an Medizinischen Fakultäten **58** oder Medizinischen Hochschulen werden Psychologen und Psychologische Psychotherapeuten häufig in Forschungsprojekte eingestellt, da sie über eine fundierte Ausbildung in Forschungsmethodik verfügen. Eine über die Promotion hinausgehende akademische Laufbahn in diesen Fächern ist jedoch meist eingeschränkt.

11 Ausblick

Die Weiterentwicklung des breiten Feldes der Arbeitsbereiche für **59** Psychotherapeuten in den verschiedenen Institutionen ist nur begrenzt absehbar. Festzuhalten ist, dass hier wichtige Arbeitsbereiche für Psychotherapeuten bestehen und erhalten werden müssen. Im Bereich der stationären und teilstationären Krankenversorgung nehmen Psychotherapeuten häufig dieselben Aufgaben wahr wie Fachärzte, ohne diesen formal gleichgestellt zu sein. Die Umsetzung des Psychotherapeutengesetzes in andere gesetzliche Regelungen steht aus, die Stellung der Psychotherapeuten als approbierte Heilberufler ist in den Landeskrankenhausgesetzen noch zu regeln.

Ebenso wird in der Suchtbehandlung und Kinder- und Jugendhilfe die **60** fachliche und juristische Stellung der Psychotherapie und Psychotherapeuten intensiv diskutiert. Teilweise wird hier noch wenig zwischen der Tätigkeit von Psychologen, Pädagogen und Psychotherapeuten differenziert.

Die tarifrechtliche Festlegung von Tätigkeitsbereichen und die Ein- **61** gruppierung von Psychotherapeuten ist ebenfalls noch zu regeln.

Die weitere Entwicklung ist sowohl politisch als auch fachlich auf- **62** merksam zu beobachten und insbesondere ist darauf zu achten, dass psychotherapeutische Behandlung bei psychischen Erkrankungen nur von Psychotherapeuten erbracht werden darf (Approbationsvorbehalt). Der sich abzeichnende Mangel an Ärzten kann dazu führen, dass psychotherapeutische Aufgaben mehr an Psychotherapeuten – möglicherweise jedoch auch ein Diplom-Psychologen – übertragen wird, ohne dass deren Stellung entsprechend bewertet wird. In ande-

ren Bereichen besteht die Gefahr, dass zur Kosteneinsparung psychotherapeutische Aufgaben an weniger qualifizierte Mitarbeiter übertragen werden.

63 Angestellte Psychotherapeuten sollten sich zur Wahrnehmung ihrer
berufs- und fachpolitischen Interessen sowohl in Berufs- und Fach-
verbänden als auch gewerkschaftlich noch besser organisieren und
die Psychotherapeutenkammern zur Durchsetzung ihrer berechtigten
Interessen aktiv unterstützen.

Literatur

Ausschuss für Psychotherapie in Institutionen: Erste Ergebnisse der Befragung der
in Institutionen tätigen Psychologischen PsychotherapeutInnen und Kinder- und
JugendlichenpsychotherapeutInnen in Baden-Württemberg, in: Psychotherapeutenjournal, 2/2005, S. 144 ff.
*Bundeskonferenz für Erziehungsberatung (bke) / Bundespsychotherapeutenkammer
(BPtK):* Psychotherapeutische Kompetenz in der Erziehungs- und Familienberatung, in: Psychotherapeutenjournal, 3/2008, S. 261–263.
Deister, A.: Eigenverantwortung der psychologischen Psychotherapeuten/Psychothe-
rapeutinnen in einer künftigen Psych-PV, in: ver.di-sofern Vereinte Dienstleistungsgewerkschaft: Stand und Perspektiven der psychotherapeutische Versorgung,
ver.di Fachtagung, Berlin 2006.
Dielmann, G.: Neues Tarifrecht für den öffentlichen Dienst – TVöD/TV-L. Die Ein-
gruppierung von PP/KJP – wie sieht es aus mit der Facharztäquivalenz?, in: Psy-
chotherapeutenjournal, 3/2007, S. 228–239.
Deutsche Rentenversicherung Bund: Klassifikation therapeutischer Leistungen in der
medizinischen Rehabilitation, Berlin 2007.
Genzel, H.: Die Organisation und Struktur des ärztlichen Dienstes, in: Laufs, A. /
Uhlenbruck, W. (Hrsg.): Handbuch des Arztrechts (3. Aufl.), München 2002.
Gerlach, H.: TVöD – seine regeln, Geheimnisse und Ziele. Das neue Tarifrecht für
Beschäftigte im Öffentlichen Dienst, in: Psychotherapeutenjournal, 2/2008,
S. 141.
Härter, M. u. a.: Psychische Störungen bei Rehabilitanden mit chronischen körperli-
chen Erkrankungen, in: Verband Deutscher Rentenversicherungsträger (VDR)
(Hrsg.): Selbstkompetenz – Weg und Ziel der Rehabilitation (DRV-Schriften, Bd.
52), Berlin 2004.
Hensen, G. / Körner, W.: Erziehungsberatung – eine Standortbestimmung der Positi-
on von Psychotherapie in der Jugendhilfe, in: Psychotherapeutenjournal, 3/2005,
S. 227 ff.
Kunze, H. / Kaltenbach, L.: Psychiatrie-Personalverordnung. Textausgabe mit Mate-
rialien und Erläuterungen für die Praxis (4. Aufl.), Stuttgart 2003.
Lasse, U.: Psychotherapie in der Erziehungsberatung als Leistung der Jugendhilfe,
in: Hundsalz, A. / Menne, K.: Jahrbuch für Erziehungsberatung (Bd. 5), Wein-
heim 2004.
Laufs, A.: Die Freiheit des ärztlichen Berufs, in Laufs, A. / Uhlenbruck, W. (Hrsg):
Handbuch des Arztrechts (3. Aufl.), München 2002.
Lueger, S.: Psychotherapien in der medizinischen Rehabilitation – ein zukunftsträchtiges Feld in der multidisziplinären Gesundheitsversorgung, in: Psychotherapeutenjournal, 3/2004, S. 221 ff.

Rendschmidt, J.: Die Schweigepflicht des PP/KJP im Angestelltenverhältnis, in: Psychotherapeutenjournal, 3/2007, S. 225 ff.

Stellpflug, M.H. / Berns, I.: Musterberufsordnung für die psychologischen Psychotherapeuten und Kinder- und Jugendlichenpsychotherapeuten, Text und Kommentierung, Heidelberg 2006.

Schafhausen, M.: Die angestellte Psychotherapeutin/der angestellte Psychotherapeut – Spannungsverhältnis zwischen Freiheit der Berufsausübung und Weisungsrecht des Arbeitgebers, in: Psychotherapeutenjournal, 2/2007, S. 142 ff.

Schauenburg, H. u. a.: Klinikführer stationäre psychosomatische – psychotherapeutische Einrichtungen, Stuttgart 2007.

Verband Deutscher Rentenversicherungsträger (VDR): Rahmenkonzept zur medizinischen Rehabilitation in der gesetzlichen Rentenversicherung. Empfehlungen des Verbandes der Deutschen Rentenversicherungsträger, in: Deutsche Rentenversicherung

Wiesner, R.: Psychotherapie in Kinder- und Jugendhilferecht. Gutachten im Auftrag der Psychotherapeutenkammer Berlin, 2005.

Internetquellen

www.slsev.de/VAbhaengigkeit2001.pdf,
abgerufen am 27.8.2008.

Arbeitsfelder niedergelassener Psychotherapeuten

Dieter Best

		Rn.
1	**Einleitung**	1
2	**Psychotherapie als freiberufliche Tätigkeit**	6
3	**Geschichte der Psychotherapie als Kassenleistung**	9
4	**Für niedergelassene Psychotherapeuten wichtige sozialrechtliche Bestimmungen und Strukturen**	19
4.1	Für Psychotherapeuten relevante Bestimmungen im SGB V	22
4.2	Zulassungsverordnung für Ärzte (Ärzte-ZV)	32
4.3	Kassenärztliche Vereinigungen und Kassenärztliche Bundesvereinigung	33
4.4	Bedarfsplanung, Unter- und Überversorgung	38
4.5	Psychotherapierichtlinien	45
4.6	Bundesmantelvertrag und Psychotherapievereinbarung	48
4.7	Die Vergütung ärztlicher und psychotherapeutischer Leistungen	55
4.7.1	Der Einheitliche Bewertungsmaßstab (EBM)	56
4.7.2	Regelleistungsvolumina	58
4.7.3	Angemessene Vergütung psychotherapeutischer Leistungen	59
4.7.4	Die Quartalsabrechnung	61
4.8	Qualitätsmanagement	63
5	**Psychotherapie als Privatbehandlung**	65
5.1	Gebührenordnung für Psychotherapeuten (GOP)	66
5.2	Beihilfevorschriften	75

		Rn.
6	**Grundlagen für den wirtschaftlichen Erfolg einer Praxis**	78
6.1	Standort	80
6.2	Angebot	81
6.3	Praxisausstattung und Personal	83
6.4	Zuweisung von Patienten durch Ärzte, Werbung	86
7	**Ausblick in die Zukunft des Arbeitsfeldes niedergelassene Praxis**	88
Literatur		

Schlagwortübersicht

	Rn.
Antrags- und Genehmigungs-verfahren	47, 50, 76
Anwendungsbereich	46
Arztregister	32
Assistenten	32
Aufklärungspflicht	65
Bedarfsplanung	38, 80, 92
Bedarfsplanungsrichtlinie	39
Behandlungsumfang	47
Behandlungsvertrag	52, 69
Beihilfevorschriften	75
Berichtswesen	87
Berufsausübungs-gemeinschaft	32, 42
Berufungsausschuss	30
Bewilligungsschritte	47
Bundesmantelvertrag	48
Delegationsverfahren	12
Dienstvertrag	69
Dokumentation	65
Effizienznachweis	91
Einheitlicher Bewertungs-maßstab	55 f.
Einkommen	4
Entspannungsverfahren	46
Ermächtigung	32, 43, 82
Euro-Gebührenordnung	58, 84
Fachausschuss	
– beratender	27
Fortbildungspflicht	65
Gebührenordnung	
– für Ärzte	67
– für Psychotherapeuten	66
Gemeinsamer Bundes-ausschuss	29, 64
Gesundheitsfonds	89
Gewerbesteuer	7
Grundversorgung	
– psychosomatische	46
Gutachterverfahren	54
Hamsterradeffekt	60
Heilpraktikererlaubnis	12
Honorar	55, 84
Honorarausfälle	52
Hypnose	46
Jobsharing	43
Kassenärztliche Bundes-vereinigung	34
Kassenärztliche Vereinigungen	33

	Rn.
Konsiliarbericht	77
Konsiliarverfahren	23, 53
Kosten	85
Kostenerstattungsverfahren	14
Krankenbehandlung	46
Kurzzeittherapie	54
Langzeittherapie	54
Medizinisches Versorgungs-zentrum	42
Morbiditätsorientierter Risikostrukturausgleich	89
Orientierungspunktwert	55
Personal	85
Planungsbereich	39
Präsenzpflicht	32
Praxisvertreter	32
Privatbehandlung	84
Private Krankenversicherung	70
Privatpatient	65
Psychotherapie	
– analytische	17, 46, 77
– tiefenpsychologisch fundierte	17, 46, 77
Psychotherapierichtlinien	12, 29, 45
Psychotherapiever-einbarung	45, 47, 50
Punktwert	55
Punktzahl	55
Qualitätsmanagement	63
Quartalsabrechnung	61
Rechnung	72
Regelleistungsvolumen	58
Residenzpflicht	32
Schweigepflicht	65
Sicherstellung	16, 35
Sicherstellungsauftrag	24
Sitzung	
– probatorische	52, 77
Sitzungskontingente	47
Sonderbedarfszulassung	43, 82
Sprechstunde	32
Standort	80
Tätigkeit	
– freiberufliche	6
Überversorgung	38, 81
Umsatzsteuer	8
Unterversorgung	38
Verhaltenstherapie	17, 46, 77
Versorgungsauftrag	
– halbierter	42

	Rn.		**Rn.**
Vertragsarztrechts-		Zulassungs- und Berufungs-	
änderungsgesetz	42, 92	ausschuss	32
Vertragsarztsitz	32	Zulassungsantrag	32
Vertragspsychotherapeuten	1	Zulassungsausschuss	30, 82
Vertreterversammlung	28, 34, 37	Zulassungsverordnung	32
Werbung	86	Zweigpraxis	42

1 Einleitung

1 Etwa die Hälfte der Psychologischen Psychotherapeuten und Kinder- und Jugendlichenpsychotherapeuten arbeitet in eigener Praxis mit Zulassung zur Kassenabrechnung. Nach den Angaben aus dem Bundesarztregister waren Ende 2006 12 700 Psychologische Psychotherapeuten und 2 700 Kinder- und Jugendlichenpsychotherapeuten als Vertragspsychotherapeuten[1] tätig. Darüber hinaus besitzen ca. 8 000 Ärzte die Berechtigung zu psychotherapeutischer Tätigkeit, wovon allerdings nur etwa die Hälfte ausschließlich oder überwiegend psychotherapeutisch tätig ist. Damit sind die Psychotherapeuten nach den Hausärzten die zweitgrößte Gruppe in der ambulanten kassenärztlichen/kassenpsychotherapeutischen Versorgung in Deutschland, dicht gefolgt von den fachärztlichen Internisten. Trotz dieser im internationalen Vergleich herausragenden Versorgungsdichte besteht weiterhin in vielen Regionen ein Mangel an niedergelassenen Psychotherapeuten, v.a. in ländlichen Gebieten und allgemein in der Kinder- und Jugendlichenpsychotherapie. Aufgrund der Altersverteilung der niedergelassenen Psychotherapeuten – der Mittelwert liegt bei über 50 Jahren – ist in der Zukunft mit einem erheblichen Bedarf an niedergelassenen Psychotherapeuten zu rechnen. Die nachfolgende Grafik der KBV und der Bundesärztekammer, beispielhaft für die Psychologischen Psychotherapeuten, zeigt die Altersverteilung.

---

[1] Vertragspsychotherapeuten bzw. Vertragsärzte sind zur Abrechnung mit gesetzlichen Krankenkassen zugelassen. Sie sind Mitglied einer Kassenärztlichen Vereinigung.

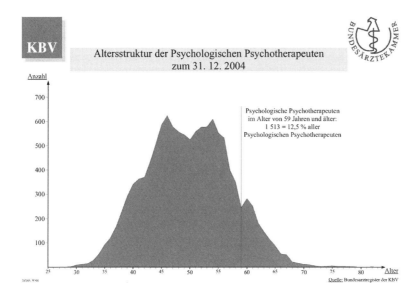

Abb. 1: Altersstruktur der Psychologischen Psychotherapeuten zum **2**
31.12.2004
Quelle: Bundesarztregister der KBV

Wie hoch der Bedarf sein wird, hängt von verschiedenen Bedingun- **3**
gen ab, u. a. von der gesundheitspolitischen und wirtschaftlichen Entwicklung in Deutschland. Darauf soll am Ende dieses Beitrags eingegangen werden.

Das Einkommen eines niedergelassenen, kassenzugelassenen Psycho- **4**
therapeuten wird zu ca. 80 – 90 % aus der Behandlung von gesetzlich
versicherten Patienten erwirtschaftet, der Rest aus der Behandlung
von Privatpatienten. Ein wirtschaftliches Überleben allein aus einer
Privatpraxis dürfte schwierig sein.

Gründung und Führung einer Praxis werden durch eine Vielzahl ge- **5**
setzlicher Vorschriften und Verordnungen bestimmt. Dies gilt besonders für die sozialrechtlichen Grundlagen einer Kassenpraxis. Im
Folgenden werden die wichtigsten Grundlagen der rechtlichen und organisatorischen Rahmenbedingungen einer Praxis beschrieben. Wer
als Ausbildungsteilnehmer eine spätere Niederlassung plant, sei es als
Praxisinhaber, als Teilhaber oder als Angestellter in einer Praxis, wird
sich jedoch allein mit diesen Grundlagen nicht begnügen können. Hier
sei auf die weiterführende Literatur im Anhang verwiesen.

2 Psychotherapie als freiberufliche Tätigkeit

6 Psychotherapeutische Tätigkeit ist den freiberuflichen Tätigkeiten zuzuordnen. Nach der Definition des Berufsverbandes Freier Berufe „(erbringen) Angehörige Freier Berufe ... aufgrund besonderer beruflicher Qualifikation persönlich, eigenverantwortlich und fachlich unabhängig geistig-ideelle Leistungen im Interesse ihrer Auftraggeber und der Allgemeinheit; Ihre Berufsausübung unterliegt in der Regel spezifischen berufsrechtlichen Bindungen nach Maßgabe der staatlichen Gesetzgebung oder des von der jeweiligen Berufsvertretung autonom gesetzten Rechts, welches die Professionalität und das zum Auftraggeber bestehende Vertrauensverhältnis gewährleistet und fortentwickelt."[2]

7 Dies ist nicht nur wichtig für das Selbstverständnis des niedergelassenen Psychotherapeuten, sondern hat auch direkte materielle Auswirkungen. Psychotherapeutische Tätigkeit ist, wenn auch nicht explizit erwähnt, der Tätigkeit anderer Freiberufler, die in § 18 Abs. 1 Nr. 1 des Einkommensteuergesetzes aufgeführt werden, gleichzusetzen. Sie zahlen Einkommensteuer und sind von der Gewerbesteuer befreit.[3]

8 Darüber hinaus sind Psychotherapeuten mit ihrer heilkundlichen Tätigkeit (und nur mit dieser) auch von der Umsatzsteuer befreit (§ 4 Nr. 14 UStG). Andere, nicht im engeren Sinne heilkundliche Tätigkeit wie z. B. Supervision oder gutachterliche Tätigkeit ist dagegen umsatzsteuerpflichtig.

3 Geschichte der Psychotherapie als Kassenleistung

9 Die gesetzlich verankerte Anerkennung der ambulanten Psychotherapie als Leistung der gesetzlichen Krankenkassen sowie die ebenfalls gesetzlich geregelte Gleichstellung des Psychotherapeuten- mit dem

---

2 Zur Begriffsbestimmung freiberuflicher Tätigkeit s. auch *Stellpflug, M.:* Freier Beruf, in: Behnsen, E. u. a. (Hrsg.): Management Handbuch für die psychotherapeutische Praxis, Loseblattwerk, Beitrag 810, Heidelberg 2004.

3 Nach einer Feststellung des Bundesministeriums der Finanzen in einer Mitteilung vom 27.12.1999 an die obersten Finanzbehörden ist die freiberufliche psychotherapeutische Tätigkeit den heilkundlichen Berufen zuzuordnen, die von der Umsatzsteuer befreit sind. Zu den steuerlichen Aspekten einer psychotherapeutischen Praxis s. auch *Karch, Th.:* Steuern in der psychotherapeutischen Praxis, Broschüre der Deutschen PsychotherapeutenVereinigung, Heidelberg 2008.

Arztberuf in Deutschland ist das Ergebnis einer fast 40 jährigen Entwicklung.

Ab etwa Mitte der 60iger Jahre gewann die Psychotherapie sowohl in **10** der Öffentlichkeit als auch in der direkten Anwendung bei der Krankenbehandlung zunehmend an Bedeutung. Entsprechend war es nur eine Frage der Zeit, bis Psychotherapie als Krankenbehandlung auch in der gesetzlichen Krankenversicherung (GKV) Anerkennung fand.

Tab. 1: Geschichte der Psychotherapie als Kassenleistung **11**

1964	Die Neurose wird als behandlungsbedürftige Krankheit im Sinne des Sozialrechts vom Bundessozialgericht anerkannt.
1967	Einführung der Psychotherapie in die kassenärztliche Versorgung: Erlass der ersten Psychotherapierichtlinien durch den Bundesausschuss der Ärzte und Krankenkassen. Dies galt zunächst nur für die analytisch begründeten Verfahren.
1980	Verhaltenstherapie wird erstmals, zunächst nur für den Bereich der Ersatzkassen im Arzt-Ersatzkassenvertrag als Leistung der gesetzlichen Krankenversicherung anerkannt.
1987	Verhaltenstherapie wird in die Psychotherapierichtlinien einbezogen.

Dem wachsenden Bedarf an Psychotherapie konnten die Kassenärzt- **12** lichen Vereinigungen (KVen) nicht mehr gerecht werden, da nicht genügend psychotherapeutisch weitergebildete Ärzte zur Verfügung standen. Aus diesem Grund wurde als Bestandteil der Psychotherapierichtlinien das sog. Delegationsverfahren eingeführt, bei dem Diplom-Psychologen und Pädagogen mit einer entsprechenden Qualifikation die Behandlung eigenverantwortlich durchführen konnten. Jedoch blieb die Indikationsstellung – wenigstens formal – beim delegierenden Arzt. Jahrzehntelang bis zum Inkrafttreten des Psychotherapeutengesetzes am 1.1.1999 war für die psychotherapeutische Tätigkeit durch Diplompsychologen eine Heilpraktikererlaubnis Voraussetzung. Dieser von den meisten Psychotherapeuten als unwürdig empfundene Status war die einzige Möglichkeit, legal Heilkunde auszuüben, gleichgültig, ob sie als Angestellte oder als Freiberufler tätig waren.

Trotz der Beschränkungen durch das Delegationsverfahren kam es **13** insbesondere seit Beginn der 80iger Jahre und durch die Anerkennung der Verhaltenstherapie als Richtlinienverfahren zu einem deutlichen Zuwachs an Behandlern bis zum Inkrafttreten des Psychotherapeutengesetzes.

Parallel dazu entwickelte sich ein breites Angebot an Behandlungen, **14** die über das sog. Kostenerstattungsverfahren abgerechnet wurden.

Rechtliche Grundlage dieser Möglichkeit, Psychotherapie im Rahmen der gesetzlichen Krankenversicherung zu erbringen, war und ist zu einem geringen Teil auch heute noch der § 13 Abs 3 des fünften Sozialgesetzbuches (SGB V):

Konnte die Krankenkasse eine unaufschiebbare Leistung nicht rechtzeitig erbringen oder hat sie eine Leistung zu Unrecht abgelehnt und sind dadurch Versicherten für die selbstbeschaffte Leistung Kosten entstanden, sind diese von der Krankenkasse in der entstandenen Höhe zu erstatten, soweit die Leistung notwendig war.

15   Im Jahre 1997 betrugen die Gesamtausgaben für diesen Bereich der Psychotherapie als Kassenleistung ca. 310 Mio. DM, während die Ausgaben für die Psychotherapie im Delegationsverfahren ca. 430 Mio. DM betrugen (ärztliche Psychotherapie zusätzlich 580 Mio. DM).

16   Sowohl das Delegations- als auch das Kostenerstattungsverfahren hätten nur solange Bestand gehabt, solange die Sicherstellung der psychotherapeutischen Versorgung durch die Kassenärzteschaft nicht gewährleistet gewesen wäre. Beides war nicht geeignet, die wirtschaftliche Existenz Psychologischer Psychotherapeuten und Kinder- und Jugendlichenpsychotherapeuten dauerhaft zu sichern. Erst mit dem Psychotherapeutengesetz, das sowohl den Beruf selbst als auch die Voraussetzungen für die Einbeziehung der Psychotherapeuten in das Sozialrecht regelt, änderte sich dies grundlegend.

17   Derzeit kassenrechtlich anerkannte Psychotherapieverfahren sind die analytische Psychotherapie, die tiefenpsychologisch fundierte Psychotherapie und die Verhaltenstherapie. Sie verteilen sich nach den Angaben der Kassenärztlichen Bundesvereinigung (KBV) wie folgt:

Psychologische Psychotherapeuten

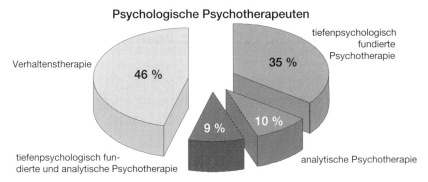

Kinder- und Jugendlichenpsychotherapeuten

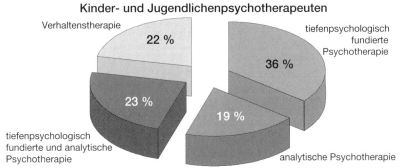

ausschließlich psychotherapeutisch tätige Ärzte

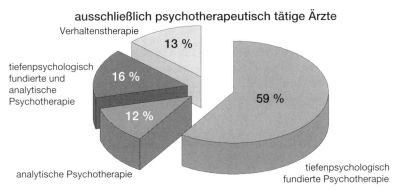

Abb. 2: Struktur der Psychotherapie-Berechtigungen nach den Richt- **18**
linien-Verfahren zum 31.12.2007
Quelle: KBV

4 Für niedergelassene Psychotherapeuten wichtige sozialrechtliche Bestimmungen und Strukturen

19 Die sozialrechtliche Einbindung der Psychotherapeuten als den Ärzten gleichgestellte Berufsgruppe ist in Artikel 2 des Psychotherapeutengesetzes durch eine Vielzahl von Änderungen des fünften Sozialgesetzbuches (kurz: SGB V) geregelt.

20 *Tab. 2: Die Sozialgesetzbücher*

SGB I	Allgemeiner Teil
SGB II	Grundsicherung für Arbeitsuchende
SGB III	Ziele der Arbeitsförderung
SG B IV	Gemeinsame Vorschriften für die Sozialversicherung
SGB V	**Gesetzliche Krankenversicherung**
SGB VI	Gesetzliche Rentenversicherung
SGB VII	Gesetzliche Unfallversicherung
SGB VIII	Kinder- und Jugendhilfe
SGB IX	Rehabilitation und Teilhabe behinderter Menschen
SGB X	Sozialverwaltungsverfahren und Sozialdatenschutz
SGB XI	Soziale Pflegeversicherung
SGB XII	Sozialhilfe

21 Ein Teil der Regelungen bezieht sich auf die Rechte und Pflichten bei der Sicherstellung der psychotherapeutischen Versorgung, ein anderer Teil auf die Einbeziehung der Psychotherapeuten in die Selbstverwaltungsstrukturen der Kassenärzte.

4.1 Für Psychotherapeuten relevante Bestimmungen im SGB V

22 **Definition der „ärztlichen Behandlung" (§ 27):**

Die Krankenbehandlung umfaßt ... ärztliche Behandlung einschließlich Psychotherapie als ärztliche und psychotherapeutische Behandlung, ...

23 **Konsiliarverfahren (§ 28):**

Spätestens nach den probatorischen Sitzungen gemäß § 92 Abs. 6a hat der Psychotherapeut vor Beginn der Behandlung den Konsiliarbericht eines Vertragsarztes zur Abklärung einer somatischen Erkrankung sowie, falls der somatisch abklärende Vertragsarzt dies für erforderlich hält, eines psychiatrisch tätigen Vertragsarztes einzuholen.

Einbezug der Psychotherapeuten in den Sicherstellungsauftragder KVen (§ 72 Abs 1):   24

(1) Ärzte, Zahnärzte, Psychotherapeuten und Krankenkassen wirken zur Sicherstellung der vertragsärztlichen Versorgung der Versicherten zusammen ....

Einschränkung der Rechte der Psychotherapeuten gegenüber den Ärzten (§ 73 Abs. 2):   25

Psychotherapeuten sind u. a. nicht befugt,   26
- Maßnahmen zur Früherkennung von Krankheiten vorzunehmen,
- medizinische Leistungen der Rehabilitation, Belastungserprobung und Arbeitstherapie zu verordnen,
- Hilfeleistung anderer Personen anzuordnen,
- Arznei-, Verband-, Heil- und Hilfsmitteln, Krankentransporten sowie Krankenhausbehandlung oder Behandlung in Vorsorge- oder Rehabilitationseinrichtungen anzuordnen,
- Bescheinigungen auszustellen und Berichte zu erstellen, die die Krankenkassen oder der Medizinische Dienst (§ 275) zur Durchführung ihrer gesetzlichen Aufgaben oder die die Versicherten für den Anspruch auf Fortzahlung des Arbeitsentgelts benötigen.

Beratende Fachausschüsse (§ 79b):   27

Bei den Kassenärztlichen Vereinigungen und der Kassenärztlichen Bundesvereinigung wird ein beratender Fachausschuß für Psychotherapie gebildet. Der Ausschuss besteht aus fünf Psychologischen Psychotherapeuten und einem Kinder- und Jugendlichenpsychotherapeuten sowie Vertretern der Ärzte in gleicher Zahl, die von der Vertreterversammlung aus dem Kreis der ordentlichen Mitglieder ihrer Kassenärztlichen Vereinigung in unmittelbarer und geheimer Wahl gewählt werden. ... Dem Ausschuss ist vor Entscheidungen der Kassenärztlichen Vereinigungen und der Kassenärztlichen Bundesvereinigung in den die Sicherstellung der psychotherapeutischen Versorgung berührenden wesentlichen Fragen rechtzeitig Gelegenheit zur Stellungnahme zu geben. Seine Stellungnahmen sind in die Entscheidungen einzubeziehen.

Wahl in die Vertreterversammlungen (§ 80):   28

(1 a) Die Psychotherapeuten, die ordentliche und außerordentliche Mitglieder der Kassenärztlichen Vereinigungen sind, wählen getrennt aus ihrer Mitte und getrennt von den übrigen Mitgliedern in unmittelbarer und geheimer Wahl ihre Mitglieder in die Vertreterversammlungen. Sie sind im Verhältnis ihrer Zahl zu der der ordentlichen und außerordentlichen ärztlichen Mitglieder der Kassenärztlichen Vereinigungen in den

Vertreterversammlungen vertreten, höchstens aber mit einem Zehntel der Mitglieder der Vertreterversammlung ...

29   Gemeinsamer Bundesausschuss (§ 91):

Eine Regelung sah vor, dass der damalige Bundesausschuss der Ärzte und Krankenkassen in Fragen der Psychotherapierichtlinien, abweichend von seiner sonstigen Zusammensetzung, auf KBV-Seite zusammengesetzt war aus fünf psychotherapeutisch tätigen Ärzte und fünf Psychotherapeuten, wobei unter den psychotherapeutisch tätigen Ärzten und den Psychotherapeuten jeweils ein im Bereich der Kinder- und Jugendlichenpsychotherapie tätiger Leistungserbringer sein musste. Mit der Gesundheitsreform 2007 („GKV-WSG") wurde der „Gemeinsame Bundesausschuss" zum 1.7.2008 neu strukturiert, so dass es, auch für den Bereich der Psychotherapie, diese „besondere Zusammensetzung" nicht mehr gibt. Es gibt nunmehr nur noch einen gemeinsamen Beschlusskörper, bestehend aus Vertretern der Kassenärztlichen Bundesvereinigung (KBV), der Kassenzahnärztlichen Bundesvereinigung (KZBV), der Deutschen Krankenhausgesellschaft und dem Spitzenverband Bund der Krankenkassen. Zwar werden die Angelegenheiten, die die Psychotherapierichtlinien betreffen, in einem Unterausschuss behandelt, gegenüber dem vorherigen Stand ist dies jedoch eine deutliche Verminderung der Einflussmöglichkeiten der Psychotherapeuten.

30   Besondere Besetzung der Zulassungs- und Berufungsausschüsse (§ 95 Abs. 13):

In Zulassungssachen der Psychotherapeuten und der überwiegend oder ausschließlich psychotherapeutisch tätigen Ärzte (§ 101 Abs. 4 Satz 1) treten abweichend von § 96 Abs. 2 Satz 1 und § 97 Abs. 2 Satz 1 an die Stelle der Vertreter der Ärzte Vertreter der Psychotherapeuten und der Ärzte in gleicher Zahl; unter den Vertretern der Psychotherapeuten muss mindestens ein Kinder- und Jugendlichenpsychotherapeut sein.

31   Weitere Bestimmungen betreffen die Übergangsregelungen der schon vor dem Inkrafttreten des Psychotherapeutengesetzes mit Krankenkassen abrechnenden Psychotherapeuten. Diese sollen hier nicht im Einzelnen wiedergegeben werden, weil die Übergangszeit abgelaufen ist.

4.2   Zulassungsverordnung für Ärzte (Ärzte-ZV)

32   Mit dem Psychotherapeutengesetz wurde auch die Zulassungsverordnung für Ärzte (Ärzte-ZV) angepasst. Sie gilt gleichermaßen auch für Psychotherapeuten. Die ZV, die das Bundesministerium für Gesundheit (BMG) erlässt, beschreibt den gesamten rechtlichen Rahmen, auch die Pflichten, denen ein Arzt oder ein Psychotherapeut unterliegt. Die Kenntnis der wichtigsten Bestimmungen ist deshalb für niedergelassene Psychotherapeuten unerlässlich.[4] Nachfolgend sind die wichtigsten Bestimmungen und Abläufe aufgelistet (eine ausführliche Darstellung des Zulassungsverfahrens findet sich bei → Stellpflug, Zulassung als Vertragspsychotherapeut):

- Für jeden Zulassungsbezirk führt die Kassenärztliche Vereinigung ein Arztregister. Dieses erfasst die zugelassenen Ärzte und Psychotherapeuten und solche Ärzte und Psychotherapeuten, die approbiert sind, die Fachkunde erfüllen und die Eintragung beantragt haben (§ 1). Der Arzt ist in das Arztregister des Zulassungsbezirks einzutragen, in dem er seinen Wohnort hat. Verzieht ein im Arztregister eingetragener Arzt oder Psychotherapeut in einen anderen Zulassungsbezirk, so wird er von Amts wegen in das Arztregister umgeschrieben, das für den Vertragsarztsitz geführt wird (§ 5).
- Über den Zulassungsantrag befindet der Zulassungsausschuss durch Beschluss. Wird der Psychotherapeut zugelassen, so ist in dem Beschluss der Zeitpunkt festzusetzen, bis zu dem die Tätigkeit aufzunehmen ist. Wenn die Tätigkeit in einem von Zulassungsbeschränkungen betroffenen Planungsbereich nicht innerhalb von drei Monaten nach Zustellung des Beschlusses über die Zulassung aufgenommen wird, endet die Zulassung (§ 19).
- Nicht geeignet ist ein Psychotherapeut, der wegen eines Beschäftigungsverhältnisses oder wegen anderer nicht ehrenamtlicher Tätigkeit für die Versorgung der Versicherten persönlich nicht in erforderlichem Maße zur Verfügung steht („Präsenzpflicht"),
- Ungeeignet für die Ausübung der Kassenpraxis ist außerdem ein Arzt/Psychotherapeut mit geistigen oder sonstigen in der Person liegenden schwerwiegenden Mängeln, insbesondere ein Arzt/Psychotherapeut, der innerhalb der letzten fünf Jahre vor seiner Antragstellung rauschgiftsüchtig oder trunksüchtig war (§ 21).
- Die Zulassung erfolgt für den Ort der Niederlassung (Vertragsarztsitz). Der Vertragsarzt/-psychotherapeut muss am Vertragsarztsitz seine Sprechstunde halten. Er hat seine Wohnung so zu wählen, dass er für die ärztliche Versorgung der Versicherten an seinem Vertragsarztsitz zur Verfügung steht („Residenzpflicht", nach § 24).

---

4 Eine umfassende Kommentierung unter Berücksichtigung der Rechtsprechung bietet: *Schallen, R.:* Zulassungsverordnung für Vertragsärzte, Vertragszahnärzte, Medizinische Versorgungszentren, Psychotherapeuten, Heidelberg 2008.

- Ermächtigung: Die Zulassungsausschüsse können über den Kreis der zugelassenen Ärzte hinaus weitere Ärzte, insbesondere in Krankenhäusern und Einrichtungen der beruflichen Rehabilitation zur Teilnahme an der vertragsärztlichen Versorgung ermächtigen, sofern dies notwendig ist, um eine bestehende oder unmittelbar drohende Unterversorgung abzuwenden oder einen begrenzten Personenkreis zu versorgen. Die Ermächtigung ist zeitlich, räumlich und in ihrem Umfang festgelegt.

- In den §§ 32 und 33 werden die Voraussetzungen für Praxisvertreter, Assistenten, angestellte Ärzte und Psychotherapeuten sowie für die Führung einer Berufsausübungsgemeinschaft genannt.

- In den §§ 34 bis 45 wird das Verfahren vor den Zulassungs- und Berufungsausschüssen beschrieben. Diese Ausschüsse sind Organe der gemeinsamen Selbstverwaltung von Ärzten und Krankenkassen. Bei der Zulassung von Psychotherapeuten oder überwiegend oder ausschließlich psychotherapeutisch tätigen Ärzten sind die Zulassungsausschüsse auf der Ärzteseite zur Hälfte aus Psychotherapeuten besetzt.

4.3 Kassenärztliche Vereinigungen und Kassenärztliche Bundesvereinigung

33 Vor der Gründung der Kassenärztlichen Vereinigungen (KVen) im Jahre 1931 konnten die Krankenkassen Verträge direkt mit einzelnen Ärzten schließen, was zur Folge hatte, dass diese die Bedingungen diktieren konnten. Die KVen erhielten das Recht zum kollektiven Vertragsabschluss, d. h. der einzelne Arzt wurde durch seine KV vertreten. Direkte vertragliche Beziehungen oder Abrechnungsverhältnisse zwischen dem einzelnen Vertragsarzt und den Krankenkassen waren somit ausgeschlossen.

34 Die KVen sind Körperschaften des öffentlichen Rechts. Es sind Selbstverwaltungsorgane der Vertragsärzte/Vertragspsychotherapeuten unter Aufsicht der zuständigen Behörde (in der Regel die Sozial- oder Gesundheitsministerien der Länder). Die Kassenärztliche Bundesvereinigung (KBV) ist die Organisation der kassenärztlichen Vereinigungen auf Bundesebene. Die Aufsichtsbehörde für die KBV ist das Bundesministerium für Gesundheit. Die KVen entsenden insgesamt 60 Vertreter in die Vertreterversammlung der Kassenärztlichen Bundesvereinigung. Die Psychotherapeuten sind in der Vertreterver-

sammlung der KBV mit höchstens 10 % der Sitze vertreten (s. § 80 SGB V).

Die Aufgabe der KVen ist sowohl die Interessensvertretung der Ärzte **35** und Psychotherapeuten als auch die Sicherstellung und Gewährleistung der vertragsärztlichen Versorgung. Diese beiden Aufgaben stehen gelegentlich in Widerspruch, wenn die KV einerseits die Interessen der Mitglieder, andererseits aber die Interessen des Staates vertreten soll (z. B. bei der Durchsetzung von honorarbegrenzenden Maßnahmen oder von Richtlinien des G-BA).

1955 wurde den KVen die Sicherstellung der ambulanten ärztlichen **36** Versorgung übertragen, ein Auftrag, den bislang die Krankenkassen hatten. Zugleich wurde ihnen die Verpflichtung auferlegt, die Qualität und Wirtschaftlichkeit der ambulanten Versorgung zu gewährleisten. Für den einzelnen Arzt bzw. Psychotherapeuten bedeutet dies, dass er berechtigt und verpflichtet ist, alle notwendigen, zum Leistungskatalog der vertraglichen Versorgung gehörenden Maßnahmen zur Heilung oder Linderung von Krankheiten „nach den Regeln der ärztlichen Kunst" durchzuführen, zu verordnen oder zu veranlassen bzw. zu beantragen. Dabei muss er sich jedoch auf das Notwendige beschränken, die Behandlung muss zweckmäßig sein und sie darf nicht unwirtschaftlich sein (§ 12 SGB V).

In jedem Bundesland gibt es eine KV, mit Ausnahme NRW (KV **37** Nordrhein und KV Westfalen-Lippe). Die wichtigsten Organe einer KV sind die Vertreterversammlung und der Vorstand. Die Vertreterversammlung wird von den Vertragsärzten und -psychotherapeuten gewählt und wählt ihrerseits den Vorstand und die Delegierten für die Vertreterversammlung der KBV.

4.4 Bedarfsplanung, Unter- und Überversorgung

Die gesetzlich vorgeschriebene Bedarfsplanung (§§ 99–105 SGB V) **38** soll eine gleichmäßige Versorgung sicherstellen, Unter- sowie Überversorgung soll verhindert werden (§ 99 Abs. 1 SGB V):

Die Kassenärztlichen Vereinigungen haben im Einvernehmen mit den Landesverbänden der Krankenkassen und den Ersatzkassen sowie im Benehmen mit den zuständigen Landesbehörden nach Maßgabe der von den Bundesausschüssen erlassenen Richtlinien auf Landesebene einen Bedarfsplan zur Sicherstellung der vertragsärztlichen Versorgung aufzustellen und jeweils der Entwicklung anzupassen. Die Ziele und Erforder-

nisse der Raumordnung und Landesplanung sowie der Krankenhausplanung sind zu beachten ...

39 Das Nähere regelt die Bedarfsplanungsrichtlinie, die vom Gemeinsamen Bundesausschuss (G-BA) beschlossen wird. Für jede Arztgruppe werden einheitliche Verhältniszahlen aus dem Verhältnis der Zahl der Einwohner der BRD zur Zahl der zugelassenen Ärzte der jeweiligen Arztgruppe gebildet. Die Verhältniszahlen werden je nach Planungsbereichen (Ballungsgebiete bis ländliche Bereiche) weiter differenziert. Die Umsetzung der Bedarfsplanungsrichtlinie auf Landesebene sowie das konkrete Verfahren der Zulassung bei Unter- oder Überversorgung wird durch das SGB V, die Bedarfsplanungsrichtlinie und die Ärzte-ZV näher bestimmt.

40 Bei der Einführung der Bedarfsplanung 1993 im ärztlichen Bereich wurde erstmalig der damals bestehende Ist-Stand zum bedarfsgerechten Versorgungsgrad erklärt. Dasselbe Verfahren wurde nach dem Inkrafttreten des Psychotherapeutengesetzes für die Psychotherapeuten angewendet mit der bekannten Folge äußerst unterschiedlicher Versorgungsgrade zwischen ländlichen und städtischen Gebieten (s. Abb. 3).

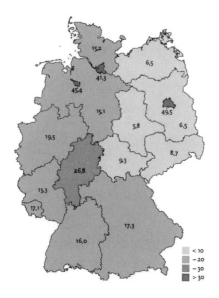

41 *Abb. 3: Zulassungen von Psychologischen Psychotherapeuten im Bundesgebiet, Anzahl je 100 000 Einwohner ab 18 Jahren*
Quelle: Struktur der Bedarfsplanung, Grafik der KBV, 2006

Das Zulassungsrecht wurde mit dem Vertragsarztrechtsänderungsge- **42** setz (VändG), das am 1. Januar 2007 in Kraft getreten ist, liberalisiert:

- Eine Praxis kann auch mit halbiertem Versorgungsauftrag zugelassen werden,
- Medizinische Versorgungszentren können auch von Psychotherapeuten, in Kooperation mit einem Arzt, geleitet werden,
- die Möglichkeiten von Zweigpraxen – auch KV-übergreifend – sind erleichtert worden,
- fachgruppenübergreifende Berufsausübungsgemeinschaften können gebildet werden,
- gemischte Tätigkeit als Niedergelassener und als Angestellter in einem Krankenhaus ist möglich.

Die Niederlassung in einem „gesperrten", d. h. überversorgten Gebiet **43** ist – außer durch den Erwerb einer Praxis – nur möglich als

- **Jobsharing**
  Jobsharing bedeutet: Ein Praxisinhaber teilt sich seine Praxis mit einem Partner. Voraussetzung ist die Verpflichtung der Praxis, ihren Gesamtumsatz nicht nennenswert über den bisherigen Umsatz des „Seniorpartners" hinaus zu steigern. Ist das Ausgangsniveau bereits niedrig, bietet Jobsharing allerdings wenig Entwicklungsmöglichkeiten. Es eignet sich deshalb am ehesten als allmähliche Ausstiegslösung des Seniorpartners aus Altersgründen und als Einstiegsmöglichkeit eines Berufsanfängers. Für Psychotherapeuten gilt eine Besonderheit in der Bedarfsplanungsrichtlinie,
  wonach eine Jobsharingpraxis nur zwischen Psychologischen Psychotherapeuten einerseits und Kinder- und Jugendlichenpsychotherapeuten andererseits möglich ist. Das Therapieverfahren kann dabei gemischt sein, z. B. ein Partner arbeitet verhaltenstherapeutisch, der andere tiefenpsychologisch fundiert.

- **Sonderbedarfszulassung**
  Der Zulassungsausschuss kann nach Maßgabe der Bedarfsplanungsrichtlinie eine Sonderbedarfszulassung für entsprechend qualifizierte Bewerber – unbeschadet einer Überversorgung – dann genehmigen, wenn ein lokaler Versorgungsbedarf in einem Spezialgebiet festgestellt wird, der durch die bereits zugelassenen Behandler nicht gedeckt werden kann. Diese Zulassung gilt nur den Ort der Niederlassung und

sie setzt voraus, dass der Versorgungsbedarf dauerhaft erscheint. Bei vorübergehendem Bedarf ist von der Möglichkeit der Ermächtigung Gebrauch zu machen.

- **Ermächtigung**
  Die Möglichkeit einer zeitlich befristeten Ermächtigung wird in § 31 der Ärzte-ZV eingeräumt. Die Zulassungsausschüsse können über den Kreis der zugelassenen Ärzte hinaus weitere Ärzte, insbesondere in Krankenhäusern und Einrichtungen der beruflichen Rehabilitation zur Teilnahme an der vertragsärztlichen Versorgung ermächtigen. Voraussetzung ist eine bestehende oder unmittelbar drohende Unterversorgung oder die Notwendigkeit, bestimmte Patientengruppen zu versorgen. Die Ermächtigung ist zeitlich begrenzt. Sie kann verlängert werden, wenn die Voraussetzungen weiter bestehen.

44 Über sämtliche Kooperationsformen im Bereich niedergelassener Praxen und über rechtliche Implikationen informiert ein Beitrag von Stellpflug in diesem Buch („Kooperationsformen").

4.5 Psychotherapierichtlinien

45 Die Tätigkeit eines niedergelassenen Psychotherapeuten wird hauptsächlich durch die Psychotherapierichtlinien des Gemeinsamen Bundesauschusses und der nachgeordneten Psychotherapievereinbarung bestimmt. Sie dienen „der Sicherung einer den gesetzlichen Erfordernissen entsprechenden ausreichenden, zweckmäßigen und wirtschaftlichen Psychotherapie der Versicherten und ihrer Angehörigen in der vertragsärztlichen Versorgung. Die Kosten trägt die Krankenkasse. Zur sinnvollen Verwendung der Mittel sind die folgenden Richtlinien zu beachten. Sie dienen als Grundlage für Vereinbarungen, die zur Durchführung von Psychotherapie in der vertragsärztlichen Versorgung zwischen den Vertragspartnern abzuschließen sind." (Präambel)

46 Die wichtigsten Bestimmungen der Psychotherapierichtlinien sind:

- Abgrenzung der **Psychotherapie als Krankenbehandlung** gegenüber allgemeinen Maßnahmen der Lebensberatung. (Abschnitt A)

- **Voraussetzungen für ein Richtlinienverfahren:** Nach den Psychotherapierichtlinien können nur solche Therapieverfahren zur Anwendung in der vertragsärztlichen Versorgung zugelassen werden, „denen ein umfassendes Theoriesystem der

Krankheitsentstehung zugrunde liegt und deren spezifische Behandlungsmethoden in ihrer therapeutischen Wirksamkeit belegt sind". Solche Verfahren sind derzeit: analytische Psychotherapie, tiefenpsychologisch fundierte Psychotherapie, Verhaltenstherapie. (Abschnitt B)

- **Psychosomatische Grundversorgung** als Ergänzung zu den psychotherapeutischen Verfahren. Die dort genannten Gesprächsleistungen können nur durch entsprechend qualifizierte Ärzte erbracht werden. Hingegen können die übenden und suggestiven Techniken (z. B. Entspannungsverfahren, Hypnose) auch durch Psychologische Psychotherapeuten und Kinder- und Jugendlichenpsychotherapeuten erbracht werden, sofern sie bestimmte Qualifikationsvoraussetzungen nachgewiesen haben. (Abschnitt C)

- **Anwendungsbereiche** (Abschnitt D) der Psychotherapie sind folgende Indikationen:

  1.1 Affektive Störungen: depressive Episoden, rezidivierende depressive Störungen, Dysthymie;
  1.2 Angststörungen und Zwangsstörungen;
  1.3 Somatoforme Störungen und Dissoziative Störungen (Konversionsstörungen)
  1.4 Reaktionen auf schwere Belastungen und Anpassungsstörungen;
  1.5 Essstörungen;
  1.6 Nichtorganische Schlafstörungen;
  1.7 Sexuelle Funktionsstörungen;
  1.8 Persönlichkeitsstörungen und Verhaltensstörungen;
  1.9 Verhaltens- und emotionale Störungen mit Beginn in der Kindheit und Jugend.
  2. Psychotherapie kann neben oder nach einer somatisch ärztlichen Behandlung von Krankheiten oder deren Auswirkungen angewandt werden, wenn psychische Faktoren einen wesentlichen pathogenetischen Anteil daran haben und sich ein Ansatz für die Anwendung von Psychotherapie bietet; Indikationen hierfür können nur sein:
  2.1 Abhängigkeit von Alkohol, Drogen oder Medikamenten nach vorangegangener Entgiftungsbehandlung, das heißt im Stadium der Entwöhnung unter Abstinenz.
  2.2 Seelische Krankheit auf Grund frühkindlicher emotionaler Mangelzustände oder tiefgreifender Entwicklungsstörungen, in Ausnahmefällen auch seelische Krankheiten, die im

Zusammenhang mit frühkindlichen körperlichen Schädigungen oder Missbildungen stehen.

2.3 Seelische Krankheit als Folge schwerer chronischer Krankheitsverläufe.

2.4 Psychische Begleit-, Folge- oder Residualsymptomatik psychotischer Erkrankungen.

47 Psychotherapie ist als Leistung der gesetzlichen Krankenversicherung ausgeschlossen, wenn:

- zwar seelische Krankheit vorliegt, aber ein Behandlungserfolg nicht erwartet werden kann, weil dafür beim Patienten die Voraussetzung hinsichtlich seiner Motivationslage, seiner Motivierbarkeit oder seiner Umstellungsfähigkeit nicht gegeben sind, oder weil die Eigenart der neurotischen Persönlichkeitsstruktur des Patienten (gegebenenfalls seine Lebensumstände) dem Behandlungserfolg entgegensteht,
- sie nicht der Heilung oder Besserung einer seelischen Krankheit bzw. der medizinischen Rehabilitation, sondern allein der beruflichen oder sozialen Anpassung oder der beruflichen oder schulischen Förderung dient,
- sie allein der Erziehungs-, Ehe-, Lebens- und Sexualberatung dient.
- **Leistungsumfang:** Vor Beginn der Behandlung ist der Behandlungsumfang festzulegen. Hierfür stehen je nach Verfahren unterschiedliche Sitzungskontingente zur Verfügung. Jede Behandlung ist unterteilt in mehrere Bewilligungsschritte. Jeder Bewilligungsschritt erfordert eine erneute Antragstellung, eine Begründung gegenüber einem Gutachter und eine Bewilligung durch die Krankenkasse. (Abschnitt E)
- **Antrags- und Genehmigungsverfahren (Abschnitt F):** Dieses wird in Kapitel 4.6 näher erläutert.
- In Abschnitt G wird die Regelung zur **Qualifikation** zur Durchführung der Psychotherapie und der psychosomatischen Grundversorgung in den Bereich der Psychotherapie-Vereinbarungen verlagert und Abschnitt H verweist auf die nachgeordneten **Psychotherapievereinbarungen**: „Das Nähere zur Durchführung der psychotherapeutischen Versorgung regeln die Kassenärztliche Bundesvereinigung und die Spitzenverbände der Krankenkassen durch entsprechende Vereinbarungen".

4.6 Bundesmantelvertrag und Psychotherapievereinbarung

Der Bundesmantelvertrag Ärzte (BMV) ist ein öffentlich-rechtlicher **48** Vertrag zwischen der Kassenärztlichen Bundesvereinigung und dem Spitzenverband Bund der Krankenkassen. Festgelegt wird hier Inhalt, Art, Umfang, Qualität, Abrechnung, gegenseitige Pflichten usw. der vertragsärztlichen Versorgung.

Zum 1. Januar 1999 wurde der BMV dem Psychotherapeutengesetz **49** angepasst. U. a. wurden folgende Beschränkungen für die Psychotherapeuten festgelegt:

- Keine Verordnung von Vorsorge- und rehabilitativen Leistungen (entsprechend den Vorgaben des Psychotherapeutengesetzes),
- keine Berechtigung zum Ausstellen von Bescheinigungen und Berichten, welche die Krankenkassen oder der Medizinische Dienst zur Durchführung ihrer gesetzlichen Aufgaben benötigen oder welche die Versicherten für den Anspruch der Fortzahlung des Arbeitsentgeltes benötigen.
- Vertretung bei genehmigungspflichtigen psychotherapeutischen Leistungen einschließlich der probatorischen Sitzungen ist unzulässig.

Teil des Bundesmantelvertrags (Anlage 1) ist die sog. Psychothe- **50** rapievereinbarung. In dieser wird die Psychotherapierichtlinie weiter präzisiert, z. B. das Antrags- und Genehmigungsverfahren, die fachlichen Voraussetzungen der Behandler, die Formulare.

Der Spitzenverband Bund der Krankenkassen ist die gesetzliche ver- **51** fügte Interessensvertretung aller gesetzlichen Krankenkassen. Seine Hauptaufgabe ist die Bündelung der Interesen der Krankenkassen, wenn es um bundeseinheitliche Regelungen geht.

Im Bundesmantelvertrag und in der Psychotherapievereinbarung ist **52** auch das Antrags- und Genehmigungsverfahren einer Psychotherapie vorgeschrieben. Beim ersten Besuch legt der Patient seine Krankenversichertenkarte vor. Mit ihr weist er seine Anspruchsberechtigung nach. Es empfiehlt sich, schon in der ersten oder zweiten Sitzung einen Behandlungsvertrag unterschreiben zu lassen. Dieser sollte v. a. eine Regelung für Honorarausfälle enthalten, die durch nicht rechtzeitige Absagen des Patienten verursacht werden[5]. Der Beantragung ge-

---

5   *Gerlach, H. / Best, D.:* Honorar(ausfall)-Vereinbarung für die psychotherapeutische Behandlung von Erwachsenen und Honorar(ausfall)-Vereinbarung für die psychotherapeutische Behandlung von Kindern und Jugendlichen, in: Behnsen, E. u. a. (Hrsg.): Management Handbuch für die psychotherapeutische Praxis, Beiträge 1110 und 1115, Heidelberg 2005.

hen probatorische Sitzungen im Umfang von maximal 5 (tiefenpsychologisch fundierte Psychotherapie und Verhaltenstherapie) bis 8 (analytische Psychotherapie) Sitzungen voraus. Diese Phase ist noch nicht Teil der Therapie, sondern sie dient diagnostischen Zwecken. Festgestellt werden soll, ob die Voraussetzungen für eine Psychotherapie vorliegen, z. B. auch ob der Patient genügend motiviert und „umstellungsfähig" ist.

53 Wird ein Psychotherapieantrag gestellt, muss zunächst das Konsiliarverfahren eingeleitet werden. Das Konsiliarverfahren ist dagegen nicht erforderlich, wenn sich keine Psychotherapie anschließt. Zur konsiliarischen Abklärung überweist der Psychotherapeut den Patienten an einen niedergelassenen Arzt und bittet um den Konsiliarbericht. Spätestens nach drei Wochen stellt der Arzt seinen Konsiliarbericht dem Therapeuten zu. Im nächsten Schritt werden die Antragsformulare ausgefüllt und gemeinsam mit dem Konsiliarbericht an die Krankenkasse geschickt. Dabei erhält die Krankenkasse keine inhaltlichen Daten. Dieser formale Weg ist einzuhalten: Erst Antrag, dann Bewilligung durch die Kasse, dann Therapiebeginn (denn jede Psychotherapie ist genehmigungspflichtig). Verlängerungsanträge müssen rechtzeitig gestellt werden.

54 Sofern das Gutachterverfahren erforderlich ist, ist in einem verschlossenen Umschlag ein Bericht an den Gutachter beizufügen. Das Gutachterverfahren dient der Sicherung der Qualität und der Wirtschaftlichkeit der Psychotherapie. Jede Therapie, die vorher von der Krankenkasse genehmigt worden ist, wird nicht mehr nachträglich einer Wirtschaftlichkeitsprüfung unterzogen, wie dies in anderen Leistungsbereichen der Fall ist. Dies hat den Vorteil, dass ein einmal genehmigtes Behandlungskontingent nicht mehr in Frage gestellt werden kann, indem z. B. Leistungen nachträglich gestrichen werden, weil sie über dem Fachgruppendurchschnitt lagen. Sowohl für Patient als auch für den Behandler bedeutet dies Planungssicherheit, was in der Psychotherapie von besonderer Bedeutung ist. Beim Gutachterverfahren sind bestimmte Formalien einzuhalten: Jede Langzeittherapie (über mehr als 25 Sitzungen) und jeder weitere Bewilligungsschritt ist gutachterpflichtig. Von der Gutachtpflicht in der Kurzzeittherapie befreit werden kann, wer eine bestimmte Anzahl positiv beschiedener Psychotherapieanträge, derzeit 35, nachweisen kann. Wenn zwischen dem Ende einer ambulanten Therapie und dem Beginn der nächsten kein Zeitraum von mindestens 2 Jahren liegt, hat die Krankenkasse das Gutachterverfahren einzuleiten.

4.7 Die Vergütung ärztlicher und psychotherapeutischer Leistungen

Die Honorierung einer ärztlichen oder psychotherapeutischen Leistung bestimmt sich zum einen nach der Bewertung dieser Leistung in Punkten. Diese Bewertung ist im sog. Einheitlichen Bewertungsmaßstab (EBM) festgelegt. Das letztlich ausbezahlte Honorar des Arztes für eine bestimmte Leistung berechnet sich aus der Multiplikation der Punktzahl der Leistung mit einem Punktwert. Während vor 2009 die Höhe des Punktwertes regional durch den sog. Honorarverteilungsvertrag festgelegt wurde, gilt ab dem 1.1.2009 ein bundeseinheitlicher „Orientierungspunktwert„. Die Multiplikation dieses Orientierungspunktwerts mit der Bewertung aller Leistung in Punkten führt zu einer „Euro-Gebührenordnung".

55

4.7.1 Der Einheitliche Bewertungsmaßstab (EBM)

Der EBM ist der nach § 87 Abs. 2 SGB V vorgeschriebene Katalog ambulanter ärztlicher und psychotherapeutischer Leistungen für den Bereich der gesetzlichen Krankenversicherung: „Der Einheitliche Bewertungsmaßstab bestimmt den Inhalt der abrechnungsfähigen Leistungen und ihr wertmäßiges, in Punkten ausgedrücktes Verhältnis zueinander… Zu Lasten der gesetzlichen Krankenversicherung dürfen nur Leistungen abgerechnet werden, die im EBM enthalten sind." Grundlage der Bewertung der Leistungen sind betriebswirtschaftliche Kalkulationen, bei denen der zeitliche Aufwand für eine Leistung und die Kosten eine wesentliche Rolle spielen.

56

Erstmalig trat der EBM als Bestandteil des Krankenversicherungs-Kostendämpfungsgesetzes am 1.7.1978 in Kraft. Es folgten grundsätzlichere Reformen 1985, 1996, 2005 und 2008.

57

4.7.2 Regelleistungsvolumina

Zur Verhinderung einer nicht gerechtfertigten Leistungsausweitung wird der EBM mit sog. mengenbegrenzenden Maßnahmen flankiert. Als eines der hauptsächlich dafür geeigneten Mittel wird das sog. Regelleistungsvolumen (RLV) angesehen. Regelleistungsvolumina als mengensteuernder Mechanismus sind seit 1998 gesetzlich vorgeschrieben. Ein RLV ist die von einem Arzt oder der Arztpraxis in einem bestimmten Zeitraum abrechenbare Menge der vertragsärztlichen Leistungen, die mit den in der Euro-Gebührenordnung enthalte-

58

nen und für den Arzt oder die Arztpraxis geltenden Preisen zu vergüten ist (§ 87b Abs. 2 SGB V). Die das Regelleistungsvolumen überschreitende Leistungsmenge wird mit stark abgestaffelten Preisen vergütet. Laut GKV-Wettbewerbsstärkungsgesetz (GKV-WSG) werden die genehmigungspflichtigen psychotherapeutischen Leistungen nicht durch RLVs begrenzt, da sie durch andere Regelungen (Antrags- und Genehmigungsverfahren, Sitzungskontingente usw.) bereits begrenzt sind.

4.7.3 Angemessene Vergütung psychotherapeutischer Leistungen

59 Seit dem Jahr 2000 gilt, dass psychotherapeutische Leistungen „angemessen" zu vergüten sind. Damit hatte der Gesetzgeber nachvollzogen, was bereits durch das Bundessozialgericht in mehreren Urteilen festgelegt worden war:

60 Dadurch, dass im somatisch-ärztlichen Bereich die Entwicklung der Leistungsmenge nicht eingedämmt werden konnte wurde ein Verfall der Punktwerte ausgelöst. Dem konnten somatisch tätige Ärzte mit einer Leistungsvermehrung je Zeiteinheit entgegenwirken („Hamsterradeffekt„), nicht jedoch Psychotherapeuten mit ihren durchgängig zeitabhängigen Leistungen. Einer Kompensation der sinkenden Punktwerte durch eine Vermehrung der Leistungsmenge sind durch die Zeitbestimmtheit der psychotherapeutischen Leistungen enge Grenzen gesetzt. Eine Kompensation ist nur mit einer proportionalen Erhöhung der Arbeitszeit zu erzielen, was jedoch an natürliche Grenzen stößt. Das BSG hat einem Honorarverfall im Bereich der Psychotherapie entgegengewirkt, indem es festgelegt hat, dass es den Psychotherapeuten „jedenfalls im typischen Fall möglich sein (muss), bei größtmöglichem persönlichem Einsatz des Praxisinhabers und optimaler Praxisauslastung zumindest den Durchschnittsüberschuss vergleichbarer Arztgruppen zu erreichen." Zwar ist in dieser Mindestmaßgabe eine grundsätzliche Benachteiligung enthalten, sie ist aber auch eine „Auffanglinie" gegen einen weiteren Honorarverfall. Der Gesetzgeber hat den Grundsatz der BSG-Rechtsprechung ins SGB V übernommen. Danach müssen psychotherapeutische Leistungen je Zeiteinheit „angemessen" vergütet werden. Was dies im Ergebnis bedeutet, ist höchst umstritten. Derzeit (2008) gelten Honorare zwischen ca. 65 und 80 € je Sitzung Psychotherapie von 50 Minuten – abhängig davon, in welchem KV-Bezirk die Praxis ist. Ab 2009 wird das Honorar bundesweit einheitlich ca. 80 € betragen.

4.7.4 Die Quartalsabrechnung

Abgerechnet wird per EDV mittels eines der gängigen Abrechnungs-   **61**
programme[6]. Für letzteres ist eine bestimmte, von der KBV zertifizierte Software nötig. Über die Voraussetzungen der EDV-Abrech-
nung informieren die Kassenärztlichen Vereinigungen. Spätestens 5
Werktage nach Quartalsende muss die Quartalsabrechnung bei der
KV eingereicht werden, am besten persönlich oder per Einschreiben.
Bei der Abrechnung ist zu beachten, dass die Diagnosen ICD-10-co-
diert sind. Andernfalls dürfen Krankenkassen Leistungen nicht vergüten. Die KV wird deshalb nicht-ICD-10-verschlüsselte Abrechnungs-
scheine zurückweisen.

Wenn die Abrechnung abgegeben worden ist, dauert es in der Regel 4   **62**
bis 5 Monate, bis die KV das Quartalshonorar überweist. Zwischenzeitlich erhält der Therapeut eine Abschlagszahlung, die sich an den
bisherigen Umsätzen orientiert.

4.8 Qualitätsmanagement

Seit dem GKV-Modernisierungsgesetz vom 1.1.2004 ist die Einfüh-   **63**
rung eines praxisinternen Qualitätsmanagement (QM) gesetzlich vorgeschrieben. Politisch motiviert war die gesetzliche Änderung durch
die Feststellung, dass das deutsche Gesundheitswesen als eines der
teuersten der Welt nur durchschnittliche Qualität liefere. Es herrsche
ein Übermaß an diagnostischem Aufwand, es würden zu viele Medikamente verschrieben, die Rate der Arztbesuche sei mehrfach höher
als im Ausland und der wissenschaftliche Fortschritt werde nur sehr
verzögert umgesetzt.

Die näheren Anforderungen an ein QM-System werden in einer   **64**
Richtlinie des Gemeinsamen Bundesausschusses benannt. Ab 2010
muss jede bestehende Praxis ein QM-System eingeführt haben, dessen Umsetzung jährlich überprüft werden muss. Auch jährlich wird
eine Stichprobe von 2,5 % der Praxen von der KV überprüft.

---

6   *Gocht, F.:* Computer-Programme in der psychotherapeutischen Praxis – Eine Darstellung der Funktionalität und der Benutzerfreundlichkeit von Programmen, mit
denen die wesentlichen Aufgaben einer Psychotherapie-Praxis zu bewältigen sind,
in: Behnsen, E. u. a. (Hrsg.): Management Handbuch für die psychotherapeutische
Praxis, Beitrag 600, Heidelberg 2006.

5 Psychotherapie als Privatbehandlung

65 Bei der Behandlung von Privatpatienten sind die meisten der unter Abschnitt 4 genannten Voraussetzungen nicht relevant. Dennoch bewegt sich auch die Privatbehandlung in einem klar definierten Rechtsrahmen. Ohne Approbation als Psychotherapeut kann auch eine privat angebotene psychotherapeutische Leistung nicht erbracht werden. Des Weiteren gelten selbstverständlich auch in der Privatbehandlung die Sorgfaltspflichten der Berufsordnung, z. B. für eine ausreichende Dokumentation, zur Schweigepflicht, Aufklärungspflicht, Fortbildungspflicht, zur Ausstattung von Praxisräumen, für Regeln der Kooperation mit anderen Behandlern usw.

5.1 Gebührenordnung für Psychotherapeuten (GOP)

66 Alle „beruflichen Leistungen" der Psychotherapeuten in der Privatbehandlung müssen nach der Gebührenordnung für Psychotherapeuten (GOP) abgerechnet werden. Die GOP ist eine Rechtsverordnung des Bundesministeriums für Gesundheit (BMG). Berufliche Leistungen sind nicht nur psychotherapeutische Leistungen, sondern z. B. auch Beratung und gutachterliche Tätigkeit, die sich auf Heilkunde bezieht. Nicht berufstypisch sind Leistungen, die auch von anderen Berufen in gleicher Weise erbracht werden können. Schriftstellerische, künstlerische oder sonstige Tätigkeit, auch Vortragstätigkeit, darf nicht nach der GOP berechnet werden. Ist eine berufstypische Leistung nicht in der Gebührenordnung aufgeführt, kann sie „analog" einer der aufgeführten Leistungen abgerechnet werden.

67 Die GOP besteht im Grunde „nur" aus einem Verweis auf die Gebührenordnung für Ärzte (GOÄ) und zwar auf die Abschnitte B (Grundleistungen und allgemeine Leistungen) und G (Neurologie, Psychiatrie und Psychotherapie), da andere rein somatisch-medizinische Abschnitte für Psychotherapeuten ohnehin nicht in Frage kommen.

68 Innerhalb dieser Abschnitte können aber nur solche Leistungen berechnet werden, die aufgrund der allgemeinen Vorgaben des Psychotherapeutengesetzes zum Tätigkeitsbereich des Psychotherapeuten gehören. Einige Gebührenordnungspositionen der Abschnitte B und G mit somatisch-medizinischem Inhalt können demnach nicht abgerechnet werden. Der Patient schuldet dem Psychotherapeuten ein Honorar für seine Arbeit und der Therapeut ist verpflichtet, ein Honorar zu berechnen. Dieses darf nicht geringer sein als der einfache Gebührensatz der GOP.

Allein schon durch die Tatsache, dass der Patient den Psychotherapeuten aufsucht, kommt ein Dienstvertrag nach dem BGB zustande, also auch ohne schriftliche Form. Dennoch empfiehlt es sich, zur Klärung der gegenseitigen Rechte und Pflichten einen Behandlungsvertrag vor Behandlungsbeginn förmlich abzuschließen. **69**

Für die Frage, ob und in welcher Höhe ein Kostenträger den Rechnungsbetrag erstattet, ist der Psychotherapeut nicht verantwortlich, jedoch empfiehlt es sich, diese Frage gemeinsam mit dem Patienten zu klären, da in der Privaten Krankenversicherung (PKV) die unterschiedlichsten Versicherungs- und Tarifbedingungen gelten[7]. Bei manchen PKVen z. B. gilt noch das Delegationsverfahren, zum Teil sind die Allgemeinen Versicherungsbedingungen (AVB) aber auch den Vorgaben des Psychotherapeutengesetzes angepasst worden. Einige Versicherungen erstatten nur Leistungen, die von Ärzten erbracht worden sind, andere wiederum sehen Tarife vor, die generell keine Kostenerstattung bei Psychotherapie vorsehen. **70**

Verbindlich für den Psychotherapeuten ist jedoch auf jeden Fall die Anwendung der Gebührenordnung für Psychotherapeuten (GOP) und zwar bei **71**
- Selbstzahlern,
- privat Versicherten,
- Patienten mit Anspruch auf staatliche Fürsorgeleistungen (z. B. Beihilfe).

Die GOP enthält einen Rahmen für Mindest- und Höchstsätze, die weder unter- noch überschritten werden dürfen. Der Mindestsatz ist das Einfache, der Höchstsatz das 3,5fache der Gebühr. Das 2,3fache ist die sog. Begründungsschwelle. Wird sie überschritten, „ist dies auf die einzelne Leistung bezogen für den Zahlungspflichtigen verständlich und nachvollziehbar schriftlich zu begründen…" und: „Auf Verlangen ist die Begründung näher zu erläutern." (GOÄ § 12 Abs. 3). Bei technischen Leistungen, in der Psychotherapie auch bei Tests nach den Nrn. 855 bis 857, liegt die Begründungsschwelle beim 1,8fachen. Die Rechnung muss das Datum der Erbringung der Leistung, die Nummer und die Bezeichnung der einzelnen Leistung, ggf. die in der Leistungsbeschreibung genannte Mindestdauer, den jeweiligen Betrag und den Steigerungssatz enthalten. Die Honorarforderung verjährt nach 2 Jahren[8], wobei die Verjährung beginnt mit dem **72**

---

7 *Best, D.:* Kommentar zur Gebührenordnung für Psychotherapeuten (GOP) (2. Aufl.), Köln 2008.
8 Nach § 196 Abs. 1 Nr. 14 BGB.

Schluss des Jahres beginnt, in welchem der Vergütungsanspruch entstanden ist.

73 Die GOÄ ist in manchen Teilen nicht mehr zeitgemäß und soll deshalb novelliert werden. Insbesondere trifft dies auf den psychotherapeutischen Leistungsbereich des Abschnitts G zu. Eine Anpassung an die Entwicklung des Fachgebietes ist in beschränktem Rahmen durch sog. Analogziffern möglich. Sie beschreiben Leistungen, die noch nicht in der GOÄ enthalten sind, jedoch analog „einer nach Art, Kosten- und Zeitaufwand gleichwertigen Leistung des Gebührenverzeichnisses" (GOÄ § 6 Abs. 2) abgerechnet werden können.

74 **Beispiel:**
Die Nr. 808 (Antrag einer gutachterpflichtigen Psychotherapie) trifft nach der Leistungsbeschreibung bisher nur auf die tiefenpsychologisch fundierte oder auf die analytische Psychotherapie zu. Ein Antrag auf Verhaltenstherapie kann demnach nur „analog zu Nr. 808" abgerechnet werden.

5.2 Beihilfevorschriften

75 Viele Privatpatienten sind beihilfeberechtigt, weshalb die Kenntnis der sog. Beihilfevorschriften wichtig ist. Nach § 79 Bundesbeamtengesetz (BBG) ist der Dienstherr verpflichtet, im Rahmen seines Dienst- und Treueverhältnisses für das Wohl der Beamten und ihrer Familien zu sorgen. Diese Fürsorge erstreckt sich auch auf die Zeit nach dem Ausscheiden aus dem Dienst. Die Landesbeamtengesetze enthalten entsprechende Vorschriften. Die Beihilfe ist eine eigenständige beamtenrechtliche Krankenfürsorge, die der Versicherungsfreiheit der Beamten und Soldaten Rechnung trägt. Sie ist neben der gesetzlichen und privaten Krankenversicherung das dritte große Krankenversorgungssystem in der Bundesrepublik Deutschland mit ca. 6 Mio. beihilfeberechtigten Personen. Beihilfeberechtigt sind Beamte, sowie Arbeiter und Angestellte des öffentlichen Dienstes und Familienangehörige.

76 Die „Allgemeine Verwaltungsvorschrift für Beihilfen in Krankheits-Pflege-, Geburts- und Todesfällen" (kurz: Beihilfevorschriften) ist eine Verwaltungsvorschrift, in der alles Nähere über den beihilfeberechtigten Personenkreis, beihilfeberechtigte Leistungen, Erstattungen, Antrags- und Genehmigungsverfahren geregelt ist. Grundsätzlich gilt:
- Beihilfefähig sind nur notwendige Aufwendungen in angemessenem Umfang.

- Die Anerkennung der Beihilfefähigkeit durch die Festsetzungsstelle ist Voraussetzung für die Erstattung. So wird mit dem Einreichen der Rechnungen bei der Beihilfestelle gleichzeitig ein Antragsformular eingereicht.
- Weil auf Beihilfe ein Rechtsanspruch besteht, kann bei ablehnenden Bescheiden auch der Klageweg gegangen werden. In diesem Fall wird zunächst Widerspruch innerhalb eines Monats nach Zustellung des Entscheids eingelegt. Weist die Beihilfestelle den Widerspruch zurück, entscheidet die zuständige oberste Dienstbehörde. Bleibt der Widerspruch weiterhin erfolglos, muss vor dem Verwaltungsgericht geklagt werden.

Die Beihilfefähigkeit psychotherapeutischer Leistungen ist in der Anlage 1 der Beihilfevorschriften näher bestimmt. Die Beihilfevorschriften für Psychotherapie entsprechen in wesentlichen Teilen den Psychotherapierichtlinien des Gemeinsamen Bundesauschusses für den Bereich der Gesetzlichen Krankenversicherung: **77**

- Beihilfefähig sind die Aufwendungen für die tiefenpsychologisch fundierte und analytische Psychotherapie und die Verhaltenstherapie. Voraussetzung der Beihilfefähigkeit für eine Behandlung durch Psychologische Psychotherapeuten oder Kinder- und Jugendlichenpsychotherapeuten ist neben der Approbation nach § 2 Psychotherapeutengesetz der Nachweis der Fachkunde in einem Richtlinienverfahren.
- Die psychotherapeutische Behandlung ist grundsätzlich genehmigungspflichtig und mit Ausnahme der Kurzzeitverhaltenstherapie im Umfang von 10 Sitzungen auch begutachtungspflichtig.
- Spätestens nach den probatorischen Sitzungen und vor Beginn der Behandlung ist analog zur GKV der Konsiliarbericht eines Arztes zur Abklärung einer somatischen Krankheit einzuholen.
- Auch bei beihilfeberechtigten Patienten gilt: Vertragspartner des Psychotherapeuten ist der Patient selbst.

6 Grundlagen für den wirtschaftlichen Erfolg einer Praxis

In diesem Abschnitt sollen die Grundlagen einer effizienten Praxisführung dargestellt werden. Vorausgesetzt wird die Kenntnis der rechtlichen Voraussetzungen, wie sie in diesem und in den anderen Beiträgen dieses Buches näher aufgeführt sind. Wer eine Praxis grün- **78** det, braucht mindestens eingehende Kenntnisse der Psychotherapierichtlinien und Psychotherapievereinbarung[9], des EBM, zumindest in den für Psychotherapeuten zutreffenden Abschnitten[10], der GOP[11] und der Beihilfevorschriften. Außerdem ist die Kenntnis des Antrags- und Abrechnungsverfahrens von grundlegender Bedeutung. Berufsverbände und die KVen geben Einführungskurse, die kostenlos besucht werden können. Weitere Kenntnisse in EDV und in betriebswirtschaftlichen und steuerlichen Aspekten einer Praxisführung sind ebenfalls von Bedeutung[12].

79 Da der Praxisinhaber Unternehmer ist, ist betriebswirtschaftliches Denken notwendig, wenn die Praxis auch wirtschaftlich erfolgreich sein soll. Man muss jedoch kein Betriebswirt sein, um den Erfolg einer Praxis einigermaßen planen zu können. Zu den rechtlichen und wirtschaftlichen Voraussetzungen der Praxisgründung sei auf den Beitrag „Praxis als Existenzgründung" (Mittelstaedt) verwiesen. Vor der Gründung der Praxis sollten folgende Fragen beantwortet werden können:

6.1 Standort

80 Ist der Standort der Praxis günstig? Durch die Bedarfsplanung ist die Auswahl an offenen Praxissitzen deutlich eingeschränkt, so dass in den meisten Fällen ein Standort der eigenen Wahl nicht mehr in Frage kommt, es sei denn, man ist bereit, eine Praxis zu übernehmen und den Verkaufspreis zu bezahlen. Aus diesen Gründen sollte, sofern die Wahl überhaupt besteht, Kontakt mit Kollegen in der Region aufgenommen werden, in der man seine Praxis gründen oder eine bestehende Praxis übernehmen möchte. Eine vielfältige Meinungserhebung ist z. B. durch Telefonrundruf oder durch die Teilnahme an einem Psychotherapeutenstammtisch möglich.

---

9 Empfohlene Literatur: *Rüger, U. / Dahm, A. / Kallinke, D.:* Kommentar Psychotherapierichtlinien (7. Aufl.), München/Jena 2005; *Behnsen, E. u. a.* (Hrsg.): Management Handbuch für die psychotherapeutische Praxis, Loseblattwerk, Heidelberg 1999.
10 Einheitlicher Bewertungsmaßstab (EBM) (Stand 1.1.2008), Dienstauflage der KBV, Deutscher Ärzteverlag, Köln 2008.
11 *Best, D.:* Kommentar zur Gebührenordnung für Psychotherapeuten (GOP) (2. Aufl.), Köln 2008.
12 *Karch, Th.:* Steuern in der psychotherapeutischen Praxis, Broschüre der Deutschen PsychotherapeutenVereinigung, Heidelberg 2008.

6.2 Angebot

Zurzeit besteht – trotz bedarfsplanungsrechtlicher, statistischer Über- **81**
versorgung – in vielen Regionen ein Bedarf, der das Angebot übersteigt. Es ist deshalb, wenigstens derzeit, nicht notwendig, mit einem
spezialisierten therapeutischen Angebot zu werben. In Hinblick auf
die Zukunft und den langfristigen Erhalt der Praxis kann es jedoch
durchaus angebracht sein, auch Tätigkeitsschwerpunkte für bestimmte Patientengruppen und Störungsbilder anzubieten (z. B. chronischer
Schmerz, Essstörungen, Psychotherapie bei Krebspatienten). Dies gilt
auf jeden Fall für die Therapie mit Kindern und Jugendlichen, weil
hier allgemein noch ein großer Bedarf besteht. Ein Gespräch mit potenziell zuweisenden Ärzten der Umgebung kann Aufschluss darüber
geben, wo Bedarf besteht.

Für den hier nicht näher behandelten Spezialfall einer Ermächtigung **82**
oder einer Sonderbedarfszulassung ist die Frage: Besteht für ein bestimmtes Angebot ein Bedarf, der anderweitig nicht abgedeckt werden kann? In diesem Fall kann der Zulassungsausschuss eine Niederlassung nach einer dieser Sonderformen genehmigen.

6.3 Praxisausstattung und Personal

Die wirtschaftliche Seite einer psychotherapeutischen Praxis lässt **83**
sich vergleichsweise einfach planen, wenn das Honorar für eine Sitzung Psychotherapie bekannt ist. Weil die sozialrechtlichen Vorschriften der Berechnung des Honorars jedoch sehr kompliziert sind,
sei an dieser Stelle nur das Wesentliche zusammengefasst:

Das Honorar für eine Leistung ist das Produkt der Bewertung dieser **84**
Leistung in Punkten (wie sie im EBM aufgeführt sind) und dem
Punktwert, der für alle Leistungen gilt. Ab 2009 gilt ein bundesweiter
einheitlicher Punktwert (sog. Orientierungswert), mit dem alle Leistungen zu multiplizieren sind. Die daraus resultierenden Euro-Beträge
werden in einer jährlich zu aktualisierenden Euro-Gebührenordnung
zusammengefasst. Wenn 2009 ca. 80 € je Sitzung Psychotherapie be-
zahlt wird, resultiert bei einer maximalen Auslastung von ca. 36 Sitzungen genehmigungspflichtiger Psychotherapie je Woche und einer
Arbeitszeit von 43 Wochen im Jahr ein Umsatz aus GKV-Behandlun-
gen von ca. 124 000 €. Ca. 15 % davon dürften auf Privatbehandlungen entfallen, wobei die Honorare hier etwas höher liegen (ca. 93–

100 € je Sitzung). Erfahrungsgemäß erreichen diese Maximalauslastung allerdings nur ca. 5 % aller Praxen.[13]

85 Auf der Kostenseite spielt eine Rolle, mit welcher Ausstattung die Praxis geführt werden soll. Noch arbeiten viele Praxen ohne Personal, was z. T. historische Gründe hat und z. T. an den bisher relativ geringen Honoraren liegt. Es ist davon auszugehen, dass zukünftig die Beschäftigung einer Teilzeitkraft zu den Standardmerkmalen einer Psychotherapiepraxis gehören wird. Gemäß der dem EBM zugrundeliegenden Kalkulationen ist bei einer maximal ausgelasteten Praxis von Kosten in Höhe von 40 634 € im Jahr auszugehen, ein eher zu niedriger Wert. Mit der Beschäftigung einer Halbtagskraft ist eher mit etwa 50 000 € zu rechnen. Weitere Kosten, die nicht den Praxiskosten zuzurechnen sind, sind die Ausgaben für die Sozialversicherung (wobei der Psychotherapeut die Arbeitgeberbeiträge selbst zu tragen hat) und Ausgaben für die Altersvorsorge wie z. B. für das Versorgungswerk der Kammern.

6.4 Zuweisung von Patienten durch Ärzte, Werbung

86 Die Möglichkeiten der Werbung sind in den letzten Jahren durch Urteile des Bundesgerichtshofs und des Bundesverfassungsgerichts liberalisiert worden. Auffällige Werbung ist erlaubt sofern sie nicht unwahr ist oder in sonstiger Weise gegen gesetzliche Vorschriften verstößt[14] Übertriebene Werbung wäre aber kontraproduktiv, weil sie die Kooperation mit Fachkollegen und mit zuweisenden Ärzten und Einrichtungen stören würde.

87 Wesentlich wichtiger als direkte Werbung ist das Bemühen um eine gute Kooperation mit anderen Psychotherapeuten am Ort und mit den zuweisenden Ärzten (Nervenärzte, Psychiater, Hausärzte, Kinderärzte, Internisten usw.). So sollte es selbstverständlich sein, die Praxisgründung schriftlich anzukündigen. Ebenso selbstverständlich sollte es sein, das Berichtswesen zu pflegen, z. B. in Form eines kurzen Briefes an den zuweisenden Arzt. Der Brief sollte mindestens enthalten: die Nachricht, dass der Patient sich gemeldet hat, die Symptomatik, der Befund, die Diagnose und die beabsichtigte Behandlung.

---

13 *Best, D.:* Wo liegt die Belastungsgrenze von Psychotherapeuten?, in: Psychotherapeutische Praxis, 4/2004, S. 86–90 (Zeitschrift der Vereinigung der Kassenpsychotherapeuten, Zeitschrift eingestellt).

14 S. entsprechende Passagen in den Berufsordnungen und: *Halbe, B.:* Werberecht der Psychotherapeuten, in: Behnsen, E. u. a. (Hrsg.): Management Handbuch für die psychotherapeutische Praxis, Beitrag 2280, Heidelberg 2007.

Nicht unterschätzt werden sollte auch eine darüber hinaus gehende Kontaktpflege z. B. durch Einladung zur Praxiseröffnung, Teilnahme an Veranstaltungen, an Stammtischen, Fortbildungen usw.

7 Ausblick in die Zukunft des Arbeitsfeldes niedergelassene Praxis

Die Weiterentwicklung des Arbeitsfeldes niedergelassene Praxis **88** hängt stark von den sozialrechtlichen Rahmenbedingungen, wie sie oben geschildert wurden und der weiteren Gesundheitspolitik ab. Die Vorhersage, wie sich das Feld letztlich entwickeln wird, ist schwierig. Es sei deshalb versucht, dies anhand hemmender und fördernder Bedingungen darzustellen:

Hemmende Bedingungen sind vorwiegend die chronisch knappen **89** Mittel in der Gesetzlichen Krankenversicherung. Durch die Einführung des Gesundheitsfonds 2009 und die Verbindung desselben mit dem Morbiditätsorientierten Risikostrukturausgleich (Morbi-RSA) werden zwei Mechanismen eingeführt, die die Krankenkassen stärker als bisher zum Sparen zwingen, den Wettbewerb unter den Krankenkassen anfachen und in eine bestimmte Richtung lenken.

Aus dem Fonds erhält jede Krankenkasse pro Versichertem eine pau- **90** schale Zuweisung, sowie ergänzende Zu- und Abschläge je nach Alter, Geschlecht und Krankheit ihrer Versicherten. Kommt eine Krankenkasse mit dem ihr zugewiesenen Geld nicht aus, muss sie eine Zusatzprämie erheben. Nach Erfahrungen aus dem Ausland, ist dies für Versicherte ein gewichtiger Grund, sich eine günstigere Kasse zu suchen. Durch die besondere Berücksichtigung schwerwiegender und kostenintensiver chronischer Krankheiten trägt der „Morbiditätsorientierte Risikostrukturausgleich" („Morbi-RSA") dem unterschiedlichen Versorgungsbedarf der Versicherten einer Krankenkasse Rechnung. Damit haben Krankenkassen mit einer hohen Zahl überdurchschnittlich kranker Versicherter künftig keine Nachteile im Wettbewerb mehr, denn für Patienten mit schwerwiegenden Diagnosen erhält die Krankenkasse einen Zuschlag über den Morbi-RSA. Welche Krankheiten künftig Zuschläge auslösen, ergibt eine Expertise des Bundesversicherungsamtes. Unter 80 Krankheiten sind auch sechs psychische Krankheiten aufgeführt. Der Wettbewerb wird sich auf die Behandlung von Patienten richten, die diesen Risikogruppen angehören.

91 Der allgemeine Spardruck wird sich auch auf die Psychotherapie auswirken, indem stärker als bisher der Effizienznachweis der Psychotherapie gefordert wird. Dies muss kein Nachteil für die Psychotherapie sein, gibt es doch zahlreiche Studien, die deren Effektivität bestätigen. Allerdings gibt es wenige Studien, die – ungeachtet der Verbesserung der Lebensqualität der Patienten – unter Versorgungsbedingungen auch deren Einsparpotential belegen. Auch muss sich Psychotherapie transparenter darstellen und die Kooperation mit anderen Fachgruppen, v.a. mit den Hausärzten, muss ausgebaut werden.

92 Die Politik will mehr Wettbewerb im Gesundheitswesen. Dazu gehört auch eine Liberalisierung der Rahmenbedingungen. So steht das System der KVen mit den kollektivvertraglichen Strukturen in der Kritik. Allerdings will man auch – noch – keinen freien Markt mit allen Unwägbarkeiten, die er für die Gesundheitsversorgung bringt. Die Bedarfsplanung, die keine echte Bedarfsplanung sondern eine Festschreibung der bestehenden Versorgungsgrade ist, steht ebenfalls auf dem Prüfstand. Zwar denkt derzeit niemand an eine Aufhebung der Bedarfsplanung, eine sinnvollere und dem Bedarf wirklich gerecht werdende Steuerung ist jedoch in der Diskussion. Eine gewisse Liberalisierung hat auch schon das Vertragsarztrechtsänderungsgesetz gebracht (s. o.).

93 Eine die Entwicklung fördernde Bedingung ist die wachsende Erkenntnis, dass psychische Krankheiten eine stärkere Beachtung im Gesundheitswesen erfahren sollten. Alle Krankenkassen stellen in ihren jährlichen Berichten dar, dass psychische Krankheiten zunehmen. Im Übrigen ist dies eine Entwicklung, die in ganz Europa zu beobachten ist, unabhängig vom Sozialsystem. Ob und in welchem Ausmaß daraus geschlossen wird, dass auch die Psychotherapie eine größere Bedeutung im Gesundheitswesen erlangen soll, liegt in erster Linie an den Psychotherapeuten und an ihrer Überzeugungskraft selbst.

Literatur

Behnsen, E. u. a. (Hrsg.): Management Handbuch für die psychotherapeutische Praxis, Heidelberg.

Best, D.: Kommentar zur Gebührenordnung für Psychotherapeuten (GOP) (2. Aufl.), Köln 2008.

Best, D.: Wo liegt die Belastungsgrenze von Psychotherapeuten?, in: Psychotherapeutische Praxis, 4/2004, (Zeitschrift wurde überführt in Forum psychotherapeutische Praxis, Verbandsorgan der Deutschen PsychotherapeutenVereinigung, Artikel ist erhältlich über die Bundesgeschäftsstelle der Deutschen PsychotherapeutenVereinigung).

Deutsche PsychotherapeutenVereinigung: Umgang mit Patientendaten, Broschüre 2008 (erhältlich über die Bundesgeschäftsstelle der DeutschenPsychotherapeuten-Vereinigung).

Einheitlicher Bewertungsmaßstab (EBM) (Stand 1.1.2008), Dienstauflage der KBV, Deutscher Ärzteverlag, Köln 2008.

Gerlach, H. / Best, D.: Honorar(ausfall)-Vereinbarung für die psychotherapeutische Behandlung von Erwachsenen und Honorar(ausfall)-Vereinbarung für die psychotherapeutische Behandlung von Kindern und Jugendlichen, in: Behnsen, E. u. a. (Hrsg.): Management Handbuch für die psychotherapeutische Praxis, Beiträge 1110 und 1115, Heidelberg 2005.

Gocht, F.: Computer-Programme in der psychotherapeutischen Praxis – Eine Darstellung der Funktionalität und der Benutzerfreundlichkeit von Programmen, mit denen die wesentlichen Aufgaben einer Psychotherapie-Praxis zu bewältigen sind, in: Behnsen, E. u. a. (Hrsg.): Management Handbuch für die psychotherapeutische Praxis, Beitrag 600, Heidelberg 2006.

Halbe, B.: Werberecht der Psychotherapeuten, in: Behnsen, E. u. a. (Hrsg.): Management Handbuch für die psychotherapeutische Praxis, Beitrag 2280 Heidelberg 2007.

Karch, Th.: Steuern in der psychotherapeutischen Praxis, Broschüre der Deutschen PsychotherapeutenVereinigung, Heidelberg 2008.

Orlowski, U. u. a.: Vertragsarztrechtsänderungsgesetz (VÄndG) – Neue Möglichkeiten für niedergelassene und angestellte Psychotherapeuten, Heidelberg 2007.

Rüger, U. / Dahm, A. / Kallinke, D.: Kommentar Psychotherapierichtlinien (7. Aufl.), München/Jena 2005.

Schallen, R.: Zulassungsverordnung für Vertragsärzte, Vertragszahnärzte, Medizinische Versorgungszentren, Psychotherapeuten, Heidelberg 2008.

Stellpflug, M.: Freier Beruf, in: Behnsen, E. u. a. (Hrsg.): Management Handbuch für die psychotherapeutische Praxis, Beitrag 810, Heidelberg 2004.

Stellpflug, M.: Niederlassung für Psychotherapeuten, Heidelberg 2005.

Stellpflug, M. /Berns, I.: Musterberufsordnung – Text und Kommentierung, Heidelberg 2008.

Zulassung als Vertragspsychotherapeut

Dr. Martin H. Stellpflug

		Rn.
1	**Allgemeines**	1
2	**Zulassung**	7
3	**Ermächtigung**	10
4	**Arztregistereintrag**	14
5	**Abrechnungsgenehmigungen**	16
6	**Nebentätigkeit/Eignung zur vertragspsychotherapeutischen Tätigkeit**	17
6.1	Allgemeines	17
6.2	Mängel	18
6.3	Nebentätigkeit	22
6.3.1	Zeitlicher Umfang	23
6.3.2	Nichtvereinbarkeit	24
7	**Teilzulassung**	32
8	**Altersgrenze**	37
9	**Verlegung des Vertragsarztsitzes**	46
9.1	Antrag auf Genehmigung	50
9.2	Vorübergehendes Ausweichen in andere Räume	56
9.3	Verlegung in einen benachbarten Planungsbereich	57
9.4	Praxistausch	61
9.5	Wegzug aus dem Bezirk des Kassenarztsitzes	62
10	**Nachfolgezulassung**	68
10.1	Allgemeines	68
10.2	Auswahl der Bewerber/Akteneinsicht	70
10.3	Fortführungsfähigkeit?	76
10.4	Teilzulassung	88

		Rn.
11	**Sonderbedarfszulassung**	91
12	**Job-Sharing**	98
13	**Zulassungsentziehung**	107
14	**Medizinische Versorgungszentren**	115
Literatur		

Schlagwortübersicht

	Rn.		Rn.
Arbeitnehmer		– Überschneidungen	
– weisungsabhängiger	30	hinsichtlich der zu	
Arbeitszeit		behandelnden	30
– nicht mehr als ein Drittel der		Pflichtverstoß	
üblichen durchschnittlichen	23	– schwer	108
Arztregister		Psychotherapeut	
– Eintragung in das	8, 14	– noch nicht 20 Jahre als	
Beschäftigungsverhältnis		zugelassener tätig gewesen	41
– Aufgabenstellung	30	Sachleistungsprinzip	3
Eignung	111	Sanktion	
Einrichtung		– mildere	112
– fachübergreifende	116	Steuerungsmöglichkeit	
Gesamtpunktzahlvolumina		– in Richtung auf ihre Praxis	30
– quartalsbezogene	103	Überversorgung	98
Gewicht	109	Uneignung	17
Jobsharing	99	Verhältnismäßigkeit	108, 112
Leistungserbringer	3	Verlängerung	
Maßnahme		– Anspruch auf	44
– mildere	108	Versorgungsbedarf	
Nebentätigkeit		– zusätzlicher lokaler	96
– Art und Umfang einer		Vertragsarzt	
zulässigen	22	– bereits zugelassen	41
Obergrenze	103	Vertragsärztliche Versorgung	
Organisationsformen		– Gründe der	52
– alle zulässigen	117	Zulassung	7
Patienten		– Ruhen der	87
– fehlende klare Zuordnung	30	Zulassungsbeschränkungen	98

1   Allgemeines

Für eine Tätigkeit in der ambulanten psychotherapeutischen Versorgung von Patienten in eigener Praxis ist zunächst von Bedeutung, dass ca. 70,4 Millionen Einwohner der Bundesrepublik Deutschland in den gesetzlichen Krankenkassen versichert sind. Bei weiteren ca. 4 Millionen Bürgern richtet sich deren Krankenversicherung ebenfalls nach den Bestimmungen der Gesetzlichen Krankenversicherung (GKV). Demgegenüber sind in der Privaten Krankenversicherung nur lediglich ca. 8 Millionen Bürger versichert. **1**

Daraus wird deutlich: Die ganz überwiegende Mehrheit potenzieller Patienten einer Praxis ist gesetzlich krankenversichert. Wer nicht „mit den Kassen abrechnen" kann, hat es schwer, seine Praxis mit Privatpatienten und Selbstzahlern voll zu kriegen. **2**

3   Die Leistungserbringung in der GKV erfolgt auf der Grundlage des so genannten **Sachleistungsprinzips.** Danach haben die Krankenkassen ihren Versicherten die (medizinischen) Leistungen zur Verfügung zu stellen; die Versicherten können die Leistungen (beim **Leistungser-bringer**) in Anspruch nehmen, ohne den Leistungserbringern direkt eine Vergütung zu zahlen. Die Leistungserbringer erhalten ihr Geld vielmehr von einer – regional gebildeten – Kassenärztlichen Vereinigung, die ihrerseits von den Krankenkassen eine so genannte Gesamt-vergütung zur Sicherstellung der gesamten vertragsärztlichen Versorgung der Versicherten erhält.

4   Leistungen der Gesetzlichen Krankenversicherung sind solche zur Verhütung von Krankheiten (§§ 20 bis 24b SGB V), Leistungen zur Früherkennung von Krankheiten (§§ 25 bis 26 SGB V), Leistungen bei Krankheit (§§ 27 bis 43b SGB V), Krankengeld (§§ 44 bis 51 SGB V) und Zahnersatz (§§ 55 bis 57 SGB V).

5   Die Versicherten haben Anspruch auf Krankenbehandlung, wenn sie notwendig ist, um eine Krankheit zu erkennen, zu heilen, ihre Ver-schlimmerung zu verhüten oder Krankheitsbeschwerden zu lindern (§ 27 Abs. 1 Satz 1 SGB V).

6   Die Rechtsgrundlagen für die GKV finden sich vor allem im 5. Buch Sozialgesetzbuch (SGB V). Hier sind das Leistungsrecht (Leistungs-rechte und Pflichten der Versicherten) und das Leistungserbringungs-recht (Rechte und Pflichten der Leistungserbringer, also auch der Psychologischen Psychotherapeuten und Kinder- und Jugendlichen-psychotherapeuten) geregelt.

2   Zulassung

7   Für die Teilnahme an der vertragsärztlichen Versorgung (Leistungs-erbringung im System der Gesetzlichen Krankenversicherung – GKV) bedarf es der **Zulassung** des Psychologischen Psychotherapeu-ten/Kinder- und Jugendlichenpsychotherapeuten (im Folgenden: Psy-chotherapeuten). Gemäß § 95 Abs. 1 SGB V erfolgt die Zulassung für den Ort der Niederlassung (Kassenarztsitz/Vertragsarztsitz). Zahlrei-che Vorschriften zur Zulassung finden sich im SGB V. „Das Nähere" über die Teilnahme an der vertragsärztlichen Versorgung regelt die Zulassungsverordnung für Vertragsärzte (Ärzte-ZV). Sowohl die Normen des SGB V als auch die der Zulassungsverordnung sind sprachlich auf die Ärzte/Vertragsärzte zugeschnitten. Der Gesetzge-ber hat sich darauf beschränkt, in § 72 Abs. 1 SGB V zu regeln, dass alle Vorschriften, die sich auf Ärzte beziehen, entsprechend für (Zahnärzte und) Psychotherapeuten gelten, sofern nichts Abweichendes bestimmt ist. In § 1 Abs. 3 Ärzte-ZV findet sich gleichermaßen der Hinweis, dass die Verordnung für Psychotherapeuten entsprechend gilt.

Dem schriftlich gestellten Antrag auf Zulassung ist stattzugeben, wenn **8** die in § 18 Ärzte-ZV genannten Unterlagen beigefügt sind, insbesondere die **Eintragung in das Arztregister** vorliegt, die in § 46 Ärzte-ZV geforderte Gebühr angewiesen ist, bei Antragstellung keine Zulassungsbeschränkungen (Bedarfsplanung) angeordnet waren und der Vertragstherapeut nicht gemäß §§ 20 oder 21 Ärzte-ZV ungeeignet ist. Die Regelungen unterscheiden dabei die fehlende Eignung aufgrund von in der Person des Leistungserbringers liegenden schwerwiegenden Mängeln (§ 21 Ärzte-ZV) und der fehlenden Eignung aufgrund von Art oder Umfang einer Nebentätigkeit (§ 20 Ärzte-ZV).

Die Zulassung des Psychotherapeuten endet am Ende des Kalender- **9** vierteljahres, in dem der Psychotherapeut sein 68. Lebensjahr vollendet (§ 95 Abs. 7 Satz 2 SGB V). Diese Altersgrenze wurde für die Vertragsärzte bereits im Jahre 1993 mit dem Gesundheitsstrukturgesetz eingeführt. Eine Ausnahme erlaubt das Vertragsarztrechtsänderungsgesetz ab 1.1.2007 für Zulassungen in unterversorgten Bereichen.

3   Ermächtigung

Über den Kreis der zugelassenen Psychotherapeuten hinaus können **10** die Zulassungsausschüsse weitere Psychotherapeuten, insbesondere in Krankenhäusern und Einrichtungen der beruflichen Rehabilitation, oder in besonderen Fällen ärztlich geleitete Einrichtungen zur Teilnahme an der vertragsärztlichen Versorgung ermächtigen, sofern dies notwendig ist, um eine bestehende oder unmittelbar drohende Unterversorgung abzuwenden oder einen begrenzten Personenkreis zu versorgen, beispielsweise Rehabilitanden in Einrichtungen der beruflichen Rehabilitation oder Beschäftige eines abgelegenen oder vorübergehenden Betriebes (§ 31 Abs. 1 Ärzte-ZV).

Darüber hinaus können die Zulassungsausschüsse geeignete Psycho- **11** therapeuten zur Durchführung bestimmter, in einem Leistungskatalog definierter Leistungen auf der Grundlage des EBM ermächtigen, wenn dies zur Sicherstellung der vertragsärztlichen Versorgung erforderlich ist (§ 5 Abs. 1 Bundesmantelvertrag-Ärzte).

12 Der Antrag auf Ermächtigung ist schriftlich an den Zulassungsausschuss zu richten. Ihm sind die Approbationsurkunde und die Erklärung zur Rauschgift-/Trunksucht beizufügen (§ 31 Abs. 6 Ärzte-ZV).

13 Die Ermächtigung ist zeitlich, räumlich und ihrem Umfang nach zu bestimmen. In dem Ermächtigungsbeschluss ist auch auszusprechen, ob der ermächtigte Psychotherapeut unmittelbar oder auf Überweisung in Anspruch genommen werden kann (§ 31 Abs. 7 Ärzte-ZV).

4 Arztregistereintrag

14 Bei den Ärzten ist die Approbation und der erfolgreiche Abschluss einer Weiterbildung in einem entsprechenden Fachgebiet (§ 95a SGB V) Voraussetzung für eine Arztregistereintragung. Bei den Psychologischen Psychotherapeuten und Kinder- und Jugendlichenpsychotherapeuten ist die Approbation sowie der sog. Fachkundenachweis Voraussetzung für die Eintragung in das Arztregister (§ 95c SGB V). Dieser Fachkundenachweis setzt voraus, dass der Psychotherapeut seine vertiefte Ausbildung (die zur Approbation geführt hat) in einem Richtlinienverfahren abgeschlossen hat.

15 Wie oben dargestellt bleibt aber als weitere Voraussetzung für die Zulassung, dass der Planungsbereich, in dem der Psychotherapeut seine Tätigkeit aufnehmen möchte, nicht aufgrund der Bedarfsplanungs-Richtlinie (wegen Überversorgung) für weitere Zulassung gesperrt ist.

5 Abrechnungsgenehmigungen

16 Mit der Zulassung ist der Psychotherapeut zur Versorgung der Versicherten berechtigt und verpflichtet. Dabei ist die Abrechnung von psychotherapeutischen Leistungen noch an eine Vielzahl notwendiger Abrechnungsgenehmigungen gebunden, deren Voraussetzungen im Einzelnen in der „Psychotherapie-Vereinbarung" geregelt sind. Die für die Genehmigung geforderten fachlichen Befähigungen sind für die Ärzte, Psychologische Psychotherapeuten und Kinder- und Jugendlichenpsychotherapeuten unterschiedlich geregelt. In Abhängigkeit des jeweiligen Berufes bedarf es gesonderter Abrechnungsgenehmigungen für die

- tiefenpsychologische Psychotherapie,
- analytische Psychotherapie,
- Verhaltenstherapie,

- Psychotherapie bei Kindern und Jugendlichen,
- Gruppen-Psychotherapie,
- übenden und suggestiven Techniken (autogenes Training, Jacabsonsche Relaxationstherapie, Hypnose).

6 Nebentätigkeit/Eignung zur vertragspsychotherapeutischen Tätigkeit

6.1 Allgemeines

Nach den in den §§ 20 und 21 Ärzte-ZV aufgeführten Tatbeständen kann ein Leistungserbringer für die vertragsärztliche Tätigkeit **ungeeignet** sein. Die Regelungen unterscheiden dabei die fehlende Eignung aufgrund von in der Person des Leistungserbringers liegenden schwerwiegenden Mängeln (§ 21 Ärzte-ZV) und der fehlenden Eignung aufgrund von Art oder Umfang einer Nebentätigkeit (§ 20 Ärzte-ZV). Eine Sonderregelung erfolgte durch das Vertragsarztrechtsänderungsgesetz in § 20 Abs. 2 Ärzte-ZV. Danach ist die Tätigkeit in oder die Zusammenarbeit mit einem zugelassenen Krankenhaus (nach § 108 SGB V) oder einer Vorsorge- oder Rehabilitationseinrichtung (nach § 111 SGB V) mit der Tätigkeit des Vertragspsychotherapeuten vereinbar. **17**

6.2 Mängel

§ 21 Ärzte-ZV spricht von geistigen oder sonstigen in der Person liegenden schwerwiegenden Mängeln und hebt ausdrücklich hervor, dass ein Psychotherapeut insbesondere dann ungeeignet ist, wenn er innerhalb der letzten fünf Jahre vor seiner Antragsstellung (auf Zulassung oder Ermächtigung) rauschgiftsüchtig oder trunksüchtig war. **18**

Nach Schallen[1] kommen als schwerwiegende Mängel u. a. in Betracht: **19**
- Erkrankungen oder Behinderungen,
- Rauschgift-, Alkohol- oder Tablettensucht,
- Neigung zu Straftaten,
- Verletzung ärztlicher Berufspflichten,
- Äußerungen,
- Insolvenz,

---

1 *Schallen, R.:* Zulassungsverordnung, Kommentar (6. Aufl.), § 21 Rn. 584, Heidelberg 2008.

- fehlende Sprachkenntnisse,
- gröbliche Verletzung vertragsärztlicher Pflichten,
- fehlende Fähigkeit oder Bereitschaft, vertragsärztliche Pflichten zu erfüllen.

20 Zu beachten ist die Regelung zur 5-Jahres-Frist hinsichtlich der Rauschgift- oder Trunksucht. Lag eine solche Sucht innerhalb der letzten fünf Jahre vor, so darf dem Antragsteller die Zulassung nicht erteilt werden.[2] Insoweit soll auch unbeachtlich sein, ob die Sucht vor Ablauf der Frist bereits geheilt ist; die Ungeeignetheit wird auf die Dauer von fünf Jahren nach dem Abklingen der Suchterscheinung unwiderleglich vermutet.[3]

21 Die in § 21 genannte Bewährungszeit kann auch als Obergrenze auf Fälle gröblicher Verletzungen vertragsärztlicher Pflichten übertragen werden.[4] Freilich kommt auch eine kürzere Bewährungszeit in Betracht.

6.3 Nebentätigkeit

22 Was **Art und Umfang einer zulässigen Nebentätigkeit** angeht, so hat das Bundessozialgericht (BSG) in seinem Urteil vom 30.1.2002[5] in teilweiser Abkehr von seiner bisherigen Rechtsprechung die Voraussetzungen verschärft und konkretisiert. Dabei hatte das BSG über den Fall einer nach Übergangsrecht approbierten psychologischen Psychotherapeutin zu entscheiden, die nur unter der Bedingung zugelassen worden war, dass sie ihr Arbeitsverhältnis an der Universität auflöse. Dort war die Psychotherapeutin bei der psychotherapeutischen Beratungsstelle für Studierende mit einer Arbeitszeit von 19,25 Wochenstunden angestellt. Im Rahmen dieses Teilzeitarbeitsverhältnisses führte sie Erstinterviews, psychodiagnostische Maßnahmen, Kriseninterventionen, Fallbesprechungen sowie psychotherapeutische Behandlungen durch. Ihr Praxissitz war nahe der Universität gelegen.

---

2 *BSG*, Urteil vom 28.5.1968 – 6 RKa 9/67 – SozR Nr. 5 zu § 368b RVO = NJW 1968, 2318.
3 *Schallen, R.:* Zulassungsverordnung, Kommentar (6. Aufl.), Heidelberg 2008, § 21 Rn. 586 mit Hinweis auf das Urteil des *BSG* vom 23.5.1968 – 6 RKa 22/67 – BSGE 28, 80 = SozR Nr. 30 zu § 368a RVO.
4 *BSG*, Urteil vom 29.10.1986 – 6 RKa 32/86 – MedR 1987, 254 = USK 86179.
5 B 6 KA 20/01 R.

6.3.1 Zeitlicher Umfang

Nach Ansicht des BSG hatte die Klägerin schon wegen des zeitlichen **23** Umfangs ihres Arbeitsverhältnisses bei der Beratungsstelle der Universität mit einer Arbeitszeit von 19,25 Wochenstunden keinen Anspruch auf eine uneingeschränkte, nebenbestimmungsfreie Zulassung zur vertragstherapeutischen Versorgung der Versicherten der GKV. Denn nach § 20 Abs. 1 Ärzte-ZV sei für die Ausübung vertragsärztlicher Tätigkeit ein Leistungserbringer nicht geeignet, der wegen eines Beschäftigungsverhältnisses (oder wegen anderer nicht ehrenamtlicher Tätigkeit) für die Versorgung der Versicherten persönlich nicht in erforderlichem Maße zur Verfügung stehe. Damit dieser Hinderungsgrund entfalle, dürfte die zeitliche Inanspruchnahme des Zulassungsbewerbers durch ein Beschäftigungsverhältnis grundsätzlich **nicht mehr als ein Drittel der üblichen durchschnittlichen Arbeitszeit,** also ca. 13 Wochenstunden, betragen.

6.3.2 Nichtvereinbarkeit

§ 20 Abs. 2 Ärzte-ZV knüpft für die Annahme der Ungeeignetheit an **24** eine ärztliche Tätigkeit an, die ihrem Wesen nach mit der Tätigkeit eines Vertragsarztes am Vertragsarztsitz nicht zu vereinbaren ist.

Ihrem Sinn und Zweck nach will die Norm Interessen- und Pflichtenkolli- **25** *sionen eines Arztes ausschließen, die durch dessen ärztliche Tätigkeit entstehen.*[6]

Zur Entstehungsgeschichte der Norm weist das BSG im Urteil vom **26** 15.3.1995[7] darauf hin, dass die Arbeitsausschüsse der Bundesausschüsse ursprünglich eine Regelung des § 20 der „Zulassungsordnung für Kassenärzte" vorgeschlagen hatten, in der bestimmte Personengruppen aufgezählt waren, die von der Zulassung ausgeschlossen sein sollten, so u. a. hauptberuflich als Beamte oder als Angestellte tätige Ärzte und auch Werks- oder Betriebsärzte, sofern der Betrieb im Bereich des Kassenarztsitzes liege.

Da Bedenken gegen die Zulässigkeit des Ausschlusses bestimmter Perso- **27** *nengruppen von der Zulassung bestanden, wurde diese konkrete Fassung der Vorschrift aufgegeben und sie später abstrakt in der Weise gefasst, wie sie Gesetz geworden ist.*[8]

---

6 *BSG*, Urteil vom 15.3.1995 – 6 RKa 23/94, SozR 3-5520 § 20 Nr. 1, S. 4.
7 6 RKa 23/94.
8 Ebenda, SozR 3-5520 § 20 Nr. 1, S. 5.

28 Das BSG hat sich in seinem Urteil vom 15.3.1995 eingehend mit der Verfassungsmäßigkeit des § 20 Abs. 2 Ärzte-ZV befasst. Es hält den – möglicherweise – von § 20 Abs. 2 Ärzte-ZV ausgehenden Eingriff in die Berufsfreiheit zur Abwehr schwerer Gefahren für ein überragend wichtiges Gemeinschaftsgut für gerechtfertigt, da die Gewährleistung einer in qualitativer und organisatorischer Hinsicht ordnungsgemäßen vertragsärztlichen Versorgung im Interesse der Volksgesundheit liege, die ein überragend wichtiges Gemeinschaftsgut darstelle.[9]

29 Das BSG hat in dem Urteil vom 30.1.2002[10] die Tätigkeit bei einer psychotherapeutischen Beratungsstelle für Studierende der Universität für unvereinbar mit einer vertragspsychotherapeutischen Tätigkeit gehalten und die von § 20 Abs. 2 Ärzte-ZV zu verhindernde Interessen- und Pflichtenkollision wie folgt umschrieben:

Das ist z. B. der Fall, wenn sich die anderweitige ärztliche/psychotherapeutische Tätigkeit und die vertragsärztliche/-psychotherapeutische Tätigkeit vermischen können und dies sich zum einen zum Nachteil der Versicherten u. a. wegen einer faktischen Beschränkung des Rechts auf freie Arztwahl/Psychotherapeutenwahl (§ 76 Abs. 1 S. 1 SGB V) und zum anderen zum Nachteil der Kostenträger auswirken kann, weil insoweit je nach persönlichem Interesse des Arztes/Psychologischen Psychotherapeuten Leistungen aus nicht sachgerechten Gründen von dem einen in den anderen Arbeitsbereich verlagert werden könnten. Eine derartige Kollision ist auch anzunehmen, wenn nicht gewährleistet ist, dass der Betroffene aufgrund seiner anderweitigen ärztlichen/psychotherapeutischen Tätigkeit Inhalt und Umfang einer vertragsärztlichen/psychotherapeutischen Tätigkeit sowie den Einsatz der der Praxis zugeordneten sachlichen und persönlichen Mittel selbst bestimmen kann.[11]

30 Im konkreten Fall wurde diese Interessenkollision bejaht, weil die **Aufgabenstellung im Beschäftigungsverhältnis inhaltlich im großen Umfang deckungsgleich** mit der in der angestrebten niedergelassenen Tätigkeit war und sich **Überschneidungen hinsichtlich der zu behandelnden Patienten und hinsichtlich ihres personellen Umfelds** nicht mit Gewissheit ausschließen ließen. Bei solchen Überschneidungen bestehe ein objektives Gefährdungspotenzial für Interessenkonflikte infolge einer **fehlenden klaren Zuordnung von Patienten** entweder zu den Aktivitäten an der Arbeitsstelle oder zu der eigenen psychotherapeutischen Praxis der Klägerin. Da die Klägerin als **weisungsabhängige Arbeitnehmerin**

---

9 *Wenner, U.:* Vertragsarzt: Hauptberuf oder Nebenjob?, in: GesR, 9/2004, S. 353, 358.

10 B 6 KA 20/01 R, SozR 3-5520 § 20 Nr. 3.

11 Ebenda, S. 28 ff.

dem Direktionsrecht ihres Arbeitgebers und besonderen Loyalitätspflichten zu diesem unterliege, könnten auch von dessen Seite her **Steuerungsmöglichkeiten in Richtung auf ihre Praxis** nicht gänzlich ausgeschlossen werden. Eine mittelbare Steuerung sei nicht zuletzt auch wegen der räumlichen Nähe der Praxis zur Universität zum einen denkbar, z. B. über den Umfang der Zuweisung finanzieller Mittel an die Beratungsstelle (mit der Folge eines arbeitgeberseitigen Interesses an verstärkter Beratungstätigkeit der Klägerin in ihrer Praxis und Umlenkung von potenziell behandlungsbedürftigen Universitätsangehörigen); zum anderen sei diese Einflussnahme z. B. vorstellbar über die verstärkte Inpflichtnahme der Klägerin für vorübergehende Mehrarbeit zur Überbrückung personeller Engpässe in Spitzenzeiten im Universitätsalltag, der durch regelmäßig wiederkehrende Ereignisse mit erhöhtem Arbeitsanfall geprägt sei. Dabei könnte die Situation eintreten, dass die Klägerin über den Einsatz der ihrer Praxis zugeordneten sächlichen und personellen Mittel nicht mehr maßgeblich selbst in vollem Umfang mitbestimmen und damit die Praxis nicht mehr in dem gebotenen Maße eigenverantwortlich ausüben könne. Da sich ihre universitäre Arbeitsstelle im Einzugsbereich ihrer Praxis befinde, könnten zudem ihre **potenziellen Patienten gerade vor die Situation gestellt sein, sich zur Verwirklichung ihres Wunsches nach Behandlung durch die Klägerin hilfesuchend entweder an die universitäre Beratungsstelle oder alternativ an die Praxis zu wenden;** deren Entscheidung für den Behandlungsort könnte dann z. B. nur von der Dauer von Wartezeiten oder von der Leistungsbereitschaft der dafür in Betracht kommenden Kostenträger abhängig sein. Diese Sachlage beinhalte ebenso ein konkretes, auch von außen an die Klägerin herangetragenes Gefährdungspotenzial hinsichtlich einer von sachlichen Gründen nicht mehr gedeckten Steuerung in Bezug auf die verantwortlichen Kostenträger.

Zu klären bleibt, ob und gegebenenfalls inwieweit die Ergänzung in § 20 **31** Abs. 2 Ärzte-ZV durch das Vertragsarztrechtsänderungsgesetz Einfluss auf die bisher von der Rechtsprechung herausgearbeiteten Grundsätze hat. Diese Änderung soll es ermöglichen, dass ein Vertragsarzt über die bereits von der Rechtsprechung anerkannten Fälle der nicht patientenbezogenen Tätigkeit hinaus in einem Krankenhaus oder einer Vorsorge- oder Rehabilitationseinrichtung tätig sein oder mit einer solchen Einrichtung kooperieren kann, ohne dass damit seine Eignung als Vertragsarzt in Frage gestellt ist. Nach der Begründung zum Gesetzentwurf soll mit dieser Änderung außerdem klargestellt werden, dass ein Arzt als Angestellter gleichzeitig in einem Krankenhaus und einem MVZ (= Medizinisches Versorgungszentrum) tätig sein kann. Der Gesetzgeber hält es also ausdrücklich für völlig unbedenklich, dass ein Leistungserbringer gleichzeitig im Krankenhaus (oder einer Vorsorge- oder Rehabilitationseinrichtung) und bei einem ambulanten Leistungserbringer (z. B. MVZ) angestellt ist. Da der Angestellte weisungsgebunden handelt, stellt sich damit die Frage, ob damit noch der bisherigen Rechtsprechung gefolgt werden kann, die Interessen- und Pflichtenkollisionen annimmt, die einer Zulassung entgegenstehen sollen. Warum sollte es beispielsweise einem Psychotherapeuten unter Verweis auf § 20 Abs. 2 Ärzte-ZV nicht gestattet sein, neben seiner Zulassung noch 13 Stunden in einer Erziehungsberatungsstelle zu arbeiten, wenn eine entsprechende Anstellung in einem Krankenhaus oder in einer Vorsorge- oder Rehabilitationseinrichtung nunmehr als unproblematisch gilt?

7 Teilzulassung

32 Mit dem Vertragsarztrechtsänderungsgesetz wurde zum 1.1.2007 ein neuer § 19a in die Zulassungsverordnung-Ärzte eingeführt. Nach dieser Vorschrift ist der Arzt verpflichtet, die vertragsärztliche Tätigkeit vollzeitig auszuüben. Er ist gemäß § 19a Abs. 2 Ärzte-ZV berechtigt, durch schriftliche Erklärung gegenüber dem Zulassungsausschuss seinen Versorgungsauftrag auf die Hälfte zu beschränken. Diese Beschränkung wird entweder mit dem Zulassungsbescheid nach § 19 Ärzte-ZV oder durch einen gesonderten Beschluss festgestellt.

33 In der Begründung zum Gesetzentwurf wird diese Reduzierung des Versorgungsauftrags als „Teilzulassung" bezeichnet.

34 Nach § 95 Abs. 6 Satz 2 SGB V kann der Zulassungsausschuss statt einer vollständigen auch eine hälftige Entziehung der Zulassung beschließen. Nach § 95 Abs. 5 SGB V kann bei einem vollen Versorgungsauftrag vom Zulassungsausschuss auch (nur) das hälftige Ruhen der Zulassung beschlossen werden. Entsprechende Regelungen zum Ruhen und zur Zulassungsentziehung finden sich in § 26 bzw. § 27 Ärzte-ZV.

35 Die Möglichkeit einer „hälftigen Zulassungsentziehung" wird sich immer dann anbieten, wenn der Zulassungsausschuss zu der Überzeugung gelangt, dass der Leistungserbringer seine Tätigkeit nicht (ausreichend) ausübt. Mit Spannung darf daher jetzt erwartet werden, wie die Sozialgerichtsbarkeit die „vollzeitige Berufsausübung" des § 19a Ärzte-ZV konkretisiert.

36 Nach § 19a Abs. 3 Ärzte-ZV kann auf Antrag des Arztes eine Beschränkung des Versorgungsauftrages durch Beschluss aufgehoben werden. Diese Vorschrift dürfte rechtstechnisch misslungen sein. Mit der Formulierung „kann" wird eine Ermessensentscheidung suggeriert, die tatsächlich nicht besteht: Jeder Leistungserbringer hat einen Rechtsanspruch auf (Voll)Zulassung, sofern Zulassungsbeschränkungen dieser Zulassung nicht entgegenstehen und alle weiteren Voraussetzungen – insbesondere in der Person des Antragstellers – erfüllt sind.

8 Altersgrenze

Die Zulassung endet am Ende des Kalendervierteljahres, in dem der Leistungserbringer sein 68. Lebensjahr vollendet (§ 95 Abs. 7 Satz 3 SGB V).[12] Diese Altersgrenze wurde für die Vertragsärzte bereits im Jahre 1993 mit dem Gesundheitsstrukturgesetz eingeführt. Mit Übergangsbestimmungen, wonach in Einzelfällen der Zulassungsausschuss auf Antrag die Zulassung um eine bestimmte Frist verlängern konnte, sollte den Vertragsärzten aber in jedem Einzelfall eine mindestens 20 jährige Praxistätigkeit gewährleistet werden. **37**

Die gesetzliche Altersgrenze für vertragsärztliche Zulassungen ist nach dem Beschluss des Bundesverfassungsgerichts vom 31.3.1998[13] verfassungsgemäß. **38**

Nach einem Bericht der Ärzte-Zeitung vom 14.7.2008 plant die Regierungskoalition, in dem für den 1.1.2009 geplanten Gesetz zur Weiterentwicklung der GKV-Organisationsstrukturen (GKV-Weiterentwicklungsgesetz), die Altersgrenze abzuschaffen. Die Abschaffung der Altersgrenze wäre für die juristische Rechtfertigung der Bedarfsplanungs-Zulassungsbeschränkungen nicht unproblematisch. Hess weist zu Recht darauf hin, dass die Bedarfszulassung verfassungsrechtlich flankierende Maßnahmen erfordert, um den ärztlichen/psychotherapeutischen Nachwuchs ausreichende Berufsaussichten in der ambulanten Versorgung zu eröffnen.[14] Da bereits jetzt die weit überwiegende Zahl der Planungsbereiche für Neuzulassungen von Psychotherapeuten gesperrt sind, könnte der Wegfall der Altersgrenze bedeuten, dass für einen gewissen Zeitraum nur noch ganz wenige **39**

---

12 Vgl. hierzu auch: *Rixen, S.:* Rettung für den altersdiskriminierten Vertragsarzt durch den EuGH? – Das EG-rechtliche Verbot der Altersdiskriminierung und die 68-Jahre-Altersgrenze des Deutschen Vertragsarztrechts, in: ZESAR, 9/2007, S. 345 ff.

13 BvR 2167/93 und 2198/93, NJW 1998, S. 1776.

14 *Hess, R.:* § 95, in: Funk, W. / Gürtner, K. / Hess, R. (Hrsg.): Kasseler Kommentar, SGB V, München, Rn. 96.

Psychotherapeuten die Möglichkeit hätten, nach Abschluss ihrer Ausbildung im Rahmen einer Nachfolgezulassung einen Vertragsarztsitz zu übernehmen und dadurch eine Zulassung zu erhalten. Nach Maßgabe des Artikel 12 Abs. 1 Grundgesetz (Berufsfreiheit) könnte ein solcher faktischer Ausschluss von den Möglichkeiten der Tätigkeit als niedergelassener Psychotherapeut unzulässig sein.

40 Bezüglich der Verlängerung der Zulassung über die Altersgrenze hinaus regelt § 95 Abs. 7 Satz 5 SGB V ausdrücklich, Satz 4 Nr. 2 dieser Vorschrift gelte für Psychotherapeuten mit der Maßgabe, dass sie vor dem 1. Januar 1999 an der ambulanten Versorgung der Versicherten mitgewirkt haben. Damit wurde der in § 95 Abs. 7 Satz 3 Nr. 2 für die Vertragsärzte geltende **Stichtag** (1.1.1993 = Inkrafttreten des Gesundheitsstrukturgesetzes) für die (psychologischen) Psychotherapeuten durch den Stichtag 1.1.1999 (Inkrafttreten des Psychotherapeutengesetzes bezüglich dieser Regelungen) ersetzt. Eine spezielle Regelung zur Geltung oder Bedeutung von § 95 Abs. 7 Satz 4 Nr. 1 SGB V („weniger als 20 Jahre als Vertragsarzt bis zur Vollendung des 68. Lebensjahres tätig gewesen") fehlt. Gem. § 72 Abs. 1 Satz 2 SGB V gilt diese Voraussetzung daher für die (psychologischen) Psychotherapeuten „entsprechend" mit der Konsequenz, dass der psychologische Psychotherapeut zum Zeitpunkt der Vollendung des 68. Lebensjahres weniger als 20 Jahre „wie ein Vertragsarzt" tätig gewesen sein muss.

41 So heißt es auch in der Begründung des Gesetzentwurfes der Fraktion der CDU/CSU und FDP[15] zur Anfügung des § 95 Abs. 7 Satz 4 (alt) SGB V (Hervorhebungen durch Verfasser):

*Die Begünstigung, über das 68. Lebensjahr hinaus in der vertragsärztlichen Versorgung hinaus tätig sein zu dürfen, wird demjenigen Psychotherapeuten eingeräumt, der im Zeitpunkt der Vollendung des 68. Lebensjahres **noch nicht 20 Jahre als zugelassener Psychotherapeut tätig gewesen ist** und im Zeitpunkt des Inkrafttreten des Gesetzes an der ambulanten Versorgung der Versicherten mitgewirkt hat. Damit werden die Psychotherapeuten den Ärzten gleichgestellt, die bei Einführung der 68-Jahres-Regelung durch das Gesundheitsstrukturgesetz am 1.1.1993 **bereits als Vertragsarzt zugelassen waren** und damals – ebenso wie die Psychotherapeuten heute – darauf vertrauen durften, ohne gesetzliche Begrenzung auch im Alter noch behandeln zu dürfen.*

---

15 BT-Drucks. 13/8035, S. 21, zu Nr. 10b.

Schließlich hat auch das Bundessozialgericht in seinem Urteil vom **42** 8.11.2000[16] festgestellt:

Die entsprechende Geltung des Abs. 7 Satz 3, Nr. 1 a.a.O. bedeutet – wie oben ausgeführt –, dass das Tatbestandsmerkmal „weniger als 20 Jahre als Vertragsarzt tätig" mit dem Sinngehalt „weniger als 20 Jahre als Psychotherapeut tätig" anzuwenden ist.[17]

Die nach der Gesetzesbegründung beabsichtigte „Gleichstellung" der **43** *Psychotherapeuten mit den Vertragspsychotherapeuten ergibt sich also nur dann, wenn bei der Ausfüllung des 20-Jahres-Zeitraums auch die vor dem 1.1.1999 ausgeübten Tätigkeiten im Rahmen der GKV als Delegations- oder Erstattungspsychotherapeut mit erfasst werden (zur Berücksichtigung sowohl der Delegations- als auch der Erstattungspsychotherapeuten im Rahmen des § 95 Abs. 10 SGB V s. Urteile des Senats vom heutigen Tage, u. a. Az B 6 KA 52/00 R).[18]*

Aus alledem ergibt sich, dass der psychologische Psychotherapeut – so- **44** fern er bereits vor 1999 an der ambulanten Versorgung mitgewirkt hat – bei Erreichen der Altersgrenze einen **Anspruch auf Verlängerung** seiner Zulassung bis zu dem Zeitpunkt hat, an dem er insgesamt 20 Jahre als Vertragstherapeut oder wie ein Vertragstherapeut tätig gewesen ist. Dabei hat das BSG in seinem Urteil vom 8.11.2000 hervorgehoben, dass eine Tätigkeit „wie ein Vertragstherapeut" auch dann zu bejahen ist, wenn zwar kein „Vertragsverhältnis"/Zulassungsverhältnis bestand, der Psychologe aber „im Rahmen der GKV als Delegations- oder Erstattungspsychotherapeut" tätig war. Ausdrücklich verweist das BSG in diesem Zusammenhang auf seine Ausführungen in den „Zeitfenster"-Urteilen vom selben Tage. Bspw. im Urteil zum Aktenzeichen B 6 KA 52/00 R[19] hatte das BSG zahlreiche Voraussetzungen zu der Frage herausgearbeitet, wann die „Teilnahme an der ambulanten Versorgung der Versicherten der GKV" zu bejahen sei.

Wer danach vor seiner Zulassung als Delegations- oder Erstattungspsy- **45** chotherapeut „wie ein Vertragstherapeut" im Rahmen der GKV tätig war, muss diese Zeiten seiner Tätigkeit auf den 20-Jahres-Zeitraum im Rahmen des § 95 Abs. 7 Satz 3 SGB V anrechnen lassen.

---

16 B 6 KA 55/00 R.
17 S. 10 des Urteilumdrucks.
18 S. 11 des Urteilumdrucks.
19 SozR 3-2500 § 95 Nr. 25.

9   Verlegung des Vertragsarztsitzes

46   Immer wieder geraten zugelassene oder ermächtigte Leistungserbringer in die – häufig fremd verschuldete – Situation, dass sie neue Praxisräume für ihre niedergelassene Tätigkeit als Vertragsarzt/-therapeut suchen müssen. Da aber nach den Regelungen im SGB V und der Ärzte-ZV die Zulassung (Ermächtigung) für den Ort der Niederlassung erfolgt, ist ein Wechsel des Vertragsarztsitzes nicht ohne weiteres möglich. Häufig werden die zum Teil sehr strengen Vorgaben des Gesetz- bzw. Verordnungsgebers nicht genau beachtet, was sogar zum Verlust der Zulassung/Ermächtigung führen kann.

47   Gemäß § 95 Abs. 1 S. 4 SGB V erfolgt die Zulassung für den Ort der Niederlassung. Gleiches regelt § 24 Abs. 1 Ärzte-ZV. Der Ort der Niederlassung wird als Vertragsarztsitz bezeichnet. § 24 Abs. 2 Ärzte-ZV verpflichtet den Vertragsarzt, an diesem Vertragsarztsitz seine Sprechstunde zu halten und seine Wohnung so zu wählen, dass er für die Versorgung der Versicherten an seinem Vertragsarztsitz zur Verfügung stehen kann. Zwar wird noch immer vereinzelt die Auffassung vertreten, als Ort der Niederlassung (Vertragsarztsitz) könne der gesamte Stadtteil oder ein Ortsteil angesehen werden. Die – soweit ersichtlich – herrschende Auffassung geht aber zu Recht davon aus, dass als Vertragsarztsitz (Ort der Niederlassung) die konkrete Praxisanschrift mit Straße und Hausnummer zu verstehen ist.[20]

48   Da also die Zulassung/Ermächtigung für eine konkrete Praxisanschrift (Vertragsarztsitz) erfolgt, handelt der Vertragsarzt nur dann im Rahmen seiner Zulassung/Ermächtigung, wenn er die vertragsärztlichen Leistungen an diesem Vertragsarztsitz erbringt. Unzulässig ist es deshalb, zu Lasten der GKV Leistungen außerhalb des Vertragsarztsitzes zu erbringen, seine Patienten also außerhalb der eigenen Praxisräume zu behandeln. Eine Ausnahme von dieser Bindung an den Ort der Niederlassung (Vertragsarztsitz) stellen das genehmigungspflichtige Betreiben einer Zweigpraxis (§ 24 Abs. 3 Ärzte-ZV) und die genehmigungsfreie Unterhaltung ausgelagerter Praxisräume (§ 24 Abs. 5 Ärzte-ZV) dar.

49   Vertragsärztliche Tätigkeiten außerhalb des Vertragsarztsitzes an weiteren Orten (= Zweigpraxis) sind gemäß § 24 Abs. 3 Ärzte-ZV zulässig, wenn und soweit 1.) dies die Versorgung der Versicherten an den weiteren Orten verbessert und 2.) die ordnungsgemäße Versor-

---

20   Vgl. *Engelmann, K.:* Zur rechtlichen Zulässigkeit einer (vertrags-)ärztlichen Tätigkeit außerhalb des Ortes der Niederlassung, in: MedR, 11/2002, S. 561, 563 ff.; *BSG*, Urteil vom 10.5.2000 – B 6 KA 67/98 R.

gung der Versicherten am Ort des Vertragsarztsitzes nicht beeinträchtigt wird. Nach § 24 Abs. 4 Ärzte-ZV kann die Genehmigung und die Ermächtigung zur Aufnahme weiterer vertragsärztlicher Tätigkeiten mit Auflagen erteilt werden, wenn dies zur Sicherung der Erfüllung der Versorgungspflicht des Vertragsarztes am Vertragsarztsitz und an den weiteren Orten unter Berücksichtigung der Mitwirkung angestellter Ärzte erforderlich ist.

9.1 Antrag auf Genehmigung

Werden nun plötzlich Praxisräume vom Vermieter gekündigt oder ist **50** der Vertragsarzt aus anderen Gründen gezwungen, seine Praxis zu verlegen, so ist § 24 Abs. 7 Ärzte-ZV zu beachten. Danach hat der Zulassungsausschuss den Antrag des Vertragsarztes auf Verlegung seines Vertragsarztsitzes zu genehmigen, wenn Gründe der vertragsärztlichen Versorgung dem nicht entgegenstehen.

Aus dieser Vorschrift ist zunächst herauszulesen, dass der Vertrags- **51** arzt einen Rechtsanspruch auf die Genehmigung hat, wenn Gründe der vertragsärztlichen Versorgung der Verlegung nicht entgegenstehen.

Innerhalb eines als „überversorgt" geltenden Planungsbereiches (vgl. **52** die Richtlinien über die Bedarfsplanung sowie die Maßstäbe zur Feststellung von Überversorgung und Unterversorgung in der vertragsärztlichen Versorgung – Bedarfsplanungs-Richtlinien-Ärzte) werden selten **„Gründe der vertragsärztlichen Versorgung"** einer Verlegung des Vertragsarztsitzes entgegenstehen.

Das BSG hat in seinem Urteil vom 10.5.2000[21] klargestellt, dass bei **53** dem für eine Praxisverlegung maßgeblichen Tatbestandsmerkmal „Gründe der vertragsärztlichen Versorgung" allein planerische, die Sicherstellung der Patientenversorgung betreffende Umstände zu prüfen sind. Mit Hilfe dieses Merkmals könne, so das BSG, zum Beispiel möglicherweise darauf hingewirkt werden, dass ein Vertragsarzt seinen Vertragsarztsitz nicht gerade in einen schon gut versorgten Teil des Planungsbereichs verlege. Allerdings hatte noch die Vorinstanz, das Landessozialgericht Nordrhein-Westfalen in seinem Urteil vom 7.10.1998[22] darauf hingewiesen, dass die planerische Einflussnahme sehr eingeschränkt sei. Zu Recht hob das LSG hervor, dass im Falle eines Antrages auf Zulassung der Leistungserbringer sich innerhalb

---

21 B 6 KA 67/98 R.
22 L 11 KA 62/98, MedR 1999, 333, 338.

des Planungsbereichs seinen Vertragsarztsitz vollkommen frei wählen könne. Planungsrechtlich lasse sich also nicht verhindern, dass bestimmte (attraktive) Bereiche des Planungsbereichs partiell überversorgt, andere hingegen unterversorgt seien. An diesem Befund ändert auch nichts, dass die Kassenärztlichen Vereinigungen nach § 12 Abs. 4 S. 2 Ärzte-ZV darauf hinwirken sollen, dass die Ärzte/Therapeuten bei der Wahl ihres Vertragsarztsitzes auf die sich aus den Bedarfsplänen ergebenden Versorgungsbedürfnisse Rücksicht nehmen.

54 Zusammengefasst bleibt es nach alledem dabei, dass bei einer Verlegung des Vertragsarztsitzes innerhalb des „überversorgten" Planungsbereiches regelmäßig ein Rechtsanspruch auf die Genehmigung besteht, weil Gründe der vertragsärztlichen Versorgung dieser Verlegung regelmäßig nicht entgegenstehen.

55 Mit Urteil vom 31.5.2006[23] hat das BSG entschieden, dass die Verlegung des Vertragsarztsitzes nicht rückwirkend genehmigt werden kann.

9.2 Vorübergehendes Ausweichen in andere Räume

56 Sofern gänzlich unerwartete und plötzliche Umstände es unmöglich machen, weiterhin in den eigenen Praxisräumen zu praktizieren (Flutschäden, Zimmerbrand, Einsturzgefahr, Lärmbelästigung), kann die Notwendigkeit bestehen, unverzüglich die Räume zu wechseln, um die Versorgung der Patienten weiterhin gewährleisten zu können. Auf die Schnelle aber lassen sich geeignete Praxisräume häufig nicht finden, so dass eine Zwischenlösung zur Behandlung der Patienten in kurzfristig erreichbaren Räumen notwendig ist. Regelungen für die Genehmigung der Tätigkeit in solchen Ausweichräumen bis zur wirklichen Verlegung des Vertragsarztsitzes in neue Praxisräume existieren nicht. Hier kann nur geraten werden, unverzüglich mit der KV und dem Zulassungsausschuss Kontakt aufzunehmen und sich die Tätigkeit während der Interims-Phase in den Ausweichräumen **analog** S. 24 Abs. 7 Ärzte-ZV genehmigen zu lassen.

9.3 Verlegung in einen benachbarten Planungsbereich

57 Als ausgesprochen problematisch stellt sich die Situation dar, wenn der Vertragsarztsitz in einen benachbarten Planungsbereich verlegt

---

23   B6 KA 7/05 R.

werden soll. Sofern, was nicht zwingend ist, damit ein Wechsel des Zuständigkeitsbereiches des Zulassungsausschusses (Zulassungsbezirk) verbunden ist, muss der Vertragsarzt – unter Verzicht auf seine bisherige Zulassung – eine Neuzulassung beantragen.[24]

Wenn aber mehrere Planungsbereiche der Zuständigkeit der Zulassungsinstanzen einer KV unterliegen, ist die Verlegung des Vertragsarztsitzes in einen benachbarten Planungsbereich im Sinne des § 24 Abs. 7 Ärzte-ZV nicht ausgeschlossen. Im Einzelfall ist vielmehr zu prüfen, ob „Gründe der vertragsärztlichen Versorgung" der Verlegung entgegenstehen.   **58**

In seinem Urteil vom 28.6.2000[25] hat das BSG solche entgegenstehenden Gründe dann angenommen, wenn der Planungsbereich, in den der Leistungserbringer seinen Vertragsarztsitz verlegen will, aufgrund der Anordnung des Landesausschusses gemäß § 103 Abs. 1 und 2 SGB V in Verbindung mit § 16b Ärzte-ZV für die jeweilige Arztgruppe wegen Überversorgung gesperrt ist. Diese Zulassungssperre dürfe nicht im Wege der Verlegung des Vertragsarztsitzes umgangen werden.   **59**

Liegt eine solche Überversorgung aber nicht vor, so bleibt es der Prüfung im Einzelfall vorbehalten, ob „Gründe der vertragsärztlichen Versorgung" der Verlegung entgegenstehen.   **60**

9.4 Praxistausch

Selbst im Falle festgestellter Überversorgung („gesperrter Bezirk") mag es aber den Fall geben, bei dem „Gründe der vertragsärztlichen Versorgung" der Verlegung nicht entgegenstehen. Wollen nämlich zwei Leistungserbringer ihre Vertragsarztsitze planungsbereichsübergreifend tauschen, und beantragen sie gleichzeitig die Genehmigung der entsprechenden Verlegung, so ist nicht erkennbar, welche „Gründe der vertragsärztlichen Versorgung" dem entgegenstehen sollten. Da nach der Rechtsprechung des BSG einzig „planerische, die Sicherstellung der Patientenversorgung betreffende Umstände" zu prüfen sind[26], kann dieser aus Sicht der Bedarfsplanung neutrale Tauschvorgang auf die vertragsärztliche Versorgung keinerlei Einfluss haben. Die auch als „Praxistausch" bezeichnete Konstellation, in der zwei   **61**

---

24   So auch *Schallen, R.:* Zulassungsverordnung, Kommentar (6. Aufl.), Heidelberg 2008, Rn. 721.
25   B 6 KA 27/99 R.
26   B 6 KA 67/98 R.

zugelassene Vertragsärzte zeitgleich den Wechsel der Versorgungs-
ebene bzw. Facharztbezeichnung in einem jeweils wegen Überversorgung gesperrten Planungsbereich vollziehen, ist in einem Beschluss
des SG Marburg[27] für rechtmäßig erachtet worden.

9.5 Wegzug aus dem Bezirk des Kassenarztsitzes

62 Schließlich muss noch auf eine Regelung in § 95 Abs. 7 SGB V eingegangen werden. In dieser Vorschrift sind verschiedene gesetzliche
Beendigungstatbestände der Zulassung normiert. So ist geregelt, dass
die Zulassung mit dem Tod, mit dem Wirksamwerden eines Verzichts
oder mit dem Wegzug des Berechtigten aus dem Bezirk seines Kassenarztsitzes endet.

63 Der Begriff des „Kassenarztsitzes" ist synonym mit dem Begriff des
„Vertragsarztsitzes". Mit dem „Bezirk des Vertragsarztsitzes" könnte
aber entweder der Zulassungsbezirk oder der jeweilige Planungsbereich, in dem sich die Praxisadresse befindet, gemeint sein. Hess[28]
hält es einzig für sachgerecht, den Bezirk des Vertragsarztsitzes mit
dem Zulassungsbezirk gleichzusetzen. Verziehe der Vertragsarzt mit
seiner Praxis innerhalb des Zulassungsbezirkes, so handele es sich um
eine Verlegung des Praxissitzes mit der Folge der Umschreibung des
Vertragsarztsitzes durch den Zulassungsausschuss. Verziehe der Vertragsarzt mit seiner Praxis aus dem Zulassungsbezirk, so ende seine
Zulassung nach § 95 Abs. 7 SGB V.

64 In einer sehr frühen Entscheidung (Urteil vom 24.3.1971 – 6 R KA 9/
70 –, NJW 1971, 1909) hatte das BSG in Auseinandersetzung mit der
Vorgängervorschrift zu § 95 Abs. 7 SGB V (§ 368a Abs. 7 RVO)
zwar deutlich gemacht, dass der „Wegzug aus dem Bezirk seines Kassenarztsitzes" nicht mit der Aufgabe des Wohnsitzes im Sinne des § 7
BGB gleichzusetzen sei. Allerdings wurde offen gelassen, ob unter
„Bezirk des Kassenarztsitzes" der Planungsbereich oder der Zulassungsbezirk gemeint sei. In dieser Entscheidung hebt das BSG lediglich hervor, Sinn und Zweck der Vorschrift sei der Schutz des Kassenarztsitzes als Planungsinstrument der KV, die Durchsetzung der an
den Kassenarztsitz gebundenen Sprechstunden- und Residenzpflicht,
sowie die mitgliedschaftliche Zuordnung des Vertragsarztes zu einer
regional bestimmten Kassenärztlichen Vereinigung. Diese Funktionen erlauben aber noch immer keine klare Entscheidung, ob als „Be-

---

27 Beschluss vom 19.7.2007, S 12 KA 287/07 ER.
28 *Hess, R.:* § 95, in: Funk, W. / Gürtner, K. / Hess, R. (Hrsg.): Kasseler Kommentar, SGB V, München, Rn. 95.

zirk des Kassenarztsitzes" nun der Planungsbereich oder der Zulassungsbezirk gemeint sein muss.

Letztlich kann die Frage meines Erachtens wegen des Wortlauts der Vorschrift nur dahingehend beantwortet werden, dass mit dem „Bezirk des Kassenarztsitzes" der Zulassungsbezirk gemeint ist. Dabei gilt als Zulassungsbezirk gem. § 96 Abs. 1 SGB V derjenige Bezirk, für den ein Zulassungsausschuss zuständig ist. Diese Zulassungsbezirke werden gem. § 11 Abs. 1 Ärzte-ZV von den Kassenärztlichen Vereinigungen und den Landesverbänden der Krankenkassen sowie den Verbänden der Ersatzkassen gemeinsam gebildet und abgegrenzt. Werden Zulassungsbezirke für Teile des Bezirks einer Kassenärztlichen Vereinigung gebildet, so sind bei der Abgrenzung in der Regel die Grenzen der Stadt- und Landkreise zu berücksichtigen (§ 11 Abs. 2 Ärzte-ZV). Die Kassenärztliche Vereinigung hat die Zulassungsbezirke in den für ihre amtlichen Bekanntmachungen zuständigen Blättern bekanntzugeben (§ 11 Abs. 3 Ärzte-ZV). Der Begriff des „Zulassungsbezirkes" wird einheitlich verwendet und findet sich an mehreren Stellen in unmittelbarer Nähe zu dem hier fraglichen § 95 Abs. 7 SGB V (bspw. in § 95 Abs. 2, § 96 Abs. 1, § 98 Abs. 2 Nr. 7 SGB V). **65**

Dagegen wird sowohl im SGB V als auch in der Ärzte-ZV gleichermaßen einheitlich von einem „Planungsbereich" als ein bestimmtes Gebiet innerhalb eines Zulassungsbezirkes (vgl. § 100 Abs. 1 SGB V) gesprochen. Der Begriff des „Planungsbereiches" findet sich beispielsweise noch in § 101 Abs. 1 Nr. 4, § 103 Abs. 2, Abs. 4 SGB V oder § 12 Abs. 3 oder § 16b Abs. 1 Ärzte-ZV. Wenn danach der Gesetzgeber also ausdrücklich zwischen Zulassungs„bezirken" und Planungs„bereichen" unterscheidet, so kann mit dem „Bezirk des Kassenarztsitzes" auch nur der Zulassungsbezirk gemeint sein. Es ist nicht angängig, einen Planungsbereich als Bezirk im Sinne des § 95 Abs. 7 SGB V anzusehen, wenn der Begriff des „Bezirkes" im SGB V (und in der Ärzte-ZV) ansonsten einheitlich nur im Zusammenhang mit dem Begriff des „Zulassungsbezirkes" auftaucht. **66**

Letztlich folgt dieses Ergebnis auch aus den Regelungen in § 103 Abs. 4 SGB V. Nach Satz 1 dieser Vorschrift besteht (auf Antrag des Vertragsarztes) die Pflicht der KV zur Ausschreibung des Vertragsarztsitzes, „wenn die Zulassung eines Vertragsarztes in einem Planungsbereich, für den Zulassungsbeschränkungen angeordnet sind, durch Erreichen der Altersgrenze, Tod, Verzicht oder Entziehung endet" und die Praxis von einem Nachfolger fortgeführt werden soll. Der Gesetzgeber hat hier genau aufgezählt, unter welchen Vorausset- **67** zungen die Zulassung eines Vertragsarztes in einem Planungsbereich endet. Der gesetzliche Beendigungstatbestand des § 95 Abs. 7 SGB V (Wegzug des Berechtigten aus dem Bezirk seines Kassenarztsitzes) ist hier allerdings nicht genannt. Dies ist nur deshalb verständlich und richtig, weil der Wegzug aus einem Planungsbereich nicht automatisch zur Beendigung der Zulassung führt. Dies ist, wie dargestellt, nur im Falle des Wegzuges aus dem Zulassungsbezirk der Fall.

10   Nachfolgezulassung

10.1 Allgemeines

68   Mit Einführung der sogenannten Bedarfsplanung ist in den wegen Überversorgung gesperrten Bezirken (Planungsbereichen) die Zulassung nur im Falle eines (schwer nachweisbaren) Sonderbedarfs oder als sogenannte Nachfolgezulassung möglich. Im letztgenannten Fall wird der Vertragsarztsitz eines ehedem zugelassenen Leistungserbringers durch einen vom Zulassungsausschuss ausgewählten Nachfolger übernommen; die Zulassung des ehemaligen Praxisinhabers wird also auf den Nachfolger übertragen.[29] Die Regelungen zur Nachfolgezulassung finden sich in § 103 Abs. 4 SGB V. Gem. § 72 Abs. 1 Satz 2 SGB V gelten diese Regelungen, die sich ausschließlich auf Ärzte beziehen, entsprechend für (psychologische) Psychotherapeuten und Kinder- und Jugendlichenpsychotherapeuten.

69   Das Nachfolgezulassungsverfahren ist vom Gesetzgeber in zwei Phasen unterteilt: Auf Antrag des Praxisabgebers ist der Vertragsarztsitz zunächst von der Kassenärztlichen Vereinigung auszuschreiben, eine Liste der eingehenden Bewerbungen ist zu erstellen. In der zweiten Phase wählt der Zulassungsausschuss den Nachfolger nach pflichtgemäßem Ermessen aus.[30]

---

29   Nach einem Urteil des *OLG München* vom 7.5.2008 (34 Sch 8/07) wird das höchstpersönliche Recht der kassenärztlichen Zulassung nicht berührt, wenn sich ein Leistungserbringer im Rahmen eines Gesellschaftsvertrages zum Betrieb einer Gemeinschaftspraxis verpflichtet, an der Rückübertragung des von ihm nicht eingebrachten Kassenarztsitzes an die Gesellschaft im Wege des Nachbesetzungsverfahrens mitzuwirken.
30   Vgl. insbesondere: *Rüping, U / Mittelstaedt, E.:* Abgabe, Kauf und Bewertung psychotherapeutischer Praxen, Heidelberg 2008.

10.2 Auswahl der Bewerber/Akteneinsicht

Bei der Auswahl der Bewerber sind die berufliche Eignung, das Approbationsalter und die Dauer der ärztlichen Tätigkeit zu berücksichtigen, ferner, ob der Bewerber der Ehegatte, ein Kind, ein angestellter Arzt des bisherigen Vertragsarztes oder ein Vertragsarzt ist, mit dem die Praxis bisher gemeinschaftlich ausgeübt wurde (§ 103 Abs. 4 Satz 4 SGB V). Das Gesetz sieht eine Gewichtung dieser Auswahlkriterien untereinander nicht vor. Es ist Aufgabe der Zulassungsinstanzen, die Kriterien im Einzelfall nach pflichtgemäßem Ermessen gegeneinander abzuwägen. Diese Entscheidung ist durch die Gerichte nur auf Ermessensfehler überprüfbar.[31] Gehen die Zulassungsinstanzen in zutreffender Weise von der gleichen Eignung zweier Bewerber um die Praxisnachfolge aus, so ist es nach einer Entscheidung des SG Marburg[32] nicht zu beanstanden, wenn bei der Auswahl die wirtschaftlichen Interessen des Praxisabgebers bzw. der Umstand, dass der eine Bewerber sich bereits mit dem Praxisabgeber über alle über die Vertragsgestaltung geeinigt hat, als ausschlaggebendes Kriterium gewertet wird. Ein Ermessensfehler sei hierin nicht zu sehen.

70

Sofern sich der Zulassungsausschuss gegen einen (Mit)bewerber entscheidet, muss dieser prüfen, ob er gegen die Entscheidung Widerspruch einlegen soll. Die Erfolgsaussicht eines solchen Widerspruchs kann nur beurteilen, wer genauestens über den bevorzugten Mitbewerber Bescheid weiß. Auch die Widerspruchsbegründung kann nur dann ordnungsgemäß erstellt werden, wenn die Qualifikation der Mitbewerber jedenfalls in dem Umfang bekannt ist, wie sie zur Grundlage der Entscheidung des Zulassungsausschusses gemacht wurde. Das gleiche Informationsbedürfnis hat aber auch der vom Zulassungsausschuss bevorzugte Kandidat, wenn ein unterlegener Mitbewerber seinerseits Widerspruch einlegt.

71

Hier ist zu beachten, dass alle am Zulassungsverfahren Beteiligten gem. § 25 SGB X das Recht haben, auch schon vor der Entscheidung des Zulassungsausschusses Akteneinsicht in die dort vorliegenden Unterlagen zu nehmen und sich – gegen Kostenerstattung – daraus Ablichtungen anfertigen zu lassen. Mitunter kommt es aber auch in der Geschäftsstelle des Zulassungsausschusses zu Streit darüber, in welchem Umfang der vorsprechende Arzt/Zahnarzt/Therapeut Akteneinsicht nehmen darf.

72

---

31   *Thüringer Landessozialgericht*, Beschluss vom 13.6.2000 – L 4 KA 29/1997.
32   *SG Marburg*, Beschluss vom 21.3.2007 – S 12 KA 75/07 ER.

73   Sofern die Geschäftsstelle meint, lediglich die Akte des vorsprechen-
den Vertragsarztes vorlegen zu müssen, so ist dem entschieden zu widersprechen. Die „das Verfahren betreffenden Akten" umfassen sowohl die Zulassungsakte des Praxisabgebers und seinen Nachbe-
setzungsantrag als auch die Zulassungsanträge der Bewerber einschließlich der nach § 18 Zulassungsverordnung-Ärzte erforderlichen
Anlagen. Wer seinen eigenen Widerspruch gegen eine Zulassungsentscheidung sorgfältig begründen will oder wer gegen den Widerspruch
eines Mitbewerbers sachgerecht argumentieren muss, bedarf „zur
Geltendmachung oder Verteidigung seiner rechtlichen Interessen" aller dieser Unterlagen.

74   Der Vertragsarzt muss Kenntnis über alle Umstände haben, die der
Zulassungsausschuss selbst bei seiner Entscheidung berücksichtigte
oder berücksichtigen wird. Wer nicht selbst das Approbationsalter
oder die Fachkundenachweise eines Mitbewerbers anhand dessen Unterlagen ermitteln konnte, wird nicht überprüfen können, ob der Zulassungsausschuss die richtigen Zahlenangaben zur Grundlage seiner
Entscheidung macht. Da dem Zulassungsausschuss bzw. dem Berufungsausschuss keine Vorgaben bezüglich der Gewichtung der in
§ 103 Abs. 4 Satz 4 SGB V genannten Kriterien vorgegeben sind, ist
die Zulassungsentscheidung Ergebnis einer Gesamtwürdigung. Wer
demnach erfolgreich vor dem Zulassungsausschuss oder Berufungsausschuss argumentieren will, muss seinen Vortrag sorgfältig vorbe-
reiten. Detailkenntnisse der vollständigen Bewerbungsunterlagen der
Konkurrenten sind dafür unabdingbar. Eigene Schwächen und Stärken müssen jeweils im Vergleich zu den Mitbewerbern gesehen werden. Eignungsaspekte, die vom Zulassungsausschuss möglicherweise
überhaupt nicht berücksichtigt wurden und deshalb im Zulassungsbescheid auch nicht genannt wurden, ergeben sich nur aus den Bewerbungsunterlagen und müssen dort herausgearbeitet werden.

75   Nach einer Entscheidung des Hessischen Landessozialgerichts[33] kann
auch ein Psychologischer Psychotherapeut im Rahmen der Nachfolgezulassung den Vertragsarztsitz eines Facharztes für psychotherapeutische Medizin übernehmen.

---

33   Beschluss vom 23.5.2007 – L 4 KA 72/06 – vorgehend: *Sozialgericht Marburg* –
S 12 KA 732/06.

10.3 Fortführungsfähigkeit?

Die Regelung des § 103 Abs. 4 SGB V über die Nachfolgezulassung 76
wurde vom Gesetzgeber im Zusammenhang mit den Neuregelungen
über die Bedarfsplanung und die Zulassungsbeschränkungen getroffen.[34] Neben der Beendigung der Zulassung und der Ausschreibung
dieses Vertragsarztsitzes nennt das Gesetz als Tatbestandsvorausset-
zung für das Nachbesetzungsverfahren, dass „die Praxis von einem
Nachfolger fortgeführt werden soll" und der Bewerber „die ausge-
schriebene Praxis als Nachfolger des bisherigen Vertragsarztes fort-
führen will". Sofern der Tatbestand einer Praxisfortführung im Sinne
des § 103 Abs. 4 Satz 1 SGB V nicht erfüllt ist, weil es keine fortfüh-
rungsfähige Praxis gibt, ist weder ein Vertragsarztsitz auszuschreiben
noch eine Zulassung im Nachbesetzungsverfahren zu erteilen.[35]

Im Nachfolgezulassungsverfahren wird damit der öffentlich-rechtli- 77
che Akt der Zulassung mit privatrechtlichen Vereinbarungen zur Praxisübergabe verbunden, was seit Jahren zu vielerlei Kritik und Problemen in der Praxis führt.[36]

Der Grund für die Einbeziehung der (privat-rechtlichen) Vermögens- 78
verfügung „Praxisnachfolge" in die öffentlich-rechtliche Statusent-
scheidung ist gleichzeitig der Grund für die Ausnahmeregelung des
§ 103 Abs. 4 SGB V insgesamt: Es wird der Versuch unternommen,
die (privaten) wirtschaftlichen Interessen des Vertragsarztes an einem
Praxisverkauf, der vielfach Bestandteil der Altersversorgung ist, mit
den (öffentlichen) Interessen der Bedarfsplanung zu harmonisieren.[37]
Die Regelung soll den Erfordernissen des Eigentumsschutzes dadurch
Rechnung tragen, dass dem Inhaber einer Praxis deren wirtschaftliche
Verwertung auch in einem für Neuzulassungen gesperrten Gebiet ermöglicht wird.[38] Die – in Zeiten der Bedarfsplanung eigentlich uner-
wünschte – Überversorgung wird auch bei Beendigung der Zulassung
eines Vertragsarztes und entsprechender Nachfolgezulassung hinge-
nommen, weil anderenfalls ein ausscheidender Vertragsarzt bzw. seine Erben keine Möglichkeit hätten, die (unter Umständen wertvolle)
Praxis zu verwerten. Denn für die Übernahme einer (auch) vertragsärztlichen Praxis würde sich niemand interessieren, sofern er für den

---

34 Vgl. Art. 1 Nr. 58 ff. Gesundheitsstrukturgesetz vom 21.12.1992, BGBl. I 2266,
    mit der Neufassung des § 103 SGB V in Art. 5 Nr. 60.
35 *BSG*, Urteil vom 29.9.1999, B 6 KA 1/99 R.
36 Vgl. insbesondere die Aufsätze von *Rieger, H.-J. u. a.* in: MedR, 1994, S. 213 ff.
37 Vgl. *Bartels, H.:* Rechtsfolgen des GSG '93 – Bestandsaufnahme im Zulassungs-
    wesen, in: MedR, 1995, S. 232.
38 Vgl. Bericht des Ausschusses für Gesundheit, BT-Drucks. 12/3937, S. 7.

jeweiligen Vertragsarztsitz nicht auch eine Zulassung erhalten könnte. Wegen der grundgesetzlich geschützten Rechtsposition des Praxisübergebers (Art. 2, 12, 14 Grundgesetz) tritt der gesetzgeberische Wille, Überversorgung zu vermeiden, zurück, wenn und soweit die wirtschaftlichen Interessen des ausscheidenden Vertragsarztes bzw. seiner Erben die Erteilung einer Zulassung in einem gesperrten Gebiet als geboten erscheinen lassen.[39]

79 Die Fortführungsfähigkeit und die Möglichkeit der wirtschaftlichen Verwertung der Praxis sind also sowohl nach dem Wortlaut als auch nach dem Gesetzeszweck der Regelung Voraussetzungen für das Nachfolgezulassungsverfahren.

80 Wann aber kann einer Praxis ihre Fortführungsfähigkeit bzw. ihre Übernahmefähigkeit abgesprochen werden? In dem Urteil des BSG vom 29.9.1999[40] finden sich zur Frage der Fortführungsfähigkeit zahlreiche Hinweise.

81 In dem vom BSG entschiedenen Fall hatte ein Radiologe eine Zulassung und Genehmigung zur Ausübung der vertragsärztlichen Tätigkeit in Gemeinschaftspraxis erhalten, seine Tätigkeit aber wegen einer Erkrankung nicht aufgenommen. Nachdem die Zulassung zunächst geruht hatte, stellte der Zulassungsausschuss das Ende der Zulassung 14 Monate nach der ursprünglichen Erteilung der Zulassung fest. In dem anschließenden Nachfolgezulassungsverfahren wurde ein Bewerber zugelassen, eine erfolglose Mitbewerberin aber erhob Widerspruch gegen diese Entscheidung. Der Berufungsausschuss hob den Zulassungsbescheid mit der Begründung auf, es habe eine übernahmefähige Praxis nicht bestanden; da keine bestehende Vertragsarztpraxis fortgeführt werden sollte, sei kein Raum für die Nachfolgezulassung gem. § 103 Abs. 4 SGB V. Gegen diese Entscheidung klagten die widerspruchsführende Mitbewerberin und die zuständige KV. Sowohl diese Klage als auch die Berufung blieben ohne Erfolg. Auch mit der Revision beim BSG konnten sich die Kläger nicht durchsetzen.

82 Das BSG verneinte die Fortführungsfähigkeit/Übernahmefähigkeit der Praxis mit der Begründung, der Radiologe habe seit seiner Zulassung weder in einer Einzelpraxis noch im Rahmen einer Gemeinschaftspraxis seine vertragsärztliche Tätigkeit ausgeübt. Eine Praxis könne aber nur dann von einem Nachfolger fortgeführt werden, wenn der ausscheidende Vertragsarzt zum Zeitpunkt der Beendigung seiner

---

39 Urteil des *BSG* vom 29.9.1999 – B 6 KA 1/99 R.
40 B 6 KA 1/99 R.

Zulassung tatsächlich unter einer bestimmten Anschrift in nennenswertem Umfang (noch) vertragsärztlich tätig gewesen sei.

Letzteres setze den Besitz bzw. Mitbesitz von Praxisräumen, die Ankündigung von Sprechzeiten, die tatsächliche Entfaltung einer ärztlichen Tätigkeit unter den üblichen Bedingungen sowie das Bestehen der für die Ausübung der ärztlichen Tätigkeit im jeweiligen Fachgebiet erforderlichen Praxisinfrastruktur in apparativ-technischer Hinsicht voraus. **83**

In den Worten des BSG: **84**

Fehlt es an alledem, wird eine ärztliche Praxis tatsächlich nicht betrieben und in Folge dessen auch die vertragsärztliche Tätigkeit nicht ausgeübt. Ein Vertragsarzt, der eine vertragsärztliche Tätigkeit tatsächlich nicht wahrnimmt, keine Praxisräume mehr besitzt, keine Patienten mehr behandelt und über keinen Patientenstamm verfügt, betreibt keine Praxis mehr, die im Sinne des § 103 Abs. 4 Satz 1 SGB V von einem Nachfolger fortgeführt werden könnte.[41]

Ausweislich der Urteilsbegründung ist es für die Frage der Fortführungsfähigkeit einer Praxis also ohne Belang, ob der Praxisnachfolger dieselben Patienten wie der ausscheidende Vertragszahnarzt/Vertragsarzt/Vertragspsychotherapeut behandelt. Ausdrücklich bestätigt das BSG: „Praxisfortführung in diesem Sinne verlangt nicht notwendig, dass der Nachfolger eines ausscheidenden Vertragsarztes auf Dauer die bisherigen Patienten in denselben Praxisräumen mit Unterstützung desselben Praxispersonals und unter Nutzung derselben medizinisch-technischen Infrastruktur behandelt oder zumindest behandeln will."[42] **85**

Fortführungsfähigkeit einer Praxis ist dagegen nach der höchstrichterlichen Rechtsprechung zu bejahen, wenn der ausscheidende Vertragsarzt/Vertragspsychotherapeut tatsächlich in eigener Praxis vertragsärztlich tätig war, Praxisräume mit der notwendigen Praxisinfrastruktur besitzt und Patienten behandelt. Liegen diese Voraussetzungen vor, so besteht in rechtlicher Hinsicht die Möglichkeit zur Praxisfortführung, zu der der entsprechende subjektive Fortführungswille des Nachfolgers hinzu treten muss. **86**

---

41   *BSG*, Urteil vom 29.9.1999 – B 6 KA 1/99 R –, S. 12 ff. des Urteilumdrucks.
42   *BSG*, Urteil vom 29.9.1999 – B 6 KA 1/99 R –, S. 12 des Urteilumdrucks, ebenso *LSG Baden-Württemberg*, Urteil vom 8.5.2002 – L 5 KA 382-02 –.

87 Nach einer Entscheidung des SG Marburg[43] hat im Falle des **Ruhens der Zulassung** eine Ausschreibung auch dann zu erfolgen, wenn eine vertragsärztliche Praxis nur noch in der Hülse des Vertragsarztsitzes vorhanden ist.

10.4 Teilzulassung

88 Noch als ungeklärt dürfte gelten, ob im Falle einer Beschränkung des (vollzeitigen) Versorgungsauftrages auf die Hälfte nach § 19a Abs. 2 Ärzte-ZV oder im Falle der „hälftigen Entziehung der Zulassung" nach § 95 Abs. 6 Satz 2 SGB V eine Nachfolgezulassung für die andere Hälfte des Versorgungsauftrages ausgesprochen werden kann. Allerdings hat das Sozialgericht München in einem Verfahren des einstweiligen Rechtsschutzes (S 38 KA 17/08 ER) mit Beschluss vom 15.1.2008 die Kassenärztliche Vereinigung verpflichtet, die Hälfte eines Vertragsarztsitzes zur Nachbesetzung durch einen Nachfolger gemäß § 103 Abs. 4 SGB V auszuschreiben.

89 Abgesehen davon, dass es an der eigentlich notwendigen klaren gesetzlichen Regelung fehlt, könnte gegen eine solche „hälftige Nachfolgezulassung" sprechen, dass die Praxis des bisherigen Vertragsarztes/Vertragstherapeuten nicht durch einen Nachfolger fortgeführt werden soll, weil der bisherige Vertragsarzt seine Praxis durchaus weiterführt, lediglich mit hälftigem Versorgungsauftrag.

90 Allerdings kann auch das Gegenteil richtig sein: Wer eine volle, „vollzeitige" Praxis führt und (für die Zukunft) seinen Versorgungsauftrag auf die Hälfte nach § 19a Abs. 2 Ärzte-ZV beschränken will, der benötigt tatsächlich einen Nachfolger zur Übernahme seiner dann nicht mehr zu versorgenden Patienten und zur Fortführung der Hälfte seiner (bisherigen) Praxis. Dabei ist insbesondere auch zu berücksichtigen, dass § 103 SGB V in den Absätzen 4 bis 6 dem Interesse des Werterhalts der freiberuflichen Arztpraxis dient.[44] Dieser Werterhalt kann aber nur erreicht werden, wenn auch eine Praxis mit hälftigem Versorgungsauftrag nachbesetzt werden kann.[45]

---

43 Urteil vom 20.2.2008 – S 12 KA 123/07 –, Berufung anhängig: *LSG Hessen* – L 4 KA 38/08.
44 Vgl. *Hauck, K.:* SGB V, § 103 Rn. 1, Berlin 2008.
45 Ebenso *SG München*, Beschluss vom 15.1.2008 – S 38 KA 17/08 ER.

11   Sonderbedarfszulassung

Im „gesperrten Bezirk" (Anordnung von Zulassungsbeschränkungen)   **91**
besteht grundsätzlich keine Möglichkeit weiterer Zulassungen. Neben
der Nachbesetzung einer bereits bestehenden Zulassung („Nachfolgezulassung" gemäß § 103 SGB V) kommt hier eine Zulassung nur als
sog. „Sonderbedarfszulassung" in Betracht. Geregelt ist die Möglichkeit solcher Sonderbedarfszulassungen in § 24 der Bedarfsplanungs-
Richtlinien i. V. m. § 101 Abs. 1 Nr. 3 SGB V. Die unterschiedlichen
Ausnahmetatbestände lassen sich untergliedern in einen „lokalen
Versorgungsbedarf" oder verschiedene Ausprägungen eines „qualita-
tiven Sonderbedarfs."[46]

Grund für die Sonderbedarfszulassung ist aber in jedem Fall, dass   **92**
trotz „statistischer Überversorgung" für die Versicherten Versorgungsdefizite bestehen. Dies kann einerseits einer aus Sicht der Versicherten ungünstigen Verteilung der Leistungserbringer im Planungsbereich geschuldet sein mit der Konsequenz, dass eine zumutbar
wohnortnahe Versorgung nicht mehr sichergestellt ist. Andererseits
kann es Versorgungsdefizite geben, weil zwar viele Leistungserbringer einer Arztgruppe, aber nur wenige (zu wenige) mit spezieller
Qualifikation für bestimmte Leistungen zugelassen sind.

Bei der Beurteilung der Frage, ob insoweit ein Versorgungsbedarf   **93**
noch ungedeckt ist, steht den Zulassungsgremien ein gerichtlich nur
eingeschränkt überprüfbarer Beurteilungsspielraum zu. Die gerichtli-
che Kontrolle beschränkt sich darauf, ob der Verwaltungsentschei-
dung ein richtig und vollständig ermittelter Sachverhalt zugrunde
liegt, ob die durch Auslegung des Begriffs „besonderer Versorgungsbedarf" oder „lokaler Versorgungsbedarf" zu ermittelnden Grenzen
eingehalten und ob die Subsumtionserwägungen so hinreichend in der
Begründung der Entscheidung verdeutlicht wurden, dass im Rahmen
des Möglichen die zutreffende Anwendung der Beurteilungsmaßstäbe
erkennbar und nachvollziehbar ist. Diese eingeschränkte Überprü-
fungsfunktion der Gerichte beruht im Wesentlichen darauf, dass die
ortsnahen fachkundigen Zulassungsinstanzen nur ungefähr entscheiden können, ob und inwieweit die bereits niedergelassenen und er-
mächtigten Ärzte eine qualitativ und quantitativ ausreichende Versorgung gewährleisten, da zur Beantwortung dieser Frage eine Vielzahl
von Faktoren in die Entscheidung einzubeziehen sind. Entscheidungen der Zulassungsgremien sind daher hinzunehmen, wenn sie sich

---

46   Vgl. Hierzu *Plagemann, H.:* Sonderbedarfszulassung, in: MedR, 1998, S. 85 ff.

im Rahmen der Beurteilungsermächtigung halten.[47] Um die Zulassungsgremien davon zu überzeugen, dass ein ungedeckter Versorgungsbedarf besteht, ist unbedingt anzuraten, möglichst viele Stellungnahmen von Personen und Institutionen beizubringen, die über die Versorgungssachverständig Auskunft geben können. Dies können Überweiser sein, Krankenhäuser, Hochschulambulanzen, Bezirksämter, Fachverbände oder Selbsthilfegruppen. Nach Ansicht des BSG ist auch nicht zu beanstanden, dass die Zulassungsgremien bei den Leistungserbringern der fraglichen Arztgruppe nachfragen. Ausdrücklich hebt das BSG aber auch hervor[48], dass die Angaben der potenziellen künftigen Konkurrenten des Bewerbers um einen zusätzlichen Praxissitz nicht ohne weiteres als Entscheidungsgrundlage geeignet sind, sondern sorgfältig ausgewertet und soweit möglich durch weitere Ermittlungen ergänzt und so objektiviert werden müssen.

94   Zu beachten ist auch, dass für einen durch zugelassene Leistungserbringer noch nicht gedeckten Versorgungsbedarf sowohl bereits ausgesprochene Ermächtigungen von Krankenärzten oder anderen Leistungserbringern als auch Genehmigungen für die Erbringung spezieller fachärztlicher Leistungen nach § 73 Abs. 1a S. 3 SGB V sprechen.

95   Hinsichtlich der Sonderbedarfszulassung von Psychologischen Psychotherapeuten und Kinder- und Jugendlichenpsychotherapeuten ist schließlich noch zu beachten, dass nach einer Entscheidung des Landessozialgerichts Baden-Württemberg[49] eine (qualitative) Sonderbedarfszulassung auf der Grundlage von § 24 lit. b Bedarfsplanungs-Richtlinie solange nicht in Betracht kommt, als die Psychologischen Psychotherapeuten und Kinder- und Jugendlichenpsychotherapeuten nicht über eine durch Weiterbildungsordnungen geregelte Weiterbildung verfügen.[50] Dabei besteht für die Kinder- und Jugendlichenpsychotherapeuten in § 24b eine Sonderregelung: Nach Satz 3 der Vorschrift wird die Berufsbezeichnung Kinder- und Jugendlichenpsychotherapeut einer Schwerpunktbezeichnung im Rahmen der ärztlichen Weiterbildung „gleichgestellt". Dies bedeutet, dass eine Sonderbedarfszulassung für Kinder- und Jugendlichenpsychotherapeuten (nicht aber für Psychologische Psychotherapeuten) möglich ist, sofern ein besonderer Versorgungsbedarf hinsichtlich der psychotherapeuti-

---

47 So *LSG NRW*, Urteil vom 14.7.2004 – L 11 KA 21/04 unter Hinweis auf *BSG*, Urteil vom 19.3.1997 – 6 RKa 43/96, Urteil vom 10.5.2000 – B 6 KA 9/99 R, Urteil vom 28.6.2000 – B 6 KA 35/99 R.
48 Urteil vom 28.6.2000 – B 6 KA 35/99 R.
49 Urteil vom 13.11.2002 – L 5 KA 1247/02.
50 So auch: *SG Marburg*, Beschluss vom 20.7.2005 – S 12 KA 354/05 ER.

schen Behandlung von Kindern und Jugendlichen von den Zulassungsinstanzen erkannt wird.

Von der Sonderbedarfszulassung zu trennen ist die durch das Ver- **96**
tragsarztrechtsänderungsgesetz neu eingeführte Möglichkeit der Feststellung eines **„zusätzlichen lokalen Versorgungsbedarfs"** in nicht
unterversorgten Planungsbereichen (§ 101 Abs. 1 Satz 1 Nr. 3a
SGB V). Nach der Begründung zum Gesetzentwurf soll Hintergrund
dieser Regelung sein, dass in ländlichen Gebieten, insbesondere der
neuen Länder, absehbar sei, dass es zu Versorgungsengpässen kommen könne, für deren Behebung das bisherige Instrumentarium des
Vertragsarztrechts ergänzt werden müsse. Hier wird insbesondere an
die Möglichkeit gedacht, „Sicherstellungszuschläge" an niederlas-
sungswillige Ärzte in solchen Fällen zu zahlen, in denen der Landesausschuss in dem betreffenden Planungsbereich eine Unterver-
gungsfeststellung getroffen hat. Solche Sicherstellungszuschläge
sollen künftig (wegen der Änderung des § 105 Abs. 1 SGB V) auch
dann gezahlt werden können, wenn ein „zusätzlicher lokaler Versorgungsbedarf" nach § 101 Abs. 3 SGB V festgestellt wurde. Der Gesetzgeber sieht hierin eine Ergänzung des bereits bestehenden Instru-
ments der Sonderbedarfszulassung nach § 24 Abs. 1 Buchst. a der
Bedarfsplanungs-Richtlinien.

Auch in § 101 Abs. 1 Nr. 5 SGB V (Anstellung trotz Zulassungssper- **97**
re) findet sich durch das Vertragsarztrechtsänderungsgesetz ein neuer
Ausnahmetatbestand für die Leistungsbegrenzung, soweit und solange dies zur Deckung eines „zusätzlichen lokalen Versorgungsbedarfs" erforderlich ist. Hier ist hervorzuheben, dass wegen der Formulierung „solange" die Leistungsbegrenzungserweiterung wieder zu
reduzieren ist, sobald ein lokaler Versorgungsbedarf nicht mehr besteht. Dieser Automatismus ist natürlich besonders problematisch,
weil damit unter Umständen von einem Tag auf den anderen das Bedürfnis für einen angestellten Arzt nicht mehr besteht und dieser aus
betriebswirtschaftlichen Gründen dann zwingend entlassen werden
muss. Da entsprechende Feststellungen des Landesausschusses für
den Vertragsarzt als Arbeitgeber völlig überraschend kommen können, begegnet die Anstellung von Ärzten insoweit gewissen Risiken.

12 Job-Sharing

Nach § 103 Abs. 1 SGB V hat der Landesausschuss der Ärzte und **98**
Krankenkassen festzustellen, ob eine **Überversorgung** vorliegt.

Wenn dies der Fall ist, hat der Landesausschuss nach den Vorschriften der Zulassungsverordnung und unter Berücksichtigung der Bedarfsplanungs-Richtlinien **Zulassungsbeschränkungen** anzuordnen. Im Falle solcher Zulassungsbeschränkungen („gesperrter Bezirk") ist jede weitere Zulassung grundsätzlich ausgeschlossen.

99 Nach **§ 101 Abs. 1 Nr. 4 SGB V** sind allerdings in den Bedarfsplanungs-Richtlinien Ausnahmen für die Zulassung eines Arztes in einem Planungsbereich, für den Zulassungsbeschränkungen angeordnet sind, zu regeln, sofern der Arzt die vertragsärztliche Tätigkeit gemeinsam mit einem dort bereits tätigen Vertragsarzt desselben Fachgebiets ausüben will (sog. **„Job-Sharing"**) und sich die Partner der Gemeinschaftspraxis gegenüber dem Zulassungsausschuss zu einer Leistungsbegrenzung verpflichten, die den bisherigen Praxisumfang nicht wesentlich überschreitet. Entsprechende Regelungen muss es für die Anstellung eines Arztes in einer Einrichtung nach § 311 Abs. 2 S. 1 SGB V und in einem medizinischen Versorgungszentrum geben.

100 Der Bundesausschuss der Ärzte und Krankenkassen hat die Voraussetzungen einer solchen eingeschränkten Zulassung zur Bildung oder Erweiterung einer Gemeinschaftspraxis in den Bedarfsplanungs-Richtlinien geregelt. Nach § 23a Bedarfsplanungs-Richtlinien hat der Zulassungsausschuss auf Antrag einen Arzt trotz Zulassungsbeschränkungen zur gemeinsamen Berufsausübung mit einem bereits zugelassenen Arzt derselben Arztgruppe zuzulassen, wenn folgende Voraussetzungen erfüllt sind:

1. Der antragstellende Arzt erfüllt in seiner Person die Voraussetzungen der Zulassung.
2. Der Vertrag über die gemeinsame Berufsausübung stellt einen Vertrag zur Bildung einer Gemeinschaftspraxis dar, der die Voraussetzungen der Genehmigungsfähigkeit gemäß § 33 Abs. 2 S. 2 Ärzte-ZV erfüllt.
3. Der antragstellende Arzt gehört derselben Arztgruppe wie der Vertragsarzt an.
4. Der Vertragsarzt und der Antragsteller erklären sich gegenüber dem Zulassungsausschuss schriftlich bereit, während des Bestands der Gemeinschaftspraxis mit dem Antragsteller den zum Zeitpunkt der Antragstellung bestehenden Praxisumfang nicht wesentlich zu überschreiten, und erkennen die dazu vom Zulassungsausschuss festgelegte Leistungsbeschränkung an; soll der Antragsteller in einer bereits gebildeten Gemeinschaftspraxis aufgenommen werden, so sind die Erklärungen von allen Vertragsärzten abzugeben.

Der „Job-Sharer" muss also in eigener Person zunächst die Voraus- **101**
setzungen für eine Zulassung nach den Vorgaben der Ärzte-ZV erfüllen. Daneben muss er derselben Arztgruppe wie der bereits zugelassene Vertragsarzt angehören. „Arztgruppe" ist das Fachgebiet im Sinne
der Weiterbildungsordnung. Übereinstimmung in der Arztgruppe besteht, wenn der antragstellende Arzt dasselbe Fachgebiet wie der Vertragsarzt führt („Fachidentität"); führen beide Ärzte Schwerpunktbezeichnungen nach der Weiterbildungsordnung, so muss auch insoweit
Übereinstimmung bestehen (§ 23b S. 1 und 2 Bedarfsplanungs-Richtlinien). Einer Übereinstimmung steht nicht entgegen, wenn nur einer
der Ärzte eine Schwerpunktbezeichnung führt (ebenda, Satz 3). Sind
mehrere Vertragsärzte bereits in gemeinschaftlicher Berufsausübung
(Gemeinschaftspraxis) zugelassen, genügt die Übereinstimmung des
Fachgebiets des antragstellenden Arztes mit einem der in gemeinsamer Berufsausübung verbundenen Vertragsärzte (ebenda, Satz 4).

Für die Psychologischen Psychotherapeuten und Kinder- und Jugend- **102**
lichenpsychotherapeuten gilt nach § 23h Bedarfsplanungs-Richtlinie,
dass die gemeinsame Berufsausübung nur unter zugelassenen und zu-
lassungsfähigen Psychologischen Psychotherapeuten einerseits oder
Kinder- und Jugendlichenpsychotherapeuten andererseits zulässig ist.
Arztgruppe im Sinne der § 23b ist bei Psychologischen Psychotherapeuten und Kinder- und Jugendlichenpsychotherapeuten der Status
als Psychotherapeut unabhängig von der Abrechnungsgenehmigung
für die vom Bundesausschuss für Ärzte und Krankenkassen nach den
maßgeblichen Psychotherapie-Richtlinien anerkannten Therapieverfahren („Richtlinienverfahren").

Nach § 23c der Bedarfsplanungs-Richtlinie legt der Zulassungsaus- **103**
schuss vor der Zulassung des Antragstellers in einer verbindlichen
Feststellung zur Beschränkung des Praxisumfangs auf der Grundlage
der gegenüber dem Vertragsarzt (den Vertragsärzten) in den voraus-
gegangenen mindestens vier Quartalen ergangenen Abrechnungsbe-
scheiden (Honorarbescheide) **quartalsbezogene Gesamtpunktzahlvolumina** fest, welche bei der Abrechnung der ärztlichen Leistungen
im Rahmen der Gemeinschaftspraxis von dem Vertragsarzt und dem
Antragsteller nach seiner Zulassung gemeinsam als Leistungsbeschränkung maßgeblich sind **(Obergrenze).** Diese Gesamtpunktzahlvolumina sind so festzulegen, dass die in einem entsprechenden
Vorjahresquartal gegenüber dem erstzugelassenen Vertragsarzt anerkannten Punktzahlanforderungen um nicht mehr als 3 % überschritten
werden. Das Überschreitungsvolumen von 3 % wird jeweils auf den
Fachgruppendurchschnitt des Vorjahresquartals bezogen.

104 Die „Obergrenze" führt dazu, dass Leistungen der Praxis nicht vergütet werden, die über das festgesetzte Gesamtpunktzahlvolumen hinausgehen. In vielen Zulassungsbezirken wird neben dem Gesamtpunktzahlvolumen als weitere Obergrenze auch ein Eurobetrag entsprechend festgesetzt. Dies bedeutet, dass in keinem Fall eine höhere Vergütung als in den Referenzquartalen erreicht werden kann.

105 Kann wegen der Kürze der bisherigen Tätigkeit des Vertragsarztes ein Vergleich über einen längeren Zeitraum nicht vorgenommen werden, so legt der Zulassungsausschuss das Punktzahlvolumen für die einzelnen Quartale nach Maßgabe des Durchschnitts der Fachgruppe des bereits zugelassenen Vertragsarztes als Obergrenze fest. Hat eine Vertragsärztin oder ein Vertragsarzt wegen der Betreuung und Erziehung von Kindern im Ausgangsberechnungszeitraum im Vergleich zur Fachgruppe geringere Punktzahlvolumina erreicht, gilt Satz 1 entsprechend. Soll der antragstellende Arzt in eine bereits bestehende Gemeinschaftspraxis aufgenommen werden, so hat der Zulassungsausschuss die Berechnungen entsprechend der Zahl der bereits tätigen Vertragsärzte in der Gemeinschaftspraxis zu mindern; handelt es sich um eine fachverschiedene Gemeinschaftspraxis, so ist für die Leistungsbeschränkung Bezugsgröße das Leistungsvolumen des fachidentischen Vertragsarztes (§ 23d der Bedarfsplanungs-Richtlinie).

106 Auf Antrag des Vertragsarztes sind die Gesamtpunktzahlvolumina neu zu bestimmen, wenn Änderungen des EBM oder vertragliche Vereinbarungen, die für das Fachgebiet der Arztgruppe maßgeblich sind, spürbare Auswirkungen auf die Berechnungsgrundlagen haben (§ 23e der Bedarfsplanungs-Richtlinie).

13 Zulassungsentziehung

107 Nach § 27 Ärzte-ZV / § 95 Abs. 6 SGB V kann die Zulassung entzogen werden, wenn ihre Voraussetzungen nicht oder nicht mehr vorliegen, der Vertragsarzt die vertragsärztliche Tätigkeit nicht aufnimmt oder nicht mehr ausübt oder er seine vertragsärztlichen Pflichten gröblich verletzt. Nach Satz 2 dieser Vorschriften kann auch die „hälftige Entziehung der Zulassung" beschlossen werden.

108 Das Landessozialgericht Baden-Württemberg hat in seinem Urteil vom 1.4.1992[51] die Kriterien einer gröblichen Pflichtverletzung unter besonderer Berücksichtigung der Rechtsprechung des BSG und auch

---

51 L 5 KA 1028/91 = MedR 1992, 303.

des Bundesverfassungsgerichts wie folgt zusammengefasst: „Zunächst muss überhaupt ein **Pflichtverstoß** gegeben sein (1.). Dieser muss **schwer** wiegen (2.). Weiterhin muss diese schwere Pflichtverletzung derartige Auswirkungen auf das System der kassenärztlichen Versorgung haben, dass zu deren Schutz die Entziehung der Zulassung erforderlich erscheint. Das ist der Fall, wenn das für die Funktionsfähigkeit des kassenärztlichen Systems erforderliche Vertrauensverhältnis zwischen dem Arzt einerseits und der Kassenärztlichen Vereinigung sowie den Krankenkassen andererseits aufgrund der schweren Pflichtverletzung so tiefgreifend und nachhaltig gestört ist, dass diesen die weitere Zusammenarbeit mit dem Arzt nicht mehr zuzumuten ist und dieser dadurch für die weitere Teilnahme an der kassenärztlichen Versorgung **nicht mehr geeignet** ist (3. a). Dies ist unter Beachtung des Art. 12 Abs. 1 GG i. V. m. dem Grundsatz der **Verhältnismäßigkeit** nur der Fall, wenn die Störung nicht mehr durch eine andere – ebenso wirksame – **mildere Maßnahme** beseitigt werden kann (3. b).‟

Bei der Bewertung, welches **Gewicht** ein Pflichtverstoß hat, sind die Art und Weise des Verstoßes zu prüfen sowie der Grad der Vorwerfbarkeit und die zugrunde liegende Motivation des Arztes. **Es kommt immer auf die jeweils genau festzustellenden Umstände des Einzelfalles an.**[52]   109

Bei der Bewertung, welches Gewicht ein Pflichtverstoß hat, kommt auch der subjektiven Seite (des Leistungserbringers) Bedeutung zu, so etwa, ob der Leistungserbringer im Interesse des Patienten oder primär im eigenen Interesse der Gewinnerzielung handelt und ob ihm wissentliches und willentliches Handeln oder nur vorwerfbares Nichtwissen oder überhaupt kein Verschulden vorzuwerfen ist.[53]   110

Ob ein Pflichtverstoß, der von erheblichem Gewicht ist, außerdem noch die **Eignung** des Leistungserbringers zur weiteren Teilnahme an der kassenärztlichen Versorgung in Frage stellt, hängt davon ab, in welchem Maße das Vertrauensverhältnis zwischen dem Leistungserbringer einerseits und den Kassenärztlichen Vereinigungen sowie den Krankenkassen andererseits so erheblich beeinträchtigt ist, dass diesen die weitere Zusammenarbeit nicht mehr zuzumuten ist, also die Vertrauensbasis tiefgreifend und nachhaltig gestört ist.[54]   111

---

52   BSGE, 15, 177 [184].
53   So BSGE, 63, 43 [46].
54   Vgl. BSGE, 66, 6 [8].

112 Dabei ist schließlich unter dem Gesichtspunkt des Art. 12 Abs. 1 GG i. V. m. dem Grundsatz der **Verhältnismäßigkeit** zu beachten, dass eine die Entziehung der Kassenzulassung rechtfertigende Störung nur dann vorliegt, wenn keine andere – ebenso wirksame – **mildere Sanktion** zur Verfügung steht.[55]

113 Wenn sich bei einer (zunächst) nicht vollzogenen Zulassungsentziehung die Sach- und Rechtslage während des gerichtlichen Verfahrens zugunsten des Arztes in einer Weise geändert hat, die eine Entziehung nicht mehr als angemessen erscheinen lässt, muss im Hinblick auf die Bedeutung des Grundrechts aus Artikel 12 Abs. 1 GG eine solche Änderung bis zur letzten mündlichen Verhandlung vor dem Tatsachengericht berücksichtigt werden.[56] Ergibt eine Berücksichtigung des Verhaltens in einem fünf Jahre anhängigen Verfahren, dass Pflichtverletzungen irgendwelcher Art nicht feststellbar sind, so hat ein Vertragsarzt seine Eignung zur Teilnahme an der vertragsärztlichen Versorgung wieder hergestellt.[57]

114 Mit Urteil vom 29.11.2006[58] hat das Landessozialgericht Berlin-Brandenburg die Entziehung der Zulassung eines Psychotherapeuten für rechtmäßig erklärt, weil dieser nach der Überzeugung des Gerichts seine vertragspsychotherapeutischen Pflichten dadurch gröblich verletzt hatte, dass er seinen Dokumentationspflichten nicht genügte.

14 Medizinische Versorgungszentren

115 Zum 1. Januar 2004 ist das SGB V dahingehend geändert und ergänzt worden, dass zu den Leistungserbringern jetzt auch „zugelassene medizinische Versorgungszentren" gehören (§ 95 Abs. 1 SGB V). Nach der Legaldefinition des § 95 Abs. 1 S. 2 SGB V sind medizinische Versorgungszentren (MVZ) fachübergreifende ärztlich geleitete Einrichtungen, in denen Ärzte, die in das Arztregister nach Absatz 2 Satz 3 Nr. 1 eingetragen sind, als Angestellte oder Vertragsärzte tätig sind. Nach Satz 3 der zitierten Vorschrift können sich die MVZ aller zulässigen Organisationsformen bedienen; sie können von den Leistungserbringern, die aufgrund von Zulassung, Ermächtigung oder Vertrag an der medizinischen Versorgung der Versicherten teilneh-

---

55 BVerfGE, 69, 233 [247]; BSGE, 66, 6 [7, 8]; 61, 1 [4].
56 *BSG*, Urteil vom 20.10.2004 – B 6 KA 67/03 R = MedR 2005, 311.
57 *LSG Nordrhein-Westfalen*, Urteil vom 22.6.2005 – L 11 KA 28/05.
58 L 7 KA 80/06.

men, gegründet werden. Die Zulassung erfolgt für den Ort der Niederlassung als MVZ.

Schon die Definition der **„fachübergreifenden Einrichtung"** wirft **116** Probleme auf, da der Begriff „fachübergreifend" im Vertragsarztrecht neu und nicht näher definiert ist[59]. Im Vertragsarztrechtsänderungsgesetz wurde in § 95 Abs. 1 als Satz 3 SGB V der Versuch einer Legaldefinition eingefügt. Danach ist ein MVZ dann fachübergreifend, wenn in ihr Ärzte mit verschiedenen Facharzt- oder Schwerpunktbezeichnungen tätig sind; sie ist nicht fachübergreifend, wenn die Ärzte der hausärztlichen Arztgruppe nach § 101 Abs. 5 angehören und wenn die Ärzte oder Psychotherapeuten der psychotherapeutischen Arztgruppe nach § 101 Abs. 4 angehören. Sind in einer Einrichtung nach Satz 2 ein fachärztlicher und ein hausärztlicher Internist tätig, so ist die Einrichtung fachübergreifend.

Zu beachten ist der Hinweis in § 95 Abs. 1 S. 3, wonach sich die **117** MVZ **aller zulässigen Organisationsformen** bedienen können. Nach der Gesetzesbegründung können sie als juristische Person, z. B. als GmbH oder Gesamthandsgemeinschaft, z. B. als BGB-Gesellschaft, betrieben werden. Mit der Einschränkung auf „zulässige" Organisationsformen wird klargestellt, dass dadurch anderweitige entgegenstehende gesetzliche Vorgaben, beispielsweise in Heilberufs- und Kammergesetzen, nicht aufgehoben oder eingeschränkt werden (sollen/können). Hier ist heftig umstritten, inwieweit die Rechtsform der GmbH zulässig ist, wenn Vertragsärzte Gesellschafter sein sollen. Zum Teil wird hier argumentiert, dass bei einem MVZ in der Rechtsform der GmbH die dort tätigen Vertragsärzte keine selbstständige ärztliche Tätigkeit in eigener Praxis durchführen könnten. Eine solche selbstständige Tätigkeit übe nicht aus, wer nicht auch auf eigene Rechnung tätig sei[60]. Diese Ansicht übersieht, dass dieses Gebot der „Freiberuflichkeit" in § 32 Abs. 1 S. 1 Ärzte-ZV einen Vertragsarzt auch bisher nicht gehindert hat, „als Gesellschafter" vertragsärztlich tätig zu sein und als Gesellschaft („Gemeinschaftspraxis XY") zu liquidieren. Psychotherapeuten können sowohl in der BGB-Gesellschaft oder in der Partnerschaftsgesellschaft als Gesellschafter und damit „selbstständig und auf eigene Rechnung" tätig werden, als auch

---

59 Vgl. *Peickert, P.:* Erste Erfahrungen mit medizinischen Versorgungszentren, in: ZMGR, 2004, S. 211 f.

60 So beispielsweise *Behnsen, E.:* Medizinische Versorgungszentren – die Konzeption des Gesetzgebers (II), in: Das Krankenhaus, 9/2004, S. 698, 699 oder im Ergebnis ebenso: *Ratzel, R.:* Medizinische Versorgungszentren, in: ZMGR, 2/2004, S. 63, 66.

z. B. in der GmbH[61]. Wird ein MVZ in der Rechtsform der GmbH geführt, so sind damit die Vertragstherapeut gerade nicht gezwungen, in dem MVZ lediglich im Status des Angestellten medizinische Leistungen zu erbringen. Der Gesellschafter einer GmbH kann auch als Vertragstherapeut tätig sein, ohne in Kollision mit den vertragsärztlichen Pflichten zu geraten.

118 Zwei weitere wichtige Änderungen erfolgten durch das Vertragsarztrechtsänderungsgesetz: So ist nunmehr nach § 95 Abs. 2 Satz 6 SGB V für die Zulassung eines MVZ in der Rechtsform einer juristischen Person des Privatrechts außerdem Voraussetzung, dass die Gesellschafter selbstschuldnerische Bürgschaftserklärungen für Forderungen von Kassenärztlichen Vereinigungen und Krankenkassen gegen das MVZ aus dessen vertragsärztlicher Tätigkeit abgeben; dies soll auch für Forderungen gelten, die erst nach Auflösung des MVZ fällig werden. Des Weiteren erfolgte eine auf den ersten Blick unscheinbare Änderung in § 103 Abs. 4a Satz 4 SGB V. Dort war bisher geregelt, dass jemand, der auf seine Zulassung verzichtet, um in einem MVZ tätig zu werden, nach einer Tätigkeit von mindestens fünf Jahren unbeschadet von Zulassungsbeschränkungen auf Antrag eine (neue) Zulassung in diesem Planungsbereich erhält. Mit dem Vertragsarztrechtsänderungsgesetz wurde diese Privilegierung für die Zukunft abgeschafft. Sie gilt jetzt nur noch (aus Bestandsschutzgründen) für diejenigen, die bis zum 31.12.2006 den Verzicht nach § 103 Abs. 4a Satz 1 SGB V erklärt haben.

Literatur

Bartels, H.: Rechtsfolgen des GSG '93 – Bestandsaufnahme im Zulassungswesen, in: MedR, 1995, S. 232.

Bäune, S. / Meschke, A. / Rothfuß, S.: Kommentar zur Zulassungsverordnung, Berlin/Heidelberg 2008.

Beeretz, R.: Konkurrenzschutz bei Zulassung, in: ZMGR, 10/11/2005, S. 311–320.

Behnsen, E.: Medizinische Versorgungszentren – die Konzeption des Gesetzgebers (II), in: Das Krankenhaus, 9/2004, S. 698–702.

Boecken, W.: Die Altersgrenze von 68 Jahren für Vertragsärzte aus EG-rechtlicher Sicht, in: NZS, 8/2005, S. 393–400.

Bohle, T. / Grau, U.: Krankenhaus, Vertragsarzt und MVZ, in: Das Krankenhaus, 11/2004, S. 885 ff.

Butzer, H.: § 95 SGB V und die Neuausrichtung des ärztlichen Berufsrechts, in: NZS, 7/2005, S. 344–352.

Cramer, U.H / Maier, B.: Praxisübergabe und Praxiswert (I). Erfahrungsberichte unter Zulassungssperre – Fortschreibung des Beitrages aus MedR 1992, S. 312.

---

61 Vgl. *Bohle, T. / Grau, U.:* Krankenhaus, Vertragsarzt und MVZ, in: Das Krankenhaus, 11/2004, S. 885.

Teil 1: Praxisübergabe unter Bedarfsplanung, in: MedR, 11/2002, S. 549–560.

Cramer, U.H. / Maier, B.: Praxisübergabe und Praxiswert (II). Teil 2: Neues zur Methodik der Praxisbewertung, in: MedR, 12/2002, S. 616–625.

Cramer, U.H. u. a.: Ideeller Wert, Praxiskartei und Nutzung der Arztpraxis, in: MedR, 1999, S. 498 ff.

Dahm, F.-J. / Möller, K.-H. / Ratzel, R.: Rechtshandbuch Medizinische Versorgungszentrum, Berlin 2005.

Ehlers, A. P. F. (Hrsg.): Disziplinarrecht und Zulassungsentziehung, München 2001.

Engelmann, K.: Zur rechtlichen Zulässigkeit einer (vertrags-)ärztlichen Tätigkeit außerhalb des Ortes der Niederlassung, in: MedR, 11/2002, S. 561–572.

Engelmann, K.: Zweigpraxen und ausgelagerte Praxisräume in der ambulanten (vertrags-)ärztlichen Versorgung, in: GesR, 4/2004, S. 113 ff.

Gleichner, E.: Job-Sharing in der Vertragsarztpraxis: Die geänderten Richtlinien, in: MedR, 2000, S. 399–407.

Hauck, K.: SGB V, Berlin 2008.

Herzog, H.: Praxisübergabe und Nachfolgezulassung im gesperrten Gebiet, in: MedR, 1998, S. 297–303.

Hess, R.: § 95, in: Funk, W. / Gürtner, K. / Hess, R. (Hrsg.): Kasseler Kommentar, SGB V, Loseblattwerk, München.

Kamps, H.: Der neue Teilnahmestatus der eingeschränkten Zulassung gemäß § 101 Abs. 1 Nr. 4 SGB V, in: MedR, 1998, S. 103–108.

Kamps, H.: Die (Voll-)Zulassung nach partieller Öffnung des Planungsbereichs, in: MedR, 1/2004, S. 40–47.

Klass, A.: Die „Fortführungsfähigkeit" von Vertragsarztpraxen. Zu rechtlichen Problemen bei einer Anfechtung der Nachfolgedurch den bisherigen Inhaber, in: MedR, 5/2004, S. 248 ff.

Lieschke, L. / Tophoven, C.: Integrierte Versorgung, Köln 2003.

Möller, K.H.: Gemeinschaftspraxis zwischen Privatarzt und Vertragsarzt, in: MedR, 4/2003, S. 195–199.

Möller, K.H.: Der im zugelassenen medizinischen Versorgungszentrum (MVZ) angestellte Arzt, in: GesR, 11/2004, S. 456 ff.

Nguyen, T. / Oldenburg, J.: Von der Einzelpraxis zum Versorgungszentrum, Köln 2006.

Peikert, P.: Erste Erfahrungen mit medizinischen Versorgungszentren, in: ZMGR, 2004, S. 211 ff.

Plagemann, H.: Sonderbedarfszulassung, in: MedR, 1998, S. 85 ff.

Plagemann, H. / Kies, F.: Approbation und Zulassung von Psychotherapeuten nach neuem Recht, in: MedR, /1999, S. 413 ff.

Ratajczak, T. / Schwarz-Schilling, G.: Zulassung und Praxisverkauf, Berlin/Heidelberg/New York 1997.

Ratzel, R.: Medizinische Versorgungszentren, in: ZMGR, 2/2004, S. 63–68.

Reiter, C.: Die Aufhebung von Zulassungsbeschränkungen und ihre Rechtsfolgen, in: MedR, 12/2001, S. 624 ff.

Rieger, H.-R. u. a. in: MedR, 1994, S. 213 ff.

Rixen, S.: Rettung für den altersdiskriminierten Vertragsarzt durch den EuGH? – Das EG-rechtliche Verbot der Altersdiskriminierung und die 68-Jahre-Altersgrenze des Deutschen Vertragsarztrechts, in: ZESAR, 9/2007, S. 345 ff..

Rüping, U. / Mittelstaedt, E.: Abgabe, Kauf und Bewertung psychotherapeutischer Praxen, Heidelberg 2008.

Schallen, R.: Zulassungsverordnung, Kommentar (6. Aufl.), Heidelberg 2008.

Schiller, H.: Niederlassung, Praxissitz, Vertragsarztsitz, Ausgelagerte Praxisräume, Zweigpraxis – Fragen zum Ort der Tätigkeit des (Vertrags-)Arztes, in: NZS, 1997, S. 103 ff.

Schnapp, F.E.: Konkurrentenschutz für niedergelassene Ärzte gegen medizinische Versorgungszentren?, in: NZS, 9/2004, S. 449 ff.

Trautmann, A.: Die vertragsarztrechtlichen Voraussetzungen der gemeinschaftlichen Berufsausübung von Ärzten nach § 33 Abs. 2 Ärzte-ZV, in: NZS, 5/2004, S. 238 ff.

Wenner, U.: Vertragsarzt: Hauptberuf oder Nebenjob?, in: GesR, 9/2004, S. 353 ff.

Wigge, P.: Integrierte Versorgung und Vertragsarztrecht, in: NZS, 12/2001, S. 66–71.

Wigge, P.: Medizinische Versorgungszentren nach dem GMG. Zulassung, Rechtsformen, Trägerschaft, in: MedR, 2004, S. 123 ff.

Existenzgründung als Psychologischer Psychotherapeut

Ekkehard Mittelstaedt, Dipl. Ök.,
Geschäftsführer der Psychotherapeutenkammer Niedersachsen

		Rn.
1	**Vorbemerkung**	1
2	**Motivation und Gründungspersönlichkeit**	7
2.1	In der Person liegende Gründe für ein mögliches Scheitern	10
2.2	Die Existenzgründerpersönlichkeit	21
3	**Existenzgründungsarten**	25
3.1	Freiberufliche Tätigkeiten	27
3.2	Teilzeitgründung	32
3.3	Neugründungen	36
3.4	Unternehmensnachfolge	42
3.5	Teamgründung	48
3.6	Kleingründungen	51
3.7	Möglichkeiten der Niederlassungen in überversorgten Gebieten	53
4	**Finanzbedarfsplanung und Finanzierung**	59
4.1	Berechnung des Bedarfs für Sicherung des Lebensunterhalts	64
4.2	Berechnung des Gesamtkapitalbedarfs	67
4.3	Umsatz- und Rentabilitätsvorschau	77
4.4	Liquiditätsplanung	80
5	**Der Businessplan**	87
6	**Anhang**	107
6.1	Förderprogramme Bund/Länder	107
6.2	Beispieltabelle für die Berechnung des notwendigen Gewinns zur Deckung des Lebensunterhalts	116
6.3	Beispieltabelle für die Berechnung des Gesamtkapitalbedarfs	117

		Rn.
6.4	Beispieltabelle für die Umsatz- und Rentabilitätsvorschau	118
6.5	Beispieltabelle für die Liquiditätsplanung	119

Literatur

Internetquellen

Schlagwortübersicht

	Rn.		Rn.
Abschlagszahlungen	85	Kapitalbedarfsplanung	102
Businessplan	87	Kapitaldienst	75
– Funktionen	89	Kapitalgesellschaft	31
Darlehensplan	76	kaufmännische Kenntnisse	23
Deckblatt	90	Kaufpreisbestimmung	46
Eigenkapital	72	Kleingründungen	51
Erfolg	3, 87	kommunale Wirtschafts-	
Ermächtigung	56	förderung	113
Existenzgründer		Leistungsfähigkeit	19
– Mindestanforderungen		Liquiditätsplanung	80, 102
an den	21	– Hauptfunktion	82
Existenzgründerprofil	95	Markteinschätzung	100
Existenzgründung		Motive	8
– Scheitern	10	Nachbesetzungsverfahren	57
Existenzgründungsarten	25	Nebenerwerbsgründungen	35
familiäre Probleme	18	Partnerschaftsgesellschafts-	
Finanzierungsmangel	11	gesetz	27
Fördermöglichkeiten	108	Personengesellschaft	31
Förderprogramme	72, 108	Planungsmängel	16
freiberufliche Tätigkeiten		Praxisorganisation	101
– Merkmale	27	Qualifikationsmängel	15
Fremdkapital	72	Quartalsabrechnung	85
GbR	31	Selbstständigkeit	2, 7
Gehaltskostenzuschüsse	114	Soft Skills	24
Gesamtkapitalbedarf	67	Sonderbedarfszulassung	55
Gewinn		Standortwahl	100
– zur Deckung des Bedarfs des		Steuervorauszahlungen	85
Lebensunterhalts	64	tabellarischer Lebenslauf	103
Gründungskosten	67	Teamgründung	48
Gründungsperson		Teilzeitgründung	32
– Eigenschaften	24	Überversorgung	53
Gründungspersönlichkeit	9	Umsatz- und Rentabilitäts-	
Hausbankprinzip	110	vorschau	77, 102
Informationsdefizit	14	Unternehmensnachfolge	42
Inhaberwechsel	45	Vertragsarztrechtsänderungs-	
Jobsharing	54	gesetz	58
kalkulatorischer		Wachstumspotenziale	100
Unternehmerlohn	79, 83	Wettbewerbssituation	100

1 Vorbemerkung

Ausgehend von der Überlegung, dass eine Existenzgründung die Auf- **1**
nahme einer beruflich selbstständigen Tätigkeit durch eine natürliche
Person ist, offenbaren sich eine Fülle von Möglichkeiten für Psychologische Psychotherapeuten und/oder Kinder- und Jugendlichenpsychotherapeuten, selbstständig ihre erworbenen Kenntnisse, Fähigkei-

ten und Fertigkeiten für den Auf- und Ausbau der eigenen beruflichen Existenz zu nutzen. Eine Fokussierung bei der Suche nach Möglichkeiten und Chancen selbstständig zu werden und zu arbeiten allein auf die Gründung oder den Kauf einer zur vertragstherapeutischen Versorgung zugelassenen Praxis wird regelmäßig zu kurz greifen. Diese Möglichkeit ist aufgrund der Zulassungsbeschränkungen sehr begrenzt und die Konkurrenz um die Vertragsarztsitze ist sehr groß, was die Erfahrung zeigt.[2] Verbunden mit der Tatsache, dass für die Nachbesetzung – also den Kauf einer zur vertragstherapeutischen Versorgung zugelassenen Praxis – das Approbationsalter zwar nicht das Einzige, aber zumindest ein gewichtiges Kriterium für die Ermessensabwägung bei der Vergabe des Sitzes ist,[3] kann festgestellt werden, dass dieser Weg unter Umständen für gerade approbierte PP und KJP ein eher langwieriger Prozess ist, an dessen Ausgang keineswegs das Ziel, nämlich die Übernahme einer entsprechenden Praxis, erreicht werden muss.

2 Wesentliches Merkmal einer jeden Existenzgründung ist die Selbstständigkeit, im Unterschied zur abhängigen Beschäftigung.[4] Im Gegensatz zur abhängigen Beschäftigung ist der Selbstständige auf sich selbst gestellt, muss neben seiner beruflichen Tätigkeit eine Fülle weiterer, nicht unbedingt zu seiner beruflichen Qualifikation passende Tätigkeiten durchführen. Der Selbstständige geht darüber hinaus das Risiko ein, seine Existenz (und ggf. auch die seiner Angehörigen) selbstständig zu sichern. In aller Regel ist der Existenzgründer auch hier auf sich selbst gestellt und muss täglich im wahrsten Sinne des Wortes etwas unternehmen, um am Markt zu bestehen. Er ist für seinen Erfolg selbst verantwortlich.

3 Erfolg bedeutet in diesem Zusammenhang, dass die erzielten Umsätze mindestens dazu reichen müssen, einerseits die erforderlichen Betriebsmittel zu erwirtschaften und andererseits den Bedarf für den ei-

---

2   Das gilt auch für den Fall, dass die s.g. Arztvorbehaltsquote gem. § 101 SGB V nach dem 31.12.2008 auf 20 % gesenkt wird, denn die Grenze der Überversorgung in Höhe von 110 % wird in vielen Planungsbereichen auch dann erreicht sein.

3   Vgl. *Rüping, U./Mittelstaedt, E.*: Abgabe, Kauf und Bewertung psychotherapeutischer Praxen, Heidelberg 2008, S. 24 ff.

4   Juristisch leitet sich die die Selbstständigkeit aus der Definition der abhängigen Beschäftigung nach § 7 Abs. 1 SGB IV ab. Dieser enthält Begriffsbestimmungen, die eine Abgrenzung der selbstständigen Tätigkeit zur abhängigen Beschäftigung ermöglichen. Die Aufsätze von *Bauer, J.-H./Diller, M./Schuster, D.-M.*: Das Korrekturgesetz zur „Scheinselbstständigkeit", in: NZA, 16. Jg. 24/1999, S. 1297 ff. sowie *Reinecke*, Der Kampf um die Arbeitnehmereigenschaft, in: NZA, 16. Jg. 24/1999, S. 729 ff. geben einen guten Überblick über die derzeitige Rechtslage.

genen Lebensunterhalt zu sichern.[5][6] Sofern die Existenzgründung fremdfinanziert ist, was regelmäßig zumindest in Teilen der Fall sein dürfte, müssen zusätzlich die mit der Existenzgründung in Zusammenhang stehenden Verbindlichkeiten bedient werden.

Wesentliche Voraussetzung für eine erfolgreiche und auch langlebige Selbstständigkeit ist eine detaillierte Planung und ständige Evaluation des Gründungsvorhabens, an deren Beginn die Frage beantwortet werden sollte, was die Motivation für die Gründung ist und ob die Gründerpersönlichkeit über die für die Selbstständigkeit wesentlichen Qualifikationen und Eigenschaften verfügt. Im engen Zusammenhang damit steht die Frage, welche Gründungsart die für das Gründungsvorhaben geeignet ist. Antworten und Anregungen hierzu gibt Kapitel 2. In Kapitel 3 wird zunächst auf die Besonderheiten der freiberuflichen Tätigkeit eingegangen bevor ein kurzer Überblick über die verschiedenen Existenzgründungsarten gegeben wird.   **4**

Anschließend daran werden die Instrumente für eine erfolgreiche Finanzplanung dargelegt. Hier werde ich auch kurz auf die von Herrn Freers, Rechtsanwalt und Datenschutzbeauftragter der Psychotherapeutenkammern Niedersachsen und Bremen, zur Verfügung gestellten Übersicht über Fördermöglichkeiten eingehen. Die Arbeit schließt mit der Auflistung der Anforderungen an einen Businessplan ab.   **5**

Die einschlägigen sozialrechtlichen Bestimmungen, die für eine selbstständige Berufsausübung eines PP/KJP relevant sind, sind bereits ausführlich in den Beiträgen von → Best und Stellpflug dargelegt worden. Gleiches gilt für die berufsrechtlichen Aspekte (siehe Beitrag von → Gerlach). Aus diesem Grunde kann an dieser Stelle, um Wiederholungen zu vermeiden, auf die entsprechenden Artikel sowie auf weiterführende Literatur verwiesen werden.[7]   **6**

---

5   Ausgehend davon, dass die Existenzgründung die Hauptbeschäftigung ist und nicht als Nebenerwerb ausgeübt wird.

6   Siehe auch *Ackermann, D.*: Erfolgsfaktor und Existenzgründung freiberuflich tätiger Ärzte, Baden Baden 2006, S. 33 ff. und 108 ff.

7   Einen vertiefenden Einblick über die berufsrechtlichen und vertragsrechtlichen Fragen mit der Niederlassung für Psychotherapeuten bietet *Stellpflug, M. H.*: Niederlassung für Psychotherapeuten, Heidelberg 2005 sowie im Zusammenhang mit der Praxisnachfolge *Rüping, U./Mittelstaedt, E.*: Abgabe, Kauf und Bewertung psychotherapeutischer Praxen, Heidelberg 2008; zur Musterberufsordnung siehe auch *Berns, I./Stellpflug, M. H.*: Musterberufsordnung für die Psychologischen Psychotherapeuten und Kinder- und Jugendlichenpsychotherapeuten (2. aktual. Aufl.), Heidelberg 2008.

2 Motivation und Gründungspersönlichkeit

7 Der Schritt in die Selbstständigkeit ist eine bewusst gewählte Konsequenz aus einem bestimmten Motiv. Anders formuliert: Selbstständigkeit ist ein Instrument, bestimmte Ziele zu verfolgen. Selbstständigkeit ist kein Selbstzweck. Je nach Motiv sollten die Gründungsarten gewählt oder ggf. andere Optionen und Alternativen zur Selbstständigkeit geprüft bzw. gewählt werden.

8 Mögliche Motive sind bspw. etwas eigenes zu Erschaffen, finanzielle Unabhängigkeit, das Erreichen persönlicher Ziele sowie „der eigene Chef sein". Während sich Existenzgründer häufig mit der Selbstständigkeit einen Traum erfüllen wollen, betrachten andere die Existenzgründung als eine Notlösung, um beispielsweise der Beschäftigungslosigkeit entfliehen zu können. Andere wiederum sehen die Existenzgründung als eine Möglichkeit des Nebenerwerbs mit der Option zukünftig ausschließlich selbstständig tätig zu sein. Eigenverantwortliche Entscheidungsmöglichkeiten, Umsetzung eigener Ideen, Erfolgs- und Selbstverwirklichung, höhere finanzielle Vergütung sowie flexible Arbeitszeiten sind weitere Gründe, die im Zusammenhang mit Existenzgründungsvorhaben stehen können.

9 Die Motivation allein macht aber noch keine Existenzgründung und Selbstständigkeit aus. Sie ist ein notwendiger Indikator für die richtige Wahl der Gründungsart, aber nicht hinreichend für das Gelingen. Hier kommt es auf die in der Person liegenden Eigenschaften an, auf die Gründungspersönlichkeit. Die wesentlichen Eigenschaften, die die Gründerpersönlichkeit haben und beachten sollte, werden im Folgenden dargelegt, wobei zunächst von der in der Person liegenden Gründe für ein Scheitern des Gründungsvorhabens ausgegangen wird.

2.1 In der Person liegende Gründe für ein mögliches Scheitern

10 Existenzgründungen scheitern häufig bereits in der Anlaufphase. Weniger wegen mangelnder Nachfrage oder ein Scheitern der Geschäftsidee. Häufig sind es in der Person liegende Gründe, die das frühzeitige Aus bedeuten. Die Mittelstandsbank – Kfw hat in einer Studie folgende wesentliche in der Person liegenden Gründe für ein Scheitern des Vorhabens festgestellt:[8]

---

8 www.kfw.de, Suchbegriff „Existenzgründung".

- Finanzierungsmängel,
- Informationsdefizite,
- Qualifikationsmängel,
- Planungsmängel,
- Familienprobleme und
- Überschätzung der Betriebsleistung.

Der **Finanzierungsmangel** zeichnet sich durch falsche Einschätzung **11** des kurzfristigen Kapitalbedarfs aus, mit erheblichen Auswirkungen auf die Liquiditätsplanung. Der kurzfristige Kapitalbedarf dient der Begleichung der laufenden Rechnungen.

Es handelt sich in der Regel um ein Planungsproblem. In der Pla- **12** nungsphase wird oft vernachlässigt, dass Kunden nur zögernd oder vielleicht auch gar nicht die in Rechnung gestellten Leistungen bezahlen. Zahlungsziele werden seitens der Kunden nicht eingehalten und ggf. müssen langwierige Mahnverfahren und auch Gerichtsentscheidungen abgewartet werden, bis die in Rechnung gestellten Beträge tatsächlich den liquiden Mitteln zugeführt werden können. Dennoch laufen die finanziellen Verpflichtungen weiter und müssen durch andere Möglichkeiten zwischenfinanziert werden.

Für die Teilnahme an der vertragstherapeutischen Versorgung ge- **13** winnt das skizzierte Problem eine besondere Bedeutung aufgrund der Abschlagszahlungen und der Quartalsabrechnungen der Kassenärztlichen Vereinigungen. Die Abrechnungen der tatsächlich im Quartal anrechenbaren Leistungen erfolgt am Ende des auf den Abrechnungszeitraum folgenden Quartals.[9] Überzahlungen werden zurückgefordert und bestimmte Leistungen haben keinen festen Punktwert. Folglich besteht eine hohe Unsicherheit, die bei der Liquiditätsplanung zu berücksichtigen ist.

Wenn der Existenzgründer das sogenannte Marktgeschehen über- **14** schätzt, liegt ein klassisches **Informationsdefizit** vor. Für den Bereich der psychotherapeutischen Praxis ist dies der Fall, wenn der Praxisinhaber die Nachfrage nach seinen Leistungen falsch einschätzt und ggf. die Konkurrenz unterschätzt. Die häufig getroffene Aussage, dass mit der Existenzgründung die „Praxis voll ist", muss nicht zwangsläufig eintreten. Ferner sollte der Praxisgründer genau planen, mit welcher Zielsetzung und mit welchen Umsätzen er an die Existenzgründung herangeht. Die Planung allein reicht jedoch nicht aus. Es gilt bei Abweichung von den gesteckten Zielen gegenzusteuern

---

9 Vgl. bspw. § 8 Abrechnungsanweisung der Kassenärztlichen Vereinigung Niedersachsen.

und geeignete Maßnahmen zu treffen, um einerseits die Ziele zu erreichen und andererseits die mit der Verfehlung der Ziele entstandenen Liquiditäts- und/oder Finanzierungslücken auszugleichen.

15 Ein weiterer wesentlicher Grund für ein mögliches Scheitern ist der Mangel an kaufmännischen und unternehmerischen Kenntnissen. Diese **Qualifikationsmängel** scheinen im psychotherapeutischen Bereich einer zur vertragstherapeutischen Versorgung zugelassenen Praxis augenscheinlich nicht von Relevanz zu sein. Aber auch hier gilt, dass die Praxis nur dann erfolgreich geführt werden kann, wenn ein Mindestmaß an kaufmännischen und unternehmerischen Kenntnissen vorhanden ist. Insbesondere auch vor dem Hintergrund, dass Personal eingestellt wird und weitere von der vertragstherapeutischen Versorgung unabhängige Versorgungsformen an Bedeutung gewinnen.

16 Im engen Zusammenhang mit den Qualifikationsmängeln stehen naturgemäß die **Planungsmängel**. Nur wer über ausreichend Knowhow im kaufmännischen und unternehmerischen Kontext verfügt, wird überhaupt in der Lage sein, die Planungsinstrumente zu nutzen und das Existenzgründungsvorhaben mittels der Instrumente zu bewerten und zu evaluieren.

17 Häufig ist die Planung selbst fehlerhaft und damit ungeeignet, das Existenzgründungsvorhaben zum Erfolg zu führen. Aber auch der umgekehrte Fall ist ursächlich für ein Scheitern, nämlich immer dann, wenn die Planung ausführlich und richtig ist, der Existenzgründer sich jedoch nicht an die Planung hält.

18 Nicht zu unterschätzen sind **familiäre Probleme**. Dabei gilt, dass je kleiner die zu gründende Unternehmung ist, desto gravierender sich mögliche familiäre Belastungen auswirken. Insbesondere in der Anlauf- und Anfangsphase steht der Existenzgründer unter hohem finanziellen Druck und emotionalen Stress. Die Arbeitsbelastung und die Arbeitszeit steigen. Rückhalt in der Familie ist hier unabdingbar.

19 Teilweise wird seitens der Existenzgründer auch die eigene Leistungsfähigkeit und damit die **Betriebsleistung** überschätzt. Für den Bereich der psychotherapeutischen Praxis bedeutet dies, dass sich der Existenzgründer auch mit Blick auf seine beruflichen Erfahrungen darüber im Klaren werden muss, welche Leistungen er in welchem Umfang erbringen kann.

20 Eine falsche Einschätzung darüber, zu was der Existenzgründer zu leisten willens und in der Lage ist, führt zu einem hohen Frustrationspotential, auch bei den Kunden/Patienten. Bspw. müssen gerade im

Bereich der Richtlinientherapie die mit der therapeutischen Arbeit verbunden Nebenleistungen realistisch eingeschätzt werden. Hierzu gehören neben dem Genehmigungsverfahren auch die Dokumentationspflichten und das Qualitätsmanagement und die Fortbildungsverpflichtung gemäß § 95d SGB V.

2.2 Die Existenzgründerpersönlichkeit

Mit Blick auf das Gesagte können folgende Mindestanforderungen an den Existenzgründer gestellt werden: **21**

Der Existenzgründer sollte bereits über berufliche Erfahrungen verfügen, folglich die auszuübende Tätigkeit kennen, um die jeweilige Branche und auch die Marktchancen einschätzen zu können. Für den Bereich der psychotherapeutischen Praxis gilt hier insbesondere, dass Kenntnisse und erste berufliche Erfahrungen im Bereich der Praxisorganisation und zunehmend auch im Qualitätsmanagement[10] vorhanden sein sollten. Ferner sind detaillierte Kenntnisse über die einschlägigen rechtlichen Bestimmungen, die mit der Berufsausübung im Zusammenhang stehen, unabdingbar. Zu den mit der Berufsausübung im Zusammenhang stehenden wesentlichen Bestimmungen gehören mindestens die des Sozialrecht, das Psychotherapeutengesetz, die Bestimmungen über die Richtlinientherapie, das Berufsrecht (die jeweiligen Berufsordnungen der Kammern) und die einschlägigen Bestimmungen der Gebührenordnung für Psychotherapeuten (GOP) sowie die Abrechnungsbestimmungen der zuständigen KVen. **22**

Der Existenzgründer sollte in jedem Fall auch kaufmännische Kenntnisse mitbringen oder kurzfristig erwerben. Hierzu gehören Kenntnisse über die Rechnungslegung psychotherapeutischer Praxen, über Kostenrechnung und Preisgestaltungen sowie über die Kalkulation der eigenen Leistungen. Für die Bewertung der Selbstständigkeit sind Kenntnisse über die Rentabilitätsrechnungen, Liquiditätsplanung und Gewinn- und Verlustrechnung unbedingt erforderlich. Sofern auch andere als freiberufliche Leistungen angeboten werden sollen, bedarf es einer genauen Analyse der steuerrechtlichen Auswirkungen auf das **23**

---

10 Seit dem 1.1.2006 ist die Richtlinie des Gemeinsamen Bundesausschusses über grundsätzliche Anforderungen an ein einrichtungsinternes Qualitätsmanagement für die an der vertragsärztlichen Versorgung teilnehmenden Ärzte, Psychotherapeuten und medizinischen Versorgungszentren (Qualitätsmanagement-Richtlinie) in Kraft. Sie verpflichtet auch die PP und KJP, die an der vertragsärztlichen Versorgung teilhaben, ein Einrichtungsinternes QM-System zu implementieren. Bei Nichterfüllung drohen Sanktionen, bis zum Ausschluss von der Teilhabe an der vertragsärztlichen Versorgung.

Gesamtangebot. Hier sind dann steuerrechtlichen Kenntnisse gefordert, um finanzielle Gefahren aufgrund falscher Veranlagung zu vermeiden.[11]

24 Die Gründungspersönlichkeit sollte auch über bestimmte „Soft Skills" verfügen. Gemeint ist eine nicht genau definierte Reihe von menschlichen Eigenschaften, Fähigkeiten und Persönlichkeitszügen, die für das Ausüben eines Berufes auf Mitarbeiter und Kunden bezogen nötig oder förderlich sind. Folgende Eigenschaften für die Gründungsperson können als wichtige Voraussetzungen genannt werden: Ehrgeiz, Einsatzbereitschaft, Risikobereitschaft, Belastbarkeit, berufliche Qualifikationen, Kreativität, berufliche Erfahrungen, Verantwortungsbewusstsein, Führungserfahrung und familiäre Unterstützung.[12]

3 Existenzgründungsarten[13]

25 Wie bereits oben erwähnt, stehen dem Existenzgründer mehrere verschiedenen Existenzgründungsarten zur Verfügung. Dabei kann im Zusammenhang mit der Gründung einer Psychotherapeutischen Praxis zwischen der Teilzeitgründung, der Neugründung, dem Nachbesetzungsverfahren (Unternehmensnachfolge), der Teamgründung und der Kleingründung unterschieden werden. Die Existenzgründungsarten sind jeweils untereinander kombinierbar.

26 Wesentlich für die psychotherapeutische Tätigkeit ist jedoch, dass es sich um einen s.g. Katalogberuf handelt, also im Sinne des Einkommenssteuergesetzes eine freiberufliche Tätigkeit ist.[14] Die für die Unternehmungsgründung maßgeblichen Besonderheiten der freiberuflichen Tätigkeit werden im Folgenden dargelegt.

3.1 Freiberufliche Tätigkeiten

27 Psychologische Psychotherapeuten und Kinder- und Jugendlichenpsychotherapeuten üben in der Regel ihre Tätigkeit freiberuflich aus. Wesentliches Merkmal freiberuflicher Tätigkeiten ist, dass die Tätig-

---

11 Siehe auch Kapitel 3.1 zu Abgrenzung freiberuflicher Tätigkeit von gewerblicher.
12 *Kohn, K./Spengler, H.:* KfW-Gründungsmonitor, 2008, S. 68 ff.
13 Die nachfolgenden Ausführungen zu den Gründungsarten basieren auf dem Existenzgründungsportal des Bundesministeriums für Wirtschaft und Technologie, www.existenzgruender.de.
14 § 18 Abs. 1 Nr. 1 Satz 2 Einkommenssteuergesetz (EStG).

keit von der persönlichen Arbeitskraft geprägt ist und in fachlicher Unabhängigkeit ausgeübt wird.[15] In der Definition freier Berufe des Partnerschaftsgesellschaftsgesetzes (PartGG) heißt es:

Die freien Berufe haben im Allgemeinen auf der Grundlage besondere berufliche Qualifikationen oder schöpferischer Begabung, die persönliche, eigenverantwortliche und fachlich unabhängige Erbringung von Dienstleistungen höherer Art im Interesse der Auftraggeber und der Allgemeinheit zum Inhalt.[16]

Entscheidend für die Frage, ob ein Beruf freiberuflich ausgeübt wird, ist die tatsächlich ausgeübte Tätigkeit und nicht die Berufsausbildung. **28**

Sofern ein Beruf freiberuflich ausgeübt wird, bedarf es keiner Gewerbeanmeldung, es genügt die Beantragung einer Steuernummer für die freiberufliche Tätigkeit, die jedoch in jedem Fall zu erfolgen hat. Freiberufliche Tätigkeiten sind ferner von der Gewerbesteuer und Umsatzsteuer befreit.[17] **29**

Für die psychotherapeutische Tätigkeit als freiberufliche Tätigkeit genügt die Beantragung der Steuernummer beim Finanzamt, die aber in jedem Fall zu erfolgen hat. Freiberuflich tätige Psychologische Psychotherapeuten und Kinder- und Jugendlichenpsychotherapeuten haben ihren steuerlichen Gewinn aus der freiberuflichen Tätigkeit in der Regel durch eine Einnahme- und Überschussrechnung zu ermitteln und dies gegenüber dem Finanzamt mitzuteilen. **30**

Sofern jedoch ein Freiberufler mit Partnern eine Personengesellschaft also eine GbR oder Partnerschaftsgesellschaft gründet, muss jeder Gesellschafter über eigene Fachkenntnisse verfügen, die notwendige Voraussetzung für die Anerkennung der freiberuflichen Tätigkeit ist. Verfügt auch nur ein einzelner Gesellschafter nicht über die entsprechenden Fachkenntnisse und zählt damit nicht zu den freien Berufen, wird die Gesellschaft in ihrer Gesamtheit als Gewerbebetrieb angesehen. Dies gilt gleichermaßen auch, wenn eine Kapitalgesellschaft gegründet wird. Hier handelt es sich immer um einen Gewerbebetrieb, unabhängig davon, welche Tätigkeiten die Gesellschafter tatsächlich ausüben. In beiden genann- **31**

---

15 Vgl. *Bacher, S.*: Die Partnerschaft – eine geeignete Rechtsform für Freiberufler?, Berlin 1999, S. 61.

16 § 1 Abs. 2 Partnerschaftsgesellschaftsgesetz (PartGG).

17 Da gem. § 4 Nr. 14 Umsatzsteuergesetz (UStG) auf psychotherapeutische Leistungen keine Umsatzsteuer entfällt, entfällt auch die Umsatzsteuervorauszahlung. Folgerichtig kann die Umsatzsteuer bei Anschaffungen auch nicht in Abzug gebracht werden.

ten Fällen bedarf es der Anmeldung als Gewerbe mit der Konsequenz, dass Gewerbesteuer einerseits aber auch die Umsatzsteuervorauszahlungen andererseits fällig werden.

3.2 Teilzeitgründung

32 Die Teilzeitgründung ist dadurch geprägt, dass die mit der Gründung angestrebte selbstständige Tätigkeit nicht hauptberuflich, sondern ausschließlich nebenberuflich ausgeübt wird und nicht dazu bestimmt ist, den Unterhalt zur Sicherung der Existenz allein aus der selbstständigen Tätigkeit heraus zu bestreiten.

33 Im Bereich der Ausübung von Psychotherapie ist diese Form der selbstständigen Tätigkeit weit verbreitet. Nicht zuletzt auch vor dem Hintergrund, dass die Teilzeitgründung einen guten Einstig in die selbstständige Tätigkeit bietet, ohne von Anfang an ausschließlich auf sich selbst und auf den Erfolg der selbstständigen Tätigkeit angewiesen zu sein.

34 Es gilt aber zu beachten, dass – sofern die Teilzeitgründung neben einem bestehenden sozialversicherungspflichtigen Beschäftigungsverhältnisses angestrebt wird – der Arbeitgeber, bei dem der Psychologische Psychotherapeut oder Kinder- und Jugendlichenpsychotherapeut angestellt ist, in der Regel zustimmen muss, ob und wenn ja, in welchem Umfang die selbstständige Tätigkeit erlaubt ist.

35 Die auch als Nebenerwerbsgründungen bezeichneten Teilzeitgründungen sind beim Gewerbeamt anzumelden, für Freiberufler gilt hier aber auch das bereits oben Gesagte: Die Anmeldung beim Gewerbeamt entfällt, dennoch muss beim Finanzamt eine Steuernummer beantragt werden. Die aus der Teilzeitgründung erzielten Einkünfte werden mit den Einkünften aus der sozialversicherungspflichtigen Beschäftigung gemeinsam versteuert. Nebenerwerbsgründungen sind unter Umständen auch förderungsfähig, wenn das Vorhaben innerhalb von drei Jahren zum Vollerwerb führt.[18]

3.3 Neugründungen

36 Das wesentliche Charakteristikum für eine Neugründung ist, dass die Existenzgründung bei null startet. Am Anfang steht die Idee. Es gibt nichts Bestehendes, auf das der Existenzgründer aufbauen kann. Die gesamte Unternehmung wird von Anfang an auf- und ausgebaut.

---

18 www.kfw.de, Suchbegriff „Startgeld".

Der Existenzgründer, also der Psychologische Psychotherapeut bzw. **37**
der Kinder- und Jugendlichenpsychotherapeut kann nicht auf Bestehendes aufbauen, er muss sich am Markt etablieren, seine Position festigen und Beziehungen zu Kunden und weiteren Partnern, insbesondere Ärzte in der Region, müssen erst aufgebaut werden. Gleiches gilt für die Einbindung in regionale Netze und ggf. für die Angebotserweiterung, beispielsweise durch spezielle Versorgungsverträge mit den Krankenkassen oder anderen Leistungsträgern. Ggf. müssen Mitarbeiter gesucht und eingestellt werden.

Jede Neugründung hat eine Anlaufphase, die durchlaufen und über- **38**
standen werden muss. Hierfür sind besondere Vorkehrungen bei der Finanzierung und der Liquidität zu treffen, gerade für den Fall, dass die Erträge hinter den Erwartungen zurückbleiben oder die Rechnungen nicht oder nur mit erheblicher Verzögerung beglichen werden (s. o.).

Der Vorteil einer Neugründung liegt darin, dass der Existenzgründer **39**
die Praxis nach eigenen Vorstellungen völlig neu aufbauen kann. Hierzu gehören auch die Möglichkeiten, die das Vertragsarztrechtsänderungsgesetz seit dem 1.1.2007 zulassen.[19]

Entscheidend wird dann die Frage der zu wählenden Rechtsform. **40**
Insbesondere auch mit Blick auf die Frage, ob die Tätigkeit als freiberufliche oder gewerbliche Tätigkeit ausgeübt werden soll. Neugründungen können sowohl als Teilzeitgründungen aber auch als Teamgründungen und Kleingründungen in Betracht gezogen werden.

Da bei einer Neugründung auf Vorhandenes nicht zurückgegriffen **41**
werden kann, spielt die Planung und die Realisierung d. h. die Umsetzung des Plans in die Tat, für den Erfolg der Neugründung eine entscheidende Rolle.

3.4 Unternehmensnachfolge

Im Bereich der vertragstherapeutischen Versorgung und der damit **42**
einhergehenden Existenzgründung ist die Unternehmensnachfolge bzw. Praxisnachfolge die am Erfolg versprechendste Möglichkeit, sich in einem gesperrten Bezirk zur vertragstherapeutischen Versorgung niederzulassen.[20]

---

19 Siehe hierzu *Rüping, U./Mittelstaedt, E.*: a.a.O., S. 171 ff.
20 Zum Nachbesetzungsverfahren vgl. *Rüping, U./Mittelstaedt, E.* a.a.O., S. 16 ff.

43 Bei der Praxisnachfolge wird eine bestehende und funktionierende Praxis übernommen, wobei im Bereich der vertragstherapeutischen Versorgung eine Fülle von Voraussetzungen für die Übernahme zu beachten ist. So heißt es in dem § 103 Abs. 4 SGB V:

Wenn die Zulassung eines Vertragsarztes in einem Planungsbereich, für den Zulassungsbeschränkungen angeordnet sind, durch Erreichen der Altersgrenze, Tod, Verzicht oder Entziehung endet und die Praxis von einem Nachfolger fortgeführt werden soll, hat die Kassenärztliche Vereinigung auf Antrag des Vertragsarztes (auf ...) diesen Vertragsarztsitz (...) unverzüglich auszuschreiben (...). Unter mehreren Bewerbern (...) hat der Zulassungsausschuss den Nachfolger nach pflichtgemäßem Ermessen auszuwählen. Bei der Auswahl (...) sind die berufliche Eignung, das Approbationsalter und die Dauer der ärztlichen Tätigkeit zu berücksichtigen, ferner, ob der Bewerber der Ehegatte, ein Kind, ein angestellter Arzt des bisherigen Vertragsarztes oder ein Vertragsarzt ist, mit dem die Praxis bisher gemeinschaftlich ausgeübt wurde. (...) Die wirtschaftlichen Interessen des ausscheidenden Vertragsarztes oder seiner Erben sind nur insoweit zu berücksichtigen, als der Kaufpreis die Höhe des Verkehrswertes der Praxis nicht übersteigt.

44 Für die Praxisnachfolge muss folglich ein Abgabewilliger zur vertragstherapeutischen Versorgung Psychologischer Psychotherapeut oder Kinder- und Jugendlichenpsychotherapeut bei dem Zulassungsausschuss beantragen, dass der Vertragsarztsitz ausgeschrieben wird. Der Zulassungsausschuss, und nicht der abgebende Vertragsarzt! – entscheidet bei mehreren potenziellen Nachfolgern nach pflichtgemäßem Ermessen. Hierbei spielt die berufliche Eignung ebenso wie das Approbationsalter und die Dauer der bisherigen psychotherapeutischen Tätigkeit eine gewichtige Rolle. Ist der potenzielle Nachfolger Ehegatte, Kind oder „Geschäftspartner/Mitinhaber" der Praxis und ist die Tätigkeit gemeinschaftlich ausgeübt worden, wird mit hoher Wahrscheinlichkeit ein anderer Bewerber, der die entsprechenden Voraussetzungen nicht erfüllt, nicht als Nachfolger bestimmt.

45 Der Vorteil der Praxisnachfolge liegt darin, dass es keiner oder zumindest nur einer kleinen Anlaufphase bedarf. Bei entsprechender Vorbereitung und Einführung des Praxisnachfolgers ist vom ersten Tag der Übernahme Umsatz zu generieren. Wie aber bereits dargelegt ist die freiberufliche Tätigkeit stark durch die jeweilige Persönlichkeit des abgebenden Praxisinhabers geprägt, was im besonderen Maße für Psychologische Psychotherapeuten und Kinder- und Jugendlichenpsychotherapeuten gilt. Insoweit ist nicht zu unterschätzen, dass sich mit dem Inhaberwechsel nahezu alles im täglichen Betriebsablauf ändert. Dies ist umso sensibler zu beurteilen, sofern angestelltes Personal von dem nachfolgenden Praxisinhaber übernommen werden soll. Von Anfang an muss der Praxisnachfolger sein Können unter Beweis stellen. Patientenanfragen müssen bearbeitet und ggf. Mitarbeiter geführt werden. Es gilt, die bisher prägende Inhaberperson zu ersetzen und eigene Akzente zu setzen, die einen erfolgreichen Fortbestand der übergebenden Praxis sichert.

Ein häufig auftretendes Problem bei Unternehmensnachfolgen ist die **46** „richtige" Kaufpreisbestimmung.[21] Mit dem vereinbarten Kaufpreis werden zukünftige Zahlungsströme erworben, deren Realisierung im höchsten Maße unsicher ist. Sofern der Preis fremdfinanziert ist, belasten die damit verbundenen Zahlungsverpflichtungen die Liquidität und der zu zahlende Kaufpreis wird erfolgsrelevant, ggf. auch erfolgsentscheidend. Der Kaufpreis ist folglich für den wirtschaftlichen Erfolg der Praxisübernahme maßgeblich.

Ein zu hoher Preis kann dazu führen, dass die Finanzierung den Ertrag zu **47** sehr belastet und folglich die Bestreitung der notwendigen Mittel für den Lebensunterhalt nicht mehr sichergestellt ist. Hier gilt es mittels eines entsprechenden Finanzierungsplanes sowie einer Umsatz- und Rentabilitätsvorschau und einer konservativen Liquiditätsplanung genau zu rechnen.

3.5 Teamgründung

Sowohl die Neugründung als auch die Unternehmensnachfolge bzw. **48** Praxisnachfolge kann in Form der Teamgründung organisiert werden. Hierbei handelt es sich um eine Gründung mit mehreren Partnern.

Die Teamgründung ist immer dann besonders vorteilhaft, wenn hin- **49** sichtlich des Angebots auf sich ergänzende Fähigkeiten, Fertigkeiten und Kompetenzen zurückgegriffen werden kann, die einem einzelnen Existenzgründer nicht offenstehen und so zum Erfolg beitragen. Gleiches gilt für mögliche Defizite hinsichtlich der für die selbstständige Tätigkeit notwendigen Kompetenzen die geeignet sind, fachliche und/ oder kaufmännische Defizite auszugleichen. Um jedoch den Status der freiberuflichen Tätigkeit erhalten zu können, bedarf es der strikten Einhaltung des unter Punkt 3.1 Gesagten.

Ein wesentlicher Erfolgsfaktor einer Teamgründung ist die klare Auf- **50** gabenteilung. Vor der Gründung muss klar bestimmt sein, wer welche

---

21 Zur Wert- und Preisbestimmung vgl. *Rüping, U./Mittelstaedt, E.*: a.a.O., S. 155 ff.

Aufgaben und welche Verantwortungen übernimmt. Fragen der Stufen der Entscheidungskompetenzen sowie der zu zahlenden Gewinnausschüttung/Gehälter sollten in jedem Fall im Vorfeld schriftlich und vertraglich vereinbart werden. Die Teamgründung bietet speziell auch dann einen guten Einstieg für diejenigen, die freiberufliche/selbstständige Tätigkeit in Teilzeit ausüben wollen. Sie minimiert das Risiko des Einzelnen, da die Kosten geteilt und die Investitionen gemeinsam finanziert werden können. Teamgründungen bieten sich im Bereich der vertragstherapeutischen Versorgung als Alternative zur klassischen Einzelpraxis an.

3.6 Kleingründungen

51 Eine Besonderheit bilden die Kleingründungen. In der Regel handelt es sich um Unternehmen ohne zusätzliche Mitarbeiter. Das Ziel der Existenzgründung ist nicht auf Wachstum ausgereichtet und das Gründungskapital ist im Vergleich zu anderen Unternehmensgründungen überschaubar. Die Kleingründungen sind gerade im Bereich der freiberuflichen Tätigkeit eine Alternative, wenn die freiberufliche Tätigkeit nur zum Teil ausgeübt wird.

52 Die Regelung ist insbesondere dann von Bedeutung, wenn neben der freiberuflichen Tätigkeit auch Gewerbetätigkeit im überschaubaren Umfang angeboten wird. Kleinunternehmer können sich in diesen Fällen für die Kleinunternehmerregelung gemäß § 19 des Umsatzsteuergesetzes entscheiden und sich für die nicht psychotherapeutische ausgeübte Tätigkeit von der Umsatzsteuer befreien, wenn im vorangegangenem Kalenderjahr der Umsatz zuzüglich der darauf anfallende Steuern nicht höher als 17 500 € gewesen ist und im laufenden Kalenderjahr der Umsatz zuzüglich der darauf anfallende Steuern voraussichtlich nicht höher als 50 000 € sein wird. In diesen Fällen entfällt die Umsatzsteuer.[22]

3.7 Möglichkeiten der Niederlassungen in überversorgten Gebieten

53 Die vertragstherapeutische Versorgung ist in der Bundesrepublik dadurch geprägt, dass, von Ausnahmen abgesehen, in den meisten Zulassungsbezirken eine Überversorgung besteht und folglich der An-

---

22 S.a. Umsatzsteuer für Supervisoren und vergleichbare Leistungen. www.pknds.de, Suchbegriff „Umsatzsteuer".

trag auf Zulassung regelmäßig abgelehnt wird.[23] Dennoch bestehen Möglichkeiten, sich auch in überversorgten Gebieten niederlassen zu können. Hierzu zählen das Jobsharing, die Sonderbedarfszulassung, die Ermächtigung sowie die Praxisnachfolge im Nachbesetzungsverfahren (Siehe hierzu auch Best.).

Beim **Jobsharing** „teilen" sich der Jobsharinggeber und Jobsharing- **54** nehmer den Praxissitz. Das Jobsharing eignet sich besonders gut für die mittelfristig geplante Praxisübernahme im Nachbesetzungsverfahren. Innerhalb eines über fünf Jahre festgelegten Zeitplans übernimmt der potentielle Praxisnachfolger Schritt für Schritt mehr Anteile an der Versorgung, während der Jobsharinggeber nach und nach im gleichen Umfang seine Arbeitszeit reduziert. Jedoch darf mit dem Jobsharingpartner der Praxisumsatz nicht nennenswert steigen. Regelmäßig wird dieses Instrument nur dann möglich sein, wenn die Praxis mit Beginn des Jobsharings einen hohen Auslastungsgrad aufweist, der es beiden Partnern ermöglicht, die erforderlichen Mittel zur Finanzierung des Lebensunterhalts zumindest teilweise zu bestreiten.[24]

Die **Sonderbedarfszulassung** kann seitens des Zulassungsausschus- **55** ses immer dann ausgesprochen werden, wenn ein besonders qualifizierter Bewerber in einem Spezialgebiet einen lokal begrenzten Versorgungsbedarf dauerhaft durch sein Angebot befriedigen kann.[25] Das Problem liegt darin, dass der Antragsteller gegenüber der KV und den Zulassungsausschüssen darlegen muss, dass in einem spezifischen Spezialgebiet in einem gesperrten Bezirk Unterversorgung herrscht und er aufgrund seiner Qualifikation dieser Unterversorgung dauerhaft begegnen kann. Der gemeinsame Bundesausschuss hat die Kinder- und Jugendlichenpsychotherapie als qualifizierten Sonderbedarf anerkannt. Vor diesem Hintergrund wird es in einigen gesperrten Bezirken möglich sein, für den genannten Bereich eine Sonderbedarfszulassung zu erhalten.[26] Die Sonderbedarfszulassung wird regel-

---

23 Daran wird die Reduzierung der Arztvorbehaltsquote von derzeit 40 auf 20 % zum 1.1.2009 wenig ändern, da die rechnerische Überversorgung so hoch ist, dass trotz der nicht ausgefüllten aber in der Berechnung dennoch berücksichtigten Arztsitze für Psychotherapie dennoch theoretisch eine Überversorgung herrscht.

24 Vgl. *Rüping, U./Mittelstaedt, E.*: a.a.O., S. 71 ff.

25 Vgl. Richtlinie des Gemeinsamen Bundesausschusses über die Bedarfsplanung sowie die Maßstäbe zur Feststellung von Überversorgung und Unterversorgung in der vertragsärztlichen Versorgung (Bedarfsplanungs-Richtlinie), 7. Abschnitt: Maßstäbe für qualitätsbezogene Sonderbedarfsfeststellungen.

26 Vgl. § 24 Richtlinie über die Bedarfsplanung sowie die Maßstäbe zur Feststellung von Überversorgung und Unterversorgung in der vertragsärztlichen Versorgung.

mäßig als Neugründung stattfinden. Sie kann in Teilzeit erfolgen, ebenso wie als Kleingründung.

56 Die **Ermächtigung** erlaubt es – wie der Name bereits vermuten lässt – zeitlich befristet an der vertragstherapeutischen Versorgung teilnehmen zu können. Voraussetzung hierfür ist, eine bestehende oder unmittelbar drohende Unterversorgung oder – und dies ist regelmäßig bei dem Ausstieg aus der vertragstherapeutischen Versorgung der Fall – die Notwendigkeit bestimmte Patientengruppen weiterhin zu versorgen.[27] Die Ermächtigung ist im Gegensatz zu den anderen beiden genannten Möglichkeiten nicht geeignet, ein Existenzgründungsvorhaben langfristig zu sichern.

57 Die am häufigsten vorkommende Existenzgründung im Bereich der vertragstherapeutischen Versorgung ist das **Nachbesetzungsverfahren gemäß § 103 Abs. 4 SGB V.** Hier übernimmt ein potenzieller Praxisnachfolger die Praxis eines potenziellen Praxisabgebers durch Kauf der Praxis. Der Kauf der Praxis findet jedoch nur dann statt, wenn der Zulassungsausschuss dem jeweils potentiellen Praxisnachfolger die Zulassung im Nachfolgeverfahren gibt.[28]

58 Mit dem Inkrafttreten des Vertragsarztrechtsänderungsgesetzes (VÄndG) stehen weitere Möglichkeiten für die vertragstherapeutische Berufsausübung zur Verfügung. Insbesondere die Möglichkeit der Teilzulassung, Filialbildungen, die vertragstherapeutische Tätigkeiten an mehreren Orten, die Beteiligung an überörtlichen Gemeinschaftspraxen, die Bildung von Gemeinschaftspraxen zwischen zugelassenen Leistungserbringern sowie Teilgemeinschaftspraxen und Teilzulassungen an mehreren Orten seien hier genannt. Darüber hinaus ist nun auch zulässig, dass parallel neben einer Angestelltentätigkeit in einer Klinik oder einem Krankenhaus ein Therapeut zur vertragstherapeutischen Leistungserbringung zugelassen werden kann.[29]

---

27 Vgl. Richtlinie des Gemeinsamen Bundesausschusses über die Bedarfsplanung sowie die Maßstäbe zur Feststellung von Überversorgung und Unterversorgung in der vertragsärztlichen Versorgung (Bedarfsplanungs-Richtlinie), Abschnitt 8: Maßstäbe, Grundlage und Verfahren zur Beurteilung einer drohenden oder bestehenden Unterversorgung.

28 Zur Praxisnachfolge sowie Gestaltungsmöglichkeiten der Übergabe und Kaufpreisbestimmung siehe *Rüping, U./Mittelstaedt, E.*: a.a.O.

29 Vgl. Bundestagsdrucksache 16/2474, Beschluss des Bundestages vom 27.10.2006, in Kraft getreten zum 1.1.2007.

4 Finanzbedarfsplanung und Finanzierung

Unabhängig von Art und Umfang des Existenzgründungsvorhabens **59** bedarf jedes Existenzgründungsvorhaben einer umfassenden und genauen Vorbereitung und Kontrolle. Neben den erforderlichen Kompetenzen müssen auch ausreichend Mittel zur Verfügung stehen, um die Gründung zu realisieren. Ferner muss der Umsatz mindestens dazu reichen, die Betriebsmittel und ggf. Ersatzinvestitionen zu finanzieren. Darüber hinaus muss ein Mindestgewinn realisiert werden, um die notwendigen Mittel für die Bestreitung des Lebensunterhalts zur Verfügung zu haben.

Sofern das Existenzgründungsvorhaben kreditfinanziert ist, wovon **60** regelmäßig auszugehen ist, müssen die finanziellen Verpflichtungen aus der Fremdfinanzierung ebenfalls bedient werden.

In Summe gilt, dass insbesondere während der Anlaufphase ausrei- **61** chend liquide Mittel zur Verfügung stehen müssen, um auch in der Anlaufphase im Zusammenhang stehende außerordentlichen Verpflichtungen bedienen zu können. Ein entsprechendes finanzielles Polster ist in jedem Fall zu berücksichtigen.

Es steht außer Frage, dass mit einer seriösen, möglichst realistischen **62** und ehrlichen Planung das mit dem Gründungsvorhaben übernommene Risiko nicht eliminiert werden kann. Sie dient jedoch dazu, die Realisierbarkeit des Existenzgründungsvorhabens zu überprüfen, Entscheidungswerte für oder gegen das Existenzgründungsvorhaben zu liefern und ggf. Alternativen oder Interventionsmöglichkeiten aufzudecken.

Ausgehend von der Berechnung des Bedarfs zur Sicherung des Le- **63** bensunterhalts wird zunächst gezeigt, wie der Gesamtkapitalbedarf für das Existenzgründungsvorhaben ermittelt werden kann. Die Berechnung ist notwendig, um anhand der Umsatz- und Rentabilitätsvorschau zu überprüfen, ob das Existenzgründungsvorhaben rentabel ist.[30] Davon zu unterscheiden ist die Liquiditätsplanung, mit der die für das Vorhaben benötigten liquiden Mittel geplant werden können.

---

30 Auf eine ausführliche Darstellung der Instrumente der Investitionsrechnung und die Erörterung der Frage, ob aus finanzmathematischer Sicht die Investition unter verschiedenen Alternativen die vorteilhafteste ist, wird mit Verweis auf die einschlägige finanzmathematische Literatur an dieser Stelle verzichtet.

4.1 Berechnung des Bedarfs für Sicherung des Lebensunterhalts

64 Mit Hilfe der Berechnung des notwendigen Gewinns zur Deckung des Lebensunterhalts soll zunächst der tatsächliche Bedarf des Existenzgründers berechnet werden, den er benötigt, um seine Existenz zu sichern. Ausgehend von den monatlichen Ausgaben werden die jeweiligen Verpflichtungen gruppiert dargelegt und summiert. Dem gegenüber gestellt werden die tatsächlichen Einnahmen.

65 Es gilt möglichst exakte Werte zu ermitteln. Hierzu gehören neben den monatlichen fixen Kosten wie Miete, Heizkosten, Strom, Gas, Wasser, Haftplicht-/Hausratversicherung, Kfz-Versicherung etc. auch die variablen Kosten wie Telefon- und Handykosten. Oftmals werden gerade die Kosten des täglichen Bedarfs unterschätzt. Es empfiehlt sich hier im Sinne einer möglichst punktgenauen Auflistung aller Ausgaben und Einkommen über einen längeren Zeitraum alle Ausgaben und Einnahmen minuziös aufzulisten und diese auf das Jahr hochzurechnen. Der Saldo aus den monatlichen Ausgaben und Einnahmen ergibt den Betrag, der mindestens erwirtschaftet werden muss, um die Deckung des Lebensunterhaltes zu gewährleisten. Er wird auch als notwendiger Mindestgewinn bezeichnet. Dabei ist es nicht von Relevanz, zu welchem Zeitpunkt die Zahlungen und Einnahmen tatsächlich realisiert werden. Dies ist allein bei der Liquiditätsrechnung, da aber zwingend, zu berücksichtigen.

66 Im Anhang ist eine entsprechende Tabelle dargestellt, die für die Berechnung des Mindestgewinnes herangezogen werden kann.[31]

4.2 Berechnung des Gesamtkapitalbedarfs

67 Unabhängig von der Art der Existenzgründung entscheidet die Berechnung des Gesamtkapitalbedarfs maßgeblich darüber mit, ob das Existenzgründungsvorhaben realisiert werden kann oder nicht. Neben einmaligen festen Gründungskosten müssen weitere variable Kosten berücksichtigt werden, die während der Anlaufphase anfallen. Ferner muss genügend finanzieller Spielraum für die Liquidität eingeplant

---

31 Die im Anhang dargestellten Tabellen sind auch als programmierte Excel-Tabellen im Internet als Download zur Verfügung gestellt (www.ptv-praxiswert.de unter dem Reiter „Produktservice"). Hier können die jeweiligen Werte direkt eingegeben werden. Die Tabellen sind so miteinander verknüpft, dass sie sich automatisch bei Änderungen der Eingaben aktualisieren. Sie dienen auch als Grundlage für die Erstellung eines Businessplans.

werden, insbesondere für den Fall, dass die Umsatzerwartungen hinter den geplanten Erwartungen zurückbleiben bzw. erst verzögert realisiert werden können.[32]

Die Berechnung des Gesamtkapitalbedarfs kann mittels eines Kapitalbedarfsplanes erfolgen. Er gliedert sich in fünf Bereiche: **68**

* den langfristigen Investitionen,
* den mittleren bis kurzfristigen Investitionen,
* die Reserven für besondere Belastungen in der Anlaufphase,
* die Gründungskosten und
* in Summe dann der gesamte Kapitalbedarf.

Auch hier ist es für eine erfolgreiche Planung erforderlich, alle mit **69** dem Existenzgründungsvorhaben im Zusammenhang stehenden Aufwendungen genau zu kennen und der Höhe nach zu ermitteln. Hierzu gehören auch ggf. Aufwendungen für die Renovierung und/oder Umbauten der Praxisräume und ggf. kalkulatorische oder tatsächliche Umzugskosten, Mietkautionen sowie die Anfangsaufwendungen für das Erscheinungsbild der Praxis, schließlich müssen Geschäftspapiere und Schilder geändert werden, Flyer und Visitenkarten gedruckt und ggf. das Erscheinungsbild der Praxis hinsichtlich des Logos ebenfalls geändert werden. Gleiches gilt für mögliche Aufwendungen für Praxiseinrichtungen und die Büroausstattung. Nicht zu vergessen und in der Summe nicht unerheblich sind die Gebühren für die Anmeldungen bei den Institutionen und Behörden sowie die Beiträge für Versicherungen und Kammerbeiträge.

Besonderes Augenmerk sollte auf die Reserve für die besonderen Belastungen in der Anlaufphase gelegt werden. Ein möglicher Ansatz **70** die Höhe des entsprechenden Kapitalbedarfs festzulegen, können die Zahlungsverpflichtungen für einen Zeitraum von bis zu sechs Monaten bilden unter Berücksichtigung des zuvor ermittelten Mindestgewinns und der notwendigen Aufwendungen für Betriebsmittel.

Im Anhang ist beispielhaft eine Tabelle für die Ermittlung des Gesamtkapitalbedarfs dargestellt.[33] **71**

Im engen Zusammenhang mit der Berechnung des notwendigen Gesamtkapitals steht die Entscheidung darüber, wie das Existenzgründungsvorhaben finanziert werden kann. Sofern der Existenzgründer über hinreichend viel Eigenkapital verfügt, kann auf Fremdkapital verzichtet werden. Mit Blick auf verschiedene Existenzgründerförde- **72**

---

32 Vgl. *Rüping, U./Mittelstaedt, E.:* a.a.O., S. 245 ff.
33 Vgl. Fußnote 31.

rungen[34] sollte jedoch in jedem Fall genau überprüft werden, ob die Inanspruchnahme von Förderprogrammen in der Gesamtschau trotz Fremdfinanzierung eine ökonomisch sinnvollere Variante ist. Beispielsweise dann, wenn als Förderung für einen bestimmten Zeitraum ein tilgungsfreier Kredit mit subventioniertem Zins angeboten wird. Unter Umständen ist es dann sinnvoller, den Kredit in Anspruch zu nehmen und das Eigenkapital am Kapitalmarkt anzulegen.

73 Verfügt der Existenzgründer hingegen nicht über das notwendige Eigenkapital, muss fremdfinanziert werden. Aber auch hier sollte in jedem Fall genau geprüft werden, ob – und wenn ja welche Möglichkeiten der Existenzgründungförderung angeboten werden.

74 Olaf Freers, Rechtsanwalt und Datenschutzbeauftragter der Psychotherapeutenkammer Niedersachsen und der Psychotherapeutenkammer Bremen, hat dankenswerterweise die im Anhang zur Verfügung gestellte exemplarische Übersicht über Fördermöglichkeiten erstellt, auf die hier verwiesen wird. Es sei an dieser Stelle darauf hingewiesen, dass es keine abschließende Auflistung ist.

75 Im Unterschied zur Eigenkapitalfinanzierung belastet bei Fremdfinanzierung der Kapitaldienst das Ergebnis, denn die Kosten für den Kapitaldienst sind zu berücksichtigen.

76 Unabhängig davon, ob das Existenzgründungsvorhaben förderungsfähig ist oder nicht, gilt es einen detaillierten Darlehensplan für fremdfinanzierte Kapitalabschaffungen zu erstellen. Aus ihnen sollte mindestens die monatlich aufzubringende Kreditrate inklusive Tilgung und Zinsanteil hervorgehen, die Gesamtlaufzeit sowie die Gesamtkosten des Kredits.[35] Die monatliche Rate ist in Tilgung und Zinsen für die nachfolgende Umsatz- und Rentabilitätsvorschau sowie die Liquiditätsplanung von wesentlicher Bedeutung.

4.3 Umsatz- und Rentabilitätsvorschau

77 *Mittels der Umsatz- und Rentabilitätsvorschau wird nun der zu erwartende Ertrag der nächsten drei Jahre unter Berücksichtigung der individuellen Gegebenheiten der Investition berechnet.[36]*

78 Ausgangspunkt ist der prognostizierte Umsatz. Hiervon werden dann die Aufwendungen für Praxisbedarf, die Raumkosten, die Versicherungs-

---

34   Vgl. Tabelle 1 im Anhang.
35   Vgl. Fußnote 31.
36   *Rüping, U./Mittelstaedt, E.:* a.a.O., S. 248.

und sonstige Beiträge, die Kfz-Kosten, die Fortbildungs- und Reisekosten sowie die Geräte und Einrichtungskosten sowie verschiedenen Gemeinkosten abgezogen. Von diesem Ergebnis werden dann wiederum die Summe der Abschreibungen, die Gründungskosten und die Zinsen für das Fremdkapital abgezogen. Im Ergebnis ist dann der prognostizierte Gewinn der Steuern abgebildet.

In der Umsatz- und Rentabilitätsvorschau wird weder ein kalkulatorischer Unternehmerlohn berücksichtigt noch die Tilgung der Firmenkredite.[37] Die im Anhang dargestellte Tabelle zeigt beispielhaft, wie eine Umsatz- und Rentabilitätsvorschau aufgebaut werden sollte.[38] **79**

4.4 Liquiditätsplanung

Im Gegensatz zur Umsatz- und Rentabilitätsvorschau ist für die Liquiditätsplanung nicht maßgeblich, ob und wenn ja wie hoch die Rentabilität des Existenzgründungsvorhabens ist. Sie dient einzig der Liquiditätssicherung und damit der Realisierung des Existenzgründungsvorhabens. Die Liquiditätsplanung soll davor schützen, Liquiditätsengpässe zu haben und so trotz positiver Bewertung des Existenzgründungsvorhabens zahlungsunfähig zu werden und somit zu scheitern. **80**

Die Liquiditätsvorschau dient folglich der Sicherung der Liquidität im Betrachtungszeitraum, in der Regel drei Jahre. Es ist aber in jedem Fall zu empfehlen auch nach der Anlaufphase den Liquiditätsplan regelmäßig weiter fortzuschreiben. **81**

Die Hauptfunktion der Liquiditätsplanung ist die Kontrollfunktion. Je genauer die Liquiditätsplanung erfolgt, desto genauer kann während der Umsetzungsphase verglichen werden, ob die tatsächliche Entwicklung mit der geplanten Entwicklung übereinstimmt. Sollte dies nicht der Fall sein, muss mit geeigneten Instrumenten gegengesteuert werden. Für die nachfolgenden Perioden ist dann die Liquiditätsplanung aber auch die Umsatz- und Rentabilitätsplanung zu korrigieren. **82**

Im Gegensatz zur Umsatz- und Rentabilitätsvorschau berücksichtigt die Liquiditätsplanung zwingend den kalkulatorischen Unternehmerlohn, der als Privatentnahme monatlich dargestellt wird. Ferner wird der gesamte Kapitaldienst berücksichtigt, also die Zinsen aus Bankdarlehen und die Tilgung für die entsprechenden Bankdarlehen. **83**

---

37   Vergleiche hierzu *Rüping, U./Mittelstaedt, E.*: a.a.O., S. 248 ff.
38   Vgl. Fußnote 31.

84 Die Liquiditätsplanung beginnt mit dem Stichtag der Umsetzung des Existenzgründungsvorhabens. Also in der Regel bereits vor dem Zeitpunkt des Markteintritts. Es existiert jeweils ein Anfangsbestand, dem die betrieblichen Einzahlungen hinzu- und von dem die betrieblichen Auszahlungen abgezogen werden. Von dem so ermittelten Saldo der betrieblichen Zahlungen werden Einzahlungen aus Anlagevermögen sowie Auszahlungen für Investitionen in das Anlagevermögen zu- bzw. abgezogen. Hiervon wird wiederum die Darlehensaufnahme und der Kapitaldienst zu- bzw. abgezogen und der Endbestand der Kasse ermittelt, der auf den nächsten Monat als Anfangsbestand übertragen wird.

85 Im Bereich der psychotherapeutischen Praxis, die zur vertragsärztlichen Versorgung zugelassen ist, gilt es hinsichtlich der betrieblichen Einzahlungen zu berücksichtigen, dass die Kassenärztlichen Vereinigungen mit Abschlagszahlungen und Quartalsabrechnungen arbeiten.[39] Die entsprechenden Zahlungszyklen sind in jedem Fall zu beachten. Ferner müssen für den Bereich der Privatentnahmen die fälligen Steuervorauszahlungen (Steuerabschlagszahlungen) berücksichtigt werden. Es ist in jedem Fall sinnvoll, sich im Vorfeld die voraussichtliche Höhe der Abschlagszahlungen von einem Steuerberater berechnen zu lassen. Für eine erste grobe Liquiditätsplanung kann pauschal ein Betrag in Höhe von 35 % der Privatentnahmen quartalsweise in Ansatz gebracht werden.

86 Im Anhang ist ebenfalls exemplarisch eine Liquiditätsübersicht dargestellt.[40]

5 Der Businessplan

87 Die vorab dargelegten Kenntnisse sind im Businessplan zusammenzuführen und um eine genaue Beschreibung des Gründungsvorhabens zu ergänzen. Der Businessplan dient in erster Linie der Bewertung, ob das zugrundeliegende Gründungsvorhaben tragfähig ist, also geeignet ist, zum Erfolg zu führen. Erfolg meint hier, dass mit dem Gründungsvorhaben die vorab definierten Ziele erreicht werden können.

88 Der Businessplan richtet sich in erster Linie an den Existenzgründer bzw. dem Initiator des Existenzgründungsvorhabens. Er ist die Darlegung der vorab erfolgten systematischen Analyse der Gründungsidee. Der Businessplan wendet sich aber auch an Kapitalgeber und ist ins-

---

39 Vgl. Rn. 13.
40 Vgl. Fußnote 31.

besondere im Bereich der Förderungsbeantragung und Bewilligung unverzichtbarer Bestandteil der einzureichenden Unterlagen. Auch vor diesem Hintergrund gilt es, den Businessplan professionell und vor allem widerspruchsfrei zu formulieren.

Der Businessplan erfüllt folgende vier Funktionen: Planungsfunktion, **89** Entscheidungsfunktion, Kommunikationsfunktion und Kontrollfunktion. Wobei sich die Planungs-, Entscheidungs- und Kontrollfunktion in erster Linie an den Existenzgründer wenden, die Kommunikationsfunktion hingegen an Externe. Ausgehend von der Definition der Kreditanstalt für Wiederaufbau – Mittelstandsbank ist der Businessplan eine präsentationsfähige Zusammenfassung des Gründungsvorhabens inklusive der Beschreibung des Gründungsvorhabens selbst sowie der Vorstellung des Existenzgründers[41] Der Businessplan setzt sich aus dem Deckblatt, dem Namen für das Existenzgründungsvorhaben, einem Inhaltsverzeichnis, einer tabellarischen Übersicht mit Informationen zum Gründungsvorhaben, einer detaillierten Darlegung des Gründungsvorhabens, dem Gründerprofil, Aussagen zur Markteinschätzung, Wettbewerbssituation und Standortwahl, Wachstumspotentiale, eine Beschreibung der Praxisorganisation, der Kapitalbedarfsplan, der Umsatz- und Rentabilitätsvorschau, der Erläuterung zur Umsatzentwicklung, dem Liquiditätsplan, einem tabellarischen Lebenslauf sowie einem Anhang mit allen erforderlichen Zeugnissen nachweisen, zusammen.

Das **Deckblatt** sollte Name und Adresse des Existenzgründers bein- **90** halten.

Auf der folgenden Seite ist der Name für das Gründungsvorhaben an- **91** zugeben. Er sollte das Gründungsvorhaben treffend benennen und keine Erläuterung enthalten. Beispielsweise könnte der Name des Existenzgründungsvorhabens für ein Praxiskauf wie folgt gewählt werden: Praxiskauf im Nachbesetzungsverfahren gemäß § 103 Abs. 4 SGB V der Psychotherapeutischen Praxis xyz.

Die **tabellarische Übersicht mit Informationen zum Gründungs-** **92** **vorhaben** sollte mindestens nachfolgende Informationen enthalten:

Name des Existenzgründers mit Geburtsdatum, Benennung des Grün- **93** dungsvorhabens, der Standort, an dem die Existenzgründung erfolgen soll, die Rechtsform, die für die Gründung gewählt wurde, und eine Aussage über die Gründungsart, der zukünftige Firmenname, der

---

41 Vgl. www.kfw-mittelstandsbank.de, Suchbegriff „Businessplan", die nachfolgenden Ausführungen basieren ebenfalls auf der angegebenen Quelle.

Starttermin der Gründung, der Gesamtkapitalbedarf untergliedert in Investitionssumme und Betriebsmittel, die Art der Finanzierung sowie eine Aussage über die Zukunftsperspektiven.

94 Die darauffolgende **detaillierte Darlegung der Geschäftsidee** beinhaltet in jedem Fall eine genaue Beschreibung der Art der Dienstleistung sowie ggf. Schwerpunkt bei der Behandlung und damit verbundene besondere Patientengruppen. Es sollte ferner eine Aussage zur fachlichen Eignung des Existenzgründers sowie die Gründe für das Gründungsvorhaben dargelegt werden.

95 Das **Existenzgründerprofil** beinhaltet wesentliche in der Person liegende Merkmale, die für die Existenzgründung bzw. für die Realisierung des Existenzgründungsvorhabens relevant sind. So werden hier die Qualifikationen benannt, die für das Gründungsvorhaben zwingend erforderlich sind und gleichzeitig eine Aussage darüber gemacht, ob der Existenzgründer über die entsprechenden notwendigen Qualifikationen verfügt. Explizit genannt werden sollte ob der Existenzgründer über hinreichende kaufmännische Qualifikationen verfügt. Diese sind im Einzelnen zu benennen, beispielsweise durch entsprechende Kurse und Fortbildungen, die im Vorfeld des Existenzgründungsvorhabens besucht worden sind. Sollten keine entsprechenden kaufmännischen Qualifikationen vorhanden sein, muss in jedem Fall ein Fort- und Weiterbildungsplan dargelegt werden, aus dem hervorgeht, wann welche Qualifikationen im kaufmännischen Bereich erworben werden sollen.

96 Das Gründerprofil darf auch eine Aussage über die Berufserfahrung in dem Bereich, in dem sich der Existenzgründer selbstständig machen möchte, nicht missen. Hier sollten alle Berufserfahrungen detailgenau benannt werden, inklusive der Zeiten, in dem die Berufserfahrungen gemacht worden sind.

97 Maßgeblich ist auch die Frage, ob der Existenzgründer bereits selbstständig ist oder schon einmal selbstständig war. In jedem Fall sind hier die entsprechenden Zeiten anzugeben inklusive der Branchen auf die sich die Selbstständigkeit bezogen hat. Anzugeben sind auch nebenberufliche Selbstständigkeiten.

98 Sofern der Existenzgründer über Referenzen und/oder besondere Kontakte beispielsweise zu Ärztenetzen integrierten Versorgungsverträgen oder ähnliche verfügt, sind diese auch zu benennen. Ein Ansatz kann hier sein, dass der Existenzgründer sich hinsichtlich der Bereiche, in denen er tätig ist, fragt, welche Kontakte und Referenzen für sein Gründungsvorhaben hilfreich sein können.

Das Gründerprofil endet mit einer Aussage darüber, welche Aufgaben **99** der Existenzgründer in dem jeweils zu gründenden Unternehmen übernimmt.

Aussagen zur **Markteinschätzung**, **Wettbewerbssituation**, **Stand- 100 ortwahl** sowie **Wachstumspotenziale** können im Bereich der Psychologischen Psychotherapie mittels Nennung der bekannten Studien zu der Versorgung der Bundesrepublik Deutschland psychotherapeutischen Leistungen beantwortet werden. Insbesondere im Bereich der vertragstherapeutischen Versorgung kann die Wettbewerbssituation dadurch beschrieben werden, dass die meisten Bezirke gesperrt sind und dennoch eine hohe Nachfrage an psychotherapeutischen Leistungen existiert, was die im Regelfall geführten Wartelisten in psychotherapeutischen Praxen belegen. Aussagen zur Standortwahl sowie zu den Wachstumspotenzialen und auch zu Wachstumszielen sind von der jeweiligen individuellen Situation des Existenzgründers direkt abhängig.

Zu der Beschreibung der **Praxisorganisation** gehören zum einen die **101** Nennung der Rechtsform sowie die Nennung der Gründungsart ggf. auch mit einer Begründung weswegen Rechtsform und Gründungsart so gewählt worden sind. Eine detaillierte und umfassende Auflistung der für die Gründung erforderlichen Genehmigungen sowie eine Beschreibung der Personalausstattung. Neuerdings wird auch eine Aussage über die Beschreibung des Qualitätsmanagements verlangt.[42]

Im Folgenden ist der Businessplan dann um die **Kapitalbedarfspla- 102 nung**, die **Umsatz- und Rentabilitätsvorschau** und deren Erläuterungen, die **Liquiditätsplanung** wie bereits in den vorangegangenen Kapiteln vorgeschlagen zu ergänzen.

Der Businessplan schließt mit einem **tabellarischen Lebenslauf** des **103** Existenzgründers sowie alle erforderlichen Zeugnisse und Nachweise, die im Zusammenhang mit dem Existenzgründungsvorhaben stehen, ab.

Wesentlich ist hierbei die Vollständigkeit, d. h. die genannten Quali- **104** fikationen, Fortbildungen, Abschlüsse und Anforderungen, die erfüllt sein müssen und die im Businessplan benannt sind, müssen an dieser Stelle durch Kopien belegt werden.

---

42 Die Psychotherapeutenkammer Niedersachsen hat die qualitätsrelevanten Aspekte in der ambulanten psychotherapeutischen Praxis in einer Orientierungshilfe zum Qualitätsmanagement zusammengefasst, die auf der Homepage der Psychotherapeutenkammer Niedersachen (www.pknds.de, Suchbegriff „QS QM") kostenlos zum Download bereitstehen.

105 Für die Erstellung des Businessplans gibt es eine Fülle von internet-basierten Vorlagen, die hier alle im Einzelnen nicht aufgeführt werden können. Für alle Vorlagen gilt aber im gleichen Maße, dass mit Blick auf eine solide und transparente Planung und mit Blick auf die Funktion des Businessplans inklusive der Umsatz- und Rentabilitäts-vorschau, Gesamtkapitalbedarfsplanung und Liquiditätsplanung seitens des Existenzgründers eine Fülle von Vorleistungen zu bewältigen sind. In jedem Fall sollte der Existenzgründer sich intensiv beraten lassen und insbesondere bei juristischen und steuerrechtlichen Fragen externe Beratungskompetenz einholen. Es gilt auch, sich gerade im Bereich der vertragstherapeutischen Versorgung frühzeitig mit allen Facetten der Existenzgründung zu beschäftigen, um so die für den Existenzgründer optimale Strategie zu wählen.

106 Nach dem Start, also mit dem ersten Tag der Realisierung der Existenzgründung, darf die Überprüfung der Existentgründung mit der Planung nicht außer Acht gelassen werden. Dabei dient eine richtige und exakte Planung als Referenzgröße.

6 Anhang

6.1 Förderprogramme Bund/Länder

Siehe Tabellen auf den Folgeseiten.

107 *Tab. 1:* *Förderprogramme Bund/Länder*

Quelle: Zusammengestellt von *Olaf Freers*, Rechtsanwalt und Datenschutzbeauftragter der Psychotherapeutenkammern Niedersachsen und Bremen, Oldenburg 2008

Gebiet	Institut	Internet	Hausanschrift		Telefon
Bund	Kfw-Mittelstandsbank	www.kfw-mittelstands-bank.de	Palmengartenstraße 5–9	60325 Frankfurt am Main	069/74 31 0
Baden-Württemberg	L-Bank	www.l-bank.de	Schlossplatz 10	76131 Karlsruhe	0721/150-0
Bayern	LfA-Förderbank Bayern	www.lfa.de	Königinstraße 17	80539 München	089/21 24-0
Berlin	Investitionsbank Berlin (IBB)	www.investitionsbank-berlin.de	Bundesallee 210	10719 Berlin	030/21 25-0
Brandenburg	Investitionsbank des Landes Brandenburg	www.ilb.de	Steinstraße 104–106	14480 Potsdam	0331/660-0
Bremen	Bremer Investitionsgesellschaft mbH	www.big-bremen.de	Kontorhaus am Markt, Langenstraße 2–4	28195 Bremen	0421/96 00-10
Hamburg	HWF – Hamburgische Gesellschaft für Wirtschaftsförderung mbH	www.hamburg-economy.de	Habichtstraße 41	22305 Hamburg	040/227019-0
Hessen	Investitionsbank Hessen	www.ibh-hessen.de	Schumannstraße 4–6	60325 Frankfurt am Main	069/13 38 50-0
Mecklenburg-Vorpommern	Landesförderinstitut M+V	www.lfi-mv.de	Werkstraße 213	19061 Schwerin	0385/63 63-0
Niedersachsen	NBank – Investitions- und Förderbank Niedersachsen	www.nbank.de	Günther-Wagner-Allee 12-16	30177 Hannover	0511/300 31-0
Nordrhein-Westfalen	NRW-Bank	www.nrwbank.de	Kavalleriestraße 22	40213 Düsseldorf	0211/91 74 1-0
Rheinland-Pfalz	Investitions- und Strukturbank Rheinland-Pfalz GmbH	www.isb.rlp.de	Holzhoferstraße 4	55116 Mainz	06131/985-0
Saarland	Saarländische Investitionskreditbank AG	www.sikb.de	Franz-Josef-Röder-Straße 17	66119 Saarbrücken	0681/30 33-0
Sachsen	SAB – Sächsische Aufbaubank – Förderbank –	www.sab.sachsen.de	Pirnaische Straße 9	01069 Dresden	0351/49 10-0
Sachsen-Anhalt	Investitionsbank Sachsen-Anhalt	www.ib-sachsen-anhalt.de	Domplatz 12	39104 Magdeburg	039/589-1745
Schleswig-Holstein	Investitionsbank Schleswig-Holstein	www.ib-sh.de	Fleethörn 29–31	24103 Kiel	0431/99 05-0
Thüringen	Thüringer Aufbaubank	www.aufbaubank.de	Gorkistraße 9	99084 Erfurt	0361/7447-0

Anmerkungen

108 Diese Auflistung erhebt nicht den Anspruch auf Vollständigkeit. Eine Vielzahl unterschiedlicher Fördermöglichkeiten von verschiedenen Förderprogrammen werden von den Gebietskörperschaften unter dem Schlagwort Wirtschaftsförderung aufgelegt. Neben der Wirtschafts- und Existenzgründerförderung des Bundes und der Länder erfolgt standort- und branchenbezogene Förderung auch durch Landkreise und Gemeinden. Ausgewählt wurden deshalb schon aus Gründen der Übersichtlichkeit nur die Förderinstitute des Bundes sowie der einzelnen Bundesländer (soweit die jeweiligen Länder entweder Träger oder aber zumindest mittelbar an den Förderinstituten beteiligt sind).

109 Die Förderung erfolgt größtenteils durch Vergabe von Darlehen zu verbilligten, subventionierten Zinsen. Darüber hinaus kann Förderung auch durch Übernahme von Bürgschaften bewilligt werden. Einige Bundesländer haben hierfür gesonderte „Bürgschaftsbanken" gegründet bzw. ins Leben gerufen. Ebenfalls aus Gründen der Übersichtlichkeit wurden diese Bürgschaftsbanken nicht eigens aufgeführt. Die Förderung durch ein Landesinstitut setzt dabei die Niederlassung im Gebiet dieses Bundeslandes voraus.

110 Fast alle Förderprogramme arbeiten nach dem sog. Hausbankprinzip. Der Antrag auf Bewilligung von Fördermitteln ist über eine Sparkasse, Genossenschafts- oder Geschäftsbank einzureichen, die schon eigenständig das Vorhaben auf Schlüssigkeit überprüft. Auch die Auszahlung der bewilligten Fördermittel erfolgt über die Hausbank.

111 Die Auflistung soll also nur einen Einstieg verschaffen und die Möglichkeit zur ersten Kontaktaufnahme geben. Das Internetangebot dieser Institute kann einen guten Überblick über die aufgelegten Förderprogramme und ihre näheren Voraussetzungen verschaffen. In den Flächenländern unterhalten die Förderinstitute auf das jeweilige Bundesland verteilte Geschäftsstellen. Die Kontaktadressen dieser Geschäftsstellen können ebenfalls im Internet abgerufen werden.

112 Bestandteil der Wirtschaftsförderung für Existenzgründer ist oftmals eine Existenzgründungsberatung; auch hierzu finden sich weiterführende Informationen in den jeweiligen Internetportalen.

113 In strukturschwachen Regionen empfiehlt es sich, neben Inanspruchnahme der Existenzgründungsberatung der Förderstellen auch, das jeweilige Vorhaben der Gemeinde- bzw. Kreisverwaltung vorzustellen, damit Möglichkeiten einer weiteren kommunalen Wirtschaftsförderung in Erfahrung gebracht werden.

Existenzgründungen werden auch von den Arbeitsagenturen geför- **114**
dert. So werden unter bestimmten Voraussetzungen Geldmittel für
den privaten Lebensbedarf für einen bestimmten Zeitraum zur Verfügung gestellt und/oder die Schaffung neuer Arbeitsplätze durch Gehaltskostenzuschüsse für einen bestimmten Zeitraum subventioniert.

Schließlich existieren ausschließlich private Initiativen zum Mei- **115**
nungs- und Erfahrungsaustausch bzw. zu weiteren Informationen.
Hilfreich und opportun ist es in jedem Falle, sich frühzeitig über Fördermöglichkeiten zu informieren und die Gründungsphase nicht ohne
fachliche, insbesondere steuerliche und rechtliche Beratung zu durchlaufen.

6.2 Beispieltabelle für die Berechnung des notwendigen Gewinns zur Deckung des Lebensunterhalts

116 *Tab. 2: Berechnung des notwendigen Gewinns zur Deckung des Lebensunterhalts*

Quelle: *Ekkehard Mittelstaedt,* Hannover 2008

Vorname + Name
Name des Existenzgründungsvorhabens

Berechnung des notwendigen Gewinns zur Deckung des Lebensunterhalts

Ausgaben	monatlich	jährlich
Miete inkl. Nebenkosten	–	–
Heizkosten/Strom	–	–
Kosten des täglichen Bedarfs (Essen, Trinken, Kleidung)	–	–
Kosten der Kinderbetreuung	–	–
Telefon/Handy/Rundfunkgebühren/Internet	–	–
private Kfz-Kosten	–	–
Haftpflicht/Hausratversicherung	–	–
Unterhaltszahlungen an Dritte	–	–
ggf. Rücklagen	–	–
Zins- u. Tilgung von Privatkrediten	–	–
Psychotherapeutenversorgungswerk (PVW-Beiträge)	–	–
Krankenversicherungsbeiträge	–	–
Lebensversicherung	–	–
Einkommenssteuer/Vorauszahlung bzw. Rücklage	–	–
Summe Ausgaben	–	–
Einkünfte		
Nettoeinkommen Lebenspartner/in	–	–
Kindergeld/Erziehungsgeld	–	–
Unterhaltszahlungen von Dritten	–	–
Einkommen aus Vermietung/Verpachtung	–	–
Einkommen aus Kapitalerträgen	–	–
Sonstige Einkünfte	–	–
Summe Einkünfte	–	–
Saldo = monatlicher Mindesgewinn	–	–

6.3 Beispieltabelle für die Berechnung des Gesamtkapitalbedarfs

Tab. 3: Berechnung des Gesamtkapitalbedarfs   **117**

Quelle: *Ekkehard Mittelstaedt*, Hannover 2008

Vorname + Name
Name des Existenzgründungsvorhabens

Kapitalbedarfsplan

I.	**Langfristige Investitionen**	
	Praxiskaufpreis	–
	Umbaumaßnahmen	–
	Einrichtung/Büroausstattung	–
	Firmen-Pkw	–
	Summe I	–
II.	**Mittel- und kurzfristige Investitionen**	
	Praxismaterial/Büromaterial	–
	Software	–
	GWG	–
	Summe II	–
III.	**Reserve für besondere Belastungen in der Anlaufphase**	
IV.	**Gründungskosten**	
	Anmeldungen/Eintragungen	–
	Rechtsberatung	–
	Aus-/Fortbildung für Gründung	–
	Kautionen	–
	Markteinführungskosten	–
	Summe IV	–
V.	**Gesamter Kapitalbedarf**	–

Finanzmittel

I.	Eigenmittel	–
	Finanzierungsbedarf I	–
II.	Kredit/Darlehen	–
	Finanzierungsbedarf II	–
III.	Sonstige	–
	Finanzierungsbedarf III	–
IV.	freier Kreditrahmen	–
	Finanzierungsbedarf IV	–

6.4 Beispieltabelle für die Umsatz- und Rentabilitätsvorschau

118 *Tab. 4: Umsatz- und Rentabilitätsvorschau*

Quelle: *Ekkehard Mittelstaedt,* Hannover 2008

Vorname + Name
Name des Existenzgründungsvorhabens

Umsatz-/Rentabilitätsvorschau

Bezeichnung	1. Jahr	2. Jahr	3. Jahr
Praxisumsatz	–	–	–
+ Unentgeltliche Wertabgabe PKW	–	–	–
– Praxisbedarf	–	–	–
= **Rohgewinn I**	–	–	–
– Personalkosten	–	–	–
= **Rohgewinn II**	–	–	–
Miete	–	–	–
Heizung	–	–	–
Gas, Strom, Wasser	–	–	–
Reinigung	–	–	–
Instandhaltung Praxisräume, Reparaturen	–	–	–
– **Summe Raumkosten**	–	–	–
Versicherungen	–	–	–
Berufshaftpflichtversicherungen	–	–	–
Berufsgenossenschaft (PP/KJP)	–	–	–
Sachversicherungen	–	–	–
Beiträge	–	–	–
Kammerbeiträge	–	–	–
Verbandsbeiträge	–	–	–
KV-Verwaltungskosten	–	–	–
Kosten Privatärztliche Verrechnungsstelle	–	–	–
– **Summe Versicherungen/Beiträge**	–	–	–
Kfz-Leasing	–	–	–
Kfz-Steuer	–	–	–
Kfz-Versicherung	–	–	–
Kfz-Betriebskosten	–	–	–
Kfz-Reparaturen	–	–	–
Garagenmiete	–	–	–
– **Summe Kfz-Kosten**	–	–	–
Kongress- Seminarkosten Unternehmer	–	–	–
Kongress- Seminarkosten Arbeitnehmer	–	–	–
Reisekosten	–	–	–
Fahrten zwischen Wohnung und Arbeitsstätte	–	–	–

–	**Summe Fortbildungs-/Reisekosten**	–	–	–
	Instandhaltung Praxisgeräte	–	–	–
	Miet- und Wartungsverträge	–	–	–
	Kleinere Anschaffungen Praxis	–	–	–
	Mietleasing	–	–	–
–	**Summe Geräte und Einrichtungskosten**	–	–	–
	Porto	–	–	–
	Telefon, Fax, Internet	–	–	–
	Bürobedarf	–	–	–
	Dekoration/Wartezimmerlektüre	–	–	–
	Werbekosten (bspw. Anzeigen)	–	–	–
	Rechts- und Beratungskosten	–	–	–
	Steuerberatungskosten	–	–	–
	Buchhaltungskosten	–	–	–
	Nebenkosten des Geldverkehrs	–	–	–
	Bewirtungskosten	–	–	–
–	**Summe Verschiedene Gemeinkosten**	–	–	–
=	**Rohgewinn III**	–	–	–
–	Summe Abschreibungen Allgemein	–	–	–
–	Abschreibung Firmenwert	–	–	–
–	Abschreibung Umbau	–	–	–
–	Abschreibung Neuanschaffung Büromöbel	–	–	–
–	Mehraufwendungen Praxismaterial etc.	–	–	–
–	Gründungskosten	–	–	–
–	Zinsen für Fremdkapital	–	–	–
=	Gewinn vor Steuern	–	–	–

6.5 Beispieltabelle für die Liquiditätsplanung

119 *Tab. 5: Liquiditätsplanung*

Quelle: *Ekkehard Mittelstaedt*, Hannover 2008

Vorname + Name
Name des Existenzgründungsvorhabens

Liquiditätsrechnung 1. Jahr	Kontokorrent: 0				Zinssatz für Kontokorrent (p.a.): 0,00 %				Planmäßige Darlehenszahlungen: 0			01.01.2008 31.12.2008
	Jan	Feb	Mrz	Apr	Mai	Jun	Jul	Aug	Sep	Okt	Nov	Dez
Anfangsbestand Kasse/Kontokorrent	-	-	-	-	-	-	-	-	-	-	-	-
+ Betriebliche Einzahlungen	-	-	-	-	-	-	-	-	-	-	-	-
KV	-	-	-	-	-	-	-	-	-	-	-	-
Privatabrechnung	-	-	-	-	-	-	-	-	-	-	-	-
Ersatzkassen	-	-	-	-	-	-	-	-	-	-	-	-
Praxisgebühr	-	-	-	-	-	-	-	-	-	-	-	-
− Betriebliche Auszahlungen	-	-	-	-	-	-	-	-	-	-	-	-
Praxisbedarf	-	-	-	-	-	-	-	-	-	-	-	-
Personalkosten	-	-	-	-	-	-	-	-	-	-	-	-
Raumkosten	-	-	-	-	-	-	-	-	-	-	-	-
Versicherungen/Beiträge	-	-	-	-	-	-	-	-	-	-	-	-
Kfz-Kosten	-	-	-	-	-	-	-	-	-	-	-	-
Fortbildungs-/Reisekosten	-	-	-	-	-	-	-	-	-	-	-	-
Geräte und Einrichtungskosten	-	-	-	-	-	-	-	-	-	-	-	-
Verschiedene Gemeinkosten	-	-	-	-	-	-	-	-	-	-	-	-
= Saldo betriebliche Zahlungen	-	-	-	-	-	-	-	-	-	-	-	-

+	Einzahlungen aus Abgängen des Anlagevermögens	–	–	–	–	–	–	–	–	–	–	–	–	–	–	–	–
–	Auszahlungen für Investitionen in das Anlagevermögen	–	–	–	–	–	–	–	–	–	–	–	–	–	–	–	–
=	**Saldo Zahlungen Investitionsbereich**	–	–	–	–	–	–	–	–	–	–	–	–	–	–	–	–
+	**Darlehensaufnahme**	–	–	–	–	–	–	–	–	–	–	–	–	–	–	–	–
	aus Bankdarlehen	–	–	–	–	–	–	–	–	–	–	–	–	–	–	–	–
–	**Kapitaldienst**	–	–	–	–	–	–	–	–	–	–	–	–	–	–	–	–
	Zinsen Bankdarlehen	–	–	–	–	–	–	–	–	–	–	–	–	–	–	–	–
	Tilgung Bankdarlehen	–	–	–	–	–	–	–	–	–	–	–	–	–	–	–	–
=	**Saldo Zahlungen Finanzierungsbereich**	–	–	–	–	–	–	–	–	–	–	–	–	–	–	–	–
–	Privatentnahmen	–	–	–	–	–	–	–	–	–	–	–	–	–	–	–	–
–	Steuervorauszahlungen	–	–	–	–	–	–	–	–	–	–	–	–	–	–	–	–
=	**Saldo Einlagen/Entnahmen**	–	–	–	–	–	–	–	–	–	–	–	–	–	–	–	–
=	**Endbestand Kasse/Kontokorrent**	–	–	–	–	–	–	–	–	–	–	–	–	–	–	–	–
–	Zinsen für Kontokorrent	–	–	–	–	–	–	–	–	–	–	–	–	–	–	–	–
	Übertrag	–	–	–	–	–	–	–	–	–	–	–	–	–	–	–	–
=	**Freier Kreditrahmen (max. 30 000,00)**	–	–	–	–	–	–	–	–	–	–	–	–	–	–	–	–
=	**Liquide Mittel inkl. freiem Kreditrahmen**	–	–	–	–	–	–	–	–	–	–	–	–	–	–	–	–

Literatur

Abrechnungsanweisung der Kassenärztlichen Vereinigung Niedersachsen

Ackermann, D.: Erfolgsfaktor und Existenzgründung freiberuflich tätiger Ärzte, Baden Baden 2006.

Bacher, S.: Die Partnerschaft – eine geeignete Rechtsform für Freiberufler?, Berlin 1999.

Bauer, J.-H./Diller, M./Schuster, D.-M.: Das Korrekturgesetz zur „Scheinselbstständigkeit", in: NZA, 16. Jg. 24/1999, S. 1297 ff.

Berns, I./Stellpflug, M. H.: Musterberufsordnung für die Psychologischen Psychotherapeuten und Kinder- und Jugendlichenpsychotherapeuten (2. aktual. Aufl.), Heidelberg 2008.

Kohn, K./Spengler, H.: Gründungen in Deutschland: weniger aber besser – Chancenmotiv rückt in den Vordergrund – KfW – Gründungsmonitor 2008, Frankfurt 2008.

Reinecke, H. G.: Der Kampf um die Arbeitnehmereigenschaft, in: NZA, 16. Jg. 14/1999, S. 729 ff.

Richtlinie des Gemeinsamen Bundesausschusses über die Bedarfsplanung sowie die Maßstäbe zur Feststellung von Überversorgung und Unterversorgung in der vertragsärztlichen Versorgung (Bedarfsplanungs-Richtlinie), in der Neufassung vom 15.2.2007, veröffentlicht im Bundesanzeiger 2007, S. 3491 ff., zuletzt geändert am 10.4.2008, veröffentlicht im Bundesanzeiger 2008, S. 2231 ff.

Richtlinie des Gemeinsamen Bundesausschusses über grundsätzliche Anforderungen an ein einrichtungsinternes Qualitätsmanagement für die an der vertragsärztlichen Versorgung teilnehmenden Ärzte, Psychotherapeuten und medizinischen Versorgungszentren (Qualitätsmanagement-Richtlinie)

Rüping, U./Mittelstaedt, E.: Abgabe, Kauf und Bewertung psychotherapeutischer Praxen, Heidelberg 2008.

Stellpflug, M. H.: Niederlassung für Psychotherapeuten, Heidelberg 2005.

Internetquellen

www.kfw.de,
Suchbegriff „Existenzgründung", (Abgerufen: Mai 2008).

www.kfw-mittelstandsbank.de,
Suchbegriff „Businessplan", (Abgerufen: Juni 2008).

www.existenzgruender.de,
Suchbegriff „Selbständigkeit/erste Schritte/Gründungswege" (Abgerufen: Mai 2008).

www.pknds.de,
Suchbegriff „QS QM", (Abgerufen: Juni 2008).
Suchbegriff „Umsatzsteuer", (Abgerufen: Juni 2008).

www.ptv-praxiswert.de,
Reiter „Produktservice" (Abgerufen: 26.08.08).

Kooperationen[1]

Dr. Martin H. Stellpflug

		Rn.
1	**Einleitung**	1
2	**Rechtsformen**	4
2.1	Gesellschaft bürgerlichen Rechts	5
2.2	Partnerschaftsgesellschaft	6
2.3	Offene Handelsgesellschaft	7
2.4	Gesellschaft mit beschränkter Haftung	8
3	**Verschiedene Kooperationsformen**	10
3.1	Gemeinschaftspraxis	11
3.2	Praxisgemeinschaft..........................	22
4	**Besondere Vertragsbestandteile**	26
4.1	Abfindungsklauseln	27
4.2	Konkurrenzschutzklausel	37
4.3	Gewinn- und Verlustverteilung	43

Literatur

---

1 Der Beitrag entspricht weitestgehend meiner Darstellung „Kooperationen" in: *Stellpflug, M. H.:* Niederlassung für Psychotherapeuten, Heidelberg 2005.

Schlagwortübersicht

	Rn.		Rn.
Abfindungsklausel	34	Kommanditgesellschaft	7
Gemeinschaftspraxis		Offene Handelsgesell-	
– Auflösung	16	schaft	7
Gesellschaft des		Partnerschaftsgesellschaft	6
bürgerlichen Rechts	5	Praxiswert	
Gesellschaft mit		– immaterieller	30
beschränkter Haftung	8	– materieller	29
Haftung	23	Rechtsform	4, 24
Haftungsfragen	15	– Wahl der	9
Hinsicht		Vertragsautonomie	16
– örtliche	39	Wertgutachten	
– sachliche	40	– unabhängiges	33
– zeitliche	38	Wirksamkeitsgrenzen	34

1 Einleitung

1 Da sich in den letzten Jahren die wirtschaftlichen Rahmenbedingungen der vertragsärztlichen Tätigkeit kaum verbessert haben, ist ein Trend zur gemeinschaftlichen Praxisausübung/Kooperation zu verzeichnen. Die Intensität solcher Kooperationen freilich variiert beachtlich: Der Zweck einer Kooperation kann sich auf die gemeinsame Nutzung eines Spielzimmers beschränken (Organisationsgemeinschaft), während bei der Gemeinschaftspraxis der gesamte Beruf gemeinsam ausgeübt wird (Berufsausübungsgemeinschaft). In wirtschaftlicher Hinsicht wird mit solchen Kooperationen regelmäßig die Hoffnung verbunden, durch intensivere Ausnutzung von Infrastruktur (Räume, Personal, Geräte) Sachkosten zu sparen, Investitionsaufwand zu teilen und/oder das Risiko einseitiger Spezialisierung zu mindern. In fachlicher Hinsicht kann die Kooperation bei interdisziplinärer oder sogar interprofessioneller Zusammenarbeit eine Verbesserung des psychotherapeutischen Standards oder eine Behandlungskonzentration („kurze Wege") bieten. Gedanken- und Informationsaustausch sind für den Patienten ebenso vom Vorteil wie eine verbesserte und komplexe räumliche und/oder personelle Ausstattung. Schließlich entspricht es häufig dem Bedürfnis der Patienten, wenn durch eine Kooperation die Betreuung durch verschiedene Fachrichtungen an einheitlicher Adresse gewährleistet ist oder sich verschiedene Leistungserbringer dem Patienten als kompetente Behandler empfehlen.

Vorteile einer Kooperation: 2
- Teilung des Investitionsvolumens und der
  betriebswirtschaftlichen Verantwortung,
- niedrigere Raum- und Personalkosten,
- intensivere Gerätenutzung,
- Kostenreduktion führt zur Gewinnmaximierung,
- Gedanken- und Informationsaustausch,
- vereinfachte Vertretungsregelungen (Urlaub/Krankheit),
- größere Gestaltungsmöglichkeiten beim Praxisangebot.

Nachteile einer Kooperation: 3
- Notwendigkeit der Rücksichtnahme, des Unterordnens von
  Gemeinschaftsbeschlüssen,
- Verluste individueller Freiheit gegenüber der Gemeinschaft,
- Abhängigkeiten,
- geringere Flexibilität bei Unternehmensentscheidungen,
- Haftungsrisiken.

2   Rechtsformen

Von der konkreten Ausgestaltung der Kooperation (Praxisgemein-   4
schaft, Gemeinschaftspraxis) ist die Frage der **Rechtsform** zu trennen. Während Umfang und Ausgestaltung der Praxiskooperation
zunächst von den Vorschriften des Berufsrechts (vor allem: Berufsordnung, Heilberufsgesetz) und des Vertragsarztrechts (vor allem:
SGB V, Zulassungsverordnung, Bundesmantelvertrag) bestimmt
wird, regelt das Gesellschaftsrecht die möglichen Rechtsformen der
Kooperation. Der Gesetzgeber hat die Zahl der möglichen Gesellschaftsformen beschränkt („numerus clausus"); im Interesse der
Rechtssicherheit besteht ein gesetzlich auferlegter „Typenzwang".
Bei den für eine Praxiskooperation möglichen Gesellschaftsformen
handelt es sich um die Gesellschaft bürgerlichen Rechts, die Personenhandelsgesellschaften der offenen Handelsgesellschaft und der
Kommanditgesellschaft, um die Gesellschaft mit beschränkter Haftung als Kapitalgesellschaft und die Partnerschaftsgesellschaft.

2.1   Gesellschaft bürgerlichen Rechts

Die bei den Praxiskooperationen am weitesten verbreitete Gesell-   5
schaftsform ist die **Gesellschaft des bürgerlichen Rechts** (GbR).
Dies liegt zum Teil an den ehemals restriktiven berufsrechtlichen

Vorgaben[2] der Ärzte, vor allem aber daran, dass es zur Gesellschafts-
gründung keine Formerfordernisse gibt: Die Gesellschaft bürgerlichen Rechts entsteht durch die einvernehmliche Vereinigung (Kooperation) von mindestens 2 Personen (Gesellschaftern) zur Förderung
eines von ihnen gemeinsam verfolgten Zwecks (§ 705 BGB). Der Gesellschaftsvertrag ist formfrei und kann daher auf mündlichen Vereinbarungen oder sogar schlüssigem Verhalten beruhen. Die GbR ist
„Gesamthandsgemeinschaft", das Vermögen steht den Gesellschaftern zur gesamten Hand bzw. zu gleichen ideellen Anteilen zu. Die
Höhe der jeweiligen Beteiligung kann jedoch im Vertrag abweichend
geregelt werden. Es herrscht grundsätzlich das Konsensprinzip; eine
Beschlussfassung erfolgt daher einstimmig, soweit die Gesellschafter
nicht ausdrücklich etwas anderes vereinbaren. Auch die Geschäftsführung und Vertretung der Gesellschafter nach außen erfolgt regelmäßig gemeinschaftlich durch alle Gesellschafter. Die Gesellschafter
haften gesamtschuldnerisch mit ihrem gesamten Vermögen. Ihre Haftung kann im Außenverhältnis nur durch gesonderte Vereinbarung
mit den jeweiligen Vertragspartnern auf das Gesellschaftsvermögen
beschränkt werden.

2.2 Partnerschaftsgesellschaft

6 Die **Partnerschaftsgesellschaft** ist im Gegensatz zur GbR voll na-
mens-, rechts-, partei-, grundbuch-, konkurs- und deliktsfähig. Angehörige einer Partnerschaft können nur natürliche Personen sein (§ 1
Abs. 1 Partnerschaftsgesellschaftsgesetz – PartGG). Es besteht die
Möglichkeit der Haftungskonzentration. In der Partnerschaftsgesellschaft werden Behandlungsverträge mit der Partnerschaft geschlossen. Für die sich daraus ergebenden Verbindlichkeiten haftet zunächst
das Vermögen der Partnerschaft, jedoch auch die Partner persönlich
als Gesamtschuldner. Die Haftung für Schäden aus fehlerhafter Berufsausübung kann durch Vertrag mit dem Patienten auf denjenigen
Partner beschränkt werden, der die berufliche Leistung zu erbringen
und zu verantworten hat. Hierdurch wird eine wechselseitig unbe-
grenzte persönliche Haftung aller Partner für den Fehler eines einzelnen aufgehoben. Im Hinblick auf die persönliche Leistungserbrin-

---

2 Vgl. z. B. Kapitel D Nr. 8 Abs. 1 Musterberufsordnung Ärzte (MBO-Ä 2000):
*„Für die Berufsausübungsgemeinschaft dürfen Ärzte nur Gesellschaftsformen
wählen, welche die eigenverantwortliche und selbstständige sowie nicht gewerbliche Berufsausübung wahren. Solche Gesellschaftsformen sind die Gesellschaft des
bürgerlichen Rechts (§ 705 ff) für die Gemeinschaftspraxis und die Partnerschafs-
gesellschaft für die Ärztepartnerschaft."*

gung durch den Arzt und das besondere Vertrauensverhältnis zum Patienten ist es folgerichtig, dass eine Haftungskonzentration auf den jeweils handelnden bzw. verantwortlich leitenden Partner möglich ist. Dies bedeutet also eine Risikoverminderung für die nicht mit der Berufsausübung befassten Partner. Nicht möglich ist jedoch die Konzentration der Haftung auf einen vielleicht vermögenslosen Partner, der lediglich als Strohmann eingeschaltet wird. Selbstverständlich soll sich der mit der Erfüllung des Vertragsverhältnisses befasste Partner seiner Haftung nicht entziehen dürfen. Nicht ausgeschlossen ist im übrigen auch die deliktische Haftung eines weiteren Partners nach § 823 ff. BGB. Die Vorteile der Partnerschaft liegen insbesondere in der Möglichkeit der Haftungsbegrenzung auf den handelnden Partner. Als weitere Vorzüge sind die erhöhte rechtliche Stabilität und Handlungsmöglichkeit für eine Therapeutengruppe als Träger gemeinsamer Versorgungsverantwortung und die Werbewirkung für Kapitalinvestoren anzusehen.

2.3 Offene Handelsgesellschaft

Bei der **offenen Handelsgesellschaft** (OHG) haften die Gesellschaf-   7
ter unbeschränkt persönlich. Durch gesonderte Vereinbarung mit den Vertragspartnern der Gesellschaft kann die Haftung im Einzelfall auf das Gesellschaftsvermögen beschränkt werden. Bei der **Kommanditgesellschaft** (KG), die eine Modifikation der offenen Handelsgesellschaft darstellt, werden zwei Arten von Gesellschaftern unterschieden: der Komplementär als persönlich haftender Gesellschafter haftet unbeschränkt, der Kommanditist haftet dagegen grundsätzlich nur bis zur Höhe der Haftsumme, die im Handelsregister für ihn eingetragen wird. Die Personenhandelsgesellschaften (OHG und KG) bieten im Vergleich zu Kapitalgesellschaften (GmbH) einen größeren Spielraum für die Gestaltung der Verhältnisse der Gesellschaften untereinander. Eine registergerichtliche Prüfung dieser Rechtsverhältnisse erfolgt nicht, der Gesellschaftsvertrag ist nicht vorzulegen. Weder die Höhe des Gesamtkapitals der Gesellschaft noch die Beteiligungsverhältnisse der Gesellschafter werden daher publik. Die Regelungen zwischen den Gesellschaftern können formfrei erfolgen. Die Besteuerung erfolgt bei allen Personengesellschaften (GbR, Partnerschaft, OHG oder KG) auf der Ebene der Gesellschafter.

2.4 Gesellschaft mit beschränkter Haftung

8 Bei der **Gesellschaft mit beschränkter Haftung** (GmbH)[3] ist das wichtigste Merkmal die Beschränkung der Haftung der Gesellschafter auf das Gesellschaftsvermögen. Eine Haftung für ärztliche Behandlungsfehler lässt sich allerdings bei einer GmbH nicht beschränken. Bei der Anschaffung von Praxisinventar oder der Anmietung von Praxisräumen käme die Haftungsbeschränkung aber zur Geltung. Die GmbH unterliegt den strengen Formvorschriften des GmbH-Gesetzes. Der Gesellschaftsvertrag muss zum Registergericht zwecks Überprüfung eingereicht werden. Kapitalerhöhungen sowie eine Reihe von weiteren Gesellschafterbeschlüssen (z. B. auch Geschäftsführerbestellungen und -abberufung) unterliegen der registergerichtlichen Kontrolle. Der Freiraum für die Gestaltung der Rechtsverhältnisse ist im Vergleich zu einer Personengesellschaft enger begrenzt. Im Gegensatz zur Personengesellschaft wird die Kapitalgesellschaft (GmbH) als eigenständiges Besteuerungssubjekt behandelt. Sie ist Besteuerungssubjekt für die Körperschaftssteuer und die Gewerbesteuer. Als Vorteil der GmbH ist zu nennen, dass zivilrechtliche Vereinbarungen zwischen der Gesellschaft und ihren Gesellschaftern steuerrechtlich grundsätzlich anerkannt werden. Sie beeinflussen also das Einkommen der Gesellschaft. Die GmbH ist Gewerbebetrieb kraft Rechtsform. Damit erzielt sie unabhängig von ihrem Unternehmensgegenstand Einkünfte aus Gewerbebetrieb und ist insoweit gewerbesteuerpflichtig.

9 Die **Wahl der Rechtsform** ist (natürlich) abhängig von der geplanten Kooperationsform. Vor allem aber engen unter Umständen landesrechtliche Vorschriften die Wahl der Rechtsform ein. Darauf wird im folgenden Abschnitt jeweils unter Bezug auf die konkrete Kooperationsform eingegangen.

3 Verschiedene Kooperationsformen

10 Auch wenn die möglichen Kooperationsformen fließende Übergänge zeigen, lässt sich doch eine Typisierung vornehmen. Die nachfolgend dargestellten Kooperationsformen sind dabei weder abschließend noch in der beschriebenen Ausgestaltung begrenzt. Es kann lediglich

---

3 Vgl. auch *Schiller, H. / Broglie, M. G.:* Heilkunde-GmbH/Ärzte-GmbH, Beitrag A 1600, in: Halbe, B. / Schirmer, H. D. (Hrsg.): Handbuch Kooperationen im Gesundheitswesen, Heidelberg 2008.

versucht werden, einen Überblick über Kooperationsform, Rechtsform und die berufsrechtlichen Regelungen zu geben.

3.1 Gemeinschaftspraxis

Unter einer Gemeinschaftspraxis versteht man den Zusammenschluss **11** mehrerer Psychotherapeuten zur gemeinsamen Berufsausübung, in gemeinsamen Räumen mit gemeinsamer Praxiseinrichtung, gemeinsamer Karteiführung und Abrechnung, mit gemeinsamem Personal auf gemeinsame Rechnung.[4] Die Gemeinschaftspraxis tritt nach außen als eine psychotherapeutische Versorgungseinheit auf. Die Behandlungsverträge der Patienten kommen mit der Gemeinschaft zustande, auch wenn ein Patient ausschließlich von einem bestimmten Therapeuten behandelt wird. Abgerechnet wird im Namen und für Rechnung der Gemeinschaft. Gewinn und Verlust werden je nach Ausgestaltung der Vereinbarungen gemeinsam von den Gemeinschaftspartnern getragen, die gesamtschuldnerisch haften. Die Gemeinschaftspraxis hat einen gemeinsamen Patientenstamm. Dennoch muss die freie Arztwahl des Patienten auch in der Gemeinschaftspraxis gewahrt sein.

Hinsichtlich der Tätigkeit im Rahmen der gesetzlichen Krankenversi- **12** cherung regelt § 33 Abs. 2 Ärzte-ZV, dass die gemeinsame Ausübung vertragsärztlicher Tätigkeit unter allen zur vertragsärztlichen Versorgung zugelassenen Leistungserbringern an einem gemeinsamen Vertragsarztsitz (örtliche Berufsausübungsgemeinschaft) zulässig ist (also auch zwischen Ärzten und Psychotherapeuten). Sie ist auch zulässig bei unterschiedlichen Vertragsarztsitzen der Mitglieder der Berufsausübungsgemeinschaft (überörtliche Berufsausübungsgemeinschaft), wenn die Erfüllung der Versorgungspflicht des jeweiligen Mitglieds an seinem Vertragsarztsitz unter Berücksichtigung der Mitwirkung angestellter Ärzte und Psychotherapeuten in dem erforderlichen Umfang gewährleistet ist sowie das Mitglied und die bei ihm angestellten Ärzte und Psychotherapeuten an dem Vertragsarztsitz der anderen Mitglieder nur in zeitlich begrenztem Umfang tätig werden (§ 33 Abs. 2 Satz 2 Ärzte-ZV). Die Berufsausübungsgemeinschaft bedarf der vorherigen Genehmigung des Zulassungsausschusses.[5]

Bei der Gemeinschaftspraxis handelt es sich um eine **Berufsaus-** **13** **übungsgemeinschaft** („Zusammenschluss zur gemeinsamen Berufs-

---

4 Vgl. *Laufs, A. / Uhlenbruck, W.:* Handbuch des Arztrechts (2. Aufl.), § 18 Rn. 12 m. w. N., München 1999.
5 § 33 Abs. 2 Zulassungsverordnung-Ärzte – Ärzte-ZV.

ausübung"). Für diese Berufsausübungsgemeinschaften regelt die Musterberufsordnung[6] in § 21 wie folgt:

§ 21
Zusammenschlüsse zu Berufsausübungsgemeinschaften, zu Kooperationsgemeinschaften und sonstigen Organisationen

(1) Psychotherapeuten dürfen sich im Rahmen der Vorgaben des Heilberufsgesetzes zu Berufsausübungsgemeinschaften in allen rechtlich möglichen Formen mit anderen Angehörigen ihrer Berufsgruppe oder Angehörigen anderer Gesundheits- oder Beratungsberufe zusammenschließen.

(2) Bei Berufsausübungsgemeinschaften sind die Namen aller in der Gemeinschaft zusammengeschlossenen Psychotherapeuten, der Angehörigen der anderen Berufsgruppen, die zugehörigen Berufsbezeichnungen, die Rechtsform und jeder Ort der Berufsausübung öffentlich anzukündigen.

(3) Darüber hinaus dürfen Psychotherapeuten sich an Kooperationen beteiligen, deren Ziel ein bestimmter Versorgungsauftrag oder eine andere Form der Zusammenarbeit zur Patientenversorgung ist.

(4) Bei allen Formen von Zusammenschlüssen muss die freie Wahl der Psychotherapeuten durch die Patienten gewährleistet und die eigenverantwortliche und selbstständige sowie nicht gewerbliche Berufsausübung gewahrt bleiben.

(5) Bei allen Formen von Zusammenschlüssen ist die Verarbeitung der Patientendaten so zu organisieren, dass bei Auflösung des Zusammenschlusses eine Trennung der Datenbestände unter Wahrung der gesetzlichen Geheimhaltungspflichten, der Dokumentations- und Aufbewahrungspflichten, der schutzwürdigen Belange der Psychotherapeuten sowie der schutzwürdigen Belange der betroffenen Patienten möglich ist.

(6) Eine Beteiligung von Kammermitgliedern an privatrechtlichen Organisationen, die missbräuchlich die eigenverantwortliche Berufsausübung einschränken, Überweisungen an Leistungserbringer außerhalb der Organisation ausschließen oder in anderer Weise die Beachtung der Berufspflichten der Kammermitglieder beschränken, ist unzulässig.

(7) Alle Zusammenschlüsse nach Abs. 1 bis 3 sowie deren Änderungen sind der Landespsychotherapeutenkammer anzuzeigen. Kooperationsverträge nach Abs. 1 bis 3 sind auf Verlangen der Kammer vorzulegen.

---

6 Vgl. *Stellpflug,M. / Berns, I.:* Musterberufsordnung (2. Aufl.), Heidelberg 2008.

Nun fragt sich natürlich, welches denn die „rechtlich möglichen Formen   **14**
der Kooperation" sind. Die Musterberufsordnung der Ärzte und die Län-
derberufsordnungen der Ärzte nannten jahrzehntelang als zulässige
Rechtsform für die Gemeinschaftspraxis nur die Gesellschaft bürgerlichen Rechts und die Partnerschaft. Die Formulierung „alle rechtlich
möglichen" oder „alle gesetzlich zulässigen Formen" in den Berufsordnungen der Psychotherapeuten bezweckt in klarer Abgrenzung zu dieser
historischen Beschränkung eine Liberalisierung. Nun mag kritisiert werden, dass diese Formulierung den Normadressaten zunächst im Unklaren
darüber lässt, welche Rechtsform tatsächlich zulässig ist. Erreicht werden
soll durch diese dynamische Formulierung aber, dass ggf. bestehende
Restriktionen in den Heilberufs- und Kammergesetzen unmittelbar nach
Änderung dieser Gesetze wegfallen, ohne dass die Berufsordnungen angepasst werden müssen. Beispielsweise regelt Art. 18 Abs. 1 Satz 2 des
Heilberufe-Kammergesetze Bayerns, dass die Führung einer ärztlichen
Praxis in der Rechtsform einer juristischen Person des privaten Rechts
nicht statthaft ist. Dieses Verbot gilt gem. Art. 65 des Gesetzes für die
Psychotherapeuten entsprechend. Eine solche „juristische Person" ist die
GmbH, die Aktiengesellschaft, die Genossenschaft, die Kommanditge-
sellschaft auf Aktien oder der Verein.

Besonderes Augenmerk verdienen die **Haftungsfragen**. Während die de-   **15**
liktische Haftung (unerlaubte Handlung) nur den Schädiger selbst trifft,
betreffen die vertraglichen Ansprüche des Patienten grundsätzlich alle
Partner der Gemeinschaftspraxis. Da der Behandlungsvertrag regelmäßig
mit der Gemeinschaftspraxis, und nicht den einzelnen Psychotherapeuten, geschlossen wird[7], treffen die Schadensersatzansprüche wegen
„schlechter Erfüllung des Behandlungsvertrages" (Behandlungsfehler)
alle kooperierenden Therapeuten. In einer Entscheidung vom 29.6.1999[8]
hat der BGH nochmals bestätigt, dass dies zumindest dann gilt, wenn die
in einer Gemeinschaftspraxis verbundenen Leistungserbringer nach außen als Gemeinschaft zur Erbringung gleichartiger Leistungen auf einem
bestimmten Fachgebiet auftreten. Jedenfalls gegenüber den Kassenpati-
enten war durch das gemeinsame Praxisschild, gemeinsame Briefbögen
und Kassenrezepte und die gemeinsame Abrechnung gegenüber der KV
nach Ansicht des BGH deutlich geworden, dass die kooperierenden Therapeuten ihre Pflichten aus dem Behandlungsvertrag gemeinsam erbringen wollten und erbrachten. Daher kommt der Behandlungsvertrag auch
mit allen kooperierenden Psychotherapeuten zustande, unabhängig da-

---

7   Vgl. *Saenger, I.:* Gesellschaftsrechtliche Gestaltung ärztlicher Kooperationsfor-
    men, in: NZS, 5/2001, S. 234, 235.
8   *BGH*, Urteil vom 29.6.1999 – VI ZR 24/98, MedR 1999, 561.

von, welcher Therapeut konkret die Behandlungen durchführt. Tritt ein Therapeut in eine bereits bestehende (Gemeinschafts-)Praxis ein, so haftet er für alle Verbindlichkeiten der Gesellschaft mit seinem Privatvermögen. Dabei ist es gleichgültig, ob die Verbindlichkeit vor oder nach seinem Eintritt entstanden ist. Die Haftung für Altverbindlichkeiten basiert auf einer Änderung der höchstrichterlichen Rechtsprechung und ist noch nicht in allen Einzelheiten geklärt. So hat es die Rechtsprechung bislang offen gelassen, ob der eintretende Gesellschafter auch für Altverbindlichkeiten aus Behandlungsfehlern haftet.[9] Gewichtige Stimmen der Literatur gehen aber davon aus, dass die Rechtsprechung die Haftung des Neugesellschafters auch auf solche Verbindlichkeiten ausdehnen wird.[10] Zudem haftet der neueintretende Gesellschafter für die vor seinem Eintritt begründeten Verbindlichkeiten mit seinem Anteil am Gesellschaftsvermögen. Bei Auflösung einer Gemeinschaftspraxis oder nach dem Ausscheiden eines der Therapeuten haftet dieser gem. § 736 Abs. 2 BGB i. V. m. § 159 Abs. 1 HGB innerhalb einer Verjährungsfrist von 5 Jahren gegenüber seinen ehemaligen Mitgesellschaftern.

16 Die Gesellschafter (GbR), also die kooperierenden Psychotherapeuten der Gemeinschaftspraxis, können ihre vertraglichen Beziehungen weitestgehend frei ausgestalten (Grundsatz der **Vertragsautonomie**). Häufig fehlt es jedoch an solchen Vereinbarungen oder es ist in Ermangelung eines schriftlichen Vertrages streitig, welche Vereinbarungen im Einzelnen getroffen wurden. In diesen Fällen gelten die gesetzlichen Regelungen des BGB. Die wichtigen Rechtsfragen der **Auflösung einer Gemeinschaftspraxis** sollen deshalb unter Berücksichtigung der gesetzlichen Vorschriften beleuchtet werden.

17 Therapeuten einer Gemeinschaftspraxis sollten es tunlichst vermeiden, ohne Absprache (z. B. durch Gesellschafterbeschluss) Verträge zu kündigen oder Geräte der Gemeinschaftspraxis zu verkaufen. Außerdem sollte nicht einer der Partner „überraschend" gegenüber der KV die Beendigung der Gemeinschaftspraxis anzeigen, um dadurch „Fakten" zu schaffen. Hierin ist ein Verstoß gegen gesellschaftliche Pflichten zu sehen. Nach dem BGB steht die Führung der Gesellschaft den Gesellschaftern gemeinschaftlich zu. Für jedes Geschäft ist die Zustimmung aller Gesellschafter erforderlich. Verstößt daher einer der Gesellschafter gegen die Pflicht zur gemeinschaftlichen Geschäftsführung, kann er sich im Innenverhältnis schadensersatzpflichtig machen. Erwächst der Gesellschaft insgesamt oder einem der Gesellschafter persönlich durch das Verhalten

---

9 Vgl. zum Ganzen *BGH*, Urteil vom 7.4.2003 – II ZR 56/02, NJW 2003, 1803.
10 *Ulmer, P.:* Die Haftungsverfassung der BGB-Gesellschaft, in: ZIP, 2003, S. 1113 ff.

des anderen ein Schaden, so führt die Pflichtverletzung zu Ersatzansprüchen.

Die Gemeinschaftspraxis kann jederzeit gekündigt werden, sofern nichts **18** anderes vereinbart wurde.[11] Das Gesetz stellt aber klar, dass die Kündigung nicht zur Unzeit geschehen darf. Unzeitig ist die Kündigung, wenn durch den Zeitpunkt die gemeinschaftlichen Interessen der Gesellschafter verletzt werden. Auch im Falle einer solchen Interessenverletzung ist dem anderen Gesellschafter der daraus entstandene Schaden zu ersetzen.

Bei einer Gemeinschaftspraxis mit zwei Psychotherapeuten führt die **19** Kündigung dazu, dass der Gesellschaftszweck (gemeinsame Berufsausübung) nicht mehr erreicht werden kann. Damit endet die Gesellschaft. Das Gesetz geht in einem solchen Fall davon aus, dass die Gemeinschaftspraxis aufgelöst und auseinandergesetzt wird. Diese Auseinandersetzung gehört noch immer zu den Pflichten der Gesellschafter; sie müssen mitwirken und möglichen Schaden abwenden. Entzieht sich ein Gesellschafter seinen Mitwirkungspflichten und fehlt es an der notwendigen Kooperation, so ist der Auseinandersetzungsanspruch nötigenfalls gerichtlich durchzusetzen. Die Auseinandersetzung wird auch als „Liquidation" der Gesellschaft bezeichnet.

Bei der Liquidation einer Gemeinschaftspraxis interessiert vor allem die **20** Frage: Wer bekommt wie viel? Nach dem gesetzlichen Leitbild fällt bei der Zwei-Mann-Gesellschaft das Gesellschaftsvermögen je zur Hälfte einem der Gesellschafter zu (§ 722 Abs. 1 BGB:

Sind die Anteile der Gesellschafter am Gewinn und Verlust nicht bestimmt, so hat jeder Gesellschafter ohne Rücksicht auf die Art und Größe seines Beitrages einen gleichen Anteil am Gewinn und Verlust).

Die Gemeinschaftspraxis als Gesellschaft ist in der Regel zahlreiche ver- **21** tragliche Verpflichtungen eingegangen (z. B. Mietvertrag, Personalverträge). Hier laufen unterschiedliche (gesetzliche) Kündigungsfristen, welche zu beachten sind. Die Pflicht zu sofortigen Auseinandersetzung nach wirksamer Kündigung der Gesellschaft schafft hier Probleme. Die wirtschaftlichen Nachteile (Lohn- oder Mietfortzahlung) haben im Außenverhältnis die Gesellschafter zur Gesamthand (gemeinsam, aber jeder haftet selbst für den vollen Betrag) zu tragen. War die (voreilige) Auflö-

---

11 Es ist dagegen unzulässig, einen Mitgesellschafter ohne Vorhandensein eines sachlichen Grundes aus der Gesellschaft auszuschließen. Zu möglichen Ausnahmen im Sinne einer „Probezeit" vgl. *BGH*, Urteil v. 7.5.2007 – II ZR 281/05 = MedR 2007, 595.

sung der Gemeinschaft nur dem pflichtwidrigen Verhalten eines der Gesellschafter zuzuschreiben, so bestehen im Innenverhältnis wiederum Schadensersatzverpflichtungen.

3.2 Praxisgemeinschaft

22 Die Praxisgemeinschaft[12] ähnelt der Gemeinschaftspraxis in der gemeinschaftlichen Nutzung von wesentlichen Bestandteilen einer Praxis, also z. B. gemeinsame Geräte-, Personal- oder Raumnutzung. Anders als bei der Gemeinschaftspraxis handelt es sich aber nicht um eine Kooperation zur gemeinsamen Berufsausübung. Die in Praxisgemeinschaft kooperierenden Therapeuten führen jeweils Einzelpraxen mit eigenem Patientenstamm, eigener Karteiführung und eigener Abrechnung. Es handelt sich bei der Praxisgemeinschaft – in Abgrenzung von der „Berufsausübungsgemeinschaft" – um eine „Organisationsgemeinschaft".

23 Da die an der Praxisgemeinschaft beteiligten Therapeuten jeweils selbstständig handeln, kommen die Behandlungsverträge ausschließlich zwischen den jeweiligen Psychotherapeuten und den Patienten zustande. Daraus folgt, dass die **Haftung** auf den einzelnen Therapeuten beschränkt ist, eine Vertretung (Urlaub, Krankheit, o. ä.) aber auch nur in dem Umfang zulässig ist, wie zwischen anderen Einzelpraxen.[13]

24 Zweck der Praxisgemeinschaft ist regelmäßig die gemeinsame Nutzung von Räumen, Personal und/oder Geräten. Dieser „Gesellschaftszweck" (§ 705 BGB) führt bei Gründung einer Praxisgemeinschaft zur **Rechtsform** der GbR, sofern kein anderer Gesellschaftstyp gewählt wird. Neben der GbR kommen als Rechtsform insbesondere die Handelsgesellschaften OHG und KG in Betracht, wenn Gesellschaftszweck der Betrieb eines Handelsgewerbe (§ 105 Abs. 1 HGB) ist. Dies wäre ausgeschlossen, wenn Gesellschaftszweck die Heilkundeausübung wäre. Darum geht es aber, wie bereits dargestellt, bei der Organisationsgemeinschaft nicht. Durch die Praxisgemeinschaft sollen lediglich organisatorische Rahmenbedingungen geschaffen werden, durch die die Berufsausübung der Beteiligten, und dort jeder für sich, ermöglicht wird. Daher kann eine Praxisgemeinschaft als OHG

---

12 Vgl. auch *Schäfer-Gölz, R.:* Praxisgemeinschaft (Apparate-/Laborgemeinschaft), in: Halbe, B. / Schimer, H. D. (Hrsg.): Handbuch Kooperationen im Gesundheitswesen, Beitrag A 1200, Heidelberg 2008.
13 Vgl. *Laufs, A. / Uhlenbruck, W.:* Handbuch des Arztrechts (3. Aufl.), München 2002, § 18 Rn. 9 m. w. N.

oder KG geführt werden. Die Handelsgesellschaft tritt dann als Vermieterin von Räumen, Einrichtungsgegenständen oder Geräten auf, ohne selbst psychotherapeutische Leistungen anzubieten.[14]

Überwiegend regeln die Berufsordnungen, dass „bei allen Formen von Zusammenschlüssen" die freie Wahl der Psychotherapeuten durch die Patienten gewährleistet und die eigenverantwortliche und selbstständige so wenig gewerbliche Berufsausübung gewahrt bleiben muss (so § 21 Abs. 5 MBO PP/KJP). Ein solcher Zusammenschluss (= Kooperation) ist auch die Praxisgemeinschaft. Unter Umständen ist daher zu beachten, dass entsprechende Kooperationen der Kammer angezeigt und die Kooperationsverträge (auf Verlangen) vorgelegt werden müssen (so § 21 Abs. 7 MBO-PP/KJP).

25

4 Besondere Vertragsbestandteile

Bei der Vielschichtigkeit von Kooperationsformen und -vereinbarungen kann auch zu den Vertragsbestandteilen im Einzelnen nicht abschließend Stellung genommen werden. Besonderes Problembewusstsein sollte jedoch bezüglich der folgenden Punkte herrschen:

26

4.1 Abfindungsklauseln

Die gesetzliche Folge der Auflösung einer Gemeinschaftspraxis ist die „Liquidierung der Gesellschaft". Wollen die (ehemaligen) Kooperationspartner jedoch einen substantiellen Teil des Praxiswertes erhalten und die Patientenversorgung gewährleisten, sollte die Praxis als Einzelpraxis oder unter Hinzunahme eines anderen Therapeuten in Gemeinschaft fortgeführt werden.[15] Da die Übernahme des Gesellschaftsvermögens durch einen Gesellschafter ohne Liquidation unter Abfindung der übrigen Gesellschafter für die GbR gesetzlich nicht vorgesehen ist, muss die Fortführung der Gemeinschaftspraxis hierzu unter Abfindung des ausscheidenden Therapeuten vertraglich vereinbart werden.

27

---

14 Vgl. *Werner, F.:* Gemeinschaftliche ärztliche Berufsausübung und Formen interprofessioneller ärztlicher Kooperation, Frankfurt 1999, S. 200 m. w. N.

15 Nach einem Urteil des *OLG München* vom 7.5.2008 – 34 Sch 8/07 – wird das höchstpersönliche Recht der kassenärztlichen Zulassung nicht berührt, wenn sich ein Leistungserbringer im Rahmen eines Gesellschaftsvertrages zum Betrieb einer Gemeinschaftspraxis verpflichtet, an der Rückübertragung des von ihm nicht eingebrachten Kassenarztsitzes an die Gesellschaft im Wege des Nachbesetzungsverfahrens mitzuwirken.

28 Die Höhe des Abfindungsanspruchs oder seine Berechnungsweise sollten möglichst detailliert geregelt werden. Die Höhe des Abfindungsanspruchs sollte sich nach dem materiellen und immateriellen Wert der Praxis richten.

29 Der **materielle Praxiswert** kann anhand von Inventarlisten oder der Gesellschaftsbilanz ermittelt werden. Trefflich streiten lässt sich allerdings, ob hier der Buchwert, Zeitwert oder Wiederbeschaffungswert in Ansatz gebracht werden soll. Eine klare vertragliche Vereinbarung hilft, diesen Streit zu vermeiden.

30 Der **immaterielle Praxiswert** (Goodwill) ist als „Inhaberwert"[16] einer Praxis schwer bezifferbar. Er setzt sich aus verschiedenen wertschaffenden Faktoren zusammen, wie bspw. Stellung der Praxis am „Markt", der Stammklientel, des Einzugsbereiches oder der Praxisorganisation.[17] Zur Berechnung des immateriellen Praxiswertes einer Arztpraxis wurde von den Ärztekammern[18] viele Jahre das folgende Modell empfohlen:

31 Der ideelle Wert wird mit einem Drittel des durchschnittlichen Bruttojahresumsatzes der Praxis angenommen. Von dem ermittelten durchschnittlichen Bruttojahresumsatz ist allerdings zuvor ein kalkulatorischer Arztlohn für den Praxisinhaber abzusetzen. Dieser kalkulatorische Arztlohn bemisst sich nach dem Jahresgehalt eines Oberarztes nach Entgeltgruppe 14 Stufe 5 TVöD, Brutto, verheiratet, zwei Kinder, Endstufe, ohne Mehrarbeitsvergütung.

32 Nach einem Urteil des BGH vom 6.2.2008[19] ist im Rahmen des Zugewinnausgleichs der Goodwill einer freiberuflichen Praxis dadurch zu ermitteln, dass von dem Ausgangswert nicht ein pauschal angesetzter kalkulatorischer Unternehmerlohn, sondern der nach den individuellen Verhältnissen konkret gerechtfertigte Unternehmerlohn in Abzug gebracht wird.

33 Der Vorteil einer solchen Modellberechnung ist darin zu sehen, dass keine weiteren kosten- und zeitintensiven Begutachtungen zur Ermittlung des Goodwill notwendig sind. Verfügt die Praxis allerdings über

---

16 Die „Zulassung" ist kein gesondert zu bewertendes Wirtschaftsgut, sondern ein wertbildender Faktor des Wirtschaftsguts „Praxiswert" (*Finanzgericht Rheinland-Pfalz*, Urteil vom 2.4.2008 – 2 K 2649/07 –, Revision anhängig unter VIII R 13/08).

17 Vgl. insbesondere *Rüping, U. / Mittelstaedt, E.:* Abgabe, Kauf und Bewertung psychotherapeutischer Praxen, Heidelberg 2008.

18 Vgl. die Richtlinie zur Bewertung von Arztpraxen aus dem Jahre 1987, abgedr. im DÄBl. 84, Heft 14, 2.4.1987.

19 Aktenzeichen: XII ZR 45/06.

besondere wertschaffende Faktoren, die in den umsatzbezogenen Modellberechnungen keine Berücksichtigung finden, mag es im Einzelfall notwendig sein, ein **unabhängiges Wertgutachten** erstellen zu lassen. Auch wenn die Therapeuten sich über den Praxiswert nicht einigen können, vermag ein solches unabhängiges Gutachten möglicherweise einen für beide Seite annehmbaren Kompromiss zu liefern.

Da der Abfindungsanspruch regelmäßig sofort und in voller Höhe fällig ist, besteht die Gefahr einer Liquiditätskrise für die Gemeinschaftspraxis. Werden zur Absicherung des fortführenden Gesellschafters **Abfindungsklauseln** vereinbart, so ist zu beachten, dass es **Wirksamkeitsgrenzen** solcher Klauseln gibt. **34**

Die Grenzen der Wirksamkeit von Abfindungsvereinbarungen werden durch die Sittenwidrigkeit gem. § 138 BGB, durch unzulässige Kündigungsbeschränkungen gem. § 723 Abs. 3 BGB in Folge von wirtschaftlichen Nachteilen sowie durch die gesellschaftsrechtlichen Treuebindungen gem. § 242 BGB gezogen.[20] Nach der gefestigten Rechtsprechung des BGH sind Abfindungsklauseln unwirksam, wenn sie zu einer erheblichen unter dem Wert der Beteiligung liegenden Abfindung führen[21]. Wann von einem „erheblichen Missverhältnis" zum wirklichen Wert der Beteiligung gesprochen werden kann, ist bislang nicht exakt beziffert worden. Werner/Jung sind der Auffassung, der vertragliche Abfindungsanspruch bleibe dann der Höhe nach in sittenwidriger Weise hinter dem Wert des Anteils zurück, wenn die Wertdifferenz mehr als 100 % beträgt.[22] Ullmer zieht die Grenze bei 2/3 des wirklichen Anteilswertes.[23] **35**

Der BGH hatte in seinem Urteil vom 29.5.1978[24] wie folgt abstrahiert: „Liegen keine besonderen Umstände vor, so wird eine Abfindungsklausel nur grundsätzlich dann als angemessen angesehen werden können, wenn die Abfindungsregelung so gestaltet ist, dass sie dem Kern der gesetzlichen Regelung entspricht und im wesentlichen zur Abgeltung des vollen Wertes des Gesellschaftsanteils führt". **36**

4.2 Konkurrenzschutzklausel

Bei den Gemeinschaftspraxisverträgen unter gleichberechtigten Partnern werden Wettbewerbsverbote vereinbart, um zu verhindern, dass **37**

---

20 *Werner, H. / Jung, H.:* Der Betrieb, 1982, S. 1503 m. w. N.
21 *BGH*, Urteil vom 17.4.1989 – II ZR 258/88 – WM 1989, 878.
22 *Werner, H. / Jung, H.:* Der Betrieb, 1982, S. 1503, 1504.
23 *Ullmer, P.:* § 738, in: Münchener Kommentar, München 1997, Rn. 52.
24 Urteil vom 29.5.1978 – II ZR 52/77 = NJW 1979, 104.

die Patienten dem ausscheidenden Therapeuten nachfolgen, wenn sich dieser in direkter Nachbarschaft in neuer (eigener) Praxis niederlässt. Die prinzipiell sinnvollen vertraglichen Wettbewerbsverbote sind aber nur eingeschränkt zulässig. Die Rechtsprechung prüft die „Erforderlichkeit" und „Angemessenheit" solcher Klauseln in sachlicher, räumlicher und zeitlicher Hinsicht. Es lassen sich keine allgemeingültigen Feststellungen treffen; es kommt auf die besonderen Umstände des Einzelfalles an. Es können aber die folgenden Größenordnungen genannt werden:

38 In **zeitlicher Hinsicht** dürfte bei Gemeinschaftspraxisverträgen in Anlehnung an § 74a HGB die Grenze bei ungefähr zwei Jahren gezogen werden.

39 In **örtlicher Hinsicht** muss sich das Wettbewerbsverbot auf den bisherigen Einzugsbereich der Praxis beschränken. Bei Vertragstherapeuten darf sich das Wettbewerbsverbot jedoch nicht auf den gesamten Planungsbereich beziehen.[25]

40 In **sachlicher Hinsicht** ist zu beachten, dass das Verbot jedweder psychotherapeutischer Betätigung übermäßig ist. Dem ausscheidenden Therapeut darf nicht verwehrt werden, bspw. als psychotherapeutischer Gutachter einer Krankenkasse tätig zu sein. Da es um Konkurrenzschutz geht, darf das Wettbewerbsverbot nur die niedergelassene Tätigkeit umfassen.

41 Für den Fall, dass im Gesellschaftsvertrag der nachvertragliche Konkurrenzschutz auf ein konkretes Stadtgebiet örtlich beschränkt wurde, urteilte das Landgericht Nürnberg-Fürth[26], dass eine solche Klausel nicht über ihren Wortlaut hinaus ergänzend ausgelegt werden könne, wenn sich der ausgeschiedene Arzt zwar außerhalb des Stadtgebietes, jedoch am Rande der Stadtgrenze in unmittelbarer Nähe zu der ehemaligen Gemeinschaftspraxis niedergelassen habe.

42 In einer – soweit ersichtlich einmaligen – Entscheidung hatte das OLG Stuttgart[27] entschieden, dass der vorübergehende Schutz vor Konkurrenz durch ausscheidende Kollegen (Wettbewerbsverbot) auch dann gilt, wenn es dazu keine vertragliche Vereinbarung gibt. Das Gericht hielt das Schutzbedürfnis der in der Gemeinschaftspraxis verbleibenden Partner für so wichtig, dass es einen halbjährlichen Konkurrenzschutz auch ohne ausdrückliche Vereinbarung annahm.

---

25 *OLG Düsseldorf*, Urt. v. 19.3.2007 – 9 U 46/07 = MedR 2007, 478.; ebenso *OLG München*, Urt. v. 4.6.1996 – 17 U 5531/95.

26 Urteil vom 14.12.2004 – 4 O 10124/03.

27 *OLG Stuttgart* – 2 U 204/96.

Ein solcher (gesetzlicher) Konkurrenzschutz ohne besondere Vereinbarung dürfte im Rahmen einer Praxisgemeinschaft nicht angenommen werden können. Da im Rahmen der Praxisgemeinschaft auch während der Zeit der gemeinsamen Nutzung von Räumen/Personal/Geräten eine gewisse Konkurrenz besteht und jeder Therapeut seine eigenen Patienten versorgt, sind die verbleibenden Praxisgemeinschaftspartner nicht schutzwürdig.

4.3 Gewinn- und Verlustverteilung

In jeder Kooperationsvereinbarung muss der Frage der Gewinn- und **43** Verlustverteilung besondere Aufmerksamkeit geschenkt werden. Hier besteht die größte Gefahr für Unzufriedenheit und Streit zwischen den Kooperationspartnern. Nach den gesetzlichen Regelungen gilt, dass bei der GbR jeder Gesellschafter gleichen Anteil am Gewinn und Verlust hat[28]. Da die „Beiträge" der Gesellschafter (Arbeitsbelastung, Vergütungshöhe) sehr unterschiedlich sein bzw. sich im Laufe der Kooperation stark verändern können, kann es sinnvoll sein, die Gewinnverteilung an den genannten Parametern des Gesellschafterbeitrags festzumachen. Insbesondere im Rahmen vertragsärztlicher Tätigkeit ist es heute unproblematisch, über die Praxissoftware den Anteil der jeweiligen Praxispartner am Gesamtvergütungsvolumen zu ermitteln. Sachgerecht kann es sein, die Gewinnverteilung an die Höhe dieser Anteile zu koppeln.

Literatur

Arbeitsgruppe „Berufsrecht" der Arbeitsgemeinschaft Medizinrecht im DAV: Teilgemeinschaftspraxis – überörtliche Organisationsgemeinschaft – Einnahmen-Pooling – gemeinsame Berufsausübung, in: ZMGR, 2003, Seite 59 ff.

Attermeyer, E.: Die ambulante Arztpraxis in der Rechtsform der GmbH, Berlin 2005.

Bacher, S.: Die Partnerschaft – Eine geeignete Rechtsform für Freiberufler, Berlin 1999.

Butzer, H.;: Nullbeteiligungsgesellschaften unter Ärzten, in: MedR, 2001, S. 604–613.

Debong, B.: Haftung des Neugesellschafters für Altschulden der BGB-Gesellschaft, in: ArztR, 7/2003, S. 184 ff.

Ehmann, H.: Praxisgemeinschaft/Gemeinschaftspraxis, in: MedR, 1994, S. 141–149.

Engelmann, K.: Die Gemeinschaftspraxis im Vertragsarztrecht, in: ZMGR, 1/2004, S. 3 ff.

---

28   § 722 Abs. 1 BGB: „*Sind die Anteile der Gesellschaft am Gewinn und Verlust nicht bestimmt, so hat jeder Gesellschafter ohne Rücksicht auf die Art und Größe seines Beitrags einen gleichen Anteil an Gewinn und Verlust.*"

Geschäftsführender Ausschuss der Arbeitsgemeinschaft Medizinrecht im DAV (Hrsg.): Plausibilitätsprüfung – Rechtsfragen der Gemeinschaftspraxis – Abrechnungsmanipulation, Saarbrücken 2005.

Goette, W.: Mindestanforderungen an die Gesellschafterstellung in der BGB-Gesellschaft, in: MedR, 2002, S. 1 ff.

Gummert, H. / Meier, M.: Nullbeteiligungsgesellschaften, in: MedR, 1/2007, S. 1 ff.

Halbe, B. / Schirmer, H. D. (Hrsg.): Handbuch Kooperationen im Gesundheitswesen, Heidelberg 2008.

Hartmann, D.R.: Praxisgemeinschaft als steuerliche Innengesellschaft unzulässig?, in: MedR, 11/2003, S. 623 ff.

Hohmann, J.: Der Gemeinschaftspraxisvertrag für Ärzte, Teile 1 und 2 (jeweils 2. Aufl.), Heidelberg 2008.

Koch, B.F.: Niederlassung und berufliche Kooperation – Neue Möglichkeiten nach der novellierten Muster-Berufsordnung für Ärzte, in: GesR, 6/2005, S. 243 ff.

Krafczyk, W.: Praxisgemeinschaften im Zwielicht – Ein Situationsbericht, in: MedR, 6/2003, S. 313 ff.

Laufs, A. / Uhlenbruck, W.: Handbuch des Arztrechts (2. Aufl.), München 1999.

Laufs, A. / Uhlenbruck, W.: Handbuch des Arztrechts (3. Aufl.), München 2002.

Möller, K.H.: Beitritt zur Gemeinschaftspraxis – Persönliche Haftung für Altverbindlichkeiten, in: MedR, 2004, S. 69 ff.

Munte, A. / Ehlers, A. P. F. / Walter, U.: Kooperative Berufsausübung zwischen Ärzten und anderen Heilberufen (3. Aufl.), Köln 2005.

Preißler, R. / Sozietät Dr. Rehborn: Ärztliche Gemeinschaftspraxis versus. Scheingesellschaft, Köln 2002.

Ratzel, R.: Die Teilgemeinschaftspraxis (TPG) oder „ohne pizzo keine pizza!", in: GesR, 10/2007, S. 457 ff.

Ratzel, R. / Möller, K.H. / Michels, R.: Die Teilgemeinschaftspraxis, in: MedR, 2006, S. 377 ff.

Reiter, C.: Ärztliche Berufsausübungsgemeinschaft vs. Organisationsgemeinschaft-Ist die wirtschaftliche Beteiligung Dritter an einer Arztpraxis statthaft?, in: GesR, 1/2005, S. 6 ff.

Rüping, U. / Mittelstaedt, E.: Abgabe, Kauf und Bewertung psychotherapeutischer Praxen, Heidelberg 2008.

Saenger, I.: Gesellschaftsrechtliche Gestaltung ärztlicher Kooperationsformen, in: NZS, 5/2001, S. 234 ff.

Saenger, I.: Gesellschaftsrechtliche Binnenstruktur der ambulanten Heilkundegesellschaft, in: MedR, 2006, S. 138 ff.

Schäfer-Gölz, R.: Praxisgemeinschaft (Apparate-/Laborgemeinschaft), in: Halbe, B. / Schimer, H. D. (Hrsg.): Handbuch Kooperationen im Gesundheitswesen, Heidelberg 2008.

Schiller, H. / Broglie, M. G.: Heilkunde-GmbH/Ärzte-GmbH, in: Halbe, B. / Schimer, H. D. (Hrsg.): Handbuch Kooperationen im Gesundheitswesen, Heidelberg 2008.

Schnapp, F.E. / Kaltenborn, M.: Die gemeinschaftliche Berufsausübung niedergelassener Ärzte aus berufsrechtlicher, vertragsarztrechtlicher und verfassungsrechtlicher Perspektive, in: SGb, 2001, S. 101 ff.

Spoerr, W. / Brinker, I. / Diller, M.: Wettbewerbsverbote zwischen Ärzten, in: NJW, 1997, S. 3056 ff.

Stellpflug, M. H. / Berns, I.: Musterberufsordnung, Heidelberg 2008.

Stellpflug, M. H.: Niederlassung für Psychotherapeuten, Heidelberg 2005.

Tadayon, A.: Vertrags-/Gesellschaftsrecht, in: Stellpflug, M. H. / Meier, S. M. / Tadayon, A. (Hrsg.): Handbuch Medizinrecht, Heidelberg 2008.

Trautmann, A.: Die vertragsarztrechtlichen Voraussetzungen der gemeinschaftlichen Berufsausübung von Ärzten nach § 33 Abs. 2 Ärzte-ZV, in: NZS, 5/2004, S. 238 ff.

Ullmer, P.: § 738, in: Münchener Kommentar, München 1997.

Ulmer, P.: Die Haftungsverfassung der BGB-Gesellschaft, in: ZIP, 2003, S. 1113 ff.

Walter, A.: Organhaftung in als BGB-Gesellschaft betriebenen ärztlichen Gemeinschaftspraxen, in: GesR, 9/2005, S. 396 ff.

Werner, H. / Jung, H.: Der Betrieb, 1982.

Wertenbruch, J.: Die vertragliche Bindung der Kassenarztzulassung eines Gesellschafters an die Ärzte-Personen-Gesellschaft, in: NJW, 27/2003, S. 1904 ff.

Wigge, P.: Vertragsarzt- und berufsrechtliche Anforderungen an Gemeinschaftspraxisverträge, in: NZS, 6/2001, S. 293 ff.

Wigge, P.: Die Teilgemeinschaftspraxis – Innovative Kooperationsformen oder unzulässiges Kick-Back-Modell?, in: NZS, 2007, S. 393 ff.

Anhang

Adressen

1.   Approbation/Zuständige Behörden
2.   Kassenärztliche Vereinigungen/Bundesvereinigung
3.   Psychotherapeutenkammern

1. Approbation/Zuständige Behörden

Baden-Württemberg

Regierungspräsidium Stuttgart
Landesprüfungsamt Baden-Württemberg für Medizin und Pharmazie
Ruppmannstr. 21
70565 Stuttgart
Tel.: 0711/904-0; Fax: 0711/904-12090
www.rp.baden-wuerttemberg.de/servlet/PB/menu/1064610/index.html
Postanschrift:
Postfach 80 07 09
70507 Stuttgart

Bayern (Oberbayern, Niederbayern, Oberpfalz und Schwaben)

Regierung von Oberbayern
Landesprüfungsamt für Humanmedizin und Pharmazie
Maximilianstraße 39
80538 München
Tel.: 089/2176-0; Fax: 089/2176-2406
www.regierung.oberbayern.bayern.de

Bayern (Ober-, Mittel- und Unterfranken)

Regierung von Unterfranken
Bereich Umwelt, Gesundheit und Verbraucherschutz
Hörleingasse
97070 Würzburg
Tel.: 0931/380-1565; Fax: 0931/2565
www.regierung.unterfranken.bayern.de
Postanschrift:
Postfach 63 49
97013 Würzburg

Berlin

Landesamt für Gesundheit und Soziales Berlin
Landesprüfungsamt für Gesundheitsberufe
Storkower Str. 97
10407 Berlin
Tel.: 030/9012-0; Fax: 030/9012-6210
www.berlin.de/sengessozv/lageso/beruf.html
Postanschrift:
Postfach 31 09 29
10639 Berlin

Brandenburg

Landesamt für Soziales und Versorgung
Landesgesundheitsamt Wünsdorf, Dezernat 4
Wünsdorfer Platz 3
15838 Wünsdorf
Tel.: 033702/71100; Fax: 033702/71101
www.lasv.brandenburg.de

Bremen

Freie Hansestadt Bremen
Der Senator für Arbeit, Frauen, Gesundheit, Jugend und Soziales
Bahnhofsplatz 29
28195 Bremen
Tel.: 0421/361-9549; Fax: 0421/361-9321

Hamburg

Behörde für Umwelt und Gesundheit
Landesprüfungsamt für Heilberufe
Winterhuder Weg 29
22085 Hamburg
Tel.: 040/42863-3794, Fax: 040/42863-3779

Hessen

Hessisches Landesprüfungsamt für Heilberufe
Adickesallee 36
60322 Frankfurt
Tel.: 069/1535-466; Fax: 069/1535-315

Mecklenburg-Vorpommern

Landesprüfungsamt für Heilberufe
Am Reifergraben 4
18055 Rostock
Tel.: 0381/492-553; Fax: 0381/492-5536
Postanschrift:
Postfach 10 01 57
18002 Rostock

Niedersachsen

Niedersächsisches Ministerium für Soziales, Frauen und Gesundheit
Landesprüfungsamt für Heilberufe beim Versorgungsamt Hannover
Deisterstraße 17A
30449 Hannover
Tel.: 0511/1671-97317; Fax: 0511/1671-97498
Postanschrift:
Postfach 169
30001 Hannover

Nordrhein-Westfalen

Bezirksregierung Düsseldorf – Dezernat 24 –
Landesprüfungsamt für Medizin, Psychotherapie und Pharmazie
Fischerstraße 10
40474 Düsseldorf
Tel.: 0211/475-5171; Fax: 0211/475-4899
Postanschrift:
Postfach 30 08 65
40408 Düsseldorf

Rheinland-Pfalz

Landesamt für Soziales, Jugend und Versorgung
Landesprüfungsamt für Medizin, Pharmazie, Psychotherapie und
Zahnmedizin
Schießgartenstr. 6
55116 Mainz
Tel.: 06131/1620-10; Fax: 06131/1620-15
www.lsjv.de/lsjv/gesundheit/landespruefungsamt/index.html

Saarland

Landesamt für Arbeitssicherheit, Immissionsschutz und Gesundheit
Zentralstelle für Gesundheitsberufe
Landesprüfungsamt für Medizin, Pharmazie
Warburgring 78
66424 Homburg/Saar
Tel.: 0681/9978-4304; Fax: 0681/9978-4399

Sachsen

Regierungspräsidium Dresden
Sächsisches Landesprüfungsamt für akademische Heilberufe
Stauffenbergallee 2
01099 Dresden
Tel.: 0351/825-2700; Fax: 0351/825-9762
www.rp-dresden.de/lpa/
Postanschrift:
Postfach 10 06 53
01076 Dresden

Sachsen-Anhalt

Landesamt für Versorgung und Soziales des Landes Sachsen-Anhalt
Landesprüfungsamt für Gesundheitsberufe
Neustädter Passage 15
06122 Halle
Tel.: 0345/6912-0; Fax: 0345/8061070
Postanschrift:
06106 Halle/Saale

Schleswig-Holstein

Landesamt für Gesundheit und Arbeitssicherheit
Adolf-Westphal-Straße 4
24143 Kiel
Tel.: 0431/988-5595; Fax: 0431/988-5358
Postanschrift:
Postfach 11 21
24100 Kiel

Thüringen

Thüringer Landesverwaltungsamt
Landesprüfungsamt für akademische Heilberufe
Carl-August-Allee 2a
99423 Weimar
Tel.: 0361/3773-7284; Fax: 0361/3773-7305
www.thueringen.de/de/hlvwa/gesundheit/
Postanschrift:
Postfach 22 49
99403 Weimar

Bundesrepublik Deutschland

IMPP-Institut für medizinsche und pharmazeutische Prüfungsfragen
Große Langgasse 8
55116 Mainz
Tel.: 06131/2813-0; Fax: 06131/2813-800
www.impp.de
Postanschrift:
Postfach 25 28
55015 Mainz

Zentralstelle für ausländisches Bildungswesen (ZAB)
Lennéstr. 6
53112 Bonn
Tel.: 0228/501-0; Fax: 0228/501-229
www.kmk.org

2. Kassenärztliche Vereinigungen und Kassenärztliche Bundesvereinigung

Kassenärztliche Bundesvereinigung

Herbert-Lewin-Platz 2
10623 Berlin
Tel.: 030/4005-0
Fax: 030/4005-1590
Internet: www.kbv.de, info@kbv.de

Kassenärztliche Vereinigungen

KV Baden-Württemberg
Albstadtweg 11
70567 Stuttgart-Möhringen
Tel.: 0711/7875-0
Fax: 0711/7875-274
Internet: www.kvbawue.de

KV Bayern
Elsenheimer Straße 39,
80687 München,
Tel.: 089/57093-0
Fax: 089/57093-2105
Internet: www.kvb.de
info@kvb.de

KV Berlin
Masurenallee 6a
14057 Berlin
Tel.: 030/31003-0
Fax: 030/31003-302
Internet: www.kvberlin.de

KV Brandenburg
Gregor-Mendel-Str. 10–11
14469 Potsdam
Tel.: 0331/2868-0
Fax: 0331/2868-126
Internet: www.kvbb.de

KV Bremen
Schwachhauser Heerstr. 26–28
28209 Bremen
Tel.: 0421/3404-0
Fax: 0421/3404-108
Internet: www.kvhb.de

KV Hamburg
Humboldtstr. 56
22083 Hamburg
Tel.: 040/22802-0
Fax: 040/22802-420
Internet: www.kvhh.de

KV Hessen
Georg-Voigt-Str. 15
60325 Frankfurt
Tel.: 069/79502-0
Fax: 069/79502-500
Internet: www.kvhessen.de

KV Mecklenburg-Vorpommern
Neumühler Str. 22
19057 Schwerin
Tel.: 0385/7431-0
Fax: 0385/7431-222
Internet: www.kvmv.de

KV Niedersachsen
Berliner Allee 22
30175 Hannover
Tel.: 0511/380-03
Fax: 0511/380-3236
Internet: www.kvns.de

KV Nordrhein
Tersteegenstraße 9
40474 Düsseldorf
Tel.: 0211/5970-0
Fax: 0211/5970-8287
Internet: www.kvno.de

KV Rheinland-Pfalz
Isaac-Fulda-Allee 14
55124 Mainz
Tel.: 06131/326-0
Fax: 06131/326-150
Internet: www.kv-rlp.de

KV Saarland
Faktoreistr. 4
66111 Saarbrücken
Tel.: 0681/4003-0
Fax: 0681/4003-350
Internet: www.kvsaarland.de

KV Sachsen
Schützenhöhe 12
01099 Dresden
Tel.: 0351/8290-50
Fax: 0351/8290-563
Internet: www.kvs-sachsen.de

KV Sachsen-Anhalt
Doctor-Eisenbart-Ring 2
39120 Magdeburg
Tel.: 0391/6276000
Fax: 0391/6278403
Internet: www.kvsa.de

KV Schleswig-Holstein
Bismarckalle 1–3
23795 Bad Segeberg
Tel.: 04551/883-0
Fax: 04551/883-209
Internet: www.kvsh.de

KV Thüringen
Zum Hospitalgraben 8
99425 Weimar
Tel.: 03643/559-0
Fax: 03643/559-191
Internet: www.kvt.de

KV Westfalen-Lippe
Robert-Schimrigk-Str. 4–6
44141 Dortmund
Tel.: 0231/9432-0
Fax: 0231/9432-267
Internet: www.kvwl.de

259

3. Psychotherapeutenkammern

Bundespsychotherapeutenkammer (BPtK)

Klosterstraße 64
10179 Berlin
Tel.: 030/278785-0
Fax: 030/278785-44
E-Mail: info@bptk.de
www.bptk.de

Baden-Württemberg

Landespsychotherapeutenkammer
Baden-Württemberg
Jägerstraße 40
70174 Stuttgart
Tel.: 07 11/67 44 70-0
Fax: 07 11/67 44 70-15
E-Mail: info@lpk-bw.de
www.lpk-bw.de

Bayern

Bayerische Landeskammer der Psychologischen Psychotherapeuten und der
Kinder- und Jugendlichenpsychotherapeuten
St.-Paul-Str. 9
80336 München
Postfach 151506
80049 München
Tel.: 089/515555-0
Fax: 089/515555-25
E-Mail: info@ptk-bayern.de
www.ptk-bayern.de

Berlin

Kammer für Psychologische Psychotherapeuten und Kinder- und
Jugendlichenpsychotherapeuten Berlin
Kurfürstendamm 184
10707 Berlin
Tel.: 0 30/887140-0
Fax: 0 30/887140-40
E-Mail: info@psychotherapeutenkammer-berlin.de
www.psychotherapeutenkammer-berlin.de

Bremen

Psychotherapeutenkammer Bremen
Hollerallee 22
28209 Bremen
Tel.: 04 21/2772000
Fax: 04 21/2772002
E-Mail: verwaltung@pk-hb.de
www.pk-hb.de

Hamburg

Psychotherapeutenkammer Hamburg
Hallerstraße 61
20146 Hamburg
Tel.: 040/226 226 060
Fax: 040/226 226 089
E-Mail: info@ptk-hh.de
www.ptk-hh.de

Hessen

Landespsychotherapeutenkammer
Psychologischer Psychotherapeuten und Kinder- und
Jugendlichenpsychotherapeuten Hessen
Gutenbergplatz 1
65187 Wiesbaden
Tel.: 0611/53168-0
Fax: 0611/53168-29
E-Mail: post@ptk-hessen.de
www.ptk-hessen.de

Niedersachsen

Psychotherapeutenkammer Niedersachsen
Roscherstraße 12
30161 Hannover
Tel.: 05 11/8 50 3 04-30
Fax: 05 11/8 50 3 04-44
E-Mail: info@pk-nds.de
www.pk-nds.de

Nordrhein-Westfalen

Psychotherapeutenkammer NRW
Willstätterstraße 10
40549 Düsseldorf
Tel.: 02 11/52 28 47-0
Fax: 02 11/52 28 47-15
E-Mail: info@ptk-nrw.de
www.ptk-nrw.de

Rheinland-Pfalz

Landespsychotherapeutenkammer Rheinland-Pfalz
Wilhelm-Theodor-Römheld-Straße 30
55130 Mainz
Tel.: 0 61 61/5 70-38 13
Fax: 0 61 61/5 70-06 63
E-Mail: service@lpk-rlp.de
www.lpk-rlp.de

Saarland

Psychotherapeutenkammer des Saarlandes
Talstraße 62
66119 Saarbrücken
Tel.: 0681/954555-6
Fax: 0681/954555-8
E-Mail: kontakt@ptk.saar.de
www.ptk-saar.de

Schleswig-Holstein

Psychotherapeutenkammer Schleswig-Holstein
Walkerdamm 17
24103 Kiel
Tel.: 04 31/66 11 99-0
Fax: 04 31/66 11 99-5
E-Mail: info@pksh.de
www.pksh.de

Ostdeutsche Psychotherapeutenkammer

Karl-Rothe-Straße 4
04105 Leipzig
Tel.: 0341/462432-0
Fax: 0341/462432-19
E-Mail: info@opk-info.de
www.opk-info.de

Bundesärztekammer

Bundesärztekammer
Herbert-Lewin-Straße 1
50931 Köln
Tel.: 02 21/40 04-0
Fax: 02 21/40 04- 3 88
www.bundesärztekammer.de

Wissenschaftlicher Beirat Psychotherapie

Geschäftsstelle c/o
Bundespsychotherapeutenkammer
Tel.: 030/2787-850
Fax: 030/2787-8544
E-Mail: info@bptk.de
www.wbpsychotherapie.de

Anhang

Rechtsvorschriften

1.   Bundesdatenschutzgesetz (BDSG) – *Auszug* –

2.   Musterberufsordnung PP/KJP

3.   Sozialgesetzbuch (SGB) I – Allgemeiner Teil – *Auszug* –

4.   Sozialgesetzbuch (SGB) V – Gesetzliche Krankenversicherung – *Auszug* –

5.   Sozialgesetzbuch (SGB) VIII – Kinder- und Jugendhilfe – *Auszug* –

6.   Sozialgesetzbuch (SGB) X – Sozialverwaltungsverfahren und Datenschutz – *Auszug* –

7.   Strafgesetzbuch (StGB) – *Auszug* –

8.   Strafprozessordnung (StPO) – *Auszug* –

9.   Zivilprozessordnung (ZPO) – *Auszug* –

1. Bundesdatenschutzgesetz (BDSG)[1]

i.d.F. der Bek. vom 14.1.2003 (BGBl. I S. 66),
zuletzt geändert durch Art. 1 G vom 22.8.2006 (BGBl. I S. 1970)

– Auszug –

§ 3
Weitere Begriffsbestimmungen

(1) Personenbezogene Daten sind Einzelangaben über persönliche oder sachliche Verhältnisse einer bestimmten oder bestimmbaren natürlichen Person (Betroffener).

(2) [1]Automatisierte Verarbeitung ist die Erhebung, Verarbeitung oder Nutzung personenbezogener Daten unter Einsatz von Datenverarbeitungsanlagen. [2]Eine nicht automatisierte Datei ist jede nicht automatisierte Sammlung personenbezogener Daten, die gleichartig aufgebaut ist und nach bestimmten Merkmalen zugänglich ist und ausgewertet werden kann.

(3) Erheben ist das Beschaffen von Daten über den Betroffenen.

(4) [1]Verarbeiten ist das Speichern, Verändern, Übermitteln, Sperren und Löschen personenbezogener Daten. [2]Im Einzelnen ist, ungeachtet der dabei angewendeten Verfahren:

1. Speichern das Erfassen, Aufnehmen oder Aufbewahren personenbezogener Daten auf einem Datenträger zum Zwecke ihrer weiteren Verarbeitung oder Nutzung,
2. Verändern das inhaltliche Umgestalten gespeicherter personenbezogener Daten,
3. Übermitteln das Bekanntgeben gespeicherter oder durch Datenverarbeitung gewonnener personenbezogener Daten an einen Dritten in der Weise, dass
   a) die Daten an den Dritten weitergegeben werden oder
   b) der Dritte zur Einsicht oder zum Abruf bereitgehaltene Daten einsieht oder abruft,
4. Sperren das Kennzeichnen gespeicherter personenbezogener Daten, um ihre weitere Verarbeitung oder Nutzung einzuschränken,
5. Löschen das Unkenntlichmachen gespeicherter personenbezogener Daten.

(5) Nutzen ist jede Verwendung personenbezogener Daten, soweit es sich nicht um Verarbeitung handelt.

---

1 Dieses Gesetz dient der Umsetzung der Richtlinie 95/46/EG des Europäischen Parlaments und des Rates vom 24. Oktober 1995 zum Schutz natürlicher Personen bei der Verarbeitung personenbezogener Daten und zum freien Datenverkehr (ABl. EG Nr. L 281 S. 31).

(6) Anonymisieren ist das Verändern personenbezogener Daten derart, dass die Einzelangaben über persönliche oder sachliche Verhältnisse nicht mehr oder nur mit einem unverhältnismäßig großen Aufwand an Zeit, Kosten und Arbeitskraft einer bestimmten oder bestimmbaren natürlichen Person zugeordnet werden können.

(6a) Pseudonymisieren ist das Ersetzen des Namens und anderer Identifikationsmerkmale durch ein Kennzeichen zu dem Zweck, die Bestimmung des Betroffenen auszuschließen oder wesentlich zu erschweren.

(7) Verantwortliche Stelle ist jede Person oder Stelle, die personenbezogene Daten für sich selbst erhebt, verarbeitet oder nutzt oder dies durch andere im Auftrag vornehmen lässt.

(8) [1]Empfänger ist jede Person oder Stelle, die Daten erhält. [2]Dritter ist jede Person oder Stelle außerhalb der verantwortlichen Stelle. [3]Dritte sind nicht der Betroffene sowie Personen und Stellen, die im Inland, in einem anderen Mitgliedstaat der Europäischen Union oder in einem anderen Vertragsstaat des Abkommens über den Europäischen Wirtschaftsraum personenbezogene Daten im Auftrag erheben, verarbeiten oder nutzen.

(9) Besondere Arten personenbezogener Daten sind Angaben über die rassische und ethnische Herkunft, politische Meinungen, religiöse oder philosophische Überzeugungen, Gewerkschaftszugehörigkeit, Gesundheit oder Sexualleben.

(10) Mobile personenbezogene Speicher- und Verarbeitungsmedien sind Datenträger,

1. die an den Betroffenen ausgegeben werden,
2. auf denen personenbezogene Daten über die Speicherung hinaus durch die ausgebende oder eine andere Stelle automatisiert verarbeitet werden können und
3. bei denen der Betroffene diese Verarbeitung nur durch den Gebrauch des Mediums beeinflussen kann.

§ 4
Zulässigkeit der Datenerhebung, -verarbeitung und -nutzung

(1) Die Erhebung, Verarbeitung und Nutzung personenbezogener Daten sind nur zulässig, soweit dieses Gesetz oder eine andere Rechtsvorschrift dies erlaubt oder anordnet oder der Betroffene eingewilligt hat.

(2) [1]Personenbezogene Daten sind beim Betroffenen zu erheben. [2]Ohne seine Mitwirkung dürfen sie nur erhoben werden, wenn

1. eine Rechtsvorschrift dies vorsieht oder zwingend voraussetzt oder
2. a) die zu erfüllende Verwaltungsaufgabe ihrer Art nach oder der Geschäftszweck eine Erhebung bei anderen Personen oder Stellen erforderlich macht oder
   b) die Erhebung beim Betroffenen einen unverhältnismäßigen Aufwand erfordern würde

und keine Anhaltspunkte dafür bestehen, dass überwiegende schutzwürdige Interessen des Betroffenen beeinträchtigt werden.

(3) [1]Werden personenbezogene Daten beim Betroffenen erhoben, so ist er, sofern er nicht bereits auf andere Weise Kenntnis erlangt hat, von der verantwortlichen Stelle über

1. die Identität der verantwortlichen Stelle,
2. die Zweckbestimmungen der Erhebung, Verarbeitung oder Nutzung und
3. die Kategorien von Empfängern nur, soweit der Betroffene nach den Umständen des Einzelfalles nicht mit der Übermittlung an diese rechnen muss,

zu unterrichten. [2]Werden personenbezogene Daten beim Betroffenen auf Grund einer Rechtsvorschrift erhoben, die zur Auskunft verpflichtet, oder ist die Erteilung der Auskunft Voraussetzung für die Gewährung von Rechtsvorteilen, so ist der Betroffene hierauf, sonst auf die Freiwilligkeit seiner Angaben hinzuweisen. [3]Soweit nach den Umständen des Einzelfalles erforderlich oder auf Verlangen, ist er über die Rechtsvorschrift und über die Folgen der Verweigerung von Angaben aufzuklären.

§ 4a
Einwilligung

(1) [1]Die Einwilligung ist nur wirksam, wenn sie auf der freien Entscheidung des Betroffenen beruht. [2]Er ist auf den vorgesehenen Zweck der Erhebung, Verarbeitung oder Nutzung sowie, soweit nach den Umständen des Einzelfalles erforderlich oder auf Verlangen, auf die Folgen der Verweigerung der Einwilligung hinzuweisen. [3]Die Einwilligung bedarf der Schriftform, soweit nicht wegen besonderer Umstände eine andere Form angemessen ist. [4]Soll die Einwilligung zusammen mit anderen Erklärungen schriftlich erteilt werden, ist sie besonders hervorzuheben.

(2) [1]Im Bereich der wissenschaftlichen Forschung liegt ein besonderer Umstand im Sinne von Absatz 1 Satz 3 auch dann vor, wenn durch die Schriftform der bestimmte Forschungszweck erheblich beeinträchtigt würde. [2]In diesem Fall sind der Hinweis nach Absatz 1 Satz 2 und die Gründe, aus denen sich die erhebliche Beeinträchtigung des bestimmten Forschungszwecks ergibt, schriftlich festzuhalten.

(3) Soweit besondere Arten personenbezogener Daten (§ 3 Abs. 9) erhoben, verarbeitet oder genutzt werden, muss sich die Einwilligung darüber hinaus ausdrücklich auf diese Daten beziehen.

§ 28
Datenerhebung, -verarbeitung und -nutzung für eigene Zwecke

(1) [1]Das Erheben, Speichern, Verändern oder Übermitteln personenbezogener Daten oder ihre Nutzung als Mittel für die Erfüllung eigener Geschäftszwecke ist zulässig

1. wenn es der Zweckbestimmung eines Vertragsverhältnisses oder vertragsähnlichen Vertrauensverhältnisses mit dem Betroffenen dient,
2. soweit es zur Wahrung berechtigter Interessen der verantwortlichen Stelle
   erforderlich ist und kein Grund zu der Annahme besteht, dass das schutzwürdige Interesse des Betroffenen an dem Ausschluss der Verarbeitung
   oder Nutzung überwiegt, oder
3. wenn die Daten allgemein zugänglich sind oder die verantwortliche Stelle
   sie veröffentlichen dürfte, es sei denn, dass das schutzwürdige Interesse
   des Betroffenen an dem Ausschluss der Verarbeitung oder Nutzung gegenüber dem berechtigten Interesse der verantwortlichen Stelle offensichtlich überwiegt.

[2]Bei der Erhebung personenbezogener Daten sind die Zwecke, für die die
Daten verarbeitet oder genutzt werden sollen, konkret festzulegen.

(2) Für einen anderen Zweck dürfen sie nur unter den Voraussetzungen
des Absatzes 1 Satz 1 Nr. 2 und 3 übermittelt oder genutzt werden.

(3) [1]Die Übermittlung oder Nutzung für einen anderen Zweck ist auch zulässig:

1. soweit es zur Wahrung berechtigter Interessen eines Dritten oder
2. zur Abwehr von Gefahren für die staatliche und öffentliche Sicherheit sowie zur Verfolgung von Straftaten erforderlich ist, oder
3. für Zwecke der Werbung, der Markt- oder Meinungsforschung, wenn es
   sich um listenmäßig oder sonst zusammengefasste Daten über Angehörige
   einer Personengruppe handelt, die sich auf
   a) eine Angabe über die Zugehörigkeit des Betroffenen zu dieser Perso-
      nengruppe,
   b) Berufs-, Branchen- oder Geschäftsbezeichnung,
   c) Namen,
   d) Titel,
   e) akademische Grade,
   f) Anschrift und
   g) Geburtsjahr
   beschränken und kein Grund zu der Annahme besteht, dass der Betroffene
   ein schutzwürdiges Interesse an dem Ausschluss der Übermittlung oder
   Nutzung hat, oder
4. wenn es im Interesse einer Forschungseinrichtung zur Durchführung wissenschaftlicher Forschung erforderlich ist, das wissenschaftliche Interesse
   an der Durchführung des Forschungsvorhabens das Interesse des Betroffenen an dem Ausschluss der Zweckänderung erheblich überwiegt und
   der Zweck der Forschung auf andere Weise nicht oder nur mit unverhältnismäßigem Aufwand erreicht werden kann.

[2]In den Fällen des Satzes 1 Nr. 3 ist anzunehmen, dass dieses Interesse besteht, wenn im Rahmen der Zweckbestimmung eines Vertragsverhältnisses
oder vertragsähnlichen Vertrauensverhältnisses gespeicherte Daten übermittelt werden sollen, die sich

1. auf strafbare Handlungen,
2. auf Ordnungswidrigkeiten sowie
3. bei Übermittlung durch den Arbeitgeber auf arbeitsrechtliche Rechtsverhältnisse

beziehen.

(4) [1]Widerspricht der Betroffene bei der verantwortlichen Stelle der Nutzung oder Übermittlung seiner Daten für Zwecke der Werbung oder der Markt- oder Meinungsforschung, ist eine Nutzung oder Übermittlung für diese Zwecke unzulässig. [2]Der Betroffene ist bei der Ansprache zum Zweck der Werbung oder der Markt- oder Meinungsforschung über die verantwortliche Stelle sowie über das Widerspruchsrecht nach Satz 1 zu unterrichten; soweit der Ansprechende personenbezogene Daten des Betroffenen nutzt, die bei einer ihm nicht bekannten Stelle gespeichert sind, hat er auch sicherzustellen, dass der Betroffene Kenntnis über die Herkunft der Daten erhalten kann. [3]Widerspricht der Betroffene bei dem Dritten, dem die Daten nach Absatz 3 übermittelt werden, der Verarbeitung oder Nutzung zum Zwecke der Werbung oder der Markt- oder Meinungsforschung, hat dieser die Daten für diese Zwecke zu sperren.

(5) [1]Der Dritte, dem die Daten übermittelt worden sind, darf diese nur für den Zweck verarbeiten oder nutzen, zu dessen Erfüllung sie ihm übermittelt werden. [2]Eine Verarbeitung oder Nutzung für andere Zwecke ist nichtöffentlichen Stellen nur unter den Voraussetzungen der Absätze 2 und 3 und öffentlichen Stellen nur unter den Voraussetzungen des § 14 Abs. 2 erlaubt. [3]Die übermittelnde Stelle hat ihn darauf hinzuweisen.

(6) Das Erheben, Verarbeiten und Nutzen von besonderen Arten personenbezogener Daten (§ 3 Abs. 9) für eigene Geschäftszwecke ist zulässig, soweit nicht der Betroffene nach Maßgabe des § 4a Abs. 3 eingewilligt hat, wenn

1. dies zum Schutz lebenswichtiger Interessen des Betroffenen oder eines Dritten erforderlich ist, sofern der Betroffene aus physischen oder rechtlichen Gründen außerstande ist, seine Einwilligung zu geben,
2. es sich um Daten handelt, die der Betroffene offenkundig öffentlich gemacht hat,
3. dies zur Geltendmachung, Ausübung oder Verteidigung rechtlicher Ansprüche erforderlich ist und kein Grund zu der Annahme besteht, dass das schutzwürdige Interesse des Betroffenen an dem Ausschluss der Erhebung, Verarbeitung oder Nutzung überwiegt, oder
4. dies zur Durchführung wissenschaftlicher Forschung erforderlich ist, das wissenschaftliche Interesse an der Durchführung des Forschungsvorhabens das Interesse des Betroffenen an dem Ausschluss der Erhebung, Verarbeitung und Nutzung erheblich überwiegt und der Zweck der Forschung auf andere Weise nicht oder nur mit unverhältnismäßigem Aufwand erreicht werden kann.

(7) [1]Das Erheben von besonderen Arten personenbezogener Daten (§ 3 Abs. 9) ist ferner zulässig, wenn dies zum Zweck der Gesundheitsvorsorge, der medizinischen Diagnostik, der Gesundheitsversorgung oder Behandlung

oder für die Verwaltung von Gesundheitsdiensten erforderlich ist und die Verarbeitung dieser Daten durch ärztliches Personal oder durch sonstige Personen erfolgt, die einer entsprechenden Geheimhaltungspflicht unterliegen. [2]Die Verarbeitung und Nutzung von Daten zu den in Satz 1 genannten Zwecken richtet sich nach den für die in Satz 1 genannten Personen geltenden Geheimhaltungspflichten. [3]Werden zu einem in Satz 1 genannten Zweck Daten über die Gesundheit von Personen durch Angehörige eines anderen als in § 203 Abs. 1 und 3 des Strafgesetzbuchs genannten Berufes, dessen Ausübung die Feststellung, Heilung oder Linderung von Krankheiten oder die Herstellung oder den Vertrieb von Hilfsmitteln mit sich bringt, erhoben, verarbeitet oder genutzt, ist dies nur unter den Voraussetzungen zulässig, unter denen ein Arzt selbst hierzu befugt wäre.

(8) [1]Für einen anderen Zweck dürfen die besonderen Arten personenbezogener Daten (§ 3 Abs. 9) nur unter den Voraussetzungen des Absatzes 6 Nr. 1 bis 4 oder Absatz 7 Satz 1 übermittelt oder genutzt werden. [2]Eine Übermittlung oder Nutzung ist auch zulässig, wenn dies zur Abwehr von erheblichen Gefahren für die staatliche und öffentliche Sicherheit sowie zur Verfolgung von Straftaten von erheblicher Bedeutung erforderlich ist.

(9) [1]Organisationen, die politisch, philosophisch, religiös oder gewerkschaftlich ausgerichtet sind und keinen Erwerbszweck verfolgen, dürfen besondere Arten personenbezogener Daten (§ 3 Abs. 9) erheben, verarbeiten oder nutzen, soweit dies für die Tätigkeit der Organisation erforderlich ist. [2]Dies gilt nur für personenbezogene Daten ihrer Mitglieder oder von Personen, die im Zusammenhang mit deren Tätigkeitszweck regelmäßig Kontakte mit ihr unterhalten. [3]Die Übermittlung dieser personenbezogenen Daten an Personen oder Stellen außerhalb der Organisation ist nur unter den Voraussetzungen des § 4a Abs. 3 zulässig. [4]Absatz 3 Nr. 2 gilt entsprechend.

2. Muster-Berufsordnung für die Psychologischen Psychotherapeutinnen und Psychotherapeuten und Kinder- und Jugendlichenpsychotherapeutinnen und Kinder- und Jugendlichenpsychotherapeuten

i.d.F. der Beschlüsse des 7. Deutschen Psychotherapeutentages in Dortmund am 13.1.2006 (PTJ Heft 1 S. 35),
geändert durch Beschlüsse des 11. Deutschen Psychotherapeutentages in Mainz am 10.11.2007 (PTJ 2008 Heft 1 S. 43)

Präambel

Die auf der Grundlage der Kammer- und Heilberufsgesetze beschlossene Berufsordnung regelt die Berufsausübung der Psychologischen Psychotherapeutinnen und Psychotherapeuten sowie der Kinder- und Jugendlichenpsychotherapeutinnen und Kinder- und Jugendlichenpsychotherapeuten[1]. Sie sieht sich im Einklang mit berufsethischen Traditionen von akademischen Heilberufen auf nationaler und internationaler Ebene und bezieht sich auf die ethischen Wertentscheidungen, wie sie in den Grundrechten des Grundgesetzes der Bundesrepublik Deutschland verankert sind. Die Berufsordnung stellt die Überzeugung der Psychotherapeuten zu berufswürdigem Verhalten gegenüber Patienten[2], Kollegen, anderen Partnern im Gesundheitswesen sowie zum Verhalten in der Öffentlichkeit dar. Die Berufsordnung dient dem Ziel,

- das Vertrauen zwischen Psychotherapeuten und ihren Patienten zu fördern,
- den Schutz der Patienten zu sichern,
- die Qualität der psychotherapeutischen Tätigkeit im Interesse der Gesundheit der Bevölkerung sicherzustellen,
- die freie Berufsausübung zu sichern,
- das Ansehen des Berufs zu wahren und zu fördern und
- auf berufswürdiges Verhalten hinzuwirken und berufsunwürdiges Verhalten zu verhindern.

Grundsätze

§ 1
Berufsaufgaben

(1) Psychotherapeuten üben die Heilkunde unter Berücksichtigung der aktuellen wissenschaftlichen Standards aus mit dem Ziel, Krankheiten vorzubeugen und zu heilen, Gesundheit zu fördern und zu erhalten sowie Leiden zu lindern.

---

1 In dieser Berufsordnung steht die Bezeichnung Psychotherapeut sowohl für Psychologische Psychotherapeuten als auch für Kinder- und Jugendlichenpsychotherapeuten. Soweit die männliche Form benutzt wird, gilt sie in gleicher Weise für weibliche Personen.

2 Soweit in dieser Berufsordnung das Wort Patient benutzt wird, gilt es auch für andere Nutzer der Dienstleistungen von Psychotherapeuten, im Sinne des § 1 (2).

(2) Sie betätigen sich insbesondere in der kurativen und palliativen Versorgung, in der Prävention und Rehabilitation, in der Aus-, Fort- und Weiterbildung, in Forschung und Lehre, im öffentlichen Gesundheitsdienst, in der Kinder- und Jugendhilfe und in anderen Feldern des Sozialwesens, in der Beratung, in der Leitung und im Management von Gesundheits- und Versorgungseinrichtungen sowie deren wissenschaftlicher Evaluation, in der wissenschaftlichen Weiterentwicklung der Konzepte, Verfahren und Methoden der Psychotherapie. Sie beteiligen sich darüber hinaus an der Erhaltung und Weiterentwicklung der soziokulturellen Lebensgrundlagen im Hinblick auf ihre Bedeutung für die psychische Gesundheit der Menschen.

(3) Der Beruf des Psychotherapeuten ist seiner Natur nach ein freier Beruf und kein Gewerbe.

§ 2
Berufsbezeichnungen

(1) Zulässige Berufsbezeichnungen sind nach § 1 Absatz 1 PsychThG

– „Psychologische Psychotherapeutin" oder „Psychologischer Psychotherapeut"
– „Kinder- und Jugendlichenpsychotherapeutin" oder „Kinder- und Jugendlichenpsychotherapeut",
– „Psychotherapeutin" oder „Psychotherapeut".

Die genannten Berufsbezeichnungen sind gesetzlich geschützt.

(2) Als zusätzliche Bezeichnung kann der Berufsbezeichnung das Psychotherapieverfahren beigefügt werden, das Gegenstand der vertieften Ausbildung und der Prüfung nach der Ausbildungs- und Prüfungsverordnung für Psychologische Psychotherapeuten oder der Ausbildungs- und Prüfungsverordnung für Kinder- und Jugendlichenpsychotherapeuten oder gemäß § 12 PsychThG zur Approbation führte.

(3) Qualifikationen und Tätigkeitsschwerpunkte dürfen angegeben werden, sofern dies in angemessener Form erfolgt und nicht irreführend ist. Die Voraussetzungen für derartige Angaben sind gegenüber der Kammer auf Verlangen nachzuweisen. Die Angabe eines Tätigkeitsschwerpunkts setzt eine nachhaltige Tätigkeit in diesem Bereich voraus und muss mit dem Zusatz „Tätigkeitsschwerpunkt" erfolgen.

(4) Sonstige Regelungen zur Führung von Zusatzbezeichnungen bleiben einer gesonderten satzungsrechtlichen Regelung der Landeskammer vorbehalten.

§ 3
Allgemeine Berufspflichten

(1) Psychotherapeuten sind verpflichtet, ihren Beruf gewissenhaft auszuüben und dem ihnen entgegengebrachten Vertrauen zu entsprechen.

(2) Bei der Berufsausübung sind die international anerkannten ethischen Prinzipien zu beachten, insbesondere

- die Autonomie der Patienten zu respektieren,
- Schaden zu vermeiden,
- Nutzen zu mehren und
- Gerechtigkeit anzustreben.

(3) Psychotherapeuten haben die Würde ihrer Patienten zu achten, unabhängig insbesondere von Geschlecht, Alter, sexueller Orientierung, sozialer Stellung, Nationalität, ethnischer Herkunft, Religion oder politischer Überzeugung.

(4) Psychotherapeuten dürfen keine Grundsätze und keine Vorschriften oder Anweisungen befolgen, die mit ihrer Aufgabe unvereinbar sind und deren Befolgung einen Verstoß gegen diese Berufsordnung beinhalten würde.

(5) Fachliche Weisungen dürfen sie nur von Personen entgegennehmen, die über die entsprechende fachliche Qualifikation verfügen.

(6) Psychotherapeuten sind verpflichtet, die professionelle Qualität ihres Handelns unter Einbeziehung wissenschaftlicher Erkenntnisse zu sichern und weiterzuentwickeln.

(7) Psychotherapeuten haben bei ihrem öffentlichen Auftreten alles zu unterlassen, was dem Ansehen des Berufsstandes schadet. Fachliche Äußerungen müssen sachlich informierend und wissenschaftlich fundiert sein. Insbesondere sind irreführende Heilungsversprechen und unlautere Vergleiche untersagt.

(8) Sofern landesrechtliche Vorschriften im Falle von Großschadensereignissen oder Katastrophen eine psychosoziale Notfallversorgung der Bevölkerung vorsehen, sind Psychotherapeuten verpflichtet, sich daran in berufsangemessener Form zu beteiligen. Zu Art und Umfang der Beteiligung sowie etwaigen Befreiungsmöglichkeiten erlässt die jeweilige Landeskammer gesonderte Regelungen.

Regeln der Berufsausübung

§ 4
Allgemeine Obliegenheiten

(1) Psychotherapeuten sind verpflichtet, sich über die für die Berufsausübung geltenden Vorschriften unterrichtet zu halten, diese zu beachten und darauf gegründete Anordnungen und Richtlinien zu befolgen.

(2) Psychotherapeuten sind verpflichtet, sich hinreichend gegen Haftpflichtansprüche im Rahmen ihrer beruflichen Tätigkeit abzusichern.

§ 5
Sorgfaltspflichten

(1) Psychotherapeuten dürfen weder das Vertrauen, die Unwissenheit, die Leichtgläubigkeit, die Hilflosigkeit oder eine wirtschaftliche Notlage der Pa-

tienten ausnutzen, noch unangemessene Versprechungen oder Entmutigungen in Bezug auf den Heilungserfolg machen.

(2) Vor Beginn einer psychotherapeutischen Behandlung hat in der Regel eine diagnostische Abklärung unter Einbeziehung anamnestischer Erhebungen zu erfolgen. Dabei sind erforderlichenfalls Befundberichte Dritter zu berücksichtigen. Indikationsstellung und Erstellung eines Gesamtbehandlungsplans haben unter Berücksichtigung der mit den Patienten erarbeiteten Behandlungsziele zu erfolgen.

(3) Psychotherapeuten dürfen keine Behandlung durchführen und sind verpflichtet, eine begonnene Behandlung zu beenden, wenn sie feststellen, dass das notwendige Vertrauensverhältnis zwischen Patient und Behandler nicht herstellbar ist, sie für die konkrete Aufgabe nicht befähigt oder hierfür nicht ausgebildet sind. Eine kontraindizierte Behandlung ist selbst bei ausdrücklichem Wunsch eines Patienten abzulehnen. Wird eine Behandlung bei fortbestehender Indikation beendet, ist der Psychotherapeut verpflichtet, dem Patienten ein Angebot zu machen, ihn bei der Suche nach Behandlungsalternativen zu unterstützen.

(4) Erkennen Psychotherapeuten, dass ihre Behandlung keinen Erfolg mehr erwarten lässt, so sind sie gehalten, sie zu beenden. Sie haben dies dem Patienten zu erläutern und das weitere Vorgehen mit ihm zu erörtern.

(5) Psychotherapeuten erbringen psychotherapeutische Behandlungen im persönlichen Kontakt. Sie dürfen diese über elektronische Kommunikationsmedien nur in begründeten Ausnahmefällen und unter Beachtung besonderer Sorgfaltspflichten durchführen. Modellprojekte, insbesondere zur Forschung, in denen psychotherapeutische Behandlungen ausschließlich über Kommunikationsnetze durchgeführt werden, bedürfen der Genehmigung durch die Kammer und sind zu evaluieren.

(6) Psychotherapeuten haben Kollegen, Ärzte oder Angehörige anderer Heil- und Gesundheitsberufe in Absprache mit dem Patienten hinzuzuziehen, wenn weitere Informationen oder Fähigkeiten erforderlich sind.

(7) Die Überweisung bzw. Zuweisung von Patienten muss sich an den fachlichen Notwendigkeiten orientieren. Psychotherapeuten dürfen sich für die Zuweisung bzw. Überweisung von Patienten weder Entgelt noch sonstige Vorteile versprechen lassen noch selbst versprechen, annehmen oder leisten.

(8) Die Übernahme einer zeitlich parallelen oder nachfolgenden Behandlung von Ehegatten, Partnern, Familienmitgliedern oder von in engen privaten und beruflichen Beziehungen zu einem Patienten stehenden Personen ist mit besonderer Sorgfalt zu prüfen.

§ 6
Abstinenz

(1) Psychotherapeuten haben die Pflicht, ihre Beziehungen zu Patienten und deren Bezugspersonen professionell zu gestalten und dabei jederzeit die besondere Verantwortung gegenüber ihren Patienten zu berücksichtigen.

(2) Sie dürfen die Vertrauensbeziehung von Patienten nicht zur Befriedigung eigener Interessen und Bedürfnisse missbrauchen.

(3) Die Tätigkeit von Psychotherapeuten wird ausschließlich durch das vereinbarte Honorar abgegolten. Die Annahme von entgeltlichen oder unentgeltlichen Dienstleistungen im Sinne einer Vorteilnahme ist unzulässig. Psychotherapeuten dürfen nicht direkt oder indirekt Nutznießer von Geschenken, Zuwendungen, Erbschaften oder Vermächtnissen werden, es sei denn, der Wert ist geringfügig.

(4) Psychotherapeuten sollen außertherapeutische Kontakte zu Patienten auf das Nötige beschränken und so gestalten, dass eine therapeutische Beziehung möglichst wenig gestört wird.

(5) Jeglicher sexuelle Kontakt von Psychotherapeuten zu ihren Patienten ist unzulässig.

(6) Die abstinente Haltung erstreckt sich auch auf die Personen, die einem Patienten nahe stehen, bei Kindern und Jugendlichen insbesondere auf dessen Eltern und Sorgeberechtigte.

(7) Das Abstinenzgebot gilt auch für die Zeit nach Beendigung der Psychotherapie, solange noch eine Behandlungsnotwendigkeit oder eine Abhängigkeitsbeziehung des Patienten zum Psychotherapeuten gegeben ist. Die Verantwortung für ein berufsethisch einwandfreies Vorgehen trägt allein der behandelnde Psychotherapeut. Bevor private Kontakte aufgenommen werden, ist mindestens ein zeitlicher Abstand von einem Jahr einzuhalten.

§ 7
Aufklärungspflicht

(1) Jede psychotherapeutische Behandlung bedarf der Einwilligung und setzt eine Aufklärung voraus. Anders lautende gesetzliche Bestimmungen bleiben davon unberührt.

(2) Psychotherapeuten unterliegen einer Aufklärungspflicht gegenüber Patienten über Indikation, Art der Behandlung, Therapieplan, gegebenenfalls Behandlungsalternativen und mögliche Behandlungsrisiken. Die Aufklärungspflicht umfasst weiterhin die Klärung der Rahmenbedingungen der Behandlung, z. B. Honorarregelungen, Sitzungsdauer und Sitzungsfrequenz und die voraussichtliche Gesamtdauer der Behandlung.

(3) Die Aufklärung hat vor Beginn einer Behandlung in einer auf die Befindlichkeit und Aufnahmefähigkeit des Patienten abgestimmten Form zu erfolgen. Treten Änderungen im Behandlungsverlauf auf oder sind erhebliche Änderungen des Vorgehens erforderlich, ist der Patient auch während der Behandlung darüber aufzuklären.

(4) In Institutionen, in Berufsausübungsgemeinschaften, Kooperationsgemeinschaften und sonstigen Organisationen arbeitende Psychotherapeuten haben darüber hinaus ihre Patienten in angemessener Form über Untersuchungs- und Behandlungsmethoden, über den Ablauf der Behandlung, über

besondere Rahmenbedingungen sowie über die Zuständigkeitsbereiche weiterer, an der Behandlung beteiligter Personen zu informieren.

§ 8
Schweigepflicht

(1) Psychotherapeuten sind zur Verschwiegenheit über Behandlungsverhältnisse verpflichtet und über das, was ihnen im Zusammenhang mit ihrer beruflichen Tätigkeit durch und über Patienten und Dritte anvertraut und bekannt geworden ist. Dies gilt auch über den Tod der betreffenden Personen hinaus.

(2) Soweit Psychotherapeuten zur Offenbarung nicht gesetzlich verpflichtet sind, sind sie dazu nur befugt, wenn eine wirksame Entbindung von der Schweigepflicht vorliegt oder die Offenbarung zum Schutze eines höherwertigen Rechtsgutes erforderlich ist. Dabei haben sie über die Weitergabe von Informationen unter Berücksichtigung der Folgen für die Patienten und deren Therapie zu entscheiden.

(3) Ist die Schweigepflicht aufgrund einer gesetzlichen Vorschrift eingeschränkt, so ist die betroffene Person darüber zu unterrichten.

(4) Gefährdet ein Patient sich selbst oder andere oder wird er gefährdet, so haben Psychotherapeuten zwischen Schweigepflicht, Schutz des Patienten, Schutz eines Dritten bzw. dem Allgemeinwohl abzuwägen und gegebenenfalls Maßnahmen zum Schutz des Patienten oder Dritter zu ergreifen.

(5) Mitarbeiter und die Personen, die zur Vorbereitung auf den Beruf an einer psychotherapeutischen Tätigkeit teilnehmen, sind über die gesetzliche Verpflichtung zur Verschwiegenheit zu belehren. Dies ist schriftlich festzuhalten.

(6) Im Rahmen kollegialer Beratung, Intervision, Supervision oder zum Zwecke der wissenschaftlichen Forschung und Lehre dürfen Informationen über Patienten und Dritte nur in anonymisierter Form im Sinne des Bundesdatenschutzgesetzes verwendet werden. Die Anonymisierung muss sicherstellen, dass keinerlei Rückschlüsse auf die Person des Patienten erfolgen können. Kann diese Anonymisierung nicht gewährleistet werden, ist die Weitergabe von Informationen nur mit vorausgegangener ausdrücklicher Entbindung von der Schweigepflicht zulässig.

(7) Ton- und Bildaufnahmen psychotherapeutischer Tätigkeit bedürfen der vorherigen Einwilligung des Patienten. Ihre Verwendung unterliegt der Schweigepflicht. Der Patient ist über das Recht zu informieren, eine Löschung zu verlangen.

(8) In allen Fällen der Unterrichtung Dritter nach den Absätzen (2) bis (7) hat sich der Psychotherapeut auf das im Einzelfall erforderliche Maß an Informationen zu beschränken.

§ 9
Dokumentations- und Aufbewahrungspflicht

(1) Psychotherapeuten sind verpflichtet, die psychotherapeutische Behandlung und Beratung zu dokumentieren. Diese Dokumentation muss mindestens Datum, anamnestische Daten, Diagnosen, Fallkonzeptualisierungen, psychotherapeutische Maßnahmen sowie gegebenenfalls Ergebnisse psychometrischer Erhebungen enthalten.

(2) Die Dokumentationen nach Absatz 1 sind zehn Jahre nach Abschluss der Behandlung aufzubewahren, soweit sich nicht aus gesetzlichen Vorschriften eine längere Aufbewahrungsdauer ergibt.

§ 10
Datensicherheit

(1) Psychotherapeuten haben in ihrem Verantwortungsbereich sicherzustellen, dass erhobene Daten und persönliche Aufzeichnungen sicher verwahrt werden und gegenüber Zugriffen unbefugter Dritter umfassend geschützt sind.

(2) Dies gilt auch für elektronisch gespeicherte Daten und Aufzeichnungen. Die jeweils aktuellen Sicherheitsstandards sind einzuhalten und die gesetzlich vorgeschriebenen Fristen sind zu beachten.

§ 11
Einsicht in Behandlungsdokumentationen

(1) Patienten ist auch nach Abschluss der Behandlung auf ihr Verlangen hin Einsicht in die sie betreffenden Dokumentationen zu gewähren, die nach § 9 Absatz 1 zu erstellen sind.

(2) Psychotherapeuten können die Einsicht ganz oder teilweise nur verweigern, wenn dies den Patienten gesundheitlich gefährden würde oder wenn Rechte Dritter betroffen sind. Die Einsichtnahme in persönliche Aufzeichnungen des Therapeuten über seine emotionalen Erlebnisweisen im Rahmen des therapeutischen Geschehens (subjektive Daten) kann verweigert werden, wenn die Einsicht dem Patienten oder dem Therapeuten oder Dritten schaden würde. Eine Einsichtsverweigerung ist gegenüber dem Patienten zu begründen.

§ 12
Umgang mit minderjährigen Patienten

(1) Bei minderjährigen Patienten haben Psychotherapeuten ihre Entscheidung, eine psychotherapeutische Behandlung anzubieten, unter sorgfältiger Berücksichtigung der Einstellungen aller Beteiligten zu treffen. Sie haben allen Beteiligten gegenüber eine professionelle Haltung zu wahren.

(2) Einwilligungsfähig in eine psychotherapeutische Behandlung ist ein Minderjähriger nur dann, wenn er über die behandlungsbezogene natürliche Einsichtsfähigkeit verfügt. Verfügt der Patient nicht über diese Einsichtsfä-

higkeit, sind die Psychotherapeuten verpflichtet, sich der Einwilligung des oder der Sorgeberechtigten zu der Behandlung zu vergewissern.

(3) Können sich die Sorgeberechtigten nicht einigen, ist die Durchführung einer Behandlung mit dem noch nicht einsichtsfähigen Patienten von einer gerichtlichen Entscheidung abhängig.

(4) Die Einwilligung der Sorgeberechtigten setzt deren umfassende Aufklärung entsprechend § 7 voraus.

(5) Einsichtsfähige minderjährige Patienten sind umfassend gemäß § 7 aufzuklären. Ihre Einwilligung in die Behandlung ist einzuholen.

(6) Psychotherapeuten sind schweigepflichtig sowohl gegenüber dem einsichtsfähigen Patienten als auch gegebenenfalls gegenüber den am therapeutischen Prozess teilnehmenden Bezugspersonen hinsichtlich der von den jeweiligen Personen ihm anvertrauten Mitteilungen. Es gelten die Ausnahmen entsprechend den Regelungen nach § 8.

§ 13
Umgang mit eingeschränkt einwilligungsfähigen Patienten

(1) Einwilligungsfähig in eine psychotherapeutische Behandlung ist ein Patient, für den ein rechtlicher Vertreter eingesetzt ist, nur dann, wenn er über die behandlungsbezogene natürliche Einsichtsfähigkeit verfügt.

(2) Verfügt der Patient nicht über diese Einsichtsfähigkeit, hat der Psychotherapeut nach entsprechender Aufklärung die Einwilligung des rechtlichen Vertreters einzuholen. Bei Konflikten zwischen gesetzlich eingesetzten Vertretern und Patienten ist der Psychotherapeut verpflichtet, insbesondere auf das Wohl des Patienten zu achten.

(3) Der gesetzlichen Betreuungssituation und den sich daraus ergebenden besonderen Anforderungen an die Indikationsstellung und Durchführung der Behandlung ist Rechnung zu tragen.

§ 14
Honorierung und Abrechnung

(1) Psychotherapeuten haben auf eine angemessene Honorierung ihrer Leistungen zu achten. Das Honorar ist nach der Gebührenordnung für Psychotherapeuten (GOP) zu bemessen, soweit nicht gesetzlich etwas anderes bestimmt ist.

(2) Psychotherapeuten dürfen die Sätze nach der GOP nicht in unlauterer Weise unterschreiten oder sittenwidrig überhöhte Honorarvereinbarungen treffen. In begründeten Ausnahmefällen können sie Patienten das Honorar ganz oder teilweise erlassen.

(3) Honorarfragen sind zu Beginn der Leistungserbringung zu klären. Abweichungen von den gesetzlichen Gebühren (Honorarvereinbarungen) sind schriftlich zu vereinbaren.

(4) Die Angemessenheit der Honorarforderung hat der Psychotherapeut auf Anfrage gegenüber der Landespsychotherapeutenkammer zu begründen.

(5) Abrechnungen haben der Klarheit und Wahrheit zu entsprechen und den zeitlichen Ablauf der erbrachten Leistungen korrekt wiederzugeben.

§ 15
Fortbildungspflicht

Psychotherapeuten, die ihren Beruf ausüben, sind verpflichtet, entsprechend der Fortbildungsordnung der Landespsychotherapeutenkammer ihre beruflichen Fähigkeiten zu erhalten und weiterzuentwickeln. Sie müssen ihre Fortbildungsmaßnahmen auf Verlangen der Kammer nachweisen.

§ 16
Qualitätssicherung

(1) Psychotherapeuten sind dafür verantwortlich, dass ihre Berufsausübung aktuellen Qualitätsanforderungen entspricht. Hierzu haben sie angemessene qualitätssichernde Maßnahmen zu ergreifen.

(2) Dies schließt gegebenenfalls entsprechende Maßnahmen für Mitarbeiter ein.

(3) Psychotherapeuten müssen diese Maßnahmen gegenüber der Kammer nachweisen können.

§ 17
Verhalten gegenüber anderen Kammermitgliedern und Dritten

(1) Psychotherapeuten sind verpflichtet, ihren Berufskollegen und Angehörigen anderer Heilberufe mit Respekt zu begegnen und Rücksicht auf deren berechtigte Interessen zu nehmen. Unsachliche Kritik an der Vorgehensweise oder dem beruflichen Wissen sowie herabsetzende Äußerungen über deren Person sind zu unterlassen. Davon unberührt bleibt die Verpflichtung von Psychotherapeuten, in einem Gutachten oder in anderen fachlichen Stellungnahmen nach bestem Wissen ihre fachliche Überzeugung auszusprechen, auch soweit es die Vorgehensweise von Kollegen betrifft.

(2) Anfragen von Kollegen und Angehörigen anderer Heilberufe sind zeitnah unter Beachtung von § 8 zu beantworten.

(3) Psychotherapeuten können sich in kollegialer Weise auf Vorschriften der Berufsordnung aufmerksam machen. Sie verletzen ihre Pflicht zur Kollegialität auch dann nicht, wenn sie bei Vorliegen eines begründeten Verdachts die Landespsychotherapeutenkammer auf einen möglichen Verstoß eines Kollegen gegen die Berufsordnung hinweisen.

(4) Konflikte zwischen Kammermitgliedern untereinander, zwischen Kammermitgliedern und Angehörigen anderer Berufe oder zwischen Kammermitgliedern und Patienten können im gegenseitigen Einvernehmen außergerichtlich durch die Landespsychotherapeutenkammer geschlichtet werden.

§ 18
Delegation

(1) Psychotherapeuten können diagnostische Teilaufgaben sowie behandlungsergänzende Maßnahmen an Dritte delegieren, sofern diese über eine dafür geeignete Qualifikation verfügen und die Patienten wirksam eingewilligt haben.

(2) Die Gesamtverantwortung für die delegierten Maßnahmen verbleibt bei dem delegierenden Psychotherapeuten.

(3) Im Falle der Delegation von Maßnahmen sind Psychotherapeuten zur regelmäßigen Kontrolle der delegierten Leistungserbringung verpflichtet.

§ 19
Psychotherapeuten als Arbeitgeber oder Vorgesetzte

(1) Beschäftigen Psychotherapeuten in ihrer Praxis, in Ambulanzen oder anderen Institutionen des Gesundheitswesens sowie in Ausbildungs- und Forschungsinstituten oder anderen Einrichtungen Mitarbeiter, so haben sie auf angemessene Arbeits- und Vergütungsbedingungen hinzuwirken und Verträge abzuschließen, welche der jeweiligen Tätigkeit entsprechen.

(2) Psychotherapeuten als Arbeitgeber oder Vorgesetzte dürfen keine Weisungen erteilen, die mit dieser Berufsordnung nicht vereinbar sind.

(3) Zeugnisse über Mitarbeiter müssen grundsätzlich innerhalb von drei Monaten nach Antragstellung, bei Ausscheiden unverzüglich, ausgestellt werden.

Formen der Berufsausübung

§ 20
Ausübung psychotherapeutischer Tätigkeit in einer Niederlassung

(1) Die selbstständige Ausübung psychotherapeutischer Behandlungstätigkeit ist grundsätzlich an die Niederlassung in einer Praxis gebunden, soweit nicht gesetzliche Vorschriften etwas anderes zulassen. Die Durchführung einzelner therapeutischer Schritte kann auch außerhalb der Praxisräumlichkeiten stattfinden, soweit dies für die Behandlung notwendig ist und berufsrechtliche Belange nicht beeinträchtigt werden.

(2) Es ist zulässig, über den Praxissitz hinaus, an bis zu zwei weiteren Orten psychotherapeutisch tätig zu sein. Dabei haben die Psychotherapeuten Vorkehrungen für eine ordnungsgemäße Versorgung an jedem Ort ihrer Tätigkeit zu treffen.

(3) Orte und Zeitpunkte der Aufnahme psychotherapeutischer Tätigkeiten und jede Veränderung sind der Landespsychotherapeutenkammer unverzüglich mitzuteilen.

(4) Bei längeren Abwesenheiten von der Praxis ist der Praxisinhaber verpflichtet, für eine geeignete Vertretung Sorge zu tragen.

(5) Die Beschäftigung von Psychologischen Psychotherapeuten, Kinder- und Jugendlichenpsychotherapeuten, Ärzten oder Zahnärzten durch Psychotherapeuten setzt die Leitung der Praxis durch den niedergelassenen Psychotherapeuten voraus. Die Beschäftigung ist der Landespsychotherapeutenkammer anzuzeigen.

(6) Die Beschäftigung von Fachkräften, die den Praxisinhaber in seiner psychotherapeutischen Behandlungstätigkeit unterstützen bzw. von Vertretern, wenn die Vertretung insgesamt länger als drei Monate innerhalb eines Zeitraumes von zwölf Monaten andauert, ist der Landespsychotherapeutenkammer anzuzeigen.

(7) Niedergelassene Psychotherapeuten sind zur Teilnahme am psychotherapeutischen Notfalldienst verpflichtet, wenn ein solcher eingerichtet wurde. Zu Art und Umfang der Beteiligung sowie etwaigen Befreiungsmöglichkeiten erlässt die jeweilige Landespsychotherapeutenkammer gesonderte Regelungen. Die Teilnahme an einem Notfalldienst entbindet den behandelnden Psychotherapeuten nicht von seiner Verpflichtung, für die Betreuung seiner Patienten in dem Umfange Sorge zu tragen, wie es deren Krankheitszustand erfordert. Psychotherapeuten haben sich für den Notfalldienst fortzubilden, wenn sie nicht auf Dauer von der Teilnahme am Notfalldienst befreit sind.

§ 21
Zusammenschlüsse zu Berufsausübungsgemeinschaften, zu Kooperationsgemeinschaften und sonstigen Organisationen

(1) Psychotherapeuten dürfen sich im Rahmen der Vorgaben des Heilberufsgesetzes zu Berufsausübungsgemeinschaften in allen rechtlich möglichen Formen mit anderen Angehörigen ihrer Berufsgruppe oder Angehörigen anderer Gesundheits- oder Beratungsberufe zusammenschließen.

(2) Bei Berufsausübungsgemeinschaften sind die Namen aller in der Gemeinschaft zusammengeschlossenen Psychotherapeuten, der Angehörigen der anderen Berufsgruppen, die zugehörigen Berufsbezeichnungen, die Rechtsform und jeder Ort der Berufsausübung öffentlich anzukündigen.

(3) Darüber hinaus dürfen Psychotherapeuten sich an Kooperationen beteiligen, deren Ziel ein bestimmter Versorgungsauftrag oder eine andere Form der Zusammenarbeit zur Patientenversorgung ist.

(4) Bei allen Formen von Zusammenschlüssen muss die freie Wahl der Psychotherapeuten durch die Patienten gewährleistet und die eigenverantwortliche und selbstständige sowie nicht gewerbliche Berufsausübung gewahrt bleiben.

(5) Bei allen Formen von Zusammenschlüssen ist die Verarbeitung der Patientendaten so zu organisieren, dass bei Auflösung des Zusammenschlusses eine Trennung der Datenbestände unter Wahrung der gesetzlichen Geheimhaltungspflichten, der Dokumentations- und Aufbewahrungspflichten, der schutzwürdigen Belange der Psychotherapeuten sowie der schutzwürdigen Belange der betroffenen Patienten möglich ist.

(6) Eine Beteiligung von Kammermitgliedern an privatrechtlichen Organisationen, die missbräuchlich die eigenverantwortliche Berufsausübung einschränken, Überweisungen an Leistungserbringer außerhalb der Organisation ausschließen oder in anderer Weise die Beachtung der Berufspflichten der Kammermitglieder beschränken, ist unzulässig.

(7) Alle Zusammenschlüsse nach Abs. 1 bis 3 sowie deren Änderungen sind der Landespsychotherapeutenkammer anzuzeigen. Kooperationsverträge nach Abs. 1 bis 3 sind auf Verlangen der Kammer vorzulegen.

§ 22
Anforderungen an die Praxen

(1) Praxen von Psychotherapeuten müssen den besonderen Anforderungen der psychotherapeutischen Behandlung genügen. Präsenz und Erreichbarkeit sind zu gewährleisten.

(2) Anfragen von Patienten, die sich in laufender Behandlung befinden, müssen zeitnah, in Notfällen unverzüglich beantwortet werden, sofern dem nicht besondere Gründe entgegenstehen. Bei Verhinderung des Psychotherapeuten sind dem Patienten alternative Kontaktmöglichkeiten mitzuteilen.

(3) Räumlichkeiten, in denen Psychotherapeuten ihren Beruf ausüben, müssen von ihrem privaten Lebensbereich getrennt sein.

(4) Die Anforderungen nach den Absätzen 1 bis 3 gelten für alle Orte psychotherapeutischer Tätigkeit entsprechend.

§ 23
Informationen über Praxen und werbende Darstellung

(1) Die Ausübung von Psychotherapie in einer Niederlassung muss durch ein Schild angezeigt werden, das die für eine Inanspruchnahme durch Patienten notwendigen Informationen enthält.

(2) Die Verwendung anderer Bezeichnungen als „Praxis" bedarf der Genehmigung durch die jeweilige Landeskammer.

(3) Psychotherapeuten dürfen auf ihre berufliche Tätigkeit werbend hinweisen. Die Werbung muss sich in Form und Inhalt auf die sachliche Vermittlung des beruflichen Angebots beschränken. Insbesondere anpreisende, irreführende oder vergleichende Werbung ist unzulässig. Dies gilt auch für die Darstellung auf Praxisschildern. Werbeverbote auf Grund anderer gesetzlicher Bestimmungen bleiben unberührt.

(4) Eine Internetpräsenz muss den gesetzlichen Bestimmungen, insbesondere den Vorschriften des Teledienstgesetzes (TDG) entsprechen.

(5) Psychotherapeuten dürfen sich in Verzeichnisse eintragen lassen, wenn diese folgenden Anforderungen gerecht werden:
- sie müssen allen Psychotherapeuten, welche die Kriterien des Verzeichnisses erfüllen, zu denselben Bedingungen mit einem kostenfreien Grundeintrag offen stehen,

- die Eintragungen müssen sich auf die ankündigungsfähigen Informationen beschränken und
- die Systematik muss zwischen den erworbenen Qualifikationen einerseits und Tätigkeitsschwerpunkten andererseits unterscheiden.

§ 24
Aufgabe der Praxis

(1) Der Praxisinhaber hat rechtzeitig dafür Sorge zu tragen, dass bei der Beendigung seiner Tätigkeit, bei der Auflösung oder der Veräußerung der Praxis – auch für den Todesfall – die Regeln der Datensicherheit gem. § 10 eingehalten werden. Die Beendigung der Praxistätigkeit ist der Kammer mitzuteilen.

(2) Psychotherapeuten können Patientenunterlagen bei Aufgabe oder Übergabe der Praxis grundsätzlich nur mit schriftlicher Einwilligungserklärung der betroffenen Patienten an den Praxisnachfolger übergeben. Soweit eine Einwilligung des Patienten nicht vorliegt, hat der bisherige Praxisinhaber für eine ordnungsgemäße Aufbewahrung und Sicherung der Unterlagen nach § 9 Absatz 2 und § 10 Sorge zu tragen.

(3) Psychotherapeuten haben dafür Sorge zu tragen, dass bei Praxisübergabe und im Falle eigenen Unvermögens (Krankheit, Tod) ihre Dokumentationen sicher verwahrt und nach Ablauf der Aufbewahrungszeit (§ 9 Absatz 2) unter Beachtung der Grundsätze der Datenschutzbestimmungen vernichtet werden.

(4) Ist eine Aufbewahrung bei dem bisherigen Praxisinhaber nicht möglich, kann diese Aufgabe an den Praxisnachfolger übertragen werden, wenn dieser die Unterlagen getrennt von den eigenen Unterlagen unter Verschluss hält.

(5) Der sachliche und ideelle Verkaufswert einer Praxis darf nicht sittenwidrig überhöht festgelegt werden.

§ 25
Ausübung des Berufs in einem Beschäftigungsverhältnis

(1) Psychotherapeuten in einem privaten oder öffentlich-rechtlichen Beschäftigungsverhältnis dürfen nur Weisungen befolgen, die mit dieser Berufsordnung vereinbar sind und deren Befolgung sie selbst verantworten können.

(2) Sie dürfen in Bezug auf fachliche Angelegenheiten ihrer Berufsausübung Weisungen von Vorgesetzten nur dann befolgen, wenn diese über entsprechende psychotherapeutische Qualifikationen verfügen.

(3) Psychotherapeuten als Dienstvorgesetzte dürfen keine Weisungen erteilen, die mit der Berufsordnung unvereinbar sind. Sie haben bei der Gestaltung beruflicher Rahmenbedingungen darauf hinzuwirken, dass diese dem weisungsgebundenen Berufskollegen die Einhaltung seiner Berufspflichten ermöglichen.

(4) Üben Psychotherapeuten ihren Beruf in einem Beschäftigungsverhältnis und zugleich selbstständig in einer Praxis aus, haben sie Interessenkonflikte, die sich hierbei ergeben könnten, unter vorrangiger Berücksichtigung
des Patientenwohls zu lösen.

§ 26
Psychotherapeuten als Lehrende, Ausbilder und Lehrtherapeuten
sowie als Supervisoren

(1) In der Ausbildung tätige Psychotherapeuten dürfen Abhängigkeiten
nicht zur Befriedigung eigener Bedürfnisse und Interessen ausnutzen oder
Vorteile daraus ziehen. Die Regelungen zur Abstinenz (§ 6) gelten entsprechend.

(2) Psychotherapeuten dürfen keine Prüfungen bei Ausbildungsteilnehmern abnehmen, die bei ihnen in Selbsterfahrung oder Lehrtherapie sind oder
waren.

(3) Die Ausbildungsbedingungen müssen für alle Betroffenen transparent
und durch schriftlichen Vertrag festgelegt sein.

(4) Auszubildende sind auf ihren späteren Beruf hin angemessen auszubil-
den.

§ 27
Psychotherapeuten als Gutachter

(1) Psychotherapeuten dürfen sich als Gutachter betätigen, soweit ihre
Fachkenntnisse und ihre beruflichen Erfahrungen ausreichen, um die zu un-
tersuchende Fragestellung nach bestem Wissen und Gewissen beantworten
zu können.

(2) Gutachten sind den fachlichen Standards entsprechend innerhalb angemessener Frist zu erstellen und dürfen keine Gefälligkeitsaussagen enthalten.

(3) Psychotherapeuten haben vor Übernahme eines Gutachtenauftrags ihre
gutachterliche Rolle zu verdeutlichen und von einer psychotherapeutischen
Behandlungstätigkeit klar abzugrenzen.

(4) Ein Auftrag zur Begutachtung eigener Patienten im Rahmen eines Ge-
richtsverfahrens ist in der Regel abzulehnen. Eine Stellungnahme ist dann
möglich, wenn der Patient auf die Risiken einer möglichen Aussage des Psychotherapeuten in geeigneter Weise hingewiesen wurde und wenn er den
Psychotherapeuten diesbezüglich von der Schweigepflicht entbunden hat. Im
Falle einer Entbindung von der Schweigepflicht ist der Psychotherapeut gem.
§ 53 Abs. 2 StPO verpflichtet, als Zeuge vor Gericht auszusagen.

§ 28
Psychotherapeuten in der Forschung

(1) Psychotherapeuten haben bei der Planung und Durchführung von Studien und Forschungsobjekten die in der Deklaration von Helsinki 2000 nie-
dergelegten ethischen Grundsätze zu beachten.

(2) Die Teilnehmer sind vor Beginn von Psychotherapiestudien sorgfältig über deren Inhalte, Rahmenbedingungen und mögliche Belastungen sowie Risiken aufzuklären. Diese Information und die Zustimmung zur Teilnahme an der Studie müssen vor Beginn der Durchführung schriftlich niedergelegt sein.

(3) Sofern Behandlungen im Rahmen eines Forschungsvorhabens nicht abgeschlossen werden können, ist dafür Sorge zu tragen, dass Weiterbehandlungsmöglichkeiten zur Verfügung stehen oder vermittelt werden können.

(4) Bei der Veröffentlichung von Forschungsergebnissen haben Psychotherapeuten Auftraggeber und Geldgeber der Forschung zu nennen.

Schlussbestimmungen

§ 29
Pflichten gegenüber der Landespsychotherapeutenkammer

Die Mitglieder der Landespsychotherapeutenkammern sind diesen gegenüber zur Erfüllung aller Aufgaben verpflichtet, die sich aus Gesetzen, Rechtsverordnungen, Verträgen, Richtlinien und Satzungsnormen ergeben. Die Mitglieder sind ferner verpflichtet, ihrer Landespsychotherapeutenkammer unverzüglich nach Aufforderung alle Auskünfte zu erteilen und die erforderlichen Unterlagen vorzulegen, welche diese zur Durchführung ihrer Aufgaben benötigt.

§ 30
Ahnden von Verstößen

(1) Schuldhafte, d. h. vorsätzliche und fahrlässige Verstöße gegen die Bestimmungen dieser Berufsordnung können berufsrechtliche Verfahren nach den Heilberufsgesetzen nach sich ziehen.

(2) Ein außerhalb des Berufs liegendes Verhalten eines Psychotherapeuten kann dann eine berufsrechtlich zu ahndende Pflichtverletzung sein, wenn es nach den Umständen des Einzelfalles in besonderem Maße geeignet ist, Achtung und Vertrauen in einer für die Ausübung oder das Ansehen dieses Berufes bedeutsamen Weise zu beeinträchtigen.

3. Sozialgesetzbuch (SGB) – Allgemeiner Teil –

vom 11. 12. 1975 (BGBl. I S. 3015),
zuletzt geändert durch Art. 2 G vom 21. 3. 2005 (BGBl. I S. 818)

– Auszug –

§ 36
Handlungsfähigkeit

(1) Wer das fünfzehnte Lebensjahr vollendet hat, kann Anträge auf Sozialleistungen stellen und verfolgen sowie Sozialleistungen entgegennehmen. Der Leistungsträger soll den gesetzlichen Vertreter über die Antragstellung und die erbrachten Sozialleistungen unterrichten.

(2) Die Handlungsfähigkeit nach Absatz 1 Satz 1 kann vom gesetzlichen Vertreter durch schriftliche Erklärung gegenüber dem Leistungsträger eingeschränkt werden. Die Rücknahme von Anträgen, der Verzicht auf Sozialleistungen und die Entgegennahme von Darlehen bedürfen der Zustimmung des gesetzlichen Vertreters.

4. Sozialgesetzbuch (SGB) – Fünftes Buch (V) – Gesetzliche Krankenversicherung[1]

vom 20.12.1988 (BGBl. I S. 2477),
zuletzt geändert durch Art. 6 G vom 28.5.2008 (BGBl. I S. 874)

– Auszug –

§ 294
Pflichten der Leistungserbringer

Die an der vertragsärztlichen Versorgung teilnehmenden Ärzte und die übrigen Leistungserbringer sind verpflichtet, die für die Erfüllung der Aufgaben der Krankenkassen sowie der Kassenärztlichen Vereinigungen notwendigen Angaben, die aus der Erbringung, der Verordnung sowie der Abgabe von Versicherungsleistungen entstehen, aufzuzeichnen und gemäß den nachstehenden Vorschriften den Krankenkassen, den Kassenärztlichen Vereinigungen oder den mit der Datenverarbeitung beauftragten Stellen mitzuteilen.

---

1 **Anm. d. Verlages:** Das Gesetz ist Art. 1 des Gesetzes zur Strukturreform im Gesundheitswesen (Gesundheits-Reformgesetz – GRG).

5. Sozialgesetzbuch (SGB)
Achtes Buch (VIII)
Kinder- und Jugendhilfe

i.d.F. der Bek. vom 14.12.2006 (BGBl. I S. 3134),
geändert durch Art. 2 Abs. 23 G vom 19.2.2007 (BGBl. I S. 122)

– Auszug –

Erstes Kapitel
Allgemeine Vorschriften

§ 8
Beteiligung von Kindern und Jugendlichen

(1) [1]Kinder und Jugendliche sind entsprechend ihrem Entwicklungsstand an allen sie betreffenden Entscheidungen der öffentlichen Jugendhilfe zu beteiligen. [2]Sie sind in geeigneter Weise auf ihre Rechte im Verwaltungsverfahren sowie im Verfahren vor dem Familiengericht, dem Vormundschaftsgericht und dem Verwaltungsgericht hinzuweisen.

(2) Kinder und Jugendliche haben das Recht, sich in allen Angelegenheiten der Erziehung und Entwicklung an das Jugendamt zu wenden.

(3) Kinder und Jugendliche können ohne Kenntnis des Personensorgeberechtigten beraten werden, wenn die Beratung aufgrund einer Not- und Konfliktlage erforderlich ist und solange durch die Mitteilung an den Personensorgeberechtigten der Beratungszweck vereitelt würde.

§ 8a
Schutzauftrag bei Kindeswohlgefährdung

(1) [1]Werden dem Jugendamt gewichtige Anhaltspunkte für die Gefährdung des Wohls eines Kindes oder Jugendlichen bekannt, so hat es das Gefährdungsrisiko im Zusammenwirken mehrerer Fachkräfte abzuschätzen. [2]Dabei sind die Personensorgeberechtigten sowie das Kind oder der Jugendliche einzubeziehen, soweit hierdurch der wirksame Schutz des Kindes oder des Jugendlichen nicht in Frage gestellt wird. [3]Hält das Jugendamt zur Abwendung der Gefährdung die Gewährung von Hilfen für geeignet und notwendig, so hat es diese den Personensorgeberechtigten oder den Erziehungsberechtigten anzubieten.

(2) [1]In Vereinbarungen mit den Trägern von Einrichtungen und Diensten, die Leistungen nach diesem Buch erbringen, ist sicherzustellen, dass deren Fachkräfte den Schutzauftrag nach Absatz 1 in entsprechender Weise wahrnehmen und bei der Abschätzung des Gefährdungsrisikos eine insoweit erfahrene Fachkraft hinzuziehen. [2]Insbesondere ist die Verpflichtung aufzunehmen, dass die Fachkräfte bei den Personensorgeberechtigten oder den Er-

ziehungsberechtigten auf die Inanspruchnahme von Hilfen hinwirken, wenn sie diese für erforderlich halten, und das Jugendamt informieren, falls die angenommenen Hilfen nicht ausreichend erscheinen, um die Gefährdung abzuwenden.

(3) [1]Hält das Jugendamt das Tätigwerden des Familiengerichts für erforderlich, so hat es das Gericht anzurufen; dies gilt auch, wenn die Personensorgeberechtigten oder die Erziehungsberechtigten nicht bereit oder in der Lage sind, bei der Abschätzung des Gefährdungsrisikos mitzuwirken. [2]Besteht eine dringende Gefahr und kann die Entscheidung des Gerichts nicht abgewartet werden, so ist das Jugendamt verpflichtet, das Kind oder den Jugendlichen in Obhut zu nehmen.

(4) [1]Soweit zur Abwendung der Gefährdung das Tätigwerden anderer Leistungsträger, der Einrichtungen der Gesundheitshilfe oder der Polizei notwendig ist, hat das Jugendamt auf die Inanspruchnahme durch die Personensorgeberechtigten oder die Erziehungsberechtigten hinzuwirken. [2]Ist ein sofortiges Tätigwerden erforderlich und wirken die Personensorgeberechtigten oder die Erziehungsberechtigten nicht mit, so schaltet das Jugendamt die anderen zur Abwendung der Gefährdung zuständigen Stellen selbst ein.

Viertes Kapitel
Schutz von Sozialdaten

§ 61
Anwendungsbereich

(1) [1]Für den Schutz von Sozialdaten bei ihrer Erhebung und Verwendung in der Jugendhilfe gelten § 35 des Ersten Buches, §§ 67 bis 85a des Zehnten Buches sowie die nachfolgenden Vorschriften. [2]Sie gelten für alle Stellen des Trägers der öffentlichen Jugendhilfe, soweit sie Aufgaben nach diesem Buch wahrnehmen. [3]Für die Wahrnehmung von Aufgaben nach diesem Buch durch kreisangehörige Gemeinden und Gemeindeverbände, die nicht örtliche Träger sind, gelten die Sätze 1 und 2 entsprechend.

(2) Für den Schutz von Sozialdaten bei ihrer Erhebung und Verwendung im Rahmen der Tätigkeit des Jugendamts als Amtspfleger, Amtsvormund, Beistand und Gegenvormund gilt nur § 68.

(3) Werden Einrichtungen und Dienste der Träger der freien Jugendhilfe in Anspruch genommen, so ist sicherzustellen, dass der Schutz der personenbezogenen Daten bei der Erhebung und Verwendung in entsprechender Weise gewährleistet ist.

6. Zehntes Buch Sozialgesetzbuch
– Sozialverwaltungsverfahren und
Sozialdatenschutz – (SGB X)

i.d.F. der Bek. vom 18.1.2001 (BGBl. I S. 130),
zuletzt geändert durch Art. 15 Abs. 4 G vom 31.7.2008 (BGBl. I S. 1629)

– Auszug –

§ 67
Begriffsbestimmungen

(1) [1]Sozialdaten sind Einzelangaben über persönliche oder sachliche Verhältnisse einer bestimmten oder bestimmbaren natürlichen Person (Betroffener), die von einer in § 35 des Ersten Buches genannten Stelle im Hinblick auf ihre Aufgaben nach diesem Gesetzbuch erhoben, verarbeitet oder genutzt werden. [2]Betriebs- und Geschäftsgeheimnisse sind alle betriebs- oder geschäftsbezogenen Daten, auch von juristischen Personen, die Geheimnischarakter haben.

(2) [1]Aufgaben nach diesem Gesetzbuch sind, soweit dieses Kapitel angewandt wird, auch

1. Aufgaben aufgrund von Verordnungen, deren Ermächtigungsgrundlage sich im Sozialgesetzbuch befindet,
2. Aufgaben aufgrund von über- und zwischenstaatlichem Recht im Bereich der sozialen Sicherheit,
3. Aufgaben aufgrund von Rechtsvorschriften, die das Erste und Zehnte Buch des Sozialgesetzbuches für entsprechend anwendbar erklären, und
4. Aufgaben aufgrund des Arbeitssicherheitsgesetzes und Aufgaben, soweit sie den in § 35 des Ersten Buches genannten Stellen durch Gesetz zugewiesen sind. [2]§ 8 Abs. 1 Satz 3 des Arbeitssicherheitsgesetzes bleibt unberührt.

(3) [1]Automatisiert im Sinne dieses Gesetzbuches ist die Erhebung, Verarbeitung oder Nutzung von Sozialdaten, wenn sie unter Einsatz von Datenverarbeitungsanlagen durchgeführt wird (automatisierte Verarbeitung). [2]Eine nicht automatisierte Datei ist jede nicht automatisierte Sammlung von Sozialdaten, die gleichartig aufgebaut ist und nach bestimmten Merkmalen zugänglich ist und ausgewertet werden kann.

(4) aufgehoben

(5) Erheben ist das Beschaffen von Daten über den Betroffenen.

(6) [1]Verarbeiten ist das Speichern, Verändern, Übermitteln, Sperren und Löschen von Sozialdaten. [2]Im Einzelnen ist, ungeachtet der dabei angewendeten Verfahren,

1. Speichern das Erfassen, Aufnehmen oder Aufbewahren von Sozialdaten auf einem Datenträger zum Zwecke ihrer weiteren Verarbeitung oder Nutzung,

292

2. Verändern das inhaltliche Umgestalten gespeicherter Sozialdaten,
3. Übermitteln das Bekanntgeben gespeicherter oder durch Datenverarbeitung gewonnene Sozialdaten an einen Dritten in der Weise, dass

   a) die Daten an den Dritten weitergegeben werden oder
   b) der Dritte zur Einsicht oder zum Abruf bereitgehaltene Daten einsieht oder abruft;

Übermitteln im Sinne dieses Gesetzbuchs ist auch das Bekanntgeben nicht gespeicherter Sozialdaten,
4. Sperren das vollständige oder teilweise Untersagen der weiteren Verarbeitung oder Nutzung von Sozialdaten durch entsprechende Kennzeichnung,
5. Löschen das Unkenntlichmachen gespeicherter Sozialdaten.

(7) Nutzen ist jede Verwendung von Sozialdaten, soweit es sich nicht um Verarbeitung handelt, auch die Weitergabe innerhalb der verantwortlichen Stelle.

(8) Anonymisieren ist das Verändern von Sozialdaten derart, dass die Einzelangaben über persönliche oder sachliche Verhältnisse nicht mehr oder nur mit einem unverhältnismäßig großen Aufwand an Zeit, Kosten und Arbeitskraft einer bestimmten oder bestimmbaren natürlichen Person zugeordnet werden können.

(8a) Pseudonymisieren ist das Ersetzen des Namens und anderer Identifikationsmerkmale durch ein Kennzeichen zu dem Zweck, die Bestimmung des Betroffenen auszuschließen oder wesentlich zu erschweren.

(9) [1]Verantwortliche Stelle ist jede Person oder Stelle, die Sozialdaten für sich selbst erhebt, verarbeitet oder nutzt oder dies durch andere im Auftrag vornehmen lässt. [2]Werden Sozialdaten von einem Leistungsträger im Sinne von § 12 des Ersten Buches erhoben, verarbeitet oder genutzt, ist verantwortliche Stelle der Leistungsträger. [3]Ist der Leistungsträger eine Gebietskörperschaft, so sind eine verantwortliche Stelle die Organisationseinheiten, die eine Aufgabe nach einem der besonderen Teile dieses Gesetzbuchs funktional durchführen.

(10) [1]Empfänger ist jede Person oder Stelle, die Sozialdaten erhält. [2]Dritter ist jede Person oder Stelle außerhalb der verantwortlichen Stelle. [3]Dritte sind nicht der Betroffene sowie diejenigen Personen und Stellen, die im Inland, in einem anderen Mitgliedstaat der Europäischen Union oder in einem anderen Vertragsstaat des Abkommens über den Europäischen Wirtschaftsraum Sozialdaten im Auftrag erheben, verarbeiten oder nutzen.

(11) Nicht öffentliche Stellen sind natürliche und juristische Personen, Gesellschaften und andere Personenvereinigungen des privaten Rechts, soweit sie nicht unter § 81 Abs. 3 fallen.

(12) Besondere Arten personenbezogener Daten sind Angaben über die rassische und ethnische Herkunft, politische Meinungen, religiöse oder philosophische Überzeugungen, Gewerkschaftszugehörigkeit, Gesundheit oder Sexualleben.

§ 84
Berichtigung, Löschung und Sperrung von Daten; Widerspruchsrecht

(1) [1]Sozialdaten sind zu berichtigen, wenn sie unrichtig sind. [2]Wird die Richtigkeit von Sozialdaten von dem Betroffenen bestritten und lässt sich weder die Richtigkeit noch die Unrichtigkeit der Daten feststellen, bewirkt dies keine Sperrung, soweit es um die Erfüllung sozialer Aufgaben geht; die ungeklärte Sachlage ist in geeigneter Weise festzuhalten. [3]Die bestrittenen Daten dürfen nur mit einem Hinweis hierauf genutzt und übermittelt werden.

(1a) § 20 Abs. 5 des Bundesdatenschutzgesetzes gilt entsprechend.

(2) [1]Sozialdaten sind zu löschen, wenn ihre Speicherung unzulässig ist. [2]Sie sind auch zu löschen, wenn ihre Kenntnis für die verantwortliche Stelle zur rechtmäßigen Erfüllung der in ihrer Zuständigkeit liegenden Aufgaben nicht mehr erforderlich ist und kein Grund zu der Annahme besteht, dass durch die Löschung schutzwürdige Interessen des Betroffenen beeinträchtigt werden.

(3) An die Stelle einer Löschung tritt eine Sperrung, soweit

1. einer Löschung gesetzliche, satzungsmäßige oder vertragliche Aufbewahrungsfristen entgegenstehen,
2. Grund zu der Annahme besteht, dass durch eine Löschung schutzwürdige Interessen des Betroffenen beeinträchtigt würden, oder
3. eine Löschung wegen der besonderen Art der Speicherung nicht oder nicht mit angemessenem Aufwand möglich ist.

(4) Gesperrte Sozialdaten dürfen ohne Einwilligung des Betroffenen nur übermittelt oder genutzt werden, wenn

1. es zu wissenschaftlichen Zwecken, zur Behebung einer bestehenden Beweisnot oder aus sonstigen im überwiegenden Interesse der verantwortlichen Stelle oder eines Dritten liegenden Gründen unerlässlich ist und
2. die Sozialdaten hierfür übermittelt oder genutzt werden dürften, wenn sie nicht gesperrt wären.

(5) Von der Tatsache, dass Sozialdaten bestritten oder nicht mehr bestritten sind, von der Berichtigung unrichtiger Daten sowie der Löschung oder Sperrung wegen Unzulässigkeit der Speicherung sind die Stellen zu verständigen, denen im Rahmen einer Datenübermittlung diese Daten zur Speicherung weitergegeben worden sind, wenn dies keinen unverhältnismäßigen Aufwand erfordert und schutzwürdige Interessen des Betroffenen nicht entgegenstehen.

(6) § 71 Abs. 1 Satz 3 bleibt unberührt.

§ 100
Auskunftspflicht des Arztes oder Angehörigen eines anderen Heilberufs

(1) [1]Der Arzt oder Angehörige eines anderen Heilberufs ist verpflichtet, dem Leistungsträger im Einzelfall auf Verlangen Auskunft zu erteilen, soweit es für die Durchführung von dessen Aufgaben nach diesem Gesetzbuch erforderlich und

1. es gesetzlich zugelassen ist oder
2. der Betroffene im Einzelfall eingewilligt hat.

[2]Die Einwilligung bedarf der Schriftform, soweit nicht wegen besonderer Umstände eine andere Form angemessen ist. [3]Die Sätze 1 und 2 gelten entsprechend für Krankenhäuser sowie für Vorsorge- oder Rehabilitationseinrichtungen.

(2) Auskünfte auf Fragen, deren Beantwortung dem Arzt, dem Angehörigen eines anderen Heilberufs oder ihnen nahe stehenden Personen (§ 383 Abs. 1 Nr. 1 bis 3 der Zivilprozessordnung) die Gefahr zuziehen würde, wegen einer Straftat oder einer Ordnungswidrigkeit verfolgt zu werden, können verweigert werden.

7. Strafgesetzbuch (StGB)

i.d.F. der Bek. vom 13.11.1998 (BGBl. I S. 3322),
zuletzt geändert durch Art. 6 G vom 8.4.2008 (BGBl. I S. 666)

– Auszug –

§ 13
Begehen durch Unterlassen

(1) Wer es unterlässt, einen Erfolg abzuwenden, der zum Tatbestand eines Strafgesetzes gehört, ist nach diesem Gesetz nur dann strafbar, wenn er rechtlich dafür einzustehen hat, dass der Erfolg nicht eintritt, und wenn das Unterlassen der Verwirklichung des gesetzlichen Tatbestandes durch ein Tun entspricht.

(2) Die Strafe kann nach § 49 Abs. 1 gemildert werden.

§ 34
Rechtfertigender Notstand

[1]Wer in einer gegenwärtigen, nicht anders abwendbaren Gefahr für Leben, Leib, Freiheit, Ehre, Eigentum oder ein anderes Rechtsgut eine Tat begeht, um die Gefahr von sich oder einem anderen abzuwenden, handelt nicht rechtswidrig, wenn bei Abwägung der widerstreitenden Interessen, namentlich der betroffenen Rechtsgüter und des Grades der ihnen drohenden Gefahren, das geschützte Interesse das beeinträchtigte wesentlich überwiegt. [2]Dies gilt jedoch nur, soweit die Tat ein angemessenes Mittel ist, die Gefahr abzuwenden.

§ 174c
Sexueller Missbrauch unter Ausnutzung eines Beratungs-, Behandlungs- oder Betreuungsverhältnisses

(1) Wer sexuelle Handlungen an einer Person, die ihm wegen einer geistigen oder seelischen Krankheit oder Behinderung einschließlich einer Suchtkrankheit oder wegen einer körperlichen Krankheit oder Behinderung zur Beratung, Behandlung oder Betreuung anvertraut ist, unter Missbrauch des Beratungs-, Behandlungs- oder Betreuungsverhältnisses vornimmt oder an sich von ihr vornehmen lässt, wird mit Freiheitsstrafe von drei Monaten bis zu fünf Jahren bestraft.

(2) Ebenso wird bestraft, wer sexuelle Handlungen an einer Person, die ihm zur psychotherapeutischen Behandlung anvertraut ist, unter Missbrauch des Behandlungsverhältnisses vornimmt oder an sich von ihr vornehmen lässt.

(3) Der Versuch ist strafbar.

296

§ 203
Verletzung von Privatgeheimnissen

(1) Wer unbefugt ein fremdes Geheimnis, namentlich ein zum persönlichen Lebensbereich gehörendes Geheimnis oder ein Betriebs- oder Geschäftsgeheimnis, offenbart, das ihm als

1. Arzt, Zahnarzt, Tierarzt, Apotheker oder Angehörigen eines anderen Heilberufs, der für die Berufsausübung oder die Führung der Berufsbezeichnung eine staatlich geregelte Ausbildung erfordert,
2. Berufspsychologen mit staatlich anerkannter wissenschaftlicher Abschlussprüfung,
3. Rechtsanwalt, Patentanwalt, Notar, Verteidiger in einem gesetzlich geordneten Verfahren, Wirtschaftsprüfer, vereidigtem Buchprüfer, Steuerberater, Steuerbevollmächtigten oder Organ oder Mitglied eines Organs einer Rechtsanwalts-, Patentanwalts-, Wirtschaftsprüfungs-, Buchprüfungs- oder Steuerberatungsgesellschaft,
4. Ehe-, Familien-, Erziehungs- oder Jugendberater sowie Berater für Suchtfragen in einer Beratungsstelle, die von einer Behörde oder Körperschaft, Anstalt oder Stiftung des öffentlichen Rechts anerkannt ist,
4a. Mitglied oder Beauftragten einer anerkannten Beratungsstelle nach den §§ 3 und 8 des Schwangerschaftskonfliktgesetzes,
5. staatlich anerkanntem Sozialarbeiter oder staatlich anerkanntem Sozialpädagogen oder
6. Angehörigen eines Unternehmens der privaten Kranken-, Unfall- oder Lebensversicherung oder einer privatärztlichen, steuerberaterlichen oder anwaltlichen Verrechnungsstelle

anvertraut worden oder sonst bekannt geworden ist, wird mit Freiheitsstrafe bis zu einem Jahr oder mit Geldstrafe bestraft.

(2) [1] Ebenso wird bestraft, wer unbefugt ein fremdes Geheimnis, namentlich ein zum persönlichen Lebensbereich gehörendes Geheimnis oder ein Betriebs- oder Geschäftsgeheimnis, offenbart, das ihm als

1. Amtsträger,
2. für den öffentlichen Dienst besonders Verpflichteten,
3. Person, die Aufgaben oder Befugnisse nach dem Personalvertretungsrecht wahrnimmt,
4. Mitglied eines für ein Gesetzgebungsorgan des Bundes oder eines Landes tätigen Untersuchungsausschusses, sonstigen Ausschusses oder Rates, das nicht selbst Mitglied des Gesetzgebungsorgans ist, oder als Hilfskraft eines solchen Ausschusses oder Rates,
5. öffentlich bestellten Sachverständigen, der auf die gewissenhafte Erfüllung seiner Obliegenheiten auf Grund eines Gesetzes förmlich verpflichtet worden ist oder
6. Person, die auf die gewissenhafte Erfüllung ihrer Geheimhaltungspflicht bei der Durchführung wissenschaftlicher Forschungsvorhaben auf Grund eines Gesetzes förmlich verpflichtet worden ist,

anvertraut worden oder sonst bekannt geworden ist. [2]Einem Geheimnis im Sinne des Satzes 1 stehen Einzelangaben über persönliche oder sachliche Verhältnisse eines anderen gleich, die für Aufgaben der öffentlichen Verwaltung erfasst worden sind; Satz 1 ist jedoch nicht anzuwenden, soweit solche Einzelangaben anderen Behörden oder sonstigen Stellen für Aufgaben der öffentlichen Verwaltung bekannt gegeben werden und das Gesetz dies nicht untersagt.

(2a) Die Absätze 1 und 2 gelten entsprechend, wenn ein Beauftragter für den Datenschutz unbefugt ein fremdes Geheimnis im Sinne dieser Vorschriften offenbart, das einem in den Absätzen 1 und 2 Genannten in dessen beruflicher Eigenschaft anvertraut worden oder sonst bekannt geworden ist und von dem er bei der Erfüllung seiner Aufgaben als Beauftragter für den Datenschutz Kenntnis erlangt hat.

(3) [1]Einem in Absatz 1 Nr. 3 genannten Rechtsanwalt stehen andere Mitglieder einer Rechtsanwaltskammer gleich. [2]Den in Absatz 1 und Satz 1 Genannten stehen ihre berufsmäßig tätigen Gehilfen und die Personen gleich, die bei ihnen zur Vorbereitung auf den Beruf tätig sind. [3]Den in Absatz 1 und den in Satz 1 und 2 Genannten steht nach dem Tod des zur Wahrung des Geheimnisses Verpflichteten ferner gleich, wer das Geheimnis von dem Verstorbenen oder aus dessen Nachlass erlangt hat.

(4) Die Absätze 1 bis 3 sind auch anzuwenden, wenn der Täter das fremde Geheimnis nach dem Tod des Betroffenen unbefugt offenbart.

(5) Handelt der Täter gegen Entgelt oder in der Absicht, sich oder einen anderen zu bereichern oder einen anderen zu schädigen, so ist die Strafe Freiheitsstrafe bis zu zwei Jahren oder Geldstrafe.

§ 323c
Unterlassene Hilfeleistung

Wer bei Unglücksfällen oder gemeiner Gefahr oder Not nicht Hilfe leistet, obwohl dies erforderlich und ihm den Umständen nach zuzumuten, insbesondere ohne erhebliche eigene Gefahr und ohne Verletzung anderer wichtiger Pflichten möglich ist, wird mit Freiheitsstrafe bis zu einem Jahr oder mit Geldstrafe bestraft.

8. Strafprozessordnung (StPO)

i.d.F. der Bek. vom 7.4.1987 (BGBl. I S. 1074, ber. S. 1319),
zuletzt geändert durch Art. 2 G vom 8.7.2008 (BGBl. I S. 1212)

– Auszug –

§ 53

(1) [1]Zur Verweigerung des Zeugnisses sind ferner berechtigt

1. Geistliche über das, was ihnen in ihrer Eigenschaft als Seelsorger anvertraut worden oder bekannt geworden ist;
2. Verteidiger des Beschuldigten über das, was ihnen in dieser Eigenschaft anvertraut worden oder bekannt geworden ist;
3. Rechtsanwälte, Patentanwälte, Notare, Wirtschaftsprüfer, vereidigte Buchprüfer, Steuerberater und Steuerbevollmächtigte, Ärzte, Zahnärzte, Psychologische Psychotherapeuten, Kinder- und Jugendlichenpsychotherapeuten, Apotheker und Hebammen über das, was ihnen in dieser Eigenschaft anvertraut worden oder bekannt geworden ist, Rechtsanwälten stehen dabei sonstige Mitglieder einer Rechtsanwaltskammer gleich;
3a. Mitglieder oder Beauftragte einer anerkannten Beratungsstelle nach den §§ 3 und 8 des Schwangerschaftskonfliktgesetzes über das, was ihnen in dieser Eigenschaft anvertraut worden oder bekannt geworden ist;
3b. Berater für Fragen der Betäubungsmittelabhängigkeit in einer Beratungsstelle, die eine Behörde oder eine Körperschaft, Anstalt oder Stiftung des öffentlichen Rechts anerkannt oder bei sich eingerichtet hat, über das, was ihnen in dieser Eigenschaft anvertraut worden oder bekannt geworden ist;
4. Mitglieder des Bundestages, eines Landtages oder einer zweiten Kammer über Personen, die ihnen in ihrer Eigenschaft als Mitglieder dieser Organe oder denen sie in dieser Eigenschaft Tatsachen anvertraut haben sowie über diese Tatsachen selbst;
5. Personen, die bei der Vorbereitung, Herstellung oder Verbreitung von Druckwerken, Rundfunksendungen, Filmberichten oder der Unterrichtung oder Meinungsbildung dienenden Informations- und Kommunikationsdiensten berufsmäßig mitwirken oder mitgewirkt haben.

[2]Die in Satz 1 Nr. 5 genannten Personen dürfen das Zeugnis verweigern über die Person des Verfassers oder Einsenders von Beiträgen und Unterlagen oder des sonstigen Informanten sowie über die ihnen im Hinblick auf ihre Tätigkeit gemachten Mitteilungen, über deren Inhalt sowie über den Inhalt selbst erarbeiteter Materialien und den Gegenstand berufsbezogener Wahrnehmungen. [3]Dies gilt nur, soweit es sich um Beiträge, Unterlagen, Mitteilungen und Materialien für den redaktionellen Teil oder redaktionell aufbereitete Informations- und Kommunikationsdienste handelt.

(2) [1]Die in Absatz 1 Satz 1 Nr. 2 bis 3b Genannten dürfen das Zeugnis nicht verweigern, wenn sie von der Verpflichtung zur Verschwiegenheit ent-

bunden sind. [2]Die Berechtigung zur Zeugnisverweigerung der in Absatz 1 Satz 1 Nr. 5 Genannten über den Inhalt selbst erarbeiteter Materialien und den Gegenstand entsprechender Wahrnehmungen entfällt, wenn die Aussage zur Aufklärung eines Verbrechens beitragen soll oder wenn Gegenstand der Untersuchung

1. eine Straftat des Friedensverrats und der Gefährdung des demokratischen Rechtsstaats oder des Landesverrats und der Gefährdung der äußeren Sicherheit (§§ 80a, 85, 87, 88, 95, auch in Verbindung mit § 97b, §§ 97a, 98 bis 100a des Strafgesetzbuches),
2. eine Straftat gegen die sexuelle Selbstbestimmung nach den §§ 174 bis 176, 179 des Strafgesetzbuches oder
3. eine Geldwäsche, eine Verschleierung unrechtmäßig erlangter Vermögenswerte nach § 261 Abs. 1 bis 4 des Strafgesetzbuches

ist und die Erforschung des Sachverhalts oder die Ermittlung des Aufenthaltsortes des Beschuldigten auf andere Weise aussichtslos oder wesentlich erschwert wäre. [3]Der Zeuge kann jedoch auch in diesen Fällen die Aussage verweigern, soweit sie zur Offenbarung der Person des Verfassers oder Einsenders von Beiträgen und Unterlagen oder des sonstigen Informanten oder der ihm im Hinblick auf seine Tätigkeit nach Absatz 1 Satz 1 Nr. 5 gemachten Mitteilungen oder deren Inhalts führen würde.

§ 53a

(1) [1]Den in § 53 Abs. 1 Satz 1 Nr. 1 bis 4 Genannten stehen ihre Gehilfen und die Personen gleich, die zur Vorbereitung auf den Beruf an der berufsmäßigen Tätigkeit teilnehmen. [2]Über die Ausübung des Rechtes dieser Hilfspersonen, das Zeugnis zu verweigern, entscheiden die in § 53 Abs. 1 Satz 1 Nr. 1 bis 4 Genannten, es sei denn, dass diese Entscheidung in absehbarer Zeit nicht herbeigeführt werden kann.

(2) Die Entbindung von der Verpflichtung zur Verschwiegenheit (§ 53 Abs. 2 Satz 1) gilt auch für die Hilfspersonen.

9. Zivilprozessordnung (ZPO)

i.d.F. der Bek. vom 5.12.2005 (BGBl. I S. 3202,
ber. 2006 S. 431, 2007 S. 1781),
zuletzt geändert durch Art. 8 G vom 12.8.2008 (BGBl. I S. 1666)

– Auszug –

§ 383
Zeugnisverweigerung aus persönlichen Gründen

(1) Zur Verweigerung des Zeugnisses sind berechtigt:

1. der Verlobte einer Partei oder derjenige, mit dem die Partei ein Versprechen eingegangen ist, eine Lebenspartnerschaft zu begründen;
2. der Ehegatte einer Partei, auch wenn die Ehe nicht mehr besteht;
2a. der Lebenspartner einer Partei, auch wenn die Lebenspartnerschaft nicht mehr besteht;
3. diejenigen, die mit einer Partei in gerader Linie verwandt oder verschwägert, in der Seitenlinie bis zum dritten Grad verwandt oder bis zum zweiten Grad verschwägert sind oder waren;
4. Geistliche in Ansehung desjenigen, was ihnen bei der Ausübung der Seelsorge anvertraut ist;
5. Personen, die bei der Vorbereitung, Herstellung oder Verbreitung von periodischen Druckwerken oder Rundfunksendungen berufsmäßig mitwirken oder mitgewirkt haben, über die Person des Verfassers, Einsenders oder Gewährsmanns von Beiträgen und Unterlagen sowie über die ihnen im Hinblick auf ihre Tätigkeit gemachten Mitteilungen, soweit es sich um Beiträge, Unterlagen und Mitteilungen für den redaktionellen Teil handelt;
6. Personen, denen kraft ihres Amtes, Standes oder Gewerbes Tatsachen anvertraut sind, deren Geheimhaltung durch ihre Natur oder durch gesetzliche Vorschrift geboten ist, in betreff der Tatsachen, auf welche die Verpflichtung zur Verschwiegenheit sich bezieht.

(2) Die unter Nummern 1 bis 3 bezeichneten Personen sind vor der Vernehmung über ihr Recht zur Verweigerung des Zeugnisses zu belehren.

(3) Die Vernehmung der unter Nummern 4 bis 6 bezeichneten Personen ist, auch wenn das Zeugnis nicht verweigert wird, auf Tatsachen nicht zu richten, in Ansehung welcher erhellt, dass ohne Verletzung der Verpflichtung zur Verschwiegenheit ein Zeugnis nicht abgelegt werden kann.

Autoren

Dieter Best
Jahrgang 1949, Diplom-Psychologe, Psychologischer Psychotherapeut und Kinder- und Jugendlichenpsychotherapeut, niedergelassen als Verhaltenstherapeut seit 1983 in Ludwigshafen, Dozent und Supervisor an einem Ausbildungsinstitut, Bundesvorsitzender der Deutschen PsychotherapeutenVereinigung, Mitglied der Vertretersammlung und des Beratenden Fachausschusses Psychotherapie der Kassenärztlichen Bundesvereinigung, Gebührenordnungsbeauftragter der Bundespsychotherapeutenkammer.

Hartmut Gerlach
Jahrgang 1944, Rechtsanwalt. Seit 1980 selbstständig als Rechtsanwalt in eigener Praxis in Mannheim. Zehn Jahre juristischer Berater einer Erziehungsberatungsstelle. Fünfzehn Jahre Justiziar und Geschäftsführer der „Vereinigung analytischer Kinder- und Jugendlichenpsychotherapeuten in Deutschland (VAKJP)". Seit 2002 Justiziar der Landespsychotherapeutenkammer Baden-Württemberg und seit 1. November 2007 auch ihr Geschäftsführer.

Ekkehard Mittelstaedt
Jahrgang 1968, Diplom Ökonom, ist Geschäftsführer der Psychotherapeutenkammer Niedersachsen. Referent vieler Fortbildungsveranstaltungen zum Thema Praxiswert und Existenzgründung, Autor zahlreicher gesundheitspolitischen Veröffentlichungen und Vortragsreihen.

Dr. rer. nat. Dietrich Munz

Jahrgang 1951, Dipl.-Psychologe, Dipl.-Physiker, Psychologischer Psychotherapeut, Psychoanalytiker, angestellter Psychotherapeut an der Sonnenberg Klinik Stuttgart, Dozent am Psychoanalytischen Institut Stuttgart, Präsident der Landespsychotherapeutenkammer Baden-Württemberg, Vizepräsident der Bundespsychotherapeutenkammer, stellv. Vorsitzender der DGPT

Dr. Martin H. Stellpflug

Jahrgang 1968, MA (Lond.), Rechtsanwalt, Fachanwalt für Medizinrecht, Fachanwalt für Sozialrecht. Partner der auf das Medizinrecht spezialisierten Sozietät Dierks + Bohle, Rechtsanwälte. Seit Verabschiedung des Psychotherapeutengesetzes bildet die Beratung und Interessenvertretung der Psychotherapeuten einen Schwerpunkt seiner anwaltlichen Tätigkeit.

Lothar Wittmann

Jahrgang 1948, Dr. phil., Dipl.-Psychologe, Psychologischer Psychotherapeut und Kinder- und Jugendlichenpsychotherapeut, Supervisor und Dozent in der Psychotherapeutenausbildung, Lehrbeauftragter/Gastwissenschaftler an der Universität Hildesheim, niedergelassen in verhaltenstherapeutischer Praxis im Nordseebad Otterndorf. Präsident der Psychotherapeutenkammer Niedersachsen seit 2001.

Stichwortverzeichnis

Die Zahlen hinter dem Stichwort verweisen auf Seiten.

Abfindungsklausel 245
Abhängigkeitserkrankungen 104
Abkürzungen 34
Abrechnungsunterlagen 72
Abschlagszahlungen 216
Abstinenzgebot 85
Allgemeinkrankenhaus 107
Anamnese 84
Angebote für die Versorgung der
  Bevölkerung 16
Antivirensoftware 80
Antrags- und Genehmigungs-
  verfahren 136, 137, 144
Anwendungsbereich 135
Anzeige 32, 55
Anzeigepflicht 51, 53
Approbation 34, 35
– EU 35
– Regel- 34
– Rückgabe 35, 38
– Rücknahme 35, 38
– Ruhen 35, 38
– Verzicht 35, 38
– Widerruf 35, 38
Approbationsvorbehalt 101, 105, 113
Arbeitnehmer
– weisungsabhängiger 162
Arbeitsstättenverordnung 32
Arbeitsvertrag 97, 98, 100
Arbeitszeit
– nicht mehr als ein Drittel
  der üblichen durchschnitt-
  lichen 161
Arzt
– überweisender 73
Arztregister 129
– Eintragung in das 35, 157, 158
Assistenten 130
Aufbewahrungsfrist 49
Aufklärung 46
– Dokumentation 47

Aufklärungsmerkblatt 46
Aufklärungspflicht 142
– Checkliste 44
Aufsicht
– indirekte staatliche 3
Auftrag
– schriftlich 81
Aufzeichnungen 48, 64
Ausbildungseinrichtung 19
Ausbildungsteilnehmer 88
Auskunftspflicht 75
– gegenüber Berufs-
  genossenschaft 75
– gegenüber Eltern 77
– gegenüber GKV 75
– gegenüber Krankenkasse 76
– gegenüber Medizinischem
  Dienst 76
– gegenüber Patienten 65
– gegenüber Rentenversicherungsträger 75, 76
– gegenüber Unfallversicherungsträger 75
– gegenüber Versorgungsamt 75, 76
Ausrüstung 32
– technische 32
Aussagepflicht 56
Ausschuss 12

BAG 73
BAT 95, 98, 99
Bedarfsplanung 131, 146, 150
Bedarfsplanungsrichtlinie 132
Befund
– Vorlage des 72
Behandlungsbedürftigkeit 70
Behandlungsfehler 84, 85
Behandlungsumfang 136
Behandlungs-
  vertrag 64, 81, 83, 137, 143
– Aufhebung 83

– Kündigung 83
– Kündigung zur Unzeit 83
– Kündigungsfrist 83
– Kündigungsrecht 83
– mit Minderjährigen 82
– Nebenpflicht 47
– Tod einer Vertragspartei 83
Beihilfevorschriften 144
Beratender Fachausschuss für
  Psychotherapie 42
Beratungsstellen 94, 110
Beratungszweck 77
Berichtswesen 148
Beruf
– freier 5, 96
– gewissenhafte Ausübung 87
Berufsausübungs-
  gemeinschaft 73, 130, 133
Berufsausübungskontrolle 4
Berufsgeheimnisträger 49, 56
– straffrei 52
Berufsgenossenschaft 31, 76
Berufsgerichtsbarkeit 88
Berufshaftpflicht 31
Berufsordnung 63, 75, 95, 96
Berufsrecht 30, 42, 43
Berufungsausschuss 128
Beschäftigungsverhältnis
– Aufgabenstellung 162
Beschuldigter
– Schweigerecht 47
Beweissicherung 48
Bewilligungsschritte 136
Bildschirmschoner 79
BMV-Ä 41
Briefkopf 32
Bundeskonferenz für
  Erziehungsberatung
  (bke) 110
Bundesmantelvertrag 137
Bundesmantelverträge-Ärzte 41
Bundespsychotherapeuten-
  kammer (BPtK) 8
Bürgerliches Recht 43
Businessplan 216
– Funktionen 217

Chefarzt 62

Darlehensplan 214
Daten
– anonymisierte 59
– Aufbewahrungspflicht 49

– Ausspähen von 79
– belanglose 58
– besondere 60
– Erheben 58
– Löschen 59
– Nutzen 59
– personenbezogene 57
– Speichern 58
– Sperren 59
– Übermitteln 59, 75
– Umgang 60
– Verändern 59
– Verarbeiten 59
Datenschutz 75
Datenschutzaudit 78
Datenschutzbeauftragter 78
Datenschutzkonzept 78
Datenschutzrecht 59
– verantwortliche Stelle
  im Sinne des 81
Datenträger
– Vernichtung 81
– Verschlüsselung 80
Datenübermittlung 75
Datenübertragung
– schriftliche Einwilligung 75
Deckblatt 217
Delegationsverfahren 123
Delegiertenversammlung 7, 12
Deutscher Psychotherapeuten-
  tag 41
Diagnosefehler 85
Dienstvertrag 81, 143
Dienstvorgesetzte 96
Dokumentation 46, 142
– Aufbewahrungsfrist der 49
– des Behandlungsablaufes 64
– Einsicht 64
Dokumentationsmangel 48
Dokumentationspflicht 53

EDV-Anlage
– Reparatur 81
Effizienznachweis 150
Ehrenamt 12
Eigenkapital 213
Eignung 187
Eingruppierung 100
Einheitlicher Bewertungsmaßstab 139
Einkommen 95, 121
Einrichtung
– fachübergreifende 189
Einsichtsrecht des Patienten 64

Entgelttabelle   100
Entspannungsverfahren   135
Entwöhnung   104
Entzug   104
Erfolg   196, 216
Erlaubnis
– befristete   34
Ermächtigung   35, 130, 134,
   147, 210
Erziehungsberatung   110
Erziehungsberatungsstellen   110, 111
Euro-Gebührenordnung   139, 147
Existenzgründer
– Mindestanforderungen
   an den   201
Existenzgründerprofil   218
Existenzgründung
– Scheitern   198
Existenzgründungsarten   202
Expertise der Spezialisten   4

Fach- und Berufsverbände   7
Facharzt   106, 113
Fachaufsicht   94
Fachausschuss
– beratender   127
Fachklinik   107
Fachkrankenhaus   107, 108
Fachkunde   35
Fachvorgesetzte   97, 99
Fahrlässigkeit   85
familiäre Probleme   200
Familiengericht   77, 78, 83
Faustformel   69
Finanzamt   31
Finanzierungsmangel   199
Fördermöglichkeiten   222
Förderprogramme   214, 222
Förderungsanliegen für den
   Berufsstand   9
Fortbildungspflicht   142
freiberufliche Tätigkeiten
– Merkmale   202
Fremdkapital   213
Funktion
– dienende   9

GBA   41
GbR   203
Gebührenordnung
– für Ärzte   142
– für Psychotherapeuten   142
Gehaltskostenzuschüsse   223

Geheimnis   49, 50, 51
Geheimnisträger   49
Gemeinsamer Bundes-
   ausschuss   41, 128, 141
Gemeinschaftspraxis   73
– Auflösung   240
Gesamtkapitalbedarf   212
Gesamtpunktzahlvolumina
– quartalsbezogene   185
Geschäftsstelle   8, 12
Gesellschaft des bürgerlichen
   Rechts   233
Gesellschaft mit beschränkter
   Haftung   236
Geständnis   51, 53
Gesundheitsfonds   149
Gewerberäume   32
Gewerbesteuer   122
Gewicht   187
Gewinn
– zur Deckung des Bedarfs
   des Lebensunterhalts   212
GOÄ   37
GOP   37
Gründungskosten   212
Gründungsperson
– Eigenschaften   202
Gründungspersönlichkeit   198
Grundversorgung
– psychosomatische   135
Gutachter
– Bericht an den   70, 71
– Mitteilungen an den   59
Gutachterverfahren   138

Haftpflichtversicherung   97
Haftung   83, 242
– deliktische   84
– zivilrechtliche   84
Haftungsfragen   239
Hamsterradeffekt   140
Hausarzt   72
Hausbankprinzip   222
Heilberufe
– andere   18
Heilberufe- und Heilberufs-
   kammergesetze   5
Heilkunde   40
Heilpraktiker   50
Heilpraktikererlaubnis   37, 38, 56, 123
Hilfe
– erzieherische   77

Hinsicht
- örtliche   246
- sachliche   246
- zeitliche   246
HIV   54
Hochschullaufbahn   113
Homogenität des Mitgliederkreises   7
Honorar   139, 147
Honorarausfälle   137
Hypnose   135

IGeL   37
Informationsdefizit   199
Inhaberwechsel   206
Institut für Qualität und Wirtschaftlich-
    keit im Gesundheitswesen   41
Integration zweier Berufe   11
Integrationsleistung   10
Internet   80
Internetzugang   80

Jobsharing   133, 184, 209
Jugend- und Sozialamt   75
Jugendamt   69, 77, 78
- Auskunftspflicht gegenüber
    Eltern   77

kalkulatorischer Unternehmerlohn   215
Kammer   20
Kammerbürokratie   16
Kammermitglieder
- berufliche Belange   39
Kammer-Politik   14
Kammerversammlung   7, 12
Kapitalbedarfsplanung   219
Kapitaldienst   214
Kapitalgesellschaft   203
Kassenärztliche Bundes-
    vereinigung   130
Kassenärztliche Vereinigungen   130
Kassenpatient   82, 83
Katalog therapeutischer
    Leistungen   101
kaufmännische Kenntnisse   201
Kaufpreisbestimmung   207
KBV   41
Kinder- und Jugendhilfe   110
Kinder- und Jugendhilfegesetz   110
Kindesmisshandlung   54
KJP   34
KJPsychTh-AprV   50
Kleingründungen   208
Klinikbericht   59

Kollegen in Institutionen   11
Kommanditgesellschaft   235
Kommission   12
kommunale Wirtschaftsförderung   222
Konfliktlage   77
Konsiliar- und Liaisondienst   102, 108
Konsiliarbericht   145
Konsiliarverfahren   126, 138
Kontrahierungszwang   83
Kosten   148
Kostenerstattungsverfahren   123
Kranken- und Krankenhaus-
    tagegeldversicherung   31
Krankenakte   57
Krankenbehandlung   134
Krankenhaus
- Datenschutz im   61, 75
- psychiatrisches   104
Krankenhausverwaltung   62
Krankenkasse   76
Krankenunterlagen   62, 65
Krankenversicherungsnummer   61
Krankheitsbewältigung   103
Kurzzeittherapie   138
KVen   41, 42
KV-Politik   14

Landeskrankenhausgesetz   67
Landespsychotherapeutenkammer   31
Langzeittherapie   138
Laptop   80
Leistung
- gewerbliche   37
- IGeL-   37
Leistungserbringer   71, 156
Leistungsfähigkeit   200
Leistungsträger   71
Leitung
- ärztliche   107
- institutionelle   94
- therapeutische   94
Leitung eines Stationsteams   108
Leitungsaufgaben   104
Liquiditätsplanung   215, 219
- Hauptfunktion   215

Markteinschätzung   219
Maßnahme
- mildere   187
Maßregelvollzug   112
MBO-PP/KJP 2006   87
MDK   76

Medizinische Erkenntnisse
– anerkannter Stand   41
Medizinische Psychologie   112
Medizinischer Dienst   76
Medizinisches Versorgungs-
   zentrum   73, 133
Minderjährige   82
– Einsichts- und Urteilsfähigkeit   69
Missbrauch
– sexueller   54
Mitwirkungspflicht   84
Morbiditätsorientierter Risiko-
   strukturausgleich   149
Motive   198

Nachbesetzungsverfahren   210
Nebenbeschäftigung   98
Nebenerwerbsgründungen   204
Nebentätigkeit
– Art und Umfang einer
   zulässigen   160
Netz   80
Nichtanzeige   52
Notstand
– rechtfertigender   54, 69

Obergrenze   185
Offenbaren, befugtes   54
Offenbarung   53
Offenbarungsbefugnis   54, 70
Offenbarungspflicht   54
Offene Handelsgesellschaft   235
Organisationsformen
– alle zulässigen   189
Orientierungspunktwert   139
Originaldatenträger   80

Partnerschaftsgesellschaft   234
Partnerschaftsgesellschaftsgesetz   203
Passwort   79
Patient   64
Patienten
– fehlende klare Zuordnung   162
– Überschneidungen hinsichtlich
   der zu behandelnden   162
Patientenkartei   73
Performance
– verbesserungswürdig und
   verbesserbar   17
Personal   32, 148
Personengesellschaft   203
Personensorgeberechtigter   77
Persönlichkeitsrecht   58

Pflichtbeitrag   13
Pflichtmitgliedschaft   40
Pflichtverstoß
– schwer   187
PiA   49
Planungsbereich   132
Planungsmängel   200
Plausibilitätskontrolle   72
Plausibilitätsprüfung   72
PP   34
Präsenzpflicht   129
Praxisgebühr   72
Praxisgemeinschaft   73
Praxisnetz   73
Praxisorganisation   219
Praxisräume   32
Praxisschild   32
Praxisvertreter   130
Praxiswert
– immaterieller   244
– materieller   244
Privatbehandlung   37, 147
Private Krankenversicherung   143
Privatgeheimnis
– Verletzung von   66
Privatpatient   67, 72, 82, 142
Privatpraxis   30
Pseudonymisieren   59
Psychiatrie   104
Psychiatrie-Personalverordnung   104
Psychologischer Psychotherapeut
– leitender   106
Psychosomatik   104
Psychotherapeut
– noch nicht 20 Jahre als zugelassener
   tätig gewesen   166
– Überlastung   83
Psychotherapie
– analytische   124, 135, 145
– tiefenpsychologisch
   fundierte   124, 135, 145
Psychotherapierichtlinien   41, 123,
   128, 134
Psychotherapievereinbarung   134, 136,
   137
Psychotherapieverfahren   10, 36
Psych-PV   105, 106
PsychTh-AprV   50
PsychThG   34
Punktwert   139
Punktzahl   139

Qualifikationsmängel   200

Qualitätsanspruch 16
Qualitätsmanagement 141
Qualitätssicherung 72
Quartalsabrechnung 141, 216

Rechenschaftslegung 48
Rechnung 143
Rechtsaufsichtsbehörde 18
Rechtsform 233, 242
– Wahl der 236
Regelleistungsvolumen 139
Rehabilitation 77, 103
Rehabilitationsklinik 109
Reha-Einrichtung 68, 75
– Datenschutz in 75
– psychatrische 104
Rentenversicherung 76
Rentenversicherungsträger 75
Residenzpflicht 129
Richtlinien 41

Sachleistungsanspruch 83
Sachleistungsprinzip 156
Sanktion
– mildere 188
Sanktionen 16
Schule 112
Schutzauftrag 78
Schweigepflicht 38, 66, 97, 142
– Bruch der 54, 56
Schweigepflichtentbindung 51
Schweigeverpflichteter 69
Selbstbestimmungsrecht
– informationelles 58
Selbstständigkeit 196, 198
Selbstverwaltung 3, 4
– direkte Bedrohung der 20
– professionsnahe 16
Sicherheitskonzept 75
Sicherheitsvorschläge 75
Sicherstellung 124, 131
Sicherstellungsauftrag 127
Sicherung
– tägliche 80
Sicherungskopie 80
Sitzung
– probatorische 82, 138, 145
Sitzungskontingente 136
Soft Skills 202
Sonderbedarfszulassung 133, 147, 209
Sorge, elterliche 55
Sorgeberechtigte 82
Sorgfaltspflicht 86

Sozialdaten 57
Sozialgeheimnis 59, 68, 69
Sozialleistungen 77
Sozialrecht 30, 42, 43
Sprechstunde 129
Staatsbürokratie
– direkte 16
Standort 146
Standortwahl 219
Stellplatz 33
Stellungnahme 16
Stempel 32
Steuerungsmöglichkeit
– in Richtung auf ihre Praxis 163
Steuervorauszahlungen 216
Straftat 50, 53
Strafvollzug 112
Suchtberatungsstelle 111
Suizid 53
Suizidalität 46
Suizidvereinbarung 47
Supervision 99
Supervisor 82

tabellarischer Lebenslauf 219
Tarifvertrag 98
Tätigkeit
– freiberufliche 122
Teamgründung 207
Teilhabe 77
Teilzeitgründung 204
Telefonnetz 80
Therapeut
– Weisungen des 84
Therapiesicherung 48
TV-L 36
TVöD 36, 95, 98, 99
TVÜ-Bund 36
TVÜ-Land 36
TVÜ-VKA 36

Übermitteln 65
Übermittlungsbefugnis 69, 70
Übernahmeverschulden 46, 83, 85, 101
Überversorgung 131, 147, 183, 208
Überwachung 40
Übungsfall 46
Umsatz- und Rentabilitäts-
vorschau 214, 219
Umsatzsteuer 122
Uneignung 159
Unfallversicherungsträger 75

Universität 112
Universitätsklinik 107
Unternehmensnachfolge 205
Unterversorgung 131
Update
– aktuelles 80
Urkunde
– Verfälschung 48

Verantwortliche 60
Verbände 19
– Politik 14
Verbotsirrtum 54
Verbraucherschutzthemen 16
Verbrechen
– Planung 52
Verhaltenstherapie 124, 135, 145
Verhältnismäßigkeit 187, 188
Verkammerung 39
Verlängerung
– Anspruch auf 167
Verschwiegenheitspflicht 63
Versichertendaten
– Erhebung 72
Versorgung
– psychosomatisch/
psychotherapeutische 107
– stationäre 94, 102
Versorgungsamt 75, 76
Versorgungsauftrag
– halbierter 133
Versorgungsbedarf
– zusätzlicher lokaler 183
Versorgungswerk 31
Vertrag zu Gunsten Dritter 82
Vertragsarzt
– bereits zugelassen 166
Vertragsärztliche Versorgung
– Gründe der 169
Vertragsarztrechtsänderungs-
gesetz 133, 150, 210
Vertragsarztsitz 129
Vertragsautonomie 240
Vertragspsychotherapeuten 120

Vertrauensverhältnis 83
Vertreter
– gesetzlicher 77
Vertreterversammlung 127, 130, 131
Vertretung 97
– der Interessen der Profession 9
– gegenüber Staat und
Öffentlichkeit 3
Verwaltungsleiter 62
Vorsatz 85
Vorstand 8, 12
Vorstandsbeauftragter 12

Wachstumspotenziale 219
Wahlen 12
Weisungen 96
Weisungsbefugnis 98, 100
Weiterbehandlung 73
Werbeverbot 33
Werbung 148
Werkvertrag 81
Wertgutachten
– unabhängiges 245
Wettbewerbssituation 219
Willenserklärungen 81
Wirksamkeitsgrenzen 245

Zeugnisverweigerung 49
Zeugnisverweigerungsrecht 38
Zeugniszwang 56
Zulassung 35, 156
– Ruhen der 180
Zulassungs- und Berufungs-
ausschuss 130
Zulassungsantrag 129
Zulassungsausschuss 128, 147
Zulassungsbeschränkungen 184
Zulassungsverordnung 128
Zustimmung
– schriftliche 76
Zweckbindungsgrundsatz 71
Zweigpraxis 133
Zwei-Schranken-Modell 66